清末民初政局文集

侯宜杰 著

辽宁人民出版社

© 侯宜杰 2020

**图书在版编目（CIP）数据**

清末民初政局文集／侯宜杰著．— 沈阳：辽宁人民出版社，2020.1
ISBN 978-7-205-09759-2

Ⅰ．①清… Ⅱ．①侯… Ⅲ．①中国历史－近代史－文集 Ⅳ．① K250.7-53

中国版本图书馆 CIP 数据核字 (2019) 第 227283 号

出版发行：辽宁人民出版社
　　　地址：沈阳市和平区十一纬路 25 号　邮编：110003
　　　电话：024-23284321（邮　购）　024-23284324（发行部）
　　　传真：024-23284191（发行部）　024-23284304（办公室）
　　　http://www.lnpph.com.cn

印　　刷：辽宁新华印务有限公司
幅面尺寸：170mm×240mm
印　　张：23.75
字　　数：362 千字
出版时间：2020 年 1 月第 1 版
印刷时间：2020 年 1 月第 1 次印刷
责任编辑：赵维宁
装帧设计：留白文化
责任校对：吴艳杰
书　　号：ISBN 978-7-205-09759-2
定　　价：98.00 元

# 说 明

我研究中国近代史从 1980 年开始，当时已过不惑之年，起步较晚；一点近代史知识是当学生时听老师讲的，十几年过去，差不多全忘了，一切都得从头学起；加以后来做了十二年编辑，从事研究、写作的时间不多，所以写的文章也较少，有些文章已收入他书。本集选入的，大部分为论文，少部分为读史札记。

我主要致力于以立宪运动和袁世凯为中心的清末民初政治史研究，所写文章多属这两个方面，其他方面略有涉及。此次收入的文章，有的修改了少许文字，个别修改较多的于文后注明。另外，各篇文章未按发表的时间先后排列；注释中有些书名和规格不完全一致，本应统一起来，因条件限制，无能为力，只好保留原貌了。请读者谅解。

侯宜杰

2018 年 6 月 5 日

# 目 录

| | |
|---|---|
| 论康有为的变法纲领 | 1 |
| 略论翁同龢开缺原因 | 14 |
| 君主立宪派反动论商榷 | 24 |
| 革命派反对在中国实行君主立宪理论之评议 | 58 |
| 立宪派与革命派的阶级基础 | 71 |
| 预备立宪是中国政治制度近代化的开端 | 93 |
| 论清末立宪运动的进步作用 | 106 |
| 预备立宪失败的原因 | 121 |
| 应为康、梁和立宪派正名 | 130 |
| 清末的言论结社集会自由 | 141 |
| 清末合法政党宪友会的成立 | 156 |
| 辛亥前梁启超与革命派的矛盾 | 167 |
| 清末预备立宪时期的杨度 | 196 |
| 张謇与辛亥革命 | 218 |
| 袁世凯新政评议 | 240 |
| 评清末官制改革中赵炳麟与袁世凯的争论 | 255 |
| 如何评价袁世凯在辛亥革命中的作用——向季云飞先生请教 | 265 |
| 暗杀宋教仁的主谋尚难定论 | 278 |
| 莫理循与袁世凯——读《清末民初政情内幕》（下册） | 285 |
| 论黄兴不入中华革命党 | 296 |

| 杨度二题 | 307 |
| 《出使各国大臣奏请宣布立宪折》非载泽等所上 | 315 |
| 徐特立"断指血书"事考 | 319 |
| 清廷宣布了召开国会年限 | 325 |
| 张之洞对立宪的态度——与孔祥吉先生商榷 | 328 |
| 袁世凯早期史事订误 | 339 |
| 1896年袁世凯被参与徐世昌受聘无关 | 355 |
| 辛亥革命爆发后徐世昌是否密赴彰德会见袁世凯 | 358 |
| 《袁内阁请速定大计折》上奏问题商榷 | 365 |

# 论康有为的变法纲领

关于康有为在戊戌变法期间以何为其政治纲领，大体有三种意见：一为开制度局；二为变官制；三为制定宪法，召开国会，实行君主立宪。政治纲领系提出者规定的一定时期内的奋斗目标和基本方针政策。开制度局只是建立一个机构，这个机构本身体现不出政治纲领具体确切的内容，称不上政治纲领。变官制不过是康有为"变政"措施中重要的一项，尚且谈不上变法，何论政治纲领。康有为变法的终极目标是在中国实现资产阶级的君主立宪，以代替封建专制，变贫穷落后的中国为富强先进的中国，因此，实行君主立宪才是其政治纲领。由于制定宪法、召开国会为实现君主立宪的主要内容和标志，将二者视为政治纲领亦未尝不可。目前史学界持第三种说法者较多，而在具体论述时又诸多歧异，众说纷纭，争议颇大。笔者亦不揣冒昧，略抒管见，以就教于高明。

康有为一开始要求改革即着眼于政治方面，1895年的"公车上书"具体提出了改变官制和公举"议郎"的问题。"议郎"由十万户士民公举一人，不论已仕未仕皆可入选，"凡内外兴革大政，筹饷事宜，皆令会议于太和门，三占从二，下施部行"①。此为其提出国会问题的先声。同年6月30日，他又在《上清帝第四书》中提出"设议院以通下情"，主张"凡有政事，皇上御门，令之会议，三占从二，立即施行"。又言："会议之士，仍取上裁，不过达聪明目，集思广益，稍输下情，以便筹饷，用人之权，本不属是，乃使上德之宣，何有上权之损哉？"②

---

① 康有为：《上清帝第二书》，中国史学会主编：《戊戌变法》（2），第152—153页，上海人民出版社、上海书店出版社，2000年。
② 《戊戌变法》（2），第176、184、187页。

实事求是地说，此时的康有为尚未具有明确的立宪的思想。这不仅因为他讲的议院性质模糊不清，表面看似乎有立法权，而实际上其作用限制在"通下情"、"筹饷"、"达聪明目"，对于君权毫无损害，与资本主义国家的国会尚有相当的距离；而且因为他没有认识到实行君主立宪必不可少的东西——制定宪法的重要性。近代意义上的君主立宪制度，乃资产阶级与封建阶级妥协的产物。君主立宪者，资本主义国家的君主权力受到宪法限制之谓也。君主立宪，关键在"立宪"二字，"立宪"即制定宪法。资本主义国家的宪法产生于建立资产阶级民主政治制度的过程之中。为了取得政治上的民主自由，动员人民反封建斗争，资产阶级提出"主权在民"、"法律面前人人平等"以及代议制、普选制各主张。革命胜利后，他们就用宪法来确定这些民主原则。民主是宪法的内容和前提；宪法是对民主的确认和保障，是民主制度化和法律化的基本形式。宪法规定了资产阶级和人民群众所享有的民主自由权利，在君主立宪制国家，也规定了君主在国家中的地位和职权。故君主立宪，亦称"有限君主制"。所谓"有限君主制"，就是君主权力受到宪法的一定限制，君主行为不得逸出宪法规定的范围，否则即为违宪。在议会制的君主立宪国家，君主不直接支配国家权力，形同虚位；即使在二元制的君主立宪国家，君主的权力也在宪法内作了明确规定，不得专制独裁，为所欲为。换言之，君主必须在有限的范围内行使权力。君主立宪与君主专制最根本的区别，就在于有无资本主义性质的宪法限制君权，保障人民的民主权利，有者则为君主立宪，无者则为君主专制。仅有国会而无宪法（包括成文宪法与不成文宪法），君主权力不受限制，君主仍是专制君主，他可以随时剥夺民权，使国会的立法作用丧失殆尽，直至将国会消灭。所以，单纯主张召开国会，不提制定宪法，限制君权，极而言之，只能说初步产生了向君主立宪过渡的思想，即先召开国会，而后再进一步提出制定宪法，而不能说就是主张实行君主立宪。何况康有为此时提出的议院尚是一个性质模糊不清的议院。

据康有为自述，他明确讲立宪始于1897年11月之后："及丁酉胶变，数上疏陈，首言立宪。"①《上清帝第五书》在1897年12月下旬至1898年1月中旬之间，与其说法基本吻合，内言："伏愿皇上因胶警之变，下发愤之诏，……自

---

① 汤志钧编：《康有为政论集》上册，第597页，中华书局，1981年。

兹国事付国会议行,……采择万国律例,定宪法公私之分。"①要求光绪皇帝制定宪法,召开国会,正式表达了他的君主立宪主张。在向西方寻求真理的过程中,其政治思想成熟了。由此他开始了新的追求,大声疾呼,必须实行完全的变法:"能变则全,不变则亡,全变则强,小变仍亡。"②"方今不变固害,小变仍害,非大变全变骤变不能立国也。"③

究竟什么叫做"全变"呢?有的同志解释为全面的变革,包括政治、经济、军事、财政、文教、社会生活各方面。的确,康有为变法的范围很广,但其"全变"有特定的内涵。1898年6月百日维新高潮到来之后,他在进呈给光绪皇帝作为变法主要参考的《日本变政考》中写道:"购船置械,可谓之变器,不可谓之变事;设邮便,开矿务,可谓之变事矣,未可谓之变政;改官制,变选举,可谓之变政矣,未可谓之变法。日本改定国宪,变法之全体也,总摄百万亿政事之条理,范围百千万亿臣民之心志,建斗运枢,提纲挈领,使天下戢戢从风,故为政不劳而后举。……古之有国者,承前朝之余,则监前代而已;今之有国者,五洲共处,则当监欧墨,此又势之所必然矣。"④又写道:"变政全在定典章宪法,参采中外而斟酌其宜,草定章程,然后推行天下。"并说,日本如此而成效大著,"中国今欲大改法度","可采而用之"⑤。在康有为看来,只有制定宪法,总摄一切政事,范围全国心志,君民共同遵守,方可"提纲挈领,使天下戢戢从风,故为政不劳而后举",才可以叫做"全变"。可见康有为所说的"全变",实即制定宪法。制定宪法应参酌中外,效法欧美各国,日本与中国同文同俗,尤需采鉴。他把制定宪法视为变法的总纲领、总枢纽,算是抓住了实行君主立宪的根本,完全正确。

在《日本变政考》中,康有为还重点阐述了资本主义国家三权分立的政治原则:"泰西之强,在其政体之善也。其言政权有三:其一立法官,其一行法官,其一司法官。立法官论议之官,主造作制度,撰定章程者也。行法官主承宣布政,率作兴事者也。司法官主执宪掌律,绳愆纠谬者也。三官立而政体立,三官不相侵而政事举。夫国之有政体犹人之有身体也,心思者主谋议,立法者也;手足者

---

① 《戊戌变法》(2),第194页。
② 《戊戌变法》(2),第197页。
③ 康有为:《杰士上书汇录》卷2,故宫博物院藏本。
④ 康有为:《日本变政考》卷7。
⑤ 《日本变政考》卷9。

主持行，行法者也；耳目者主视听，司法者也。三者立以奉元首，而后人事举。而三者之中，心思最贵，……三官之中，立法最要，无谋议以立法，则终日所行，簿出期会，守旧循常，乘轩泛海，五月披裘，惟有沉溺暍死而已。……今吾中国百司皆行法之官，无立法之官也。维新之际，由归必蹶，而一切新政交部议之，是以行法官为立法官，……惟有败乱而已。……今欲行新法，非定三权，未可行也。"①认为三权分立是最好的政体，确立三权，军国大政皆可顺利举行。要推行变法，非首先确立三权分立的原则，采用资本主义国家的政体形式不可。值得指出的是，康有为并未把三者平列，他以形象的比喻分析了三者的相互关系，说明立法最为重要。的确如此。宪法和一切法律最典型地代表着制定者的利益，并确定国家政权的性质。在欧美一些资本主义国家，立法权向由议会操纵，象征着"主权在民"和民主政治。康有为也想把立法权掌握在民族资产阶级的代表人物手中，企图通过制定宪法和其他法律把中国纳入资本主义的轨道。

康有为认识到议会特别重要，还可从其再三指出的"立国必以议院为本"②，"议政别设专官，为泰西各国行政之根本"③，"日本维新之始基"④，得到证明。但他认为目前国会不能开，而省府州县的议会不能不开。他对国会及地方议会各种组织制度未予解释说明，不过，有一点很清楚，他主张议员"民选"，应选举西方那样的"富民"——资本家为议员。⑤这就把议会的阶级性清晰地表白出来了。

康有为对君主立宪主张的阐述，在广度与深度上均超过了早期维新思想家郑观应。可以说，郑观应是中国君主立宪主张的首倡者，康有为是比较全面地阐述并企图实践君主立宪主张的第一人。

不错，百日维新期间，康有为对其他问题提了不少建议，独未以本人名义上过一次制定宪法、召开国会的奏折、条陈。怎样解释这一现象呢？历史现象极其复杂，政治思想与政治实践之间差距很大。如从当时的实际情况出发，分析康有为的思想状况和具体行动，不难发现，他只不过权衡轻重缓急和利弊得失，分为若干步骤，有秩序有计划地向着制定宪法、召开国会的总奋斗目标前进而已，岂

---

① 《日本变政考》卷1。
② 《日本变政考》卷11。
③ 《日本变政考》卷2。
④ 《日本变政考》卷6。
⑤ 《日本变政考》卷6、11。

有他意!

众所周知,康有为在百日维新期间将开设制度局视为首要急务。为什么?因为不开制度局,"左右无谋议之人,全局无统筹之计",势必造成"零碎凑集,先后倒置,缓急失宜,变事而不变法,变法而不变人,医多药杂,凌乱妄投,脉乱病深"的严重后果。反之,"开制度局于宫中,以筹全局",便能收到"纲举目张,条规具举,内政外交,次第毕张,轻重得其宜,先后不紊其序,天下奔走踊跃,则民气日新,国势日壮"①之效。有了制度局,"更新乃有头脑,尤为变政下手之法"②。"必变定法度而后徐图举事","若欲变法而求下手之端,非开制度局不可。"③ 此即康有为至再至三强调首先开设制度局的主要理由。由此亦可看出,康有为的制度局乃是一个统筹全局、规划领导变法的最高机构。搞任何改革,均应有个"头脑",负责规划,统筹安排,下达指示,此理至为浅明,毋庸赘言。康有为主张设此机构领导变法,无疑是十分必要的、不容置辩的。

制度局的组织、作用与任务为:"妙选天下通才十数人为修撰,派王大臣总裁,体制平等,俾易商榷,每日值内,共同讨论,皇上亲临,折衷一是,将旧制新政,斟酌其宜,某政宜改,某事宜增,草定章程,考核至当。"④"开制度局以议宪法"⑤,"酌定宪法"⑥,"重修会典,大改律例"⑦,等等。

据此,有的同志认为制度局相当于资本主义国家的议会,为国家最高权力机关;有的认为是一种改头换面的议会,或具有立法职能的初级上议院。此论值得商榷。在资本主义君主立宪国家,国会的主要职能为立法,兼具监督作用;其议员,实行两院制的,上院有采取钦选者,有采取民选者,下院完全采取民选,人数多至数百,最少亦几十名。它有自己独特的内部组织机构、民主议事程序和表决方式。凡此,制度局皆不具备,人数很少,与国会或上议院毫无共同之处。从其作用看,

---

① 《杰士上书汇录》卷3。
② 《日本变政考》卷1。
③ 《杰士上书汇录》卷2。
④ 《杰士上书汇录》卷1。
⑤ 《日本变政考》跋。
⑥ 《戊戌变法档案史料》,第5页(宋伯鲁折,康有为代拟),中华书局,1958年。
⑦ 《日本变政考》卷2。

"以备顾问"①，"与咨新政"②，充当着顾问与咨询的角色，与国会迥异。从其任务看，起草宪法和各种法律及规章制度，颇有点立法的味道。然而，"通才"们也只能负责起草，参与讨论，提供初步意见，不能如国会那样作出正式议决，其意见仅属建议性质，不具备法律效力，"折衷一是"权属皇上（国会讨论议决提案，皇上并不出席），用康有为的话讲，"其用人议政，仍操之自上"③。至于"凡制度局所议定之新政，皆交十二局施行"④，那是指皇上当场首肯的政策，体现着君主个人的意志，与君主立宪国家的国会议决议案后，呈请君主批准，颁布施行，也有重大原则区别。

综观康有为设计的制度局，有理由认为，它是一个由君主亲自挂帅、王大臣领导、十数名"通才"组成的兼具多种职能的独特机构，其作用与任务有三：统筹全局，规划领导变法；供君主顾问咨询；草拟宪法和法律章制。它与国会没有什么渊源，不存在高低级别之分，亦非妥协方案，更非国会。

开设制度局是康有为的变法采取的第一个措施，也是必需的关键性措施，有了它，方有可能进一步讨论制定宪法和其他章程，部署一切，改变国家体制，具有十分积极的意义。当第一个措施尚未实现时，急急提出下一步行动便成为多余的了。出于如此考虑，他首先力争开设制度局。直至8月29日，他仍向光绪皇帝进言强调："制度局不开，措施之散漫乖错延搁如彼，犹泛沧海而无航，经沙漠而无导，冥行乱驶，而当风雨雾雪涛飓之交，而欲诞登彼岸，岂可得哉！"⑤由于顽固守旧大臣坚决反对，制度局终未建立起来。康有为继续努力，"以制度局不开，琐碎拾遗，终无当也，故议请开懋勤殿以议制度"⑥。光绪皇帝予以积极支持，但遭到慈禧大加申斥，开懋勤殿又成泡影，时在9月中旬。第一个措施始终落实不了，康有为"以制度局未开，不复言事矣"⑦。这就是他在百日维新期间没有再直接奏请条陈制定宪法的原因。

---

① 《杰士上书汇录》卷3。
② 《日本变政考》卷1。
③ 《日本变政考》卷1。
④ 《杰士上书汇录》卷1。
⑤ 《杰士上书汇录》卷2。
⑥ 《戊戌变法》（4），第159页。
⑦ 《戊戌变法》（4），第156页。

其实，康有为何尝忘记宪法，背弃自己的政治纲领。在 8 月进呈的《波兰分灭记》中，他明确写道："今吾贵族大臣，未肯开制度局以变法也。夫及今为之，或犹可望，稍迟数年，东北俄路既成，长驱南下，于是而我欲草定宪法，恐有勒令守旧法而不许者矣。"① 这表明：一、制度局是"草定宪法"的机构；二、他对顽固守旧的王公大臣不肯"草定宪法"十分痛恨，警告光绪皇帝，如迟延几年，沙俄势力扩张，中国虽欲"草定宪法"，亦不可能。急欲开制度局"草定宪法"之意溢于言表。同月 29 日，他又在《厘定官制，请分别官差，以行新政折》中写道："窃闻朝议纷纭，多有议厘定官制并裁冗署者。臣以为言之是也，而今行之非其时也。夫立政变法，有先后轻重之序，若欲厘定官制，须总筹全局，若者宜增，若者宜改，若者宜裁，若者宜并，草定宪法，酌定典章，令新政无遗，议拟安善，然后明诏大举，乃有实益。"② 这又表明，他仍把"草定宪法"视为"令新政无遗"的总纲，主张先定宪法，"总筹全局"，然后再厘定官制和举办其他新政。事实证明，直到 8 月末乃至 9 月中旬，康有为仍孜孜以求，催请光绪皇帝开制度局和懋勤殿，制定宪法。只是在顽固守旧势力的坚决抵拒下，他的愿望难以实现，政治纲领没有机会付诸实践罢了。在这一点上，其坚定性是难能可贵的。没有时间和机会实践，造因于客观条件，并不说明行为上的变节和背弃，其与洋务派的分野依旧清晰可见。

关于召开国会，康有为的确反对速开。谭嗣同、林旭、阔普通武欲开国会，均被其劝阻，表现反不如光绪皇帝，似乎有些倒退，甚至背弃。实则不然。他不主张速开国会的原因，人们熟知的有两点：其一，"守旧盈朝"或"旧党盈塞"③；其二，"民智未开，蚩蚩之愚，不通古今中外之故，而遽使之议政，适增其阻挠而已"④。或曰："民智不开，遽用民权，则举国聋瞽守旧愈甚，取乱之道也。"⑤

第一个原因包含两个意思。首先，是说维新势力极其弱小，召开国会仅仅有利于顽固守旧派，不利于维新派。结局必然如此。据严复 1897 年 7 月估计，当时的维新党"与守旧党比，不过千一与之比，其数极小"，何况"此党之中实能见西法所以然之故，而无所为而为者，不过数人"，其余皆为"有维新之貌而无维

---

① 《波兰分灭记》序，戊戌进呈本。
② 《杰士上书汇录》卷3。
③ 《戊戌变法》（4），第158、159页。
④ 《日本变政考》卷6。
⑤ 《日本变政考》卷11。

新之心者"。① 康有为亦深知："开新者通达中外，其人本寡，其势甚孤；守旧者承袭旧习，其人极多，其势甚大。"② 如采用民选办法选举，遍布朝野的顽固守旧势力上下左右互相勾结，狼狈为奸，屈指可数的维新分子难得获取几个议席，更无论操纵国会实权了。当时召开，等于将国会拱手送人。其次，是说势力强大的顽固守旧派极力阻挠，召开没有可能。看一看王公大臣、督抚和大批官僚对开制度局和新政措施的坚决抵制，拒不奉诏的恶劣态度，听一听他们对民权的恶毒诅咒，召开国会遭到他们的激烈反对，自在意料之中，想开也开不成。强行召开，只能加速变法失败。以上两点，无论是前者抑或后者，康有为估计得都不错，说的均系实情。这是他冷静地分析了新旧力量对比后得出的正确结论，表现出他的注重实际，不尚空谈，头脑清醒。

第二个原因讲得很清楚，"民智未开"，不能"遽用民权"。有什么错误吗？没有。处于穷乡僻壤的农民，占了全国人口的绝大多数，无需讳言，他们落后愚昧，对西方资本主义一无所知，让他们参政，只会使中国倒退，不会使中国前进。工人阶级刚出世不久，极其幼弱，根本不能在政治舞台上发挥作用。何况依照资产阶级选举法的规定，财产资格的限制，也会把农民和工人的选举权、被选举权剥夺掉。知识分子一向被八股试帖所束缚，接受封建教育，封建意识充塞头脑，基本上属于封建阶级，以他们固有的立场、观点和切身利益去立法，亦断不会使中国变为维新派理想的资本主义强国。封建官僚和地主阶级，自不待言。余下的就是民族资产阶级了。70年代以来，民族资本主义虽有较快发展，但在整个社会中的比重极小，民族资产阶级分子（包括正在转化中的分子）总的数量非常有限，尤乏明确的阶级意识，亦需先知先觉者向其灌输资本主义思想，以开其"智"，方能主动争取参政权，为本阶级效劳。

西方资产阶级议会政治的产生与确定，以资本主义的长足发展为经济前提，以要求自由、民主、平等的资产阶级为阶级基础，同时伴之以思想启蒙运动，进行普遍的民主教育。在中国实行议会政治，虽不必强求有如西方那样发展的经济前提和成熟的阶级基础，但也必须具备最基本的条件，不是任何时候都可以办得到的。这个基本条件不是别的，就是康有为所讲的"民智"，或者说民众的政治

---

① 《戊戌变法》（3），第76—77页。
② 《戊戌变法档案史料》，第2页（杨深秀折，康有为代拟）。

觉悟程度。具体地讲，必须有一定数量的民众具有资产阶级的思想意识，要求实行民主政治。否则，不可能剥夺君权。如上所述，当时中国的"民智"确实"未开"，人民政治思想水平特别低下，人民对西方资本主义国家的政治体制、政治学说、议会制度和思想意识等等，除极少数有所了解外，一般纯然不知其为何物，缺乏要求实行议会制度的主动性。觉悟程度如此低下的人民，怎能召开国会？超越民众觉悟程度，按照几个先进人物的意愿勉强实行，非但不能形成足以取代专制制度的新兴力量，反而使大批封建分子厕身其间，诚如康有为总结波兰国会时所云："议院亦徒存虚名而已。"① 康有为认为"民智未开"，不具备召开国会的条件，完全符合当时中国的实际情况，无可非议。

康有为反对立即召开国会，还由于想步趋日本，循序渐进。他说："日本变法二十四年，而后宪法大成，民气大和，人士知学，上下情通。而后议院立，礼乐莘莘，其君亦日益尊，其国日益安，此日本变法已成之效也。"② 又云："我朝变法，但采鉴于日本，一切已足。"③ 还明确讲："日本亦二十余年始开议院，吾今于开国会尚非其时也。"④ 他的变法方案主要"采鉴"日本，先定宪法、后开国会和不急于召开国会的思想均深受明治维新的影响。

康有为既反对立即召开国会，也反对永远不开国会，主张在适当时机召开，实行议会政治。对此，他在《日本变政考》中有一段议论："其民智愈开者则其国势愈强，英美诸国是矣。民智之始何基乎？基于学校。民智之成何验乎？验于议会。夫学校与议会相联络相始终者也，故学校未成，智识未开，遽兴议会者，取乱之道也。学校既成，智识既开，而犹禁议会者，害治之势也。夫议会之终不能禁，犹学校之必不能废也。夫谓议会之必不能开，皆导君以疑忌其民者也。夫君者民之父母，其爱民也如子女。夫父母之爱其子女而欲开其智也，必为之延师入塾焉，则学校之说也。及其学之成也，必自能作书焉，自能任事焉，则议会之说也。今知学校既不能废，而谓议会必不能开，则是父母为子延师就塾而欲其终身不能作一书办一事也，岂情理哉！"⑤ 又云："立国必以议院为本，议院又必以

---

① 康有为：《波兰分灭记》。
② 《日本变政考》卷12。
③ 《日本变政考》跋。
④ 《日本变政考》卷6。
⑤ 《日本变政考》卷7。

学校为本。"① 在此，他讲了学校与议院的关系，认为必须首先设立学校，进行新式教育，待民智开后方能设立议院。诚然，这种观点有些片面。"开民智"并不仅仅依赖于新式学校的建立，还有其他方法可供利用，从根本上说，有赖于资本主义经济的迅速发展和资产阶级队伍的逐步壮大。但是，开设国会必须做思想启蒙工作，提高国民的民主觉悟程度和政治素质，在资本主义发展极不充分的中国，尤其应该如此。而设立新式学校就是"开民智"的一种主要而有效的途径，他还是道出了一定的真理。岂但如此，他的议论实质上批驳了在国会召开问题上的两种错误观点，一是"遽兴"的冒进主义，二是"终禁"的取消主义。冒进主义不管民智开否，不顾条件成熟否，遽然兴办，操之过急，会把国家政事搞得一团糟，甚至造成大的动乱，不可取。取消主义无视民智之开，条件成熟，始终禁开，将导致君主疑忌民众，有害于国家治理，而且违背情理，同样不可取。他反对立即召开国会，坚持必须召开国会，二者是辩证的统一。当条件不成熟时，坚决反对之；当条件成熟时，坚决实行之。这种卓越的见解，深刻的思想，鲜明的态度，既把他与脱离现实的冒进者和深闭固拒的顽固守旧分子区别开来，又表明他坚持不懈地追求着召开国会的政治目标，显示了他理论上的成熟和实践上的稳健，较之不知以时间、条件为转移、静止不变的形而上学要高明得多。康有为在百日维新期间反对立即召开国会，绝非思想上倒退，策略的改变，地位发生了变化，背弃了政治纲领，而是根据具体情况作出的明智而正确的决策。

　　的确，提出政治纲领与实践政治纲领是不同的两回事。政治纲领是提出者规定的一定时期内的奋斗目标和基本方针政策，可以在较长时间内也可以在较短时间内实现，纲领与实践之间有一定的距离，并非一经提出就马上兑现。任何重大的政治改革都不是一蹴而就的，总需要相当的时间做各种准备工作，总要一步步前进，逐渐接近奋斗目标。以资本主义取代封建主义如此重大的政治纲领的实现，尤其需要充足的时间稳妥部署，物色人才，组织领导机构，起草章程，搞好舆论宣传、启蒙教育，做好人们的思想转化工作，需要一个适当的过渡时期。"变法之道，必有总纲，有次第，不能掇拾补缀而成，不能凌躐等级而至。"② 时机不到，怎能期望维新派一开始就立即颁布宪法、召开国会呢？如果连起码的准备工作都

---

① 《日本变政考》卷11。

② 《日本变政考》卷9。

不允许他们去做，那就不但有些苛求于人，不顾现实与可能，而且也忘记康有为是个主张改良的渐进主义者了。写到此，不禁使人想起孙中山。1905年他给同盟会规定的纲领中，有一项重要内容，即平均地权。时隔六年多，南京临时政府成立，他出任临时大总统，既没有宣布立即实行"平均地权"，也没有发表一个宣言，甚至在所有的讲话与文件中都未提及。他倒退了吗？背弃了吗？人皆不以为然。明知做不到，不能做，何必强提。康有为亦如此，况且他未掌权。所不同的是，南京临时政府时无人提出实行"平均地权"，戊戌变法时有人提出召开国会，所以，孙中山无需讲，康有为则非表态不可。

康有为以前力倡开国会，兴民权，百日维新后一变而为"乾纲独断，以君权雷厉风行"①，转变之大确乎令人费解，难免有倒退、背弃之嫌。细加分析，他有万不得已的苦衷，而其宗旨却未尝稍变。

当时的形势非常明显，顽固守旧势力远远超过维新势力，"与新政相反，力加阻挠"②。"其法之未立也，则思有以阻之，既立则缓延而耽搁之"，"及乎奉行不力，成效不见，而守旧迂拘之流反得籍口，以变法之无益，复生阻挠"③。闲居无所事事的冗员"专以造谣毁人为业，流言展转过于流贼"④，千方百计加以破坏。面对如此强大的敌人，依靠什么力量才能将其制服而使变法顺利进行下去？发动人民群众，维新派不是共产党人，不懂亦不敢；召开国会，条件不成熟，毫无希望；维新派自己去冲锋陷阵，官小人少力量微，有败而无胜；看来只有依仗君主的神圣权威了："若我中国，君权最重，但定心一意，雷厉风行以变之"，"其势最易"，"自无不变者"。⑤依靠皇帝的专制独裁手段强制推行，压制以至处决反对者，为变法扫清障碍，是一切自上而下的和平改革的必由之路，也是康有为从实际出发作出的唯一切实可行的抉择。非常遗憾，光绪皇帝并无真正的皇权，顽固守旧派的总后台慈禧处处遥控，在在掣肘。正因如此，顽固守旧分子猖狂恣肆，张牙舞爪。也正因如此，康有为希望光绪皇帝"乾纲独断"的威力越大越好，以便对抗慈禧，压制反对派，雷厉风行地变法，最后甚至不惜冒险借重袁世凯的兵力达到目的。

---

① 《日本变政考》卷1。
② 《日本变政考》卷1。
③ 《日本变政考》卷10。
④ 《日本变政考》卷11。
⑤ 《日本变政考》卷1。

实行自上而下的改革，特别在守旧派盈廷的情况下，必须树立一个能够做到令行禁止的绝对权威，否则，变法便无法开展。此时不强调尊君权，而侈言开国会，兴民权，无异于自撤屏障，将变法埋葬。康有为此时提倡尊君权并不错，可惜未能实现，果能实现，光绪皇帝以君主大权推行变法，戊戌维新的历史恐怕就要重写了。

这样说，决非肯定颂扬专制，康有为亦非让光绪皇帝永做专制皇帝。不应忘记，康有为认为光绪皇帝是维新的"圣主"，相信光绪皇帝能够实行变法，废除专制制度；更不应忘记，康有为尊君权的目的在于先借助君主的"乾纲独断"排除障碍，推行新政，以后逐步制定宪法，限制君权，召开国会，扩张民权，最终实现资产阶级君主立宪政体。即所谓"先以专制之君权变法，徐以公议之民权守成"①。"以君主之法，行民权之意"②，确系康有为的本意。一般地讲，君权与民权互相对立，主张民权与提倡君权互相矛盾，但不应将其绝对化；在由专制迈向君主立宪的和平改革中，除了对立矛盾的一面，还有利用君权以扩张民权的一面。起初，君权独尊，大于民权，随着改革的持续进行和深入发展，君权与民权的消长恰好成为反比，君权越来越小，民权越来越大，最后由宪法把二者的关系确定下来，将君权限制在一定范围之内。尊君权是自上而下进行的和平改革特别是开始阶段存在的一种必然现象，本不足怪。谓之皇权主义，看不到改革中君权与民权互相消长的过程，失之于绝对化。称之为开明专制似较恰如其分。但对开明专制不应理解成"专制"，将"开明"二字丢掉，而应理解成康有为所讲的"以君主之法，行民权之意"，亦即后来梁启超所明白宣示的作为由专制向君主立宪过渡的准备时期。一旦准备时期结束，宪法制定，国会召开，开明专制便告终止，立宪政体亦告成立。所以，康有为的尊君权也不是什么倒退和背弃，如果硬要说倒退的话，那也是为了稳妥顺利前进而倒退，背弃则无之。

再者，康有为尊君权也是为了充分发挥本人和维新志士的作用。他对光绪皇帝说："变法之始，首贵得人，君臣相得，有非常之任，然后有非常之功。"并极力称赞明治天皇知人善任："观日主之于伊藤，亦可谓知而能任，任而勿贰者

---

① 康有为：《答南北美洲诸华商论中国只可行立宪不可行革命书》，《康有为政论集》，第484页。
② 《戊戌变法》（4），第34页。

矣。"① 显然，他要求光绪皇帝完全信赖并重用维新人士。维新人士以"通才"而入制度局，参与变法决策，光绪皇帝"以君权雷厉风行"，他们的变法领导作用也就得以充分发挥出来了。倘若光绪皇帝的上谕无人奉行，他们的领导作用何从体现？故维新期间提倡尊君权，对于推行变法有利而无弊。

总之，康有为在百日维新期间，始终未忘宪法，未忘国会，一直在十分谨慎地为实现君主立宪的政治纲领而奋斗。建置统筹机构——开设制度局，即是其第一步具体行动。制度局开设以后，即条举总纲细目，权衡轻重缓急，有条不紊地次第进行，制定宪法，召开国会。然而，由于势力强大的顽固守旧派坚决抵制，开设制度局流产，因而他迈出的坚强有力的第一步落空了；紧接着顽固守旧势力起而反扑，发动反动政变，光绪皇帝被囚禁，制定宪法和召开国会还未来得及提到议事日程，变法即中寝夭折，康有为在中国近代史上企图实行君主立宪制度的尝试也随之而告失败。一切罪过都应归咎于以慈禧为首的反动顽固守旧势力，不能责怪来不及实行的康有为。倘若将百日维新中的康有为否定，戊戌变法运动就失去了进步意义，康有为向西方寻找真理的先进性也将黯然失色，这是不符合历史实际的。

（原载《清史研究集》第 7 辑，光明日报出版社，1990 年）

---

① 《日本变政考》卷9。

# 略论翁同龢开缺原因

关于翁同龢1898年6月15日开缺的原因,时人记载人言人殊,今人著作亦颇分歧,对此确有进一步深入研究的必要。

任何一位重要大臣的进退,除本人请辞、年高体弱不计外,均与最高当权者的赏识信赖与否,同僚拥护推重与否紧密相关。因此,要搞清翁同龢何以会在维新变法的关键时刻开缺回籍,也必须从分析他与慈禧太后、光绪皇帝以及军机大臣等的关系入手。

一

翁同龢秉性正直,遇事敢言,不畏权贵,品德优良。在封建官场中,这种优良品德可以得到正派人士的崇敬,也必然会引起某些心胸狭窄、阴险毒辣、觊觎权位者的不满和嫉恨。他"好延揽","广结纳",有其突出的长处;但却"必求为己用","不能容异己"①,又有致命的弱点。他两充帝师,名高望重,预闻军国,隐操实权,深受光绪信赖,较之其他大臣具有明显的优势,如果遇事慎重,虚心谦和,善处人际关系,其地位会日益巩固。然而,他非但没有正确运用这一优势,相反,却因此而滋长了骄横和跋扈,与同僚议事,往往轻视别人,固执己见,锋芒过露,偶有不合,便怫然不悦,争吵不休。尤其令人侧目者,则是其在争吵之后,"常入报帝,必伸己意"②,要光绪采纳,压制不同意见。所以他与同僚的关系很难融洽。以前,他与军机大臣沈桂芬、阎敬铭、潘祖荫都是如此。后来与孙毓汶、

---

① 金梁:《四朝佚闻》,《戊戌变法》(4),第222页。
② 金梁:《四朝佚闻》,《戊戌变法》(4),第222页。

徐用仪更是势同水火。连1897年7月逝世的清流派首领、军机大臣李鸿藻,也因政见歧异而搞得关系极为紧张,以致官场中传言:"李鸿藻一日不死,翁同龢一日不得逞。"①

我们再考察一下他开缺之前同军机处和内阁中主要人物的关系。

首席军机大臣、恭亲王奕䜣曾任议政王等要职,后被慈禧罢免。1894年中日战争爆发后复起用为总理衙门大臣、总理海军大臣、督办军务处大臣。翁同龢对其颇不尊重,如他在日记中写道:"恭奏对语颇杂,不得体,余不谓然。……赴督办处,……余与邸语不洽,拂衣先归。"②奕䜣不像蔺相如那样能识大体,缺少宽广的胸怀和恢宏的气度,对翁自是十分不满,时谋排斥之策。1894年12月奕䜣再任军机大臣的前一天,就面奏慈禧太后,撤掉上书房③,企图取消翁同龢毓庆宫行走的名义,以免翁利用帝师的特殊地位和进讲时得天独厚的便利条件造膝密陈,向光绪皇帝施加影响。此举虽经翁力争而罢,而奕䜣猜忌之心有增无减。翁以非变法不足以图存,曾拟诏敕十二条,商及奕䜣,为其所阻。④后奕䜣因议事"久受挫,积憾尤深"⑤。

军机大臣、礼亲王世铎亦为翁同龢所轻视,难免心中不快,怀有怨望。

军机大臣、满人刚毅尽管由翁同龢荐引进入枢府要地,但其思想顽固不化,与主张改革的翁同龢尤无多少共同语言。且其非正途出身,识汉字不多,常读错音,遭翁讥诮,引为大耻,日思报复。有记载说,刚毅"每称大舜为舜王,读皋陶之陶字为本音,并于外省奏折中指道员刘龘为刘鼐,经公(翁)当面诃斥,渠(刚)隐恨思报复矣"⑥。

清末的内阁虽无实权,因其地位尊崇,大学士的建言奏议仍有巨大作用,与一般闲曹迥然不同。1898年上半年,大学士中麟书于4月逝世,只有李鸿章、昆冈和徐桐三人。协办大学士仅荣禄和翁同龢二人。翁与其中几位均有很大矛盾和成见。

---

① 《戊戌变法档案史料》,第492页。
② 《翁文恭公日记》,光绪二十年十月十二日。
③ 《翁文恭公日记》,光绪二十年十一月九日。
④ 苏继祖:《清廷戊戌朝变记》,《戊戌变法》(1),第330页。
⑤ 金梁:《四朝佚闻》,《戊戌变法》(4),第222页。
⑥ 陈夔龙:《梦蕉亭杂记》,《戊戌变法》(1),第483页。

李鸿章在中日甲午战争中主和，与翁同龢截然对立，战后李失势，与翁嫌隙仍在。

徐桐"为掌院学士，亦未尝与所属讲学，然以谫陋，素为同龢等所嗤，而博学之士多出翁、潘（祖荫）门下，桐戒群众勿通（康）有为，凡言改制者，皆削弟子籍"①。其对翁同龢仇视之切可想而知。

荣禄为慈禧的心腹，更是一个不可忽视的人物。此人阴险而善权谋，以慈禧为护符，藐视光绪皇帝，对翁同龢积怨特深。这里仅举一例。1894年11月他在督办军务处任职时，曾给鹿传霖写过一个便条，内称："一，常熟（指翁）奸狡性成，真有令人不可思意[议]者。其误国之处，有胜于济南[宁]（指孙毓汶），与合肥（指李鸿章）可并论也。合肥甘为小人，而常熟则仍作伪君子。刻与共事，几于无日不因公事争执；……二，日前常熟欲令洋人汉纳根练兵十万，岁费饷银三千万，所有中国练军均可裁撤，拟定奏稿，由督办军务处具奏。鄙人大不以为然，力争之；……及至次早，上谓必须交汉纳根练兵十万，不准有人阻拦，并谕不准鄙人掣肘云云。是午间书房已有先入之言矣，奈何！"②

以上一些简单事实说明，翁同龢开缺之前在握有实权的军机大臣和具有巨大影响力的大学士之中，显然树敌过多，已处于孤立无援的境地。封建官场本就权势是竞，互相倾轧，何况政见不同。不要说翁同龢性格直率，固执己见，责人不留余地，开罪于人；即其依仗光绪皇帝偏爱，骄横跋扈，盛气凌人，就已使人无法忍受了。因为这不仅涉及是否尊重其他大臣，而且因其为皇帝师傅，备受光绪倚重，其他大臣不免把自己的进退荣辱看成在很大程度上操在翁同龢手里。所以他们势必心生妒忌，利用一切机会与翁明争暗斗，排挤打击，大进谗言。众口铄金，慈禧当然会听得入耳，就是对其一直信赖的光绪亦不能不无所疑。翁同龢在枢府树敌过多，处境孤立的这种情况，便决定了他有朝一日要被开缺的命运。

二

同僚的排挤进谗，只是构成对翁同龢不利的一面，如果光绪皇帝信任如初，

---

① 费行简：《慈禧传信录》，《戊戌变法》（1），第469页。
② 《荣禄致鹿传霖便条》，中国史学会主编《中日战争》（4），第576页，上海人民出版社，1956年。

慈禧太后对谗言不予理会，翁仍可久安其位；反之，同僚的排挤进谗即成为开缺的重要诱发因素。实际情况正是后一种。且看慈禧的态度。

一般地说，在1894年甲午战争之前，慈禧对翁同龢还是比较满意的，至同年12月，慈禧仍认为翁"信实可靠"①。

但自1895年翁同龢建言十二策，请旨颁行，遭到军机大臣孙毓汶、徐用仪坚决反对，翁向光绪密陈，7、8月间将孙、徐二人逐出军机之后，慈禧开始对翁大为不悦。"有与翁不和者，暗中谮于太后，谓翁取悦于皇上，妄思改变成法，此肇乱之道，恐其蛊惑皇上，宜早防范。"②同年12月，又发生了光绪亲近之臣吏部侍郎汪鸣銮和户部侍郎长麟"离间两宫"，革职永不叙用的事件。翁同龢尤为光绪所亲，更增慈禧疑忌。在反对派不断进谗下，慈禧终于在1896年2月裁撤上书房，罢去翁同龢毓庆宫行走差事，"令其不得与皇上有密谈"③。而"同龢不悟，遇事犹专辄如故"④。

1897年10月，翁同龢又因拨款事得罪慈禧。"有旨交户部提款百万，搭排云殿彩棚，以万寿期近也，常熟持不可。内务府某大臣希太后旨，遽拨百万与之。后意甚怒，逾月太后召见内务府大臣时，尚申申詈常熟不置也。"⑤

1898年初，康有为入京上书。守旧大臣即以"康有为此来，闻是翁、张（荫桓）所引，将树朋党以诱皇上变法者，亟宜防备之"⑥，耸动奕訢出而阻挠，并上闻慈禧。继之，翁同龢保荐康有为，谓康才胜其十倍，"请举国以听，太后尤恶其语"⑦。刚毅挟嫌进谗，"密奏太后，谓公（翁）植党荧惑圣听"⑧。荣禄则嘱总管太监李莲英言于慈禧，"谓同龢专横，且劝帝游历外洋。后闻大骇，召帝诘之，帝辩无是事，后弗信。"⑨

5月29日，御史王鹏运上折参劾翁同龢，中言翁将来"必有引敌自固，欲去

---

① 《翁文恭公日记》，光绪二十年十一月十日。
② 苏继祖：《清廷戊戌朝变记》，《戊戌变法》（1），第330—331页。
③ 梁启超：《戊戌政变记》，《戊戌变法》（1），第257页。
④ 胡思敬：《戊戌履霜录》，《戊戌变法》（4），第77页。
⑤ 小横香室主人：《清朝野史大观》卷1，第93页，江苏广陵古籍刻印社，1994年。
⑥ 苏继祖：《清廷戊戌朝变记》，《戊戌变法》（1），第332页。
⑦ 黄鸿寿：《清史纪事本末》，《戊戌变法》（4），第258页。
⑧ 唐文治：《茹经堂文集》，《戊戌变法》（4），第252页。
⑨ 费行简：《慈禧传信录》，《戊戌变法》（1），第464页。

不能之日"，宜早为防维。①阴结外援一类事情最为慈禧戒备，慈禧阅后疑心愈增。

恭亲王奕䜣垂危期间，慈禧与光绪曾三次亲临看视，"皇上问户部尚书翁同龢如何？奏称是所谓聚九州之铁，不能铸此错者"。②"太后问以遗言，泣奏翁心叵测，并及怙权。"③5月30日，奕䜣病逝，犹在遗折中奏请光绪"首重尊养慈闱"，"用人行政，伏望恪遵成宪，维系人心，与二三大臣维怀永图"④。奕䜣临终之言极为慈禧所重视，特别是"翁心叵测"和"怙权"的话，最能耸动慈禧视听，促其采取决断措施。

6月8日以后，慈禧召见庆亲王奕劻、荣禄和刚毅，"询及皇上近日任性乱为，要紧处汝等当阻之"。他们回答说："皇上天性，无人敢拦。"刚毅伏地痛哭，言"奴才婉谏，屡遭斥责"。慈禧又问："难道他自己一人筹画，也不商之你等？"荣禄、刚毅皆言："一切只有翁同龢能承皇上意旨。"刚毅并哭求劝阻。慈禧说："俟到时候，我自有办法。"⑤由此下定处置翁的决心。

6月10日，慈禧命光绪授荣禄为大学士，并管理以协办大学士、军机大臣翁同龢为尚书的户部；调刚毅为兵部尚书，晋升协办大学士；以崇礼为刑部尚书。这一人事上的举措，实是为将翁同龢开缺作准备。时隔四天，翁开缺之旨即下。

翁同龢开缺是否系慈禧强令光绪所为，尚无可靠资料证实。但由上述可以看出，翁之开缺肯定同慈禧密切相关。一些记载谓奉懿旨，当非无稽之谈。

## 三

光绪是否坚决反对将翁同龢开缺呢？也不是。

诚然，光绪冲龄典学，就受到师傅翁同龢的备极关怀，对翁感情最深最亲。亲政以后，翁"每递一折，上必问臣可否，盖眷倚极重"⑥。这种情况直到1898年初也未改变。

1898年2月开始，由于认识分歧，光绪与翁同龢之间逐渐产生了裂痕。到翁

---

① 中国第一历史档案馆：王鹏运《权奸误国请立予罢斥折》，光绪二十四年四月十日。
② 《申报》，光绪二十四年五月九日。
③ 金梁：《四朝佚闻》，《戊戌变法》（4），第222页。
④ 中国第一历史档案馆：奕䜣遗折，光绪二十四年四月十二日。
⑤ 苏继祖：《清廷戊戌朝变记》，《戊戌变法》（1），第332页。
⑥ 《翁文恭公日记》，光绪二十年十月八日。

开缺前,至少有以下几件事翁直接顶撞,搞得光绪极不愉快。

其一,2月1日,吏部因教案问题议复处分原山东巡抚李秉衡折上,翁同龢鉴于德国公使海靖"要挟过多,恐得步进步",拟暂留一二日再下,而"上意不然"。接着,光绪派翁到德国使馆会见海靖,就其索取各项条件进行"论说",翁"言此举无益,乃罢"。次日,光绪再要翁去,翁"未敢奉诏也"。5日,光绪又催,翁再次"顿首力辞"①。不论翁所据理由如何,光绪三次谕令,翁作为大臣,竟不奉诏,公然抗旨,这就有些不恭不敬,有负光绪的依赖和信任了。

其二,2月13日,光绪向翁索要黄遵宪著《日本国志》,翁"对未洽,颇致诘难"②。

其三,4月3日,讨论5日俄国公使巴布罗布觐见礼仪问题,光绪"著上纳陛亲递国电",翁则谓"此次该使并无格外请索,似不必加礼"。光绪"不谓然。谓此等小节,何妨先允,若待请而允,便后著矣,并有欲尽用西礼之语"。又谈到德国亲王觐见礼仪,光绪讲了自己的打算。翁对曰:"优待极矣,然有窒碍",申述了五点理由。光绪"皆驳之。并盛怒责刚毅,谓尔总不以为然,试问尔条陈者能行乎?否乎?"③在此,光绪反驳了翁同龢,仍给师傅留了很大脸面,但其"盛怒责刚毅",无异于盛怒责翁。翁亦明白,故于同日日记中写道:"圣意焦劳,臣等因循,一事不办,为可愧憾也。"5日,光绪接见巴布罗布等人,"宣谕用汉语,此皆从前所未有也"。此次礼节不仅庆亲王奕劻不知,连翁同龢"亦不知"④。光绪已感到翁不是在支持自己,而是在掣肘,故将其撇开,自行处理。

其四,5月26日,光绪命翁同龢传知康有为将所上书再写一份递进,翁答:"与康不往来。"光绪问其故,翁云:"此人居心叵测。"光绪又问:"前此何以不说?"翁对曰:"臣近见其《孔子改制考》知之。"次日,光绪再问,翁"对如昨"。光绪"发怒诘责"。翁提出让总署传知康有为,光绪却要翁让张荫桓传知。翁又抗言说:"张某日日进见,何不面谕?"光绪仍不允,翁无奈,最后勉强告诉张荫桓。⑤

这件事情,有的论者因翁曾删改日记,以为不可信。有的论者认为翁在顽固

---

① 《翁文恭公日记》,光绪二十四年正月十一、十二、十五日。
② 《翁文恭公日记》,光绪二十四年正月二十三日。
③ 《翁文恭公日记》,光绪二十四年三月十三日。
④ 《翁文恭公日记》,光绪二十四年三月十五日。
⑤ 《翁文恭公日记》,光绪二十四年四月初七、初八日。

守旧官员进攻面前惧谗畏祸，借辞推诿，记载是其真实思想的流露。笔者以为记载基本可信，但不同意后一种观点所持的理由。因为翁并非胆小怕事之人，此时其处境也未险恶到足以使其惧谗畏祸的程度。这期间指名参劾翁的仅于荫霖一人，而折还被光绪留中未发，隐寓保护之意。其后5月17日有人参劾康有为组织保国会，刚毅欲究保国会人员，为光绪制止。对此，翁同龢是很清楚的。如其真与康有为主张一致，光绪万无不保之理。翁此时虽不必因之会有恃无恐，然而也不至惧谗畏祸，借辞推诿。

翁之所以与康有为保持一定距离，主要是思想认识上原有差距。翁在以前确曾反对过筑铁路、造轮船，但并非顽固守旧派，后来他也讲求洋务，向光绪进呈冯桂芬的《校邠庐抗议》、汤震的《危言》、陈炽的《庸书》，赞成改革。不过，他进呈的著作也好，本人讲变法自强也好，均未超出封建制度改革的范围。在其思想中，还有一些更为落后乃至愚昧的东西，如相信地震、火灾等等为"天象示儆"，向光绪"首陈圣德宜以敬畏为务"，"力陈天戒可畏"，"以义利之辨陈说，大略谓圣贤之治迹，不必尽同，而治法不可无所本，今日急务也"①。1898年6月11日，光绪谈到"今宜专讲西学，明白宣示"时，翁还强调指出："西法不可不讲，圣贤义理之学尤不可忘"②，并在他所拟的明定国是诏旨中将这两句话加进去。凡此均与康有为要从根本上改造封建制度的思想不相容。所以他虽曾推荐康有为才可大用在先，而一旦发现二者的实质差别，便对康的态度有所保留，与康的距离也不能不保持在一定尺度之外了。

光绪对康有为甚为看重，要翁传知康有为这么一件小事，翁竟推三阻四，坚不受命。翁前说康才胜其十倍，现又突谓康"居心叵测"，态度变化之大前后判若两人，尤会使光绪怀疑翁因康将受重用，不甘屈居其下，故意中伤，不真心支持变法维新。这样说并非纯出臆断，因为此时是否采纳实行康有为的政治主张，已不是一般的行政措施，而是关乎确立基本国策的大局问题，如果翁对国家负责，对光绪负责，就应当在发觉康"居心叵测"后，及时向光绪报告，老老实实地讲出自己对康的认识，诚恳检讨前之荐康无知人之明，以便光绪认真考虑。不论翁

---

① 《翁文恭公日记》，光绪十四年十二月二十九日，十七年一月十七日，十九年七月四日，十五年一月六日。

② 《翁文恭公日记》，光绪二十四年四月二十三日。

作何想,知而不报,便是误国欺君,非正直大臣所当为,尤非为皇帝唯一长期信赖的翁同龢所当为。而翁恰恰未及时报告,经光绪追问方始说出。实事求是地说,在这个问题上,翁对光绪表现得并不忠诚,也不负责。这就无怪光绪"发怒诘责"了。

其五,6月12日,光绪欲于宫内接见外宾,翁又"以为不可,颇被诘责"。继而光绪因张荫桓被劾,疑翁"与彼有隙",叫翁"推重力保之",希望他们之间消除隔阂,并借重翁的地位影响,使通晓外情、支持变法的张荫桓得安其位。而翁非但不善体君意,勉为其难,反而"据理力陈,不敢阿附",而且"语特长"①。翁自己记下的这最后两句话,充分表现了他对光绪的态度是如何的不恭。

此外,在此期间,翁同龢两次被指名参劾,这也促使光绪对翁的认识有所转变。

一是4月27日安徽藩司于荫霖条陈时政,痛斥翁与张荫桓处理胶州湾问题一切满足德国要求,"误国无状","其词严厉"②。

二是5月29日御史王鹏运参劾翁与张荫桓"奸庸误国,狼狈相依","居心贪鄙,不恤国家"。谓"借洋款一事,李鸿章始与俄人商定借款九四扣,翁同龢、张荫桓以所扣太多不借。继则英国家愿借银无折扣,唯以三事相要,翁、张又以三事不可从不借。卒之三事皆勉许英人,而所借则英商八三扣之一万万两。夫九四扣诚多,视八三为何如?三事既已尽从,何为不借无扣之款?闻此事皆张荫桓与赫德在翁同龢私宅订立合同。洋报谓此次华借商款,该银行费银二百六十万两于中国经手之人,果谁氏耶?然则不借俄及英国家之款,其故可知矣"。"夫张荫桓奸贪劣迹,久已屡致人言,而翁同龢则自秉政以来尚未有诵言其失者"。"臣再四思维,使举朝皆相顾不言,皇上将谓其谋国果忠,足资倚任,恐骎寻日久,败坏至于不可挽回",请求将二人"立予罢斥"。③

于荫霖参劾翁同龢、张荫桓"误国无状",指办理外交失败,当然属实。然而当时国势凌夷,挽回无术,失败之责固不能仅由他们二人承担。光绪明悉实情,故将于折留中未发。

王鹏运参劾翁同龢与张荫桓朋谋纳贿则属另外一种性质。该折指出这笔借款的种种疑窦,以及"该银行费银二百六十万两于中国经手之人",任何人看后都

---

① 《翁文恭公日记》,光绪二十四年四月二十四日。
② 《翁文恭公日记》,光绪二十四年闰三月初八日。
③ 中国第一历史档案馆:王鹏运《权奸误国请立予罢斥折》,光绪二十四年四月十日。

不能不对经手其事的张荫桓与翁同龢产生怀疑。翁同龢如果确实没有受贿，是不难说清楚的。在当日光绪召见军机大臣的三刻时间内，"语多王（鹏运）劾余（翁同龢）与张荫桓朋谋纳赂也"，就是想把真相查清，同时也是为了还其一个清白。可是，翁同龢却没有如在其他问题上所表现的那样理直气壮，抗言争论，为自己辩白，只不过退朝后感到"薰莸同器，泾渭杂流，元规污人，能无嗟诧。"①认为受到张荫桓连累，慨叹权重受忌，有些委屈罢了。对这样一个有关自己声誉的重大问题，他采取如此态度，实在不似其平时的性格和所为，令人费解之至。同样令人费解的是，在其开缺后的6月26日，张荫桓告诉他光绪向军机大臣出示胡孚宸参折，仍斥他们二人平分二百六十万时，他仍不声明自己清白无辜，要张荫桓向光绪澄清事实，反而"漫听漫应之"②，不加任何辩解。无论其平日操守声名如何高尚，他未能对光绪解释清楚受贿之事，把自己解脱出来，光绪就不能无动于衷，因此，对此折的处理也较特殊，当日即送呈慈禧阅览。

以上七事，不是翁同龢直接反对光绪意旨，拒不受命，辜负重托，就是遭到参劾，人言藉藉。非但不能在民族危机严重关头和变法的关键时刻忠君之事，分君之忧，佐君之治，舒君之怀，反而断断争辩，哓哓不休，有失臣礼，干扰君心，增君困难。光绪过去虽然尊敬信任师傅，但毕竟是至高无上的皇帝，尊严神圣不可侵犯，君命不得违抗，翁的这些表现怎能不令其大失所望、大为愤怒？所以，开缺谕旨实亦出自光绪的本意。谕旨说："协办大学士翁同龢近来办事多不允协，以致众论不服，屡经有人参奏。且每于召对时咨询事件，任意可否，喜怒见于词色，渐露揽权狂悖情状，断难胜枢机之任。本应察明究办，予以重惩，姑念其毓庆宫行走有年，不忍遽加严谴，翁同龢著即开缺回籍，以示保全。"③这道朱谕为光绪亲笔拟就，所述翁的种种表现基本符合实际。或谓次日光绪仍将端阳节例赏纱葛赏翁，乃是开缺之旨非出自光绪之意的证明。实则光绪将翁开缺主要是出于政治上和涉嫌受贿的考虑，也可以说是忍痛而为之，并未因此而忘记多年的师生情谊，故仍赏最后一次纱葛，此与开缺谕旨中"以示保全"同一意义，显示出光绪对师傅的私人感情。尽管如此，他也不能对师傅继续"眷倚极重"了。

---

① 《翁文恭公日记》，光绪二十四年四月十日。
② 《翁文恭公日记》，光绪二十四年五月初八日。
③ 《翁文恭公日记》，光绪二十四年四月二十七日。

总而言之,翁同龢开缺的原因由多种因素构成,不能简单视之,仅仅归结为举荐康有为,或仅仅归咎于刚毅构谗陷害。这两种说法,前提都是认定开缺谕旨完全是由慈禧强制光绪所拟。若把光绪的态度作一番详细考察,就难于成立了。其时光绪有很大的自主权,即重要人事变动亦可独自处理。光绪正准备召见康有为,拔擢重用,如非因为其他问题,怎会仅仅因翁荐康而将其开缺?一些论著往往引用变法失败后翁交地方官严加管束谕旨,认为主要由刚毅构谗陷害所致,实际上此事只能说明刚毅阴狠,落井下石,并不能说明开缺即单纯由此造成。刚毅的构谗陷害能摇惑慈禧,成为慈禧逐翁的原因之一,但光绪对刚毅并无好感,岂能轻听其一面之词,而将过去倍加信赖的师傅逐出枢要之地?故我们应从多方面进行综合考察,才能作出较为合理的解释。

(原载常熟市人民政府、中国史学会合编《甲午战争与翁同龢》,中国人民大学出版社,1995年)

# 君主立宪派反动论商榷

对于清朝末年出现的立宪派,史学界存在着一种颇为流行的观点,即认为它是一种反动的政治力量。本文拟就1906年清廷颁发立宪诏旨以后立宪派的政治主张及其表现作一概括分析,提出几点不同意见,以就正于同志们。

一

关于辛亥革命以前的立宪派和立宪运动,持反动说的主要理由之一是:立宪派的基本立场站在封建主义一边,是清朝统治者的忠实走狗和帮凶,立宪运动的目的是为了维护清王朝的封建统治。

假若不是从现象上而是从本质上观察问题,不是从形式上而是内容上分析事物,那就不难发现,事情恰恰相反。

欲判断立宪派是否站在封建主义一边,维护封建统治,必须看他们对封建专制制度的态度。立宪运动的理论指导者梁启超在流亡日本初期就宣传反对封建专制,指出:"专制政体者,实数千年来破家亡国之总根源也。""为国民者,当视专制政体为大众之公敌。"[①]1906年以后又指出,君主独裁政体"以独力而作成真正之国家意思,在理在势,皆所不能"[②]。"稍有世界知识者,宜无不知专制政体不适于今日国家之生存。"[③] 其他人亦认为:"国家不可以孤立,政治不可

---

① 《论专制政体有百害于君主而无一利》,《新民丛报》第21期。
② 《中国国会制度私议》,《饮冰室合集·文集》第9册,广智书局,1911年。
③ 《政闻社宣言书》,见张枬、王忍之编:《辛亥革命前十年间时论选集》第2卷,下册,第1058页,三联书店,1963年。

独裁,孤立者国必亡,独裁者民必乱。"①因此,他们提出国民应该参与政权,说:"担负国事,参预政权,公民之天职也。"②大声疾呼国民要行动起来,铲除专制政体。《政闻社宣言书》写道:"苟其国民,对于专制政治,有一部分焉为反对之意思表示者,则专制之基必动摇,有大多数焉为反对之意思表示者,则专制之迹必永绝。"③宪政公会亦宣称:"恢复国民正当之权利,破除古来专制之积弊,……谋平和改革之要全,此吾党同志毕生之责任也。"④资料无需多引,仅此足可证明立宪派反对封建专制独裁政治非常坚决。封建专制独裁与封建主义、封建统治是一而二、二而一的,反对封建专制独裁,就是反对封建主义,反对封建统治,怎能说其立场是封建主义的?维护封建统治的?

立宪派属于新兴的民族资产阶级,强烈要求发展资本主义,阶级利益决定了他们必定反对封建主义。有些立宪派头面人物同封建政权联系较多,封建性较浓,人们爱拿这一点说明他们是专制政体的维护者。其实用它说明斗争性的强弱倒比较合适,若用以说明必然赞成专制政体就不一定了。梁启超是清政府的国事犯,政治主张同样是君宪。那些在国会请愿书上签了名的二十余万群众,在清政府任职、同封建政权有密切联系的又有几人?故判断一个政治派别是否维护封建专制政体,光看其成员中某几个人的出身、成分和带有若干封建性是不行的,除对封建专制制度的态度外,最根本的还是看其政治主张反映了哪个阶级的利益、愿望和要求。

立宪派要求什么样的政治呢?简单地说,就是立法权由国会(即议会)行之,行政权由责任内阁行之,司法权由审判厅行之的君主立宪政治。

立宪派所要的国会,是一个能够代表国民(首先是他们自己)的立法机关。其职权有七项:参与改定宪法、提出法律、议决法律、议决预算、审查决算,事后承诺,质问政府,上奏弹劾,受理请愿。"苟缺其一,即不成为国会。"⑤建立国会的目的在于减杀君权,不使滥用,"制一法,举一事,非得议会之可决,则不能见之实行"⑥。它可由两院组成,也可由一院组成,比较理想的是一院制。他

---

① 故宫博物院明清档案部编:《清末筹备立宪档案史料》下册,第609页,中华书局,1979年。
② 《中国宪政讲习会意见书》,《神州日报》1907年7月18—19日。
③ 《辛亥革命前十年间时论选集》第2卷,下册,第1058页。
④ 《宪政公会启》,《神州日报》1908年3月21日。
⑤ 梁启超:《论政府阻挠国会之非》,《国风报》第1年第17期。
⑥ 长舆:《立宪政治与舆论》,《国风报》第1年第13期。

们说:"吾国将来之国会,如有主张一院制而不承认上院者,吾侪谁不欢忭?"①议员"或全部分由人民选举,最少亦须一大部分由人民选举"。"是故无国会不得为立宪;有国会而非民选,不得为立宪。"②

责任内阁亦被称为"国民的政府",是国家最高行政机关,由总理及各部长官组成。它受国会监督,对国会负责。非惟不对君主负责任,还要代替君主负责任。"君主苟有国务上之行为,非得国务大臣之参与,不能生国法上之效力,一切敕诏,虽出君主之亲裁,必须大臣之副署。君主举动,苟有牴戾宪法而足以病国蠹民者,大臣可拒不署名,虽君主不能强使奉诏。"③

立宪派所说的司法,是"使审判官于法律范围之内,能自行其志,而不为行政官所束缚"的独立审判权。④

立宪政治必有宪法。在由谁制定宪法的问题上,他们的意见不完全一致,有的主张制宪权"归本于国民",有的主张君民共定,但大多数都希望制定英国式的"优等的"宪法,只有张謇等个别人要日本式宪法。他们提出,在宪法中要明确规定人民有言论著作、集会结社、请愿、居住、行为等自由权利,使"举国国民咸得发表其政见,以判论国政之得失。"⑤还有人提出:"宜于宪法上缩小政府之权限,而扩张国会之权限,庶可以尽熄专制之余灰,而确保人民之权利。"⑥

君主处于什么地位?立宪派说,君主仍是国家元首,神圣不可侵犯;但不负实际责任,其责任由内阁代负。说穿了,就是"使君主退听于无权,而屈己以从民意"⑦。梁启超说得更透彻:"但使立宪实行,政权全归国会,则皇帝不过坐支干修之废物耳。国势既定,存之废之,无关大计,岂虑其长能为虐哉!吾党所坚持立宪主义者,凡以此也。"⑧

以上就是立宪派所设计的君主立宪政治的大致方案。

此外,他们还十分向往资本主义国家的政党政治,反对官僚政治。认为政党

---

① 《国会请愿同志会意见书》,《国风报》第1年第9期。
② 梁启超:《宪政浅说》,《饮冰室合集·文集》第8册。
③ 长舆:《粤督滇督请立责任内阁折书后》,《国风报》第1年第15期。
④ 梁启超:《宪政浅说》。
⑤ 长舆:《立宪政治与舆论》。
⑥ 柳隅:《宪法与政治》,《国风报》第1年第23期。
⑦ 柳隅:《宪法与政治》。
⑧ 《致雪公书》,《梁任公先生年谱长编初稿》(6),第554页。

政治比官僚政治优越得多，而且国会成立之后，实行政党政治乃势所必然。故在要求立宪的同时，他们便开始了筹组政党的活动，预备将来"养成一大党"，"后日可与他之大党互相提携，如英、美之有两大政党者然"。①

由上可以看出，从理论根据到政权组织形式及其所包括的内容和开展政党活动等等，都是照搬的资本主义国家模式。他们所效法并一再推崇的国家，也是"现世之君主立宪国"的英、德、日诸国。可见其要求的政治，是不折不扣的资产阶级民主政治，与封建专制政治毫无共同之点。立宪派要求立宪、参与政权，就是企图用和平手段把国会、内阁和司法大权控制在本阶级手里，改造清政府，变封建专制政治为资产阶级民主政治。这种改革是根本性的改革，不是局部的改革或在原有基础上进行若干枝节改良。假使他们的主张得以实现，随之而来的必然是封建政权的解体，绝不会起到维护封建政权的作用。

保留皇帝不能成为反动的根据。自资本主义在世界确立之后，皇帝就不再为封建专制制度所独具。这时看一个国家的政权性质，便不能单纯以皇帝的有无断定，而应看政权掌握在哪个阶级手里，皇帝属于哪个阶级。立宪派心目中的皇帝是什么样的呢？梁启超说："君主立宪，必以先有君主为前提，而革命前（按：梁把实行立宪谓之政治革命）之旧君主既灭，则所谓君主者，其必革命后之新君主也。"②这就是说，他们所要的皇帝，不是实行立宪前代表地主阶级、主宰一切的封建旧皇帝，而是实行立宪后听凭资产阶级摆布的新傀儡。他表面上虽有无上尊荣，神圣不可侵犯，实际"不过虚器"③，犹如资产阶级客厅里端放着的一只美丽花瓶。他的存在，丝毫不影响立宪派所要求的国家政权的资产阶级性质，更不能代表地主阶级的统治。他们这样做，并非独出心裁，也是向资本主义国家学来的。学与不学大不一样，这里有一个质的飞跃，有两种社会制度的区别。一些资本主义国家至今还保留着皇帝，我们并不因此而否定这些国家的资本主义性质，何以立宪派保留皇帝即斥为反动呢？无视立宪派所要皇帝的阶级属性，强给他们冠以反动的罪名，是站不住脚的。

---

① 《国会请愿同志会意见书》，《国风报》第1年第9期。
② 《申论种族革命与政治革命之得失》，《辛亥革命十年前时论选集》第2卷，上册，第200页。
③ 钱基博：《辛亥革命运动中之蔡锷》，中国史学会主编：《辛亥革命》（6），第255页，上海人民出版社，1957年。

立宪派开始对清廷宣布预备立宪寄予较大希望，但不久即发现依靠它实行宪政不可能了。他们认为，"有强迫政府立宪之国民，无自行立宪之政府"。"国民决不可守消极之态度，而立于受动之地位，坐待他人之以政权授我也。"① 这样，从1907年下半年开始，他们便发动群众，进行和平请愿运动，同清廷斗争了几年。从斗争中，可以进一步看出立宪派鲜明的阶级立场和政治倾向。

1907年9月，熊范舆等上书都察院，呈请在一二年内开设民选议院。指出："人心思乱，祸变迭兴"，乃"独裁之政体有以酿成之"。欲除"独裁之弊"，必须实行三权分立制度，"使万机决于公论，政权广及齐民"②。清廷于9月20日下令说，议院一时不能成立，先筹设资政院，以立议院基础。下月，令各省筹备谘议局。但到了12月，又接连颁发两道上谕，说什么"各国君主立宪政体，率皆大权统于朝廷，庶政公诸舆论，而施行庶政，裁决舆论，仍自朝廷主之。民间集会结社暨一切言论著作，莫不有法律为之范围"。"倘有好事之徒，纠集煽惑，构酿巨患，国法具在，断难姑容，必宜从严禁办。"③ 严令学部整顿学风，不准学生"逾越范围，干预外事"。④ 同时制定报律、结社集会律，加强封建专政。

立宪派未为吓倒，立即予以反击，指出政府剥夺人民自由。1908年1月，他们发表《请开国会之理由书》，痛诋资政院未有民选精神，不能代表国民，号召国民"集于辇毂之下，为帝阍之呼吁"。⑤ 接着，国内各省和海外华侨相继发起请愿签名运动。7月，预备立宪公会的领袖郑孝胥、张謇、汤寿潜和政闻社先后致电宪政编查馆，要求在二三年内召集国会，国会期成会上书要求立即宣布召开国会最短年限。25日，清廷以法部主事、政闻社员陈景仁电请三年内召开国会，革阻挠立宪的考察宪政大臣于式枚以谢天下，发布上谕，将陈革职。8月13日，又以政闻社"内多悖逆要犯，广敛资财，纠结党类，托名研究时务，阴图煽乱，扰害治安"，下令查禁，严拿惩办社员。⑥ 此时，十余省的代表已齐至北京，清廷不得不将宪法大纲、议院法、选举法要领及逐年筹备事宜公布，宣告召开国会

---

① 《中国宪政讲习会意见书》，《神州日报》1907年7月18—19日。
② 《清末筹备立宪档案史料》下册，第610—616页。
③ 《清末筹备立宪档案史料》上册，第53—54页。
④ 《德宗景皇帝实录》卷583，第6页。
⑤ 《辛亥革命十年前时论选集》第3卷，第132页。
⑥ 《德宗景皇帝实录》卷594，第13页。

以九年为期。

1908年11月光绪、慈禧去世，宣统即位，摄政王载沣当政。载沣重申召开国会仍以九年为期。由于立宪派忙于筹备谘议局，请愿运动沉寂了一段时间。

1909年10月各省谘议局成立，给立宪派的活动提供了一个合法阵地。他们感到九年时间太长，亟谋提前。12月，十六省议员代表在上海组成赴京请愿代表团。1910年1月代表团抵京，上书要求一年内召集国会。清廷嘉奖了他们的"爱国悃忱"，但借口"筹备既未完全，国民知识程度又未画一"，加以拒绝。① 第一次全国性的联合请愿失败。

立宪派在京成立了国会请愿同志会，准备更大规模的请愿，同时发表了一篇洋洋万余言的《国会请愿同志会意见书》。《意见书》阐述了速开国会的必要性，驳斥了清廷不能速开国会的两点理由，批判了"资政院可以代国会"的谬论。指出：资政院与国会性质绝不相同，"一为专制政体之议政机关，一为立宪政体之监督机关。今日人民之所以请愿速开国会者，正欲易专制政体为立宪政体"。一度沉闷的梁启超亦接二连三地抨击清廷搞的九年筹备案是："涂饰迁延"，"本末倒置"，"卤莽灭裂，不成片断"，"假立宪之名，行专制之实"。②

6月，代表团第二次联合请愿。27日，清廷发布上谕，以财政困难，各地受灾为由，再次拒绝。并说："惟思国家至重，宪政至繁，缓急先后之间，为治乱安危所系，壮往则有悔，深虑则获全。"以后"毋得再行渎请"。③

立宪派有些恼怒，严厉指责清廷不筹办国会，就是不打算筹办宪政。并警告说："现今之政治组织，循而不改，不及三年，国必大乱，以至于亡，而宣统八年召集国会，为将来历史上所必无之事也。"④

10月，资政院开会。请愿代表团第三次上书资政院和摄政王，并遍谒当道，力陈必须速开国会。孙洪伊等在上书中针对6月27日的上谕写道："有责任内阁谓之宪政，无责任内阁谓之非宪政；有国会则有责任内阁，无国会则无责任内阁。责任内阁者宪政之本也，国会者又其本之本也"。"是故他事皆可后，而惟国会

---

① 《清末筹备立宪档案史料》下册，第641页。
② 《立宪九年预备案恭跋》，《国风报》第1年第1期；《国会期限问题》，《国风报》第1年第3期；《责任内阁释义》，《饮冰室合集·文集》第10册。
③ 《清末筹备立宪档案史料》下册，第645页。
④ 梁启超：《论政府阻挠国会之非》，《国风报》第1年第17期。

宜最先；他事皆可缓，而惟国会宜最急。谕旨谓缓急先后之间为治乱安危所系者，岂不以此耶！"要求于宣统三年（1911）召开国会。①顺直各省谘议局再次强调指出："资政院与议院居于反对之极端，非基础之预备。欲预备立宪基础，非速开国会不可。"②资政院议决提前设立议院，上奏朝廷。十七省督抚亦两次联衔电奏立即组织责任内阁，明年开设国会。请廷被迫于11月4日颁发上谕，将召开国会时间缩改于宣统五年，比原来提前了三年。但又宣称："一经宣布，万不能再议更张"。"此后，倘有无知愚氓，借词煽惑，或希图破坏，或逾越范围，均足扰害治安，必即按法惩办。"③同日又谕令各代表马上回籍，静候朝廷次第施行。

  清廷让步后，江浙地区有些立宪派以为有了一定结果，看到朝廷震怒，不敢再行请愿。四川、湖南、湖北、直隶、奉天等省仍坚持斗争。12月，奉天派出十余名代表赴京进行第四次请愿。天津学界在温世霖领导下，联合各团体，倡议全国学生罢课，要求再缩短召开国会年限。12月24日，清廷谕令将奉天代表强行押离北京，宣告："各省如再有聚众滋闹情事，即非安分良民"，应即"查拿严办，毋稍纵容"。④温世霖被判处徒刑，发配新疆。次年1月2日又谕令各省查禁弹压学生运动，"不准干预国家政治"。⑤在暴力镇压下，请愿运动又告失败。

  1910年11月，资政院质问军机大臣对于内外行政，是否负完全责任。军机处回答：现在难以答复。资政院据此奏参军机大臣不负责任，难资辅弼，请求迅即组织内阁，并宣示军机大臣责任。清廷降旨说："军机大臣负责任与不负责任暨设立责任内阁事宜，朝廷自有权衡，非该院总裁等所得擅预，所请著毋容议。"⑥这种蛮横态度引起谘议局强烈不满，一些谘议局指斥上谕"俱失朝廷立宪真意，尤动摇国会基础"，"与立宪原则相反"，声称"亿兆人断不期此无实之宪政"。山西谘议局还表示，如争之无效，愿同资政院一起解散。⑦

  1911年5月8日，奕劻皇族内阁组成，假立宪暴露无遗。各省谘议局联合会

---

① 《国会请愿代表孙洪伊等上资政院书》，《国风报》第1年第26期。
② 《资政院奏请速开国会折》，《国风报》第1年第28期。
③ 《清末筹备立宪档案史料》上册，第79页。
④ 《清末筹备立宪档案史料》下册，第652—653页。
⑤ 《清末筹备立宪档案史料》下册，第653页。
⑥ 《清末筹备立宪档案史料》上册，第547页。
⑦ 《中国纪事》，《国风报》第1年第33期。

立即上书,谓皇族内阁与君主立宪政体不相容,请另简大臣充当内阁总理。清廷不予回答。6月,联合会向全国人民宣告:新内阁执行的政策,均与国民"所希望者相佐","名为内阁,实则军机,名为立宪,实则为专制矣"。①7月初,再次呈请另组责任内阁。清廷谕令:"黜陟百司,系君上大权,载在先朝钦定宪法大纲,并注明议员不得干预。值兹预备立宪之时,凡我君民上下,何得稍出乎大纲范围之外。乃议员等一再陈请,议论渐进嚣张,若不亟为申明,日久恐滋流弊。朝廷用人,审时度势,一秉大公,尔臣民等均当懔遵钦定宪法大纲,不得率行干请,以符君主立宪之本旨。"②谘议局联合会立即向各团体发出通知书,详细驳斥了上谕。声明:奏请废除皇族内阁,正是恪遵宪法大纲而行。授亲贵以国务,无以明朝廷大公之心迹,皇族组阁问题绝对不能通融。通知书斥责所谓"不得率行干请"说:"既为立宪,而禁臣民为政治上之干请,犹得曰'庶政公诸舆论'耶?犹得曰'符君主立宪之本旨'耶?"揭穿了清廷欲"缄天下之口"的险恶居心。最后悲愤地宣告:自今以往,"我人民无复可谈政治改良之一日","其何望矣"!③

立宪派还从宪法角度驳斥了"君上大权",指出:中国是"国民的国家,而非家族的国家"。"君主之地位,不过为国家之一机关",清廷动言"君上大权或大权政治者,实为违反乎国法"。④皇帝总揽政治权,是"逾越法律之范围,剥夺人民之权利"。只有"以议会为国家最高之机关,始能定立宪之局"。⑤

立宪派同清廷斗争的过程至少证明:第一,他们坚决反对封建专制独裁、不能代表民意的资政院、皇族内阁、钦定宪法;所坚持的是各资本主义国家中通行的民权自由、国会、责任内阁、民主宪法。总之,要求易封建专制政体为资产阶级立宪政体。只看到立宪派要求立宪有与清廷表面上相同的一面,忽视了他们要求立宪的实际内容,就难免得出贬抑立宪派的错误结论。第二,他们并不因清廷的强大压力而放弃、改变资产阶级民主政治的主张,转到封建主义的立场上去,成为清廷的忠实走狗和帮凶。相反的,清廷的守旧暴戾,使他们的对立情绪愈来愈大,言词日趋激烈,最后终于对清廷绝望,与之分道扬镳。

① 《谘议局联合会宣告全国书》,《国风报》第2年第14期。
② 《清末筹备立宪档案史料》上册,第579页。
③ 《直省谘议局联合会为阁制案续行请愿通告各团体书》,《国风报》第2年第16期。
④ 柳隅:《中国宪法之根本问题》,《国风报》第1年第35期。
⑤ 柳隅:《中国宪法上君主之地位》,《国风报》第2年第16期。

立宪派一方面多次在全国范围内发动群众向清廷示威，痛斥上谕，无情鞭挞了封建专制的黑暗，揭露了清政府的腐朽与守旧；一方面广泛地宣传了资产阶级的政治常识和自由民主思想，提高了人民的民主主义觉悟，促进了人民的觉醒，使人民认识到清政府的不可救药，不能再对之抱有任何幻想。所有这些，不仅起不到维护封建政权的作用，反而加速了它的瓦解，为辛亥革命的到来和胜利创造了一定的条件。

有的同志认为，立宪派具有"两重性"，既有维护封建政权的"反动"一面，又有宣传西方资产阶级社会、政治、伦理学说的积极一面，实难自圆其说。因为封建主义与民主主义，维护封建政权与宣传资产阶级的学说不相容。凡维护封建政权的反动分子，其言行决不会逸出封建专制主义的常轨之外多少，更不会宣传资产阶级的学说，发动群众要求实行资产阶级宪政，授人以破坏封建主义的理论思想武器。反之，宣传民主主义、资产阶级学说，亦不可能再去维护封建政权，否则，宣传就失去了任何意义。立宪派宣传前者，正是要实现前者，破坏后者；而且宣传前者，只能破坏后者，无法维护后者。事实说明，他们没有使自己陷入一面努力维护封建政权，一面大喊大叫坚决铲除封建专制政体的明显自我矛盾之中。惟有承认立宪派站在资产阶级立场，要求建立资产阶级政权，反对封建政权的一重性，才能对其在请愿活动中的表现作出合理的解释，对其所起的作用作出确当评价。

清朝末年，国内的主要矛盾是封建主义与人民大众的矛盾。新兴的民族资产阶级自动地承担起领导铲除封建专制制度的任务，以不同方式开展了反封建主义斗争。资产阶级民主运动成为历史发展的潮流，汹涌澎湃，不可阻挡。在这样一个封建王朝依然统治，民主革命尚未取得胜利的时代，区分进步与反动以什么为标准？我认为只能看其是否顺应这个历史发展的潮流。顺应潮流，赞成并为资产阶级民主政治而奋斗的一切阶级、集团和个人，不论斗争采取武力的还是和平的，公开的还是秘密的，均为进步的力量，进步的运动；反之，逆潮流而动，维护封建专制政治的，即为反动的力量，反动的运动。立宪派反对封建专制制度，追求资产阶级民主政治，资产阶级立场表现得至为明显，正顺应了历史发展的潮流，理应是当时社会上一种进步的政治力量。如曰反对封建专制、为资产阶级民主政治而奋斗为反动，请问什么力量才算进步？

比较一下立宪派和革命派根本宗旨的异同,更有助于对此问题的认识。革命派主张民主立宪,立宪派主张君主立宪,二者的理论根据都来源于资产阶级的政治学说,所追求的都是资本主义国家式的国会、内阁、司法和民主自由,区别仅仅在于一个要民选的总统,一个要听命于资产阶级的皇帝,尽管这个区别表现了在反封建问题上立宪派不如革命派彻底,但正如一个要美国式的民主政治,一个要英国式的民主政治一样,其根本宗旨基本相同。有的同志不承认这一点,认为两派所走的道路是鲜明对立着的两条道路,可惜没有阐明"对立"之所在。对这个问题,某些当事人心中倒很明白。梁启超即多次讲过两派目的相同,陈天华死后,梁亦说过"后死者益崇拜之而思竟其志"的话。① 革命派尽管激烈批评立宪派要求君宪纯属幻想,搞假立宪愚弄人民(此点不符合事实),但未指责君宪主义本身反动,有些还对它表示了肯定和欢迎。革命派刊物《民心》明确讲过:"立宪而至于英国,亦吾国上下之所愿也。"② 汪精卫亦认为:"夫君主依于宪法,虽欲为恶而不能,以视专制之世,徒望君主以不为恶者,固为胜之。"还说,如立宪派敢于坚持"所抱之目的",同清政府进行不屈不挠的斗争,则不仅可以"激成大革命之风潮","由是与一般人民呼吸相通",而且"能使其目的炳然著于天下,而得天下人之同意"。③ 既然两派的根本宗旨并不相悖,何得谓一个革命,一个反动?

反动说的另一重大理由是立宪派反对用革命暴力推翻清政府,鼓吹立宪系防止革命,把革命派看作不共戴天的仇敌,是反革命。此论亦值得商榷。

首先,立宪派反对以革命暴力推翻清政府不等于反革命和维护封建专制统治。为实现同一目的而主用不同手段是两派的主要分歧。立宪派认为,其目的与革命派一致,而采用革命暴力手段会造成重大流血牺牲,大伤国家元气,引起外国干涉,有亡国危险,不如采用和平手段进行"政治革命",建立资产阶级政权理想,故反对使用革命暴力。不错,立宪派搞立宪运动亦为预防革命发生,但又是怎么回事呢?看看他们向清廷的献策吧:"平革命之策,决不在兵力的而当以政治的"。"非以参政之权予人民,则全中国革命之风气,必不可得而熄。"④ "欲禁

---

① 《申论种族革命与政治革命之得失》,《新民丛报》第76期。
② 《对于政府之民心》,《辛亥革命前十年间时论选集》第3卷,第829页。
③ 精卫:《论革命之趋势》,《辛亥革命前十年间时论选集》第3卷,第537、545页。
④ 蒋智由:《变法后中国立国之大政策论》,《政论》第1期。

遏革命党使不发生者，无外于政治改良"。"当政党发生之日，政府之所以待之者，有唯一之方法焉，曰承认政党是已。"①"决不在兵力的"是说不能用武力镇压革命党人（立宪党人一再讲到这点）；"承认政党"即承认革命党的合法地位；"以参政之权予人民"指允许革命党人参政；所谓"当以政治的"、"政治改良"，即变专制政体为立宪政体。在他们看来，立宪实现，革命党人的目的就达到了，再加允许革命党人合法存在和参政，革命风潮自然就闹不起来了。此即立宪派预防革命发生的真实含义。由此可见，立宪派之反对使用革命暴力，预防革命发生，决不是为了维护封建专制统治，而是企图用另一种手段达到革命党人的目的。明乎此，就不致把它与反革命等同起来了。实际上，立宪派反对武力镇压革命党，主张允许革命党人合法存在和参与政权，就足以说明他们不是以反革命为目的了。

革命派坚决主张武力推翻清政府，说明他们对清政府的认识比立宪派深刻，斗争性比立宪派坚强，不愧为先进阶级的代表。然而，我们却不能以其为唯一尺度去衡量其他势力，把一切达不到其觉悟程度的力量目为反动。否则，便会导致其他谬误。如当时的农民阶级就缺乏革命派的那种民主主义觉悟，可是反封建斗争的积极性并不亚于革命派，能说他们反动吗？不能。立宪派毕竟是在为民主主义而斗争，愿望是好的，不是要拉历史车轮倒转或停滞不前。再者，虽然历史已经证明清廷自动交出政权，和平夺取政权的方法行不通，但对当时的立宪派来讲，这还是个有待亲自实践的问题。在民族资产阶级刚刚开始承担起救亡图存的历史重任，向西方和东方的先进国家寻求真理时，革命派和立宪派分别选择了自己认为最理想的办法，应该允许他们从事各式各样的实践，允许犯错误。世界上不存在不走弯路、不犯错误的政党和个人，哪能实践失败一次就骂倒呢！何况立宪运动本身还有其积极作用。诚然，清廷被推翻的事实说明采用暴力手段比和平手段正确，革命派比立宪派高明。但历史也同样证明，暴力手段仅能推翻清廷，不能再前进一步。从完成反帝反封建任务和建立真正的资产阶级共和国目的来看，革命派的暴力手段亦归于无效，孙中山领导多次武装斗争，皆未如愿，他为此而抱恨终天。在半封建半殖民地的中国，资本主义道路根本走不通。对此，不了解中国国情的民族资产阶级毫无认识。因而不论采用什么手段，结果仍是失败。所以，

---

① 与之：《论中国现在之党派及将来之政党》，《新民丛报》第92期。

尽管在为民主主义而奋斗的过程中，立宪派的表现比革命派逊色，但却不能因和平夺权方法行不通，就骂立宪派反动。

其次，立宪派并未把革命派视为不共戴天的仇敌。常被引作立宪派视革命党为仇敌的例子是梁启超下列的话："今者我党与政府死战，犹是第二义，与革党死战，乃是第一义。有彼无我，有我则无彼。"① 孤立地看这几句话，固是如此，若把前后文联系起来分析，就未必了。在此之前还有两段话："今日局面，革命党鸱张梦延，殆遍全国。我今日必须竭全力与之争大举，以谋进取，不然将无吾党立足之地。故拟在上海开设本部后，即派员到各省州县演说开会，占得一县，即有一县之势力，占得一府，即有一府之势力，不然者我先荆天棘地矣（现敌党在南方一带，已骎骎占势力，我党一面在南方与彼殊死战，一面急其所不急者先下手，以取北方……）"。"革党现在东京占极大之势力，万余学生从之者过半，……近且举国若狂矣。东京各省人皆有，彼播种于此间，而蔓延于内地，真心腹之大患，万不能轻视者也。"其后则有："然我苟非与政府死战，则亦不能收天下之望，而杀彼党之势，故战政府亦今日万不可缓之著也。"一望而知，这里谈的完全是"敌党"之间，亦即资产阶级不同党派之间争势力、争地盘的问题，未把革命党看作天字第一号的严格意义上的阶级敌人。梁之所以把"与革党死战"看作"第一义"，主要因为革命党的力量在日本等地迅速增强，影响日大，威胁到立宪派的发展，大有独擎民主运动旗帜之势。梁深深感到，在两派竞争中，本派已处于劣势。为了获得"立足之地"，摆脱困境，他认为必须首先"与革党死战"，故准备派人回国到各地活动，特别到革命党不注意的北方活动，亟谋发展。为达此目的，梁认为必须同时"与政府死战"，以"收天下之望"，否则也不能在竞争中获胜。还应特别指出，其与革命党"死战"，完全是为了"竭全力与之争大举"。"大举"，在革命派那里是武力推翻清政府，在立宪派那里则是大搞立宪运动，改造封建政权，代之以资产阶级政权。可见其战革命党的目的，是同革命党争夺民主运动的领导权，"与政府死战"，不是为了消灭对方，讨好清廷。梁说上述几句话指的是特定的事情，把它作为其视革命党为仇敌的证据是难以成立的。

梁说"与革党死战"，还和革命党人拒绝和解有关。1906年3月，梁曾向革

---

① 《与夫子大人书》，《梁任公先生年谱长编初稿》（4），第360页。

命党提出停止论战,不要互相敌视,说:"夫使诸君所执排满共和之手段,而果足以救国,则诸君坚持之宜矣。然于他人之执他手段而欲以救国者,犹当以其目的之相同而勿与为敌。……两相排而其力两相消,卒并归于无有而已。所耗者所消者非他,一国中有热血有知识之人之实力也。一国中有热血有知识者能得几人,其人之实力即一国之元气,而国所赖以不亡者也。今徒以此而消焉耗焉,夫安得不为国家前途恸哭也!"要求两派"允宜节制感情,共向一最高之目的以进行"。①下半年,又比较详细地阐述了他的观点:"一面实行要求(指要求清廷实行立宪——笔者),一面预备为要求后援之武力。要求而遂耶,则武力戢而不用,如天之福也;若经若干年而要求仍不遂耶,其时武力之预备已充实,则一举而颠覆之可也。夫在最近十数年间,武力之预备,等之未充实也,革命军等之未能起也,则何苦不利用此岁月,效各国之成例而以要求先之也耶?""夫此政策决非与排满主义不相容明甚也"。"吾党做劝告开明功夫,未必不为彼党间接生助力,彼党做预备革命功夫,亦未必不为吾党间接生助力,此所谓相反而实相成也。夫要求,各国立宪前惯用之成例也。……要求果何害于名节耶?""军备不可无而非必用也,有之则虽不用而其效力与用等矣。信如是也,则彼报与我报可以相提携而共向针锋于政府,可以相提携以鼓吹国民研究何术可以实行监督政府,且迫政府使不得不受监督。如此则势力可以相加,而效果可以增数倍蓰焉,不贤于今日晓论辩而势力相消者也。"②公开著文谋求妥协之外,他还让徐佛苏出面找革命党人进行调解,态度是相当恳切的。他此时的愿望就是与革命党"相提携而共向针锋于政府",哪有一点把革命党当仇敌对待的意思?但孙中山、黄兴、胡汉民等人坚决反对,和解终于告吹。革命党的决绝态度和凌厉攻势必然给梁很大刺激,那几句十分愤激的话,就是在经过一系列努力而未获革命党人谅解后说出的,如革命党人答允和解,他肯定不会说那种话。由此亦可看出,说那几句话还具有特殊的原因,并非其一贯宗旨。

事实上梁启超也未把革命党当作仇敌对待。他同革命党的斗争只限于思想理论上,两派在行动上没有发生过严重冲突。1907年10月出现了革命党人冲击政闻社大会的闹剧后,日警前往查询,梁并未借机报复。他对革命党人评价甚高,称

---

① 《申论种族革命与政治革命之得失》,《新民丛报》第76期。
② 《杂答某报》,《新民丛报》第84期。

他们为"一国中多血多泪之男子，先国家之忧乐而后其身者"，"真怀抱热血以救国为目的者"，"爱国热诚磊落英多之士"等等，①承认革命者有高尚的志向。认为革命党产生完全是由政治腐败造成的，清政府就是制造革命党的一大工场，革命有正当的理由，公开反对清政府搜捕杀害革命党人。所有这些都清楚地说明他对革命党人的基本态度，我们不能抓住一两句话不加具体分析，就断言他视革命党为仇敌。

据政闻社的要员徐佛苏自称，他回国后办的《国民公报》，主要倾向是"利用排满革命之暗潮，痛诋清政府而鼓吹立宪"，"不仅无一语诋及革命党人"，而且"有左袒革命之意义"②，更不消说视为仇敌了。

国内立宪派绝大部分同革命党无有恶感，个别持偏见者、向封建官僚告密妄图谋害革命党人者亦有，但极少数人的行为不能代表全体，正如革命党内会出现叛徒一样。

就整体看，立宪派未把革命党视为不共戴天的仇敌，称他们为反革命是缺乏根据的。

立宪派反对使用革命暴力是错误的。革命派也有缺点错误。在批评立宪派时，他们往往把立宪运动主流的本质的进步的方面抛开不谈，片面地强调"保皇"一面，咒骂立宪派与清政府"同恶相济"、"阴为虎用"，为"平民之公敌"。③因此，必然在策略上犯错误。作为革命阶级，当然应把搞武装斗争放在首位，然而，武装斗争不排斥其他斗争手段。相反，把武装斗争与其他斗争方式巧妙地结合起来，运用灵活的策略，团结一切可以团结的力量，共同对敌，正是一个阶级及其政党成熟的标志，正是英明的领导者掌握了高度斗争艺术的表现。如果革命党与立宪派结成联盟或统一战线，利用合法讲坛，揭露打击敌人，教育人民，发展力量，就能使自己在国内树立起更高的威望，争取到更多的群众，甚至能控制省谘议局，为以后革命的胜利打下比较坚实的基础。遗憾的是，革命的领导者和绝大多数骨干分子对此认识非常不足。在他们看来，革命的道路只能是笔直的，斗争的方式

---

① 《现政府与革命党》，《饮冰室合集·文集》第7册；《杂答某报》，《新民丛报》第84期；《粤乱感言》，《国风报》第2年第11期。
② 徐佛苏：《记梁任公先生逸事》，《梁任公先生年谱长编初稿》（5），第512页。
③ 《绅士为平民之公敌》，《辛亥革命前十年间时论选集》第3卷，第303—304页；精卫：《论革命之趋势》，《辛亥革命前十年间时论选集》第3卷，第542页。

只能是单一的。如果搞上书请愿之类的活动，那就是"犹奴婢之乞恩于主人，苟贱已甚，吾党耻之"。① 由于不屑与立宪派为伍，放弃合法斗争，在上书请愿、保路保矿等运动中，立宪派就成了当然的领导者，革命派便失去了应当争取而又可以争取的一部分群众。革命派在国内某些省区的威信不如立宪派高，群众基础不如立宪派雄厚，原因就在于此。对革命党人来说，不能不是个深刻的教训。

## 二

说辛亥革命时期立宪派反动，主要论点有三：一曰企图挽救清政府覆亡，二曰政治投机，三曰钻进革命阵营破坏革命。此亦难以令人信服，试分别言之。

1. 关于挽救清政府覆亡问题。

1911年10月10日辛亥革命爆发，开始了以资产阶级革命派为一方，以清政府为另一方的革命与反革命大决战。在这个重大的历史转折关头和即将席卷全国的革命风暴面前，各种社会力量均面临着严峻考验和慎重抉择。立宪派何去何从呢？

有这样一个记述："鄂事之起也，国人无问君主民主，咸赞成其事，恐遂平。"② 虽不免绝对化，但基本上真实地反映了当时的情况。大多数立宪派及其把持的谘议局的确是同情响应革命的。

如浙江立宪派通过谘议局召集各界代表，商议组织民团，"作响应武汉的准备"③。光复前夕，革命党人曾找谘议局副议长陈时夏、沈钧儒等商议了政治组织问题。沈亲自要求巡抚增韫宣告独立，复召集官绅会议，促其独立。④ 议长陈黻宸并劝告清军统领、满人贵林"不可执君臣之义"⑤，要其放下武器，赞成独立。

福建光复前，谘议局全体一致通过了副议长刘崇佑所提建立新政府的议案。次日即致书闽浙总督松寿，"求交回政权"；提出"旗人全部服从新政府命令"，"旗兵所有械弹，交新政府"等四项条件，要将军朴寿执行。⑥

---

① 精卫：《论革命之趋势》，《辛亥革命前十年间时论选集》第3卷，第543页。
② 阙名：《辛亥滦州兵变记》，《辛亥革命》(6)，第332页。
③ 马叙伦：《关于辛亥革命浙江省城光复记事的补充资料》，《近代史资料》1957年第1期。
④ 郭孝成：《浙江光复记》，《辛亥革命》(7)，第135页。
⑤ 马叙伦：《我在辛亥这一年》，《辛亥革命回忆录》(1)，第175页，中华书局，1961年。
⑥ 邹鲁：《福建光复》，《辛亥革命》(7)，第278页。

湖北谘议局议长汤化龙在武昌起义的次日，即在军政府会上宣称："革命事业，鄙人素表赞成。"①并通电各省谘议局"立举义旗"②，响应革命。胡瑞霖主动奔告商会解决起义军的粮饷问题。商会会长蔡辅卿、副会长李紫云（二人皆宪政同志会的重要人物）对革命表示支持，并积极筹办军需。

广西独立是由巡抚沈秉堃、藩司王芝祥宣布的，一方面系迫于革命形势的发展，一方面是谘议局说服的结果。革命党人在谘议局颇有势力，对沈、王有很大影响；立宪党人也对沈、王做了许多工作。王芝祥同意独立，立宪派的刘人熙"起了很大的作用"。③

安徽独立是由谘议局议长窦以珏、童挹芳等立宪派迫使巡抚朱家宝承认的。独立前，革命党人进攻省城失败，朱家宝解散新军，密令搜捕革命党人。谘议局议员闻之大为鼓噪，立即通过决议，要求朱迅将解散之新军招回。童挹芳设法让革命党人安全出城。继之又议决由地方自行宣告独立，招回新军，撤回新调来省镇压起义的江防营，撤销督练公所，警务、财务由谘议局接办。并筹办团防，保卫地方。朱家宝无奈，只好答应，于是谘议局宣布独立。

广东士绅开始谋和平独立不成，同盟会会员潘达微、邓慕韩向清乡督办江孔殷"献议由江商诸谘议局，召开各界大会，共同议决实行独立，使张（按：总督张鸣岐）不能再行反议"。江立电谘议局副议长丘逢甲协商，丘首肯。④11月8日各界代表大会通过了独立决议。次日，又通过"欢迎民党组织共和政府临时机关"和"宣布共和独立"等十项决定，正式独立。⑤

湖南独立前，革命党的代表焦达峰、陈作新和立宪派的代表黄锳、左学谦、黄翼球等连续开会，"商议共同发难的办法"，议决了举行起义的日期。⑥谘议局议长谭延闿在武昌起义之后曾宣言于众曰："文明革命与草窃异，当与巨家世族军界长官同心努力而后可。"⑦

① 曹亚伯：《武昌起义》，《辛亥革命》（5），第129页。
② 张国淦：《辛亥革命史料》，第101页，龙门联合书局，1958年。
③ 李任仁：《同盟会在桂林、平乐的活动和广西宣告独立的回忆》，《辛亥革命回忆录》（2），第458页，中华书局，1962年。
④ 邓警亚：《辛亥广东独立传信录》，《辛亥革命回忆录》（2），第336页。
⑤ 邹鲁：《广东光复》，《辛亥革命》（7），第225页。
⑥ 《湖南省志》第1卷，第288页，1959年。
⑦ 子虚子：《湘事记》，《辛亥革命》（6），第148页。

辛亥革命的爆发和四川省城的独立，与立宪派首领蒲殿俊、罗纶等人领导的保路运动密不可分。

上海起义是同盟会会员陈其美、章梓与立宪党人李平书、沈恩孚、光复会会员李燮和等共同策划的。李平书在上海光复后又前往苏州请江苏巡抚程德全宣布独立，程答允。

云南武装起义成功，以蔡锷功劳最大，而蔡在思想上倾向于梁启超，起义前同革命党人共议了响应武昌起义的计划和各项部署。

立宪团体自治学社是贵州独立的主要策动者和起义的领导者。

陕西、江西、山西的立宪派亦多对革命表同情。

北方数省由于顽固保守势力强大，未能光复，立宪派的活动不如南方各省活跃。比较突出的是河南，当革命党人准备起义时，"谘议局议员等亦加入运动。……于是同盟会员与非同盟会员遂为半公开的大联合"。① 据袁世凯致齐耀琳电称，议员行事"尤骇听闻"者有三："一、清军汉阳之捷，该局暗助南军，飞电指责内阁，且密电黎元洪，泄露消息。二、陕匪（按：指张钫率领的陕西东路民军）残杀，惨无人理，清军进驻潼关，保全豫境。乃该局电诘内阁，指为不应防剿。即如土匪王天纵等三十余起（按：指农民起义军），聚众抢杀，乃该局竟一一电认作民军，不知何故？三、汴议局系本君宪而立，乃该局密电上海，实已占领全省，容俟北伐。陆续又电内阁，誓与朝廷断绝关系，宁死不纳租税等语。"下令将谘议局解散。② 袁所列"罪状"，从反面说明谘议局倾向革命。

山东谘议局在接近封建官僚的六二党把持下未发挥作用，且成为革命的障碍。立宪派追随在革命派之后，参与了推翻谘议局和谋取山东独立的活动。独立旋遭孙宝琦和袁世凯破坏。

在直隶，天津的知识分子和谘议局议长"阎凤阁都同情革命事业，有的公开宣传，有的组织群众参加斗争"③。据王葆真讲，当10月26日他到顺直谘议局访问正副议长阎凤阁、王振尧和议员王法勤、齐树楷、孙洪伊诸人，谈及滦州驻军张绍曾"对武昌起义颇有同情"时，他们"表示非常高兴"。次日上午，王应邀

---

① 邹鲁：《河南举义》，《辛亥革命》（7），第355页。
② 郭孝成：《河南革命惨史》，《辛亥革命》（7），第363—364页。
③ 陈之骥：《北地见闻散记》，《辛亥革命回忆录》（5），第432页，中华书局，1963年。

在有议员五十余人参加的会上作了一个关于国内革命形势的讲话,并"要求各界合作,共成义举"。"词毕,各议员多表赞同。继由阎议长与几位议员密商,即推王法勤、孙洪伊两人代表谘议局赴滦州访问张绍曾,表示二十镇如宣布起义,经过天津组织政府,顺直谘议局完全担任筹拨军饷,按时供应。"①多数亦赞成共和,后来并派人前往光复地区联系。

奉天谘议局中分士绅派和维新派,士绅派以副议长袁金铠为首,维新派以议长吴景濂为首。"及武昌事起,党人云集奉天省垣,谋运用政治手腕,实现东三省革命。乃就蓝天蔚、吴景濂谋,拟由景濂以奉天谘议局局长名义,召集省城各界领袖会议,以维持治安为名,成立奉天全省保安会,逼清督赵尔巽出走;然后举天蔚为关外都督,景濂为奉天民政长,宣布独立,则东三省革命可不血刃而成功。东北大局既定,继进兵关内,会师燕郊,直捣虏穴。"吴依党人计议,召开保安大会,因赵尔巽在会场外陈兵,在会场内依靠张作霖威吓,和平夺权计划落空。赵命爪牙重组了反动的保安会,自任会长。②蓝天蔚出走南方。一批青年找吴景濂想办法,吴说:"你们要速去顾人宜处(按:顾系同盟会会员、庄河县起义领袖),向顾求援,以充实枪械。"③要他们投向革命党,拿起武器同清政府作斗争。他本人随后到了上海。

吉林、黑龙江亦奉赵尔巽命成立了反动的保安会。吉林保安会成立后,学界代表激烈反对,坚持"非独立不可"。"议员中表同意者甚多,绅界亦默示承认。"④孙中山的代表到黑龙江进行联系时,"受到爱国人士文璞与进步议员等多人的欢迎",后议员组织了新民爱国委员会。⑤

总之,独立省份的立宪派有的亲自领导了武装起义,有的在准备武装起义,有的倾向于革命派,更多的则是与革命派配合,使各地光复。未独立省份的立宪派也以不同方式、在不同程度上表达了对革命的同情和向往,有些还同革命党人一起发动革命,谋取独立。

持反动说的同志亦承认大多数立宪党人拥护共和主义,不过又说拥护是假,

---

① 王葆真:《滦州起义与北方革命运动简述》,《辛亥革命回忆录》(5),第403—404页。
② 邹鲁:《东三省起义》,《辛亥革命》(7),第389—390页。
③ 宁武:《东北辛亥革命简述》,《辛亥革命回忆录》(5),第548页。
④ 郭孝成:《东三省革命记事》,《辛亥革命》(7),第400页。
⑤ 才子明:《在黑龙江参加辛亥革命运动的回忆》,《辛亥革命回忆录》(5),第581页。

想挽救清王朝是真。此说不免令人费解。拥护共和主义，意味着起义独立，背叛脱离清廷，站在革命阵营一边；挽救清王朝，意味着镇压革命，消灭共和主义，二者不可调和。假若人为地把它们统一起来，亦未尝不可，可是要有一个唯一的条件，这就是假拥护者后来必须起而消灭共和主义，再做清王朝的臣民，否则不得谓之为假。而这类事情在立宪党人身上并未表现出来。

实事求是地讲，大多数立宪党人主观上并无挽救清朝封建统治之意。因为在国会请愿、反对皇族内阁、保路保矿诸斗争中，他们已经感到清廷不可救药，对其顽固不化十分痛恨，革命爆发，正好借此以雪前耻，焉有再去挽救之理？岂但如此。其实际行动且加速了封建政权的覆亡。辛亥革命之前，由于清政府一直严禁革命党进行活动，允许立宪党公开存在，革命党自动放弃合法斗争，立宪派在国内的影响远比处于秘密状态的革命派巨大。倘若立宪派真的挽救清朝封建政权，群起反对革命，或帮助统治者策划扑灭革命火焰，或组织反革命武装与革命对抗，不难设想，革命将会遇到多大阻力，付出多大代价。可以毫不夸张地说，没有立宪派赞助支持，十四省在一个月内取得独立是根本不可能的。他们赞助拥护革命，不但减少了革命阻力，而且迅速使革命战果扩展，力量壮大，影响增强，加剧了反革命阵营的分化，迫使某些封建官僚不得不交出政权或宣布独立，脱离清廷，凡此不正促进了封建政权的崩溃吗？辛亥革命胜利，首功自然归于革命派，但立宪派所起的作用也不容抹杀，把响应革命的人称为历史罪人尤其不应当。

2. 关于政治投机问题。

此论自民国成立即为胜利了的革命党人所大肆渲染，至今不衰。

在任何一次大革命中，总难免有个别投机分子混入革命队伍，辛亥革命亦不例外。有一个不容忽视的事实是，在辛亥革命中的所谓投机者不是个别人，而是一个政治派别，众多的立宪派人士。这就不能不使人思考一下这个论断的正确性。

立宪派在武昌起义后拥护共和主义，决不是单纯的看风转舵，政治品质恶劣（这种人也有），而是由其阶级地位决定的，有其必然性。从阶级立场讲，立宪派与革命派同属一个阶级，彼此之间本来就不存在不可逾越的鸿沟；从经济利益讲，两派都要求发展民族资本主义，利益一致；从政治主张讲，两派在政权组织形式上虽然各持一端，但根本宗旨却并不相悖，而实现目的的手段则是可以妥协改变的。

而在这些根本问题上，立宪派与清政府都存在着难以调和的深刻矛盾。用马克思主义的阶级观点分析，在革命派同清政府决战的时刻，立宪派不转变则已，如果转变，只能转到革命派方面而不会转变到清政府方面。离开阶级分析，一味从个人的主观动机和政治品质上妄加揣测，不仅缺乏严肃的科学态度，无法解释一支庞大的社会力量的合理转变，而且有陷入历史唯心论的危险。

指斥立宪派投机革命的根据何在呢？据云，武昌起义前夕革命声势日益壮大，革命形势日益高涨，立宪派觉察到清王朝迅即垮台的危机，如不转变，将无立足之地。利害所在，所以就摇身一变，由拥清而倒向革命。武昌起义以后呢？那是因为革命胜利已成定局，清王朝崩溃之势已经不可逆转，立宪派才投机革命，抢先独立，攘夺政权。

这种指斥，首先忘记了许多革命党人是由立宪派转变而来的事实。立宪派转向革命决不是自武昌起义前夕开始。远的姑且不论，即以1903年以后而言，由立宪立场转到革命立场的人就不知有多少。当时，在日本的"留学生多为保皇党所惑，谓中国祇宜君主立宪，不宜民主共和"。[①] 后来其中不少人成为革命者。如贵州的第一批同盟会会员张忞、平刚、彭述文等，原先都崇奉康梁学说，1903年读了革命派的文章，"思想上才开始转向"的。[②] 湖北的一批革命志士也是"改易其希望清政府立宪之主旨，一变而为民族民权革命之进行"。[③] 以谋炸出洋考察宪政五大臣而闻名的吴樾，开始也是"日日言立宪，日日望立宪"的，"人有非康梁者，则排斥之"。[④] 广西籍的留日学生放弃君宪主义而加入同盟会的有十几人，马君武、曾汝璟、何少川即是几个典型。[⑤] 据革命党人田桐说，仅1904年至1906年期间，留日学生中"由恶迁良，出保皇党以入革命党者，不可以千数计"。[⑥] 数量不可谓不多。辽阳的张成箕、张东璧见清廷对立宪"毫无诚意，一味拖延时间，逐渐接受民主革命思想"。[⑦] 湖北的詹大悲在自治研究所时曾拜在立宪派汤化龙门

---

① 邹鲁：《中国同盟会》，《辛亥革命》（2），第6页。
② 胡刚、吴雪俦：《贵州辛亥革命史略》，《近代史资料》1956年第4期。
③ 《科学补习所之历史》，《武昌起义档案资料选编》上卷，第3页，湖北人民出版社，1981年。
④ 吴樾：《暗杀时代自序》，《辛亥革命》（2），第374页。
⑤ 李任仁：《同盟会在桂林、平乐的活动和广西宣布独立的回忆》，《辛亥革命回忆录》（2），第449页。
⑥ 《来函》，《民报》第5期。
⑦ 何东林：《辛亥革命在辽阳》，《辛亥革命回忆录》（5），第566—567页。

下，后来觉悟，索回门生帖子，与之断绝关系，成为革命派。在辛亥革命以前，参加革命党不仅无名利可求，而且有随时被捕被杀的危险，立宪论者转向革命，难道是想从艰难困苦的革命党那里捞个官做、获取金钱？像吴樾，为炸毙出洋考察政治五大臣献出了宝贵性命；詹大悲创办《大江报》，发表过黄侃写的《大乱者，救中国之妙药也》极富煽动性的文章，鼓吹革命不遗余力，不怕坐牢杀头，恐怕不会有谁忍心说他们是搞政治投机吧！显见一些人之所以由立宪转向革命，乃是其思想认识发生变化的结果，并不在于有机可投。

同是转向革命，为何先转变者可以成为革命志士，武昌起义前夕转变者谓之投机？这个问题未见有人解释，大约就是后者转变太晚之故吧。但时间只能说明一个人觉悟的迟早，不能说明是否投机。由于家庭的、社会的、个人的以及其他各种因素在起作用，人们的认识水平高低不一，在一个政治派别或团体内总有先进后进之分。立宪派中的激进分子自然觉悟的早些，后进分子觉悟的迟些，有的要经过较长时期的斗争，总结了经验教训，头脑才能清醒过来，个别顽固分子也可能至死不悟，这是无法强求一律的。有些立宪党人确实极其保守，对清廷幻想颇大，相信"精诚所感，金石为开"①，清廷终会俯从民意，加之对革命的错误认识，一时很难转变。然而，"专制且视前益剧，无一不与立宪之主旨相反"②的严酷现实，无情地粉碎了他们的梦想。他们终于认识到，和平立宪无法实现。邹鲁在叙述四川光复时有如下一段话："亲贵童呆，骤据要津，操海陆兵权，以新政涂民耳目，而吏治日窳。向之言君主立宪者，亦怏怏失望。成都学校诸生吁请速开国会，大吏遏抑不以闻，被斥逐者甚众。士气愈形奋激，乃转而趋向革命矣。"③资政院在武昌起义后的一份奏折里写道："在政府以为可以借此（按：指预备立宪）以敷衍人民，在人民终不能因此而信爱政府。于是愤政府之疲缓，……国势之陵夷，民族之衰弱，将归于优胜劣败之数。政府愈疲缓，人情愈愤激，愤激之极，则革命之说易于传播，而革命之势力于是大盛。……其初恐朝廷之不立宪，其继愤政府之假立宪，其后乃不欲出于和平立宪，而思以铁血立宪。"④张謇亦说

---

① 《国会期成会宣言书》，《神州日报》1907年12月2日。
② 张謇：《致袁内阁代辞宣慰使农工商大臣电》，《张季子九录·政闻录》卷3，中华书局，1931年。
③ 《四川光复》，《辛亥革命》（6），第3页。
④ 《清末筹备立宪档案史料》上册，第94页。

过:"三年以来,政府之专己自逞,违拂民心,摧抑士论,其事乃屡见而不一见。于是人民希望之路绝,激烈之说得以乘之,而人人离畔矣。"①据徐佛苏讲,1910年底清廷勒令奉天请愿代表出京后,各省代表极为愤怒,当晚约集《国民公报》馆,密议"同人各返本省,向谘议局报告清廷政治绝望,吾辈公决秘谋革命。并即以各谘议局中之同志为革命之干部人员,若日后遇有可以发难之问题,则各省同志应即竭力响应援助起义独立"。②这些大致上反映了立宪党人的思想变化,说明他们在辛亥革命前已认识到暴力革命的必要,有了革命的思想基础。如徐佛苏愤清廷之冥顽,便想"从事于旧主义"③,再搞革命。湖北立宪党人时象晋在川汉铁路问题发生后,即主张革命爆发,应该参加,汤化龙亦同意。④奉天的吴景濂等同革命派的张榕、蓝天蔚等时常交往,"形成维新派与革命派的联合"⑤。四川的蒲殿俊因拒款请愿被押解回籍时,对湖南立宪党人左学谦说:"国内政治,已无可为,政府已彰明较著不要人民了,吾人欲救中国,舍革命无他法。我川人已有相当准备,望联络各省,共策进行。"左由京返湘后,"以目击情形,详告同人。于是遂各个暗中增组机关,而谋进行革命愈力"。⑥从此,湖南的立宪派与革命派"合流"了,他们"围绕着一个共同的目标——反清——而互相配合行动"。在长沙的贾太傅祠内,"既有革命党人吴作霖等所组织的湖南体育会(焦达峰回湖南后亦常居于此),又有立宪派李达璋、易宗羲、粟戡时及王汝楫等所主持的铁路协赞会与辛亥俱乐部湖南分部。这些组织与绅、商、军、学各界人士均有联系,实为一个半公开的革命联络站"。立宪派掌握的长沙自治公所亦属反清性质的机关。⑦正由于立宪派思想认识前进了一步,故当武昌起义的枪声一响,便站在清政府的对立面,赞助革命了。他们的思想转变是通过几年斗争实践,经历了一个相当痛苦的认识过程才实现的,是十分自然的,并非突如其来,与投机取巧渺不相涉。说武昌起义前立宪派迫于革命形势高涨,才摇身一变,转而倒向革命,经不起事实的检验。

---

① 张謇:《劝告铁将军函》,《张季子九录·政闻录》卷3。
② 徐佛苏:《记梁任公先生逸事》,《梁任公先生年谱长编初稿》(5),第513页。
③ 《梁启超致徐佛苏的信》,《梁任公先生年谱长编初稿》(6),第544页。
④ 参见《汤化龙密电辨讹》,《复旦学报》1981年第5期。
⑤ 宁武:《东北辛亥革命简述》,《辛亥革命回忆录》(5),第542页。
⑥ 粟戡时等:《湖南反正追记》,第4页,湖南人民出版社,1981年。
⑦ 《湖南省志》第1卷,第285页,湖南人民出版社,1959年。

事实上，在被人们认可的革命者之中也不乏转变较晚的原立宪派人士，如上海的沈缦云、王震、叶惠钧，广西的李任仁，都是在1911年加入革命党的，湖北的詹大悲向汤化龙索回门生帖子也在1911年。只是由于他们加入了革命队伍，才没有人说他们投机罢了。

还是看事实吧。

先看革命运动。1906年有萍浏醴起义；1907年有广东潮州黄岗起义、惠州七女湖起义，广西钦廉防城起义、镇南关起义，徐锡麟在安庆举义；1908年有广西钦州马笃山起义，云南河口起义，熊成基安庆起义；1909年有四川广安起义；1910年有广州新军起义；1911年4月有广州黄花岗起义。由起义次数观之，1907年共五次，最多，为革命高涨时期。1908年三次，其后三年各一次，1911年并不存在革命日益高涨的形势。以人数而论，萍浏醴起义达三万人以上；熊成基的安庆新军起义和广州新军起义都在一千人以上，黄花岗起义仅一百多人，依然不见高涨的迹象。

还应指出，黄花岗之役同盟会精英牺牲惨重，元气大伤。吴玉章讲到这种情况时说，同盟会立即陷于"一种分裂、涣散和瓦解的状态"，"许多优秀干部的牺牲使革命力量大为削弱，更重要的是，同盟会失去了主宰"。孙中山不再领导实际工作；赵声病故；黄兴心灰，束手无策，胡汉民躲在香港，连人都找不到。①谭人凤也讲，黄兴"乃谓同盟会无事可为矣，以后再不问党事"；谭本人也"不愿再问党事矣"。②以后虽有部分同盟会会员成立了同盟会中部总会，坚持革命，但却"定宣统五年（1913年）为大举时期"③，根本没有打算在1911年发动起义。两湖的革命党人尽管不同意这一决定，继续做起义的准备，"然以时机未熟，迟未举事"④。倘若没有立宪派领导的保路运动所造成的特殊契机和革命机关的被破获，也不会在10月举行起义。凡此皆说明，黄花岗之役后，革命正处于低潮时期。

再看人民群众的反抗斗争。人民群众自发的抗租、抗税、抗捐斗争在清末的最后几年里一直连绵不绝，参加的人数动辄数百数千，往往由一般骚动发展为武

---

① 参见吴玉章：《辛亥革命》，第18—19页，人民出版社，1974年。
② 谭人凤：《石叟牌词叙录》，《近代史资料》1956年第3期。
③ 谭人凤：《石叟牌词叙录》，《近代史资料》1956年第3期。
④ 彭楚珩：《湖南光复运动始末记》，《各省光复》上，第1页，台北，1962年。

装反抗，据城戕官。据不完全统计，1905年各种反抗斗争共发生九十余次，1907年增至一百六十余次，1908年又增至一百九十余次，1909年为一百三十余次，1910年骤增至二百九十余次。① 1911年发生的次数反而减少了，到10月8日以前共有一百三十四次，与去年同期相比，几乎减少一半。② 这一发展趋势表明，1910年才是高涨时期，不仅因为次数最多，而且也因为斗争规模最大。如4月长沙的抢米风潮，饥民达数万之多，焚毁了巡抚衙门、外国洋行和教堂；5月山东莱阳曲诗文领导的抗税抗捐斗争，持续一个多月，参加的群众一度发展到五六万；9月安徽涡阳、蒙城等地的饥民起事，亦发展到四万余人。1911年的斗争次数则大为减少，规模亦小得多，明显地呈下降趋势。

革命形势是由革命运动和人民群众的反抗斗争互相激荡而成的（还应包括立宪派领导的立宪运动、保路运动等，但这属于立宪派自身的问题了）。从这两个方面来看，1911年均处于低潮时期。所谓武昌起义前革命形势日益高涨、革命声势日益壮大之说是不能成立的。前提既然不能成立，由此引申出来的结论自然就站不住脚。立宪派在革命形势相对高涨的1907、1908和1910年，尚且看不见革命胜利的曙光，在革命低潮时期当然更看不到革命迅即胜利的希望；连革命派都不敢梦想胜利会如此之快地到来，立宪派又何从发现这种奇迹？所以，"投机论"是难以令人信服的。

再者，国内立宪派转向革命不在革命形势相对高涨时期，而在低潮时期，恰恰说明他们的转变不是为了投机。因为在革命形势相对高涨时期进行投机尚有胜利后谋取个人名利的可能，而在低潮时期则绝对达不到目的。只有那些思想确实转变的人才甘愿在革命陷入困境时转向革命，投机分子是不会去干这种"傻事"的。

以各省纷纷独立，革命胜利已成定局，清王朝崩溃之势已经不可逆转为理由，给武昌起义后响应革命的立宪派扣个投机的帽子，亦欠妥当。

武昌起义之前已有相当多的立宪派人士转向了革命，只是还没有亲自发动武装起义的胆略和勇气罢了。但既然有了革命的思想准备，革命派发难后他们迅即响应也就无所谓投机了。此其一。其二，所谓革命胜利已成定局，清王朝崩溃已经不可逆转，在武昌起义之初是根本不存在的，据此评判立宪派投机毫无道理。

① 参见刘大年：《赤门谈史录》，第71页，人民出版社，1981年。
② 据《清末民变年表》统计，《近代史资料》1982年第4期。

以湖北地区为例略加分析。汤化龙站出来响应参加革命时，仅距起义军打响第一枪十几个小时，革命军也只占据武昌一城，其他每一寸土地都在清王朝控制之下，革命的结局还是个大大的未知数。尽管每一个参加者都抱有胜利的奢望和为此而拼死的决心，但仅据武昌一隅之地而对抗全国清军的活生生现实，却没有也不可能使他们产生胜利在握、清王朝崩溃之势已经不可逆转的感觉。汤化龙于武汉三镇占领后并不乐观，对众演说："成则共图勋名，败则生灵涂炭。我汉人从此扬眉吐气，在此一举，我汉人万劫不复，亦在此一举。"①何尝只论"成"而不计"败"？立宪派如此，革命派同样。起义后的第十天，革命党人胡石庵闻悉袁世凯将赴鄂督之任，竟然"阅电大忧，念袁果亲来，吾军万非其敌，大势去矣"②。此时的革命党人尚且对敌惊惧万分，何论起义之初的立宪派认定胜利已成定局！任何起义都带有几分军事冒险性质，临时决定的起义冒险性更大，谁也不能保证起义必胜，更无论起义开始胜利已成定局，同盟会以往发动的多次起义被镇压便是最好的明证。汤化龙等于起义之初又怎知武昌起义不会遭到以往历次起义同样的命运而大投革命之机！把本来不存在的东西当作事实强加给立宪派，是不公正的。其三，这种说法也忘记了一个基本事实，即不是先有各省纷纷独立、胜利已成定局的大好局面而后立宪派响应革命，恰恰相反，正是由于立宪派的响应才有了各省的纷纷独立（其中有些省区是与革命派联合进行的）。把立宪派创造的胜利局势反而说成是立宪派用以投机的条件，完全颠倒了因果关系。

立宪派响应和参加革命本是一件值得赞扬的好事，可是，非但得不到肯定，反而被当作"投机"；而坚持君主立宪又遭到抵制革命、顽固反动的斥骂，左也不是，右也不是，让立宪派如何措手足？岂非关门主义、不允许别人革命？事物都是发展变化的，研究历史必须坚持辩证的发展观点，反对形而上学；坚持实事求是，反对主观臆断。有了进步而采取不承认主义，一棍子打死，决不是应有的科学态度。

3. 关于反革命夺权问题。

所谓进行反革命夺权，表现有数端，一是江苏、安徽、广西、浙江、四川等

---

① 剑农：《武汉革命始末记》，《辛亥革命》（5），第176页。
② 胡石庵：《湖北革命实见记》，《辛亥革命在湖北史料选辑》，第39页，湖北人民出版社，1981年。

地的立宪派抢先宣布独立,或由立宪派出任都督,控制了政权;二是湖南、贵州的立宪派发动反革命政变,夺取政权;三是汤化龙勾结反动军官削弱排挤革命势力,企图夺权。仔细分析一下,均难坐实立宪派夺权的罪名。

汤寿潜、蒲殿俊等当上都督,大都是各界代表协议公举的,不能说夺权。所以推举他们,一则因为他们主张资产阶级民主政治,领导过数年的和平斗争,在资产阶级当中影响较大,威信较高;一则因为革命党人处于秘密状态,不为人知,受到封建主义思想影响,惟恐自己没有号召力,故要推举有声望的人出来担任。如浙江革命党人讨论都督人选时,朱瑞提议让革命党负责人褚辅成担任,褚即答称:"东南及江北各省均在观望中,吾省宜推一员有重望者担任,方足以资号召,革命较易成功,汤寿潜先生为沪杭甬铁路争回自办,众望所归,堪膺此选。"众赞成。褚乃主动密商谘议局副议长陈时夏,请其赴沪迎汤。① 汤寿潜"淡泊廉能","独不乐于仕进"②,清政府累次授以官职,均辞谢不出,故也无意担任都督,对前往上海敦请的人言:"卿等欲革命,径行之耳,奈何以强人?"③ 经大家责以为国家和地方效力的大义,汤"始勉允,期以三月必退"。④ 到杭州以后,即被革命党人和各界代表推选为都督。汤寿潜毫无权势欲望,其出任都督系迫于众情难却,权且暂理,三个月后即退位让贤,根本无意抢夺政权。某些人出任民政长也是由革命党人推举(如湖北)或提名通过的(如福建、湖南),与阴谋夺权风马牛不相及。

一些省区的立宪派"抢先"宣布独立,也不是向革命派夺权,而是向清政府夺权,方向没有搞错。由于考虑到"武汉民军颇不获利,各地新军数寡,并难策效,自非谋各地响应,不易图功",他们才"合群力迫长吏易帜",⑤ 以实际行动响应湖北革命党人向各省父老兄弟发出的"执竿起义,共建洪勋"⑥的号召。虽其中寓有避免革命猛烈震动的意图,但却无破坏革命的卑劣动机。责备立宪派向清政府夺权,"抢先"宣布独立,同责备立宪派当都督、民政长一样,说穿了,无非是说立宪

---

① 褚辅成:《浙江辛亥革命纪实》,《辛亥革命》(7),第156页。
② 赵尊岳:《惜阴堂辛亥革命记》,《近代史资料》1983年第3期。
③ 张謇:《汤君蛰先生家传》,《辛亥革命浙江史料选辑》,第580页,浙江人民出版社,1981年。
④ 赵尊岳:《惜阴堂辛亥革命记》,《近代史资料》1983第3期。
⑤ 赵尊岳:《惜阴堂辛亥革命记》,《近代史资料》1983年第3期。
⑥ 《湖北军政府文献资料汇编》,第6页。

派既无资格革命，更无资格掌权。革命事业是人民群众共同的事业，绝非少数革命党人的专利；国家是全体人民共有的国家，也不是某党某派的私有财产，每一个国民都是国家的主人，都有起来推翻腐朽统治的革命权利和议政、参政、执政的权利。如果承认革命派所宣扬的民主、自由、平等、博爱、共和、议会政治等等是当时先进正确的政治主张，承认立宪派的独立增强了革命声势和革命力量，对辛亥革命的胜利有重大贡献，承认立宪派是民族资产阶级和国民的一分子，那就没有理由剥夺他们向清王朝夺权并执掌政权的权利，把立宪派"抢先"宣告独立视为僭越或大逆不道而加以贬抑。只允许革命派夺权掌权，不允许其他资产阶级民主派夺权掌权，必然造成革命党一党专政的独裁政治，这是违背革命党人民主共和的根本宗旨和全国人民的心愿的，是非常不足取的，在事实上也是做不到的。再者，在立宪派"抢先"宣布独立的地区，不是革命党起义失败的地区，就是革命党准备不足，力量弱小，无力夺取政权的地区。不允许立宪派起来夺取政权，只允许他们坐等革命派前去解放，试问这样一来，还会有各省的纷纷独立吗？还会有革命胜利已成定局、清王朝崩溃之势已经不可逆转的局面出现吗？非但如此。不允许立宪派起来夺权，还意味着让"抢先"独立地区的人民继续做清王朝的臣民，让统治者得以利用这大片国土组织反动武装，筹措战争经费，对革命进行镇压围剿，而这正是清政府所企望的。清政府之所以解散皇族内阁，颁布《十九信条》，向各省派遣宣慰使，目的就是笼络立宪派，使他们不要闹独立，以便稳住阵脚，集中力量对付革命。不允许立宪派向清政府夺权的想法做法，在客观上和实质上都是有利于清政府镇压革命的，只能使革命派痛、清政府快。如果因此不能出现义旗遍举的革命声势，清政府得以集结全国反动力量向革命进攻，以致断送了辛亥革命，那就令人遗憾之至了。

或说立宪派掌握政权以后，残酷摧残工农群众和会党，维护封建秩序，就应予以否定。立宪派掌握政权的地区确实没有触动封建制度的经济基础，然而这是独立各省的通病，反映了资产阶级民主革命的不彻底性，不能独责立宪派。谈到镇压、摧残工农群众和会党，革命派所扮演的"刽子手"角色立宪派尤望尘莫及，这是众所周知的。以此为由否定立宪派夺权掌权，岂非连革命派也同时否定了？

贵州的自治学社原为立宪团体，并非革命党，已为史学界所公认。既然如此，独立后宪政预备会勾结云南同盟会会员唐继尧和本地会党发动政变，屠杀自治学社成员，其性质只能是两立宪团体争权夺势的矛盾和斗争，而不是立宪派镇压革命党人，以此作为立宪派用流血政变向革命派夺权的典型事例已无意义了。

湖南正副都督焦达峰、陈作新于10月31日被害事件，史料记载不一，难以核实。据一面之词断定是以谭延闿为首的立宪派所发纵指示，为时尚早。而事变后谭延闿被"生扯活拉的拖到都督府来，请他做都督，谭吓得面无人色，向着大众作揖"①推辞，则是确凿无疑的。革命元老谭人凤甚至拔刀严厉威吓说："今日之事，你干就干；你不干，刀是现成的在这里！"②谭延闿就是在此情况下出任都督的。

此前，湖南设立的临时参议院由于职权重，都督命令要经其通过方能执行，常被视为立宪派向革命派夺权的重要步骤和表现之一。但它的设立是经过绝大多数革命党人提议并决定的③，不能把责任全部推到立宪派身上。况且当时也确有制定的必要。焦达峰掌权时治理无方，"日必委任十数人，至数十人"④，任熟人和会党兄弟自填职衔，竖旗招兵，滥领经费⑤，"新旧军人争功论赏，纪律很差"⑥。陈作新"种种悖谬行为，实足扰害安宁秩序"，连极力支持集权于都督的革命元老谭人凤亦欲杀之。⑦这种极其混乱的局面不加改变，就会造成全省大乱，"败可立致"。军学绅界正是有鉴于此，才议设临时参议院，"不得已而出此救济之法"的。⑧谭延闿任都督后，平息省内各地骚乱，派兵援鄂，促进四川、广西、福建等省独立，主张北伐，以建立共和民国为议和先决条件，都是有目共睹的，其政权仍是革命政权，指责立宪派实行反革命复辟不符合实际。

加给汤化龙的罪名有二，一为参与制定《军政府组织条例》，取消了处理一切大事、由革命党人组成的谋略处，集权于旧军官、都督黎元洪；二为委任立宪派人士担任民政部各局要职。这两点都是实情，然而不能因此就断言排挤革命势力，企图夺权。

首先需要指出一件人所共知而在论及夺权时又易为人遗忘的事实，这就是在

---

① 《邹永成回忆录》，《近代史资料》1956年第3期。
② 《湖南反正追记》，第21页。
③ 阎幼甫：《辛亥湖南光复的回忆》，《辛亥革命回忆录》（2），第125页。
④ 《湖南反正追记》，第67页。
⑤ 参见余韶：《湖南光复及四十九标援鄂》，《辛亥革命回忆录》（2），第167页。
⑥ 周震麟：《谭延闿统治湖南始末》，《辛亥革命回忆录》（2），第151页。
⑦ 参见谭人凤：《石叟牌词叙录》，《近代史资料》1956年第3期。
⑧ 《湖南反正追记》，第67页。

推举黎元洪之前，革命派是请汤化龙担任都督，汤以不懂军事婉辞。用人一般要做到知人善任，汤之将民政部各局要职多委立宪派人士，是由于了解这些人，对革命党人他不了解，革命党人确也缺乏社会政治经验，故用革命党人很少，正如他本人辞谢当都督有自知之明一样。他没有为立宪派在军令、军务、参谋各部争一个位置，也是他做此安排的旁证。故将此作为排挤革命党人，企图夺权的根据有欠说服力。

《军政府组织条例》的提出和制定，都有革命党人在内，最终也经革命党人通过，不论有无过错，责任都不在汤一人。若认此举是个阴谋，那就把许多革命人士都打到阴谋集团中去了。就《军政府组织条例》本身而言，虽然未提谋略处，可是第四条却规定："关于军政重要事项，由都督召集临时军事参议会或顾问会，议决施行。"① 可见革命党人通过军事参议会是可以在军政重要问题上发挥其决策作用的。经革命党人重订的《军政府组织条例》将军事参议会的作用写得更为明确具体，但也没有再设谋略处，总不能因此而说革命党人排挤自己吧？《军政府组织条例》集权于黎元洪，绝不是让黎元洪专制独裁，上引的第四条规定重要军政由军事参议会"议决施行"就足以说明这一点。其实《军政府组织条例》被指责的真实原因不在于其本身有无缺陷，而在于都督不是革命党人。对照一下对湖南设立参议院的指责，问题就很清楚了。与湖北的《军政府组织条例》集权于都督不同，湖南的《参议院规则》集权于参议院，"大致模仿英国立宪之精神，而防专制独裁之弊"②。按照前种观点，湖南设立的参议院应当予以肯定，然而不然，也成了立宪派夺权的一条罪状，原因就在于院中立宪派多于革命派，院长为谭延闿，参议院束缚了当都督的革命党人。评价一种政体可以就其完善与否论其优劣，然而判定是非不能以派划线，采取实用主义态度。如汤化龙确存与革命党人争权之心，起义伊始，他就会欣然接受革命党人推举，名正言顺地登上都督宝座，这是争夺的最佳机会，何况是革命党人奉送的，任何一个投机分子都不会放过，何必后来多费一番手脚，通过《军政府组织条例》争权，而且不是为自己而是为他人争权？以汤化龙之聪明焉会出此下策？他担任民政部长也未专擅揽权，"以平素主张宪政，

---

① 《湖北军政府文献资料汇编》，第50页。
② 《湖南反正追记》，第15页。

至此稍不自安，迄未就职"①，"实则并未行使职权。所设七局，徒有其名，亦未部署完成，惟曾令财政局长胡瑞霖、副局长沈维周接受各财政机关"②。他很自觉，怕引起革命党人误会，虽有部长之名而未行使职权。要说这种人处心积虑去夺权，实在无法令人相信。

4．关于帮助袁世凯篡夺革命胜利果实问题。

立宪派的确是拥护袁世凯做总统的，张謇尤其突出，认为"非洹上不能统一全国"，故"拥护不遗余力"③，为袁上台出了许多主意。毫无疑问，他们的行动有助于袁篡夺胜利果实。

值得注意的是，革命派领导层内大多数亦拥袁做总统。孙中山在回国之前曾致电民国军政府说："今闻已有上海会议之组织，欣慰。总统自当选定黎君。闻黎有请推袁之说，合宜亦善。总之，随宜推定，但求早巩国基。"④认为黎元洪、袁世凯谁当总统均可。1911年12月29日，孙回国刚五天，当选为民国政府临时大总统，即电袁说："虽暂时承乏，而虚位以待之心，终可大白于将来。望早定大计，以慰四万万人之渴望。"⑤1912年1月2日再次电袁，明确表示："倘由君之力，不劳战争，达国民之志愿"，"推功让能，自是公论"。⑥14日，唐绍仪向伍廷芳探询如清帝退位，举袁为总统有何把握。伍电孙请示。孙次日电复："如清帝实行退位，宣布共和，则临时政府决不食言，文即可正式宣布解职，以功以能，首推袁氏。"⑦黄兴在1911年11月9日写信答复和谈问题时即告袁："人才原有高下之分，起义断无先后之别。明公之才能，高出兴等万万。以拿破仑、华盛顿之资格，出而建拿破仑、华盛顿之事功，直捣黄龙，灭此房而朝食，非但湘、鄂人民戴明公为拿破仑、华盛顿，即南北各省当亦无有不拱手听命者。苍生霖雨，群仰明公，千载一时，祈毋坐失。"⑧孙中山回国后，黄兴坚持只要袁赞成共和，即举其为总统。胡汉民、宋教仁、章太炎等均主与袁妥协。

---

① 张难先：《湖北革命知之录》，第290页，商务印书馆，1946年。
② 《辛亥革命在湖北史料选辑》，第87页。
③ 张謇：《劝告袁氏退休致徐菊人函》，《张季子九录·政闻录》卷4。
④ 《孙中山全集》第1卷，第547页，中华书局，1981年。
⑤ 《孙中山全集》第1卷，第576页。
⑥ 《孙中山全集》第2卷，第5页，中华书局，1982年。
⑦ 《孙中山全集》第2卷，第23页。
⑧ 《闵尔昌旧存有关武昌起义的函电》，《近代史资料》1954年第1期。

在议和当中，立宪派对少数革命党人的确有所影响，但不过如此而已。内因是变化的根据，起决定作用。从力量上讲，立宪派也左右不了革命派。假若革命派认为袁世凯是个彻头彻尾的反革命，或者绝无当总统的资格，立宪派无论怎样施加影响，也是无济于事的。在清末，立宪派时刻都在影响革命派，革命派不是同他们进行了坚决斗争吗？孙中山回国前给军政府的电报和黄兴在武昌前线给袁的信，都证明他们赞成袁当总统是出于自己的认识和考虑。关于这一点，从其后来的言论中亦可看出。南北统一后，所谓影响问题不仅不再存在，而且两派时有斗争。可是，1912年10月，孙中山在上海还对国民党员讲："袁赞成共和，南北统一"，"余决其出于真诚之意"。袁"头脑亦甚清楚，见天下事均能明澈，而思想亦很新。不过作事手腕，稍涉于旧；但办事本不能尽采新法"。"欲治民国，非具新思想旧经验旧手段者不可，而袁总统适足当之。故余之推荐项城，并不谬误。"① 黄兴9月进京尚宣扬"袁公确是英雄，民国第一流人物"。② 既然此时仍对袁如此推崇，并不以当初荐袁为谬误，赞成袁为总统决非出于被动可想而知（革命派拥袁还有其他原因，这里略而不谈）。革命派尚且拥袁，有什么理由要求立宪派比他们更高明更坚强，不应拥袁呢！如果立宪派拥袁可以叫做帮袁篡夺胜利果实的话，那么，革命派拥袁不就是把胜利果实直接送袁了吗？一帮一送，相去几何？在此，我们无意于对哪派故作褒贬，只是想说明，应该尊重历史，同一问题，要得出同样结论，不必厚此而薄彼。其实，无论革命派还是立宪派当时都不知道袁是在篡夺胜利果实，这个问题是后来才为人们所认识的。因此，在未认识到袁的真实面目的情况下，我们既不能说革命派主动把革命果实送给一个反革命，也不能说立宪派蓄意帮助袁篡夺革命果实。从客观上讲，两派的行动均利于袁篡夺革命果实，但决不能把后来人们方才认识到的问题硬加给当时尚未觉察到的人们头上。否则，便违背了历史实际，混淆了认识和立场两种性质迥异的是非界限。

革命派拥袁的先决条件是袁必须赞成共和，立宪派亦然。民国建立之初，政党林立，立宪派亦重组织政党，经过几度分合，最后合并为进步党。进步党开始时依附袁世凯，继续和由同盟会等政党改组的国民党进行斗争。君宪问题已不存在，

---

① 《民立报》，1912年10月7日。
② 转引自《民国人物传》第1卷，第40页，中华书局，1978年。

为什么还有斗争？资产阶级的议会政治必然造成各政党之间、台上台下之间互相监督，互相竞争，即使进步党人没有封建性，要求各政党没有斗争也是不可想象的。再加派性缠身，利益冲突，斗争更不可避免了。这种斗争没有超出资产阶级议会斗争的范围。进步党依附袁，不过想取得袁的支持，以与在国会中占压倒优势的国民党对抗，操纵国会，组织内阁，而非帮助袁登上皇帝宝座。1913年9月，袁悍然镇压了国民党的"二次革命"，10月，派军警包围国会，迫使议员选其为正式总统。这时部分国民党议员和进步党议员"鉴于袁世凯之专横"，考虑到如像国民党那样"过于牵制，徒使其绝足而驰，逸出常轨"；如像进步党那样"一意迎合，又易使其骄纵自恣，甚至动摇国本，俱非国家之福。于是想成立一个既用其长又弃其短的政党，来刷新政局"。① 他们于20日发表脱党理由书，次日共同建立民宪党。其宣言书略称："我党群策群力，以相集合，以贯彻民主精神，厉行立宪政治为宗旨。对于国家，负忠诚之义务。如有摇撼民主国体者，则竭全力维持之，保护之。""政府而逸出宪政之常轨，吾党则认之为公敌，不为阿谀，亦不专以攻击为事，而以公平之态度，为完密之监督焉。"② 民宪党的成立，说明一部分进步党人已觉察到袁正在"摇撼民主国体"，准备对之实行监督，进行斗争。11月4日，袁下达了解散国民党、取消国民党议员资格的命令，使国会因不足法定人数陷于停顿。进步党议员发现袁阴谋消灭国会，立即商议维持国会办法，张謇、梁启超亲自见袁谈了意见。17日，众议院议员一百九十余人向政府提出《质问追缴国民党议员证书徽章影响及于国会书》，虽然认为袁解散国民党是"正当"的，但又指出，议员资格审查权在议院，总统无以命令取消议员特权，政府取消议员资格，是"侵害国会法定之权限"的违法行为。政府此举，"致令国会人数不足，使不蒙解散之名而受解散之实也"。质问："究竟政府方针，对于民国是否有国会必要，对于国会是否以法律为正当之解决？"限三日内答复。③ 袁置之不理。12月3日，参议院议员六十余人亦提出质问书，再次强调指出："此事于民国国体、政体有重大关系。""政府如以为民国犹应有国会也，其速取消前令，彼此相见以法律。否则以为国会掣政府之肘，防大政方针之实行，则政体如何，无关存亡，

---

① 韩玉辰：《民初国会生活散记》，《文史资料选辑》第53辑。
② 杨幼炯：《中国政党史》，第76—77页，商务印书馆，1937年。
③ 孙曜编：《中华民国史料》（中），第三，第8—9页，上海文明书局。

仅（尽）可任意所为。乃计不出此，既以非法使议会永无开会之日，而又畏首畏尾，不欲居破坏国会之名，究竟奚所取义，是何居心？"①两次质问都揭露了袁妄图破坏民主国体、取消国会的罪恶阴谋。愈来愈多的进步党人对袁有所认识，开始投入反对独裁、维护民主国体的斗争。1914年，袁解散国会，废除《临时约法》，大搞专制独裁，准备复辟封建君主制度，反动本质愈益暴露。年底，梁启超辞职。次年春，梁赴袁克定宴，知袁有称帝野心，离京避居天津。8月，筹安会成立，帝制丑剧开场。张謇入府见袁，"本恳挚之愚，陈是非，说利害，反复更端，至二小时之久"②，劝勿称帝。梁启超一面著文反对改变国体，一面同蔡锷密议武力讨袁。袁强奸民意召开"国民代表大会"决定国体后，进步党的重要人物先后辞职，拂袖出京，与袁彻底决裂。12月12日，袁承认帝位，正式背叛中华民国。25日，蔡锷、唐继尧、任可澄、戴戡通电讨袁，发动护国战争。在讨袁期间，护国军始终坚持原则立场，不稍妥协。1916年6月，袁在全国一片反对声中死去。护国战争是一场保卫共和制度的正义战争，它在促进袁氏王朝覆亡中起了巨大作用，其功绩是有目共睹的。

　　民国五年以后的历史表明，原立宪党人拥袁，是要袁当中华民国的总统，维护民主立宪国体，不是让他帝制自为。他们已经放弃了君主立宪立场，转到民主立宪立场。其一度依附于袁，系因袁当时的反革命面目尚未彻底暴露，对袁的本质认识不清。一旦觉察到袁有称帝野心，他们便毅然同袁划清界限，并起兵讨伐了。拥护民主共和是其主流，暂时依附于袁不过一时错误，是认识问题，不是立场问题。1913年3月宋教仁被刺以前，国民党也是尽量同袁搞好关系，支持他的。如孙中山在京时曾表示希望袁做十年总统。后又要求国民党人"当以全力赞助政府及袁总统"③。黄兴讲："凡中华民国之人民，无论在政界、在社会，须出真实爱国心，以赞助大总统建设之伟业。"④又说："今日北有袁大总统，南有黎副总统，犹屋之有栋梁，而吾辈方能居住寝食歌舞于其下，故我辈一面监督现今之政府，同时复当尊重此两大伟人。"⑤而且他们还拉袁入党，把袁入党看作有关中华民国前途

① 孙曜编：《中华民国史料》（中），第三，第7页。
② 张謇：《劝告袁氏退休致徐菊人函》，《张季子九录·政闻录》卷4。
③ 《民立报》，1912年10月7日。
④ 《民立报》，1912年9月21日。
⑤ 《民权报》，1912年11月3日。

的大事。这些都是认识上的错误,何必对进步党依附袁进行苛责。

综观立宪派的表现,我认为,虽然他们的政治思想觉悟不如革命派高,斗争性不如革命派坚强,但却追随着时代的脚步不断前进,不失为当时社会上一种进步力量。他们在清末所从事的立宪运动是资产阶级的政治运动,对提高人民的民主主义觉悟起了一定的促进作用,并为他们参加辛亥革命准备了思想条件。在辛亥革命中,他们向前大大跨越一步,响应拥护革命,为辛亥革命的胜利作出了一定贡献。民国建立以后,他们反对袁世凯帝制自为,为保卫民主共和而斗争。他们虽有缺点错误,但就整个政治派别看,其政治大方向是正确的,主导方面是好的,对之应该予以基本肯定,不应基本否定。

(原载《历史论丛》第4期,齐鲁书社,1983年4月。该文是1981年我刚刚从事近代史研究一年多,在中国人民大学清史研究所为参加学校辛亥革命七十周年学术讨论会,于较短时间内匆忙赶写出来的,也是我论述立宪运动的第一篇文章。这个题目很大,阅读的资料又极其有限,个别提法不尽妥当。以后随着研究的逐渐深入,又从不同角度陆续写了一些文章,有的与该文有些重复,个别提法也有所改变。此次收入,对第二部分进行了较多修改)

# 革命派反对在中国实行君主立宪理论之评议

革命派与立宪派在清末曾进行过激烈的政治论争,结束以后,革命党人亦时有政论发表。本文主要讨论1905年至1911年期间革命党人在理论上为何反对在中国实行君主立宪,其他与本文主旨无涉以及不相信清廷立宪或认为搞假立宪而反对诸问题,均不予论列。

为了更清楚地了解革命派理论旨趣之所在,在分析其反对在中国实行君主立宪的理论之前,首先应搞清他们对君主立宪制度本身所持的观点。

一般而论,除个别人外,大凡有些资产阶级政治学说常识的革命党人,都承认君主立宪制度优越于君主专制,与民主立宪不是对立的,而是相等或属于同一层次。如孙中山说:"无文宪法是英国最好。"① 汪东说:"革命与立宪,要非绝对的名词也"②;"排满论与政治革命论(按:即要求立宪)皆假定之以为可以救吾国,其性质非有差也。"③ 汪精卫说:君主立宪制下人民"自由平等之程度亦近乎共和,而远于专制"。"今日君主立宪各国,君主无责任,故亦无复重视之者。"④ 又云:"德国学者波伦赫克曰:'今日之英国,非君主政体,乃民主政体也。'非虚语也。"⑤ 署名奇零人者认为:"以君主立宪与民主立宪相较,不过多选举大统领一事而已。"⑥《民心》有篇文章写道:"立宪而至于英国,亦吾国上

---

① 《孙中山全集》第1卷,第329页。
② 寄生(汪东):《论支那立宪必先以革命》,《民报》第2期。
③ 寄生:《〈新民丛报〉杂说辨》,《民报》第11期。
④ 精卫:《再驳〈新民丛报〉之政治革命论》,《民报》第6—7期。
⑤ 精卫:《希望满洲立宪者盍听诸》,《民报》第3、5期。
⑥ 奇零人:《中国新报》,《复报》第10期。

下之所愿也。"① 同盟会评议员田桐说："宪法哉，诚利益人民之生佛哉！使中国而果能立宪也，吾当顶而礼之，膜以拜之，馨香以祝祷之。"②

既然承认君主立宪与民主立宪相等或属于同一层次，并且表示可以接受，甚而欢迎，那么，为何又激烈反对立宪派在中国实行立宪的主张呢？对此，革命党人认识并不一致，答案只能分别寻找。为了说明问题，这里不得不多罗列一些事实。下面将各种观点加以归纳分析。

## 一、不能拥戴"异族"君主实行立宪

此种观点以革命党领袖、理论家、活动家为主，理论发挥到顶巅，人数最多，影响最大，在整个反对实行立宪的革命阵营中居于领导地位和压倒优势，可说是革命派最主要最基本的观点。且看他们的理由。

同盟会的革命纲领写道："（一）驱除鞑虏 今之满洲，本塞外东胡。……灭我中国，迫我汉人，为其奴隶，……我汉人为亡国之民者，二百六十年于斯。……义师所指，覆彼政府，还我主权……（二）恢复中华 中国者，中国人之中国，中国之政治，中国人任之。驱除鞑虏之后，光复我民族的国家，敢有为石敬瑭、吴三桂之所为者，天下共击之。"③ 其《对外宣言》、《招降清朝兵勇条件》、《招降满洲将士布告》、《讨满洲檄》，均有此类语言。《谕保皇会檄》更言："今之满洲，非我同种，……此皇非我之皇，此宪非我之宪。尔等果热心祖国，爱慕乡里，当驱逐满洲国主，使出北京。"④ 此即革命党同盟会标示的民族主义和反对在中国实行君主立宪的理由。会员反对立宪的言论多是据此抒发的。

1903年，孙中山即以"扑满而兴汉"⑤ 为职志。他身为同盟会总理，同盟会的纲领就是他的思想的体现。当然，他并非单纯的排满论者，也讲过"照现在这样的政治论起来，就算汉人为君主，也不能不革命"⑥ 的话。但这是很次要的。1910年他就斥骂宣扬"立宪可以图强"的人"卑劣无耻，甘为人奴隶"，批驳教育、

---

① 《对于政府之民心》，《民心》第5期。
② 恨海（田桐）：《满政府之立宪问题》，《复报》第1期。
③ 邹鲁：《中国同盟会》，《辛亥革命》（2），第14页。
④ 《谕保皇会檄》，《天讨》，第136—137页，民智书局，1928年。
⑤ 《孙中山全集》第1卷，第232页。
⑥ 《孙中山全集》第1卷，第325页。

实业救国论时指出:"于光复之先而言此,则所救为非我之国,所图者乃他族之强也。"①

黄兴在 1905 年批评陈天华上书政府要求立宪时谓:"吾辈以排满为宗旨,今悖党纲,请立宪,仍是君主奴隶尔。"②

汪精卫:"满洲人非中国之人民",满洲"建国以后为中国之敌国"③。"各国革命有至君主立宪而止者,而我国今日为异族专制,故不能望君主立宪"④。"对于异族政府,无论其为立宪,为专制,亡国均也;纵令满洲政府下令组织国会,而自亡国之民视之,亦与满洲政府同气类者耳"。要求立宪"为反颜事仇,非我国民所宜出也"。⑤

朱执信:"革命者,以去满人为第一目的,以去暴政为第二目的"。"立宪者,其第二目的达否未可知,而第一目的之不得达则甚明也"。"大辱未雪,大欲未偿,亦复何心以商此事?"汉人"不可以与满洲人长此侪处,无论以立宪饵之也,即有共和极制,非与满洲为群无从得之者,亦有舍置之而已"。"故今日中国而欲立宪也,必汉族之驱并满洲而后能为之"。⑥

胡汉民:满洲"以异种异国之人而入寇诸夏"⑦,"故以满政府不倾,而遂许其同化者,以狐媚为虎伥,无耻之尤者也"。⑧

以刺杀出洋考察政治大臣而著名的吴樾说:"樾生平既自认为中华革命男子,决不甘拜服异种非驴非马之立宪国民也。"其刺杀出洋考察政治大臣理由中有两条是:"唯一原理,民族建国主义"(即建立汉民族国家);"立宪决不利于汉人"。⑨

女革命家秋瑾因"汉人失势,满人枭张",反对立宪,主张"大举报复,先以雪我二百余年满族奴隶之耻,后以启我二兆万里天府之新国"⑩。

---

① 《孙中山全集》第1卷,第442页。
② 子虚子:《湘事记》,《湖南反正追记》,第60页,湖南人民出版社,1981年。
③ 精卫:《斥为满洲辩护者之无耻》,《民报》第12期。
④ 精卫:《驳〈新民丛报〉最近之非革命论》,《民报》第4期。
⑤ 精卫:《杂驳〈新民丛报〉》,《民报》第10—12期。
⑥ 蛰伸(朱执信):《论满洲虽欲立宪而不能》,《民报》第1期。
⑦ 汉民:《就土耳其革命告我国军人》,《民报》第25期。
⑧ 汉民:《〈民报〉之六大主义》,《民报》第3期。
⑨ 《烈士吴樾君意见书》,《民报》第3期。
⑩ 陶成章:《浙案纪略》,见《辛亥革命》(3),第78页。

光复会首领之一徐锡麟1907年在安徽领导起义时，张贴告示，声称要"光复汉族，剪灭满族"，"遇满人皆杀"①。认为"杀尽满人，自然汉人强盛，再图立宪未迟"②。

田桐："中国者，汉人之中国也，非满人之中国也"。"中国可以立宪也"，"可以为民主之立宪也，万不可以戴满洲政府而为君主之立宪"③。

类似之言在其他不知名人士中还有很多，如：

"我们中国本来不是满洲的，现在满洲夺了去，……即使他果真立宪，譬如做强盗的打劫富户，……恐怕被盗的人日后都要复仇，就把他从前所夺的钱，分了一两成，送把被盗的人"。"要想死里求生，除非大家起来革命，把满洲贱种逐出中国，以后再来讲立宪。"④

"盖汉族之国，既见攘于满人"，"虽侈陈宪法，亦非汉族救死之方，惟有实行革命之一途耳"。⑤

"今者虏廷下诏预备立宪，童子愚呆亦知其伪。就令而诚，九世之仇，一矢未报，凡有血气，方触其山河之感，岂颂言之？"⑥

"我中国之国家何在乎？外族入主，……国既亡矣，何有于宪？"⑦

"无论满政府有若何之改革，行若何之宪法，而《春秋》之义，九世之仇，凡在儒生，岂可忘之哉！"⑧

"今国亡种仇，遑论立宪！计惟有养其力，固其群，以攘夷狄而廓清宇内为志。"⑨

"非排满决不足以立宪也"⑩。

"乃有浅识之辈，攘臂奋舌，以祈实行立宪"，"抑不知虐我则仇"，爱国"必

---

① 《革命军首领徐锡麟伪示》，《申报》1907年7月30日。
② 陶成章：《浙案纪略》，见《辛亥革命》（3），第80页。
③ 恨海：《满政府之立宪问题》，《复报》第1期。
④ 楚元王：《谕立宪党》，《天讨》，第147、154页。
⑤ 退思：《广东人对于光复前途之责任》，《天讨》，第117页。
⑥ 望帝：《四川讨满洲檄》，《天讨》，第66—67页。
⑦ 《庆贺立宪之丑态》，《复报》第7期。
⑧ 志攘：《忠君主义及攘夷主义》，《复报》第1期。
⑨ 娲石女氏：《吊国民庆祝满政府之立宪》，《汉帜》第2期。
⑩ 屈魂：《仇满横议》，《洞庭波》第1期。

自攘异始"。①

综观以上言论，不难看出，此种观点概视满洲为"外国"，满族为"异族"，满族入主中原为吞并中国，满洲皇帝不是中国的皇帝，清廷立宪亦非中国的立宪。认为汉人当前的急务是进行"民族革命"，驱逐满族，光复汉族，"复仇其首"，"去暴政其次"，即"民族革命"第一，政治革命第二，解决"异族"统治问题是解决政治问题的前提。此仇不报，此耻不雪，此"虏"不除，无论立宪前途多么畅通，立宪制度多么美好，作为"亡国奴"的汉人绝对不能接受，即使实行共和民主亦不屑一顾。总之，他们反对批判实行君主立宪的主要根据和理由不在于应否实行君主立宪，而在于不能也不应拥戴满族君主实行立宪。

表面看去，此种观点理直气壮、义正辞严，实则大谬不然。

首先，所谓满洲之地为"外国"，满族人民为"外国人"，满族入主中原为中国"亡国"，完全违背历史事实，不能成立。

中国自古以来就是一个由多个民族组成的国家，不是单一的汉族国家。满族是中华民族大家庭中的一个成员，满洲土地是中国神圣领土中不可分割的一部分。

满族的祖先肃慎人在周朝灭掉商朝后即多次遣使入贡，其时中原人士说："肃慎、燕、亳，吾北土也。"② 汉代肃慎改称邑娄，南北朝时更名勿吉，隋朝又名靺鞨。在此漫长岁月中，满族的祖先一直和中原王朝保持着政治上的密切关系。进入唐代，中央政府则在黑龙江、松花江和辉河流域建立行政管理机构都督府，任命靺鞨领袖为都督、刺史，并派长史参与其行政管理事务，行使主权，使该地区成为中国版图中的一部分。五代时地方割据势力纷纷建立政权，靺鞨改称女真。辽代，女真完颜部崛起，阿骨打称帝，国号大金，后迁都燕京，一部分女真人进入关内，与汉族杂居，不久即与汉族融合。东北地区依然是金的行政管辖区域。元朝建立，东北地区又置于其统治之下。明初，女真三大部建州、海西、野人相率归降，明朝政府在东起库页岛，西至斡难河，南抵浑河，北达外兴安岭的广大地区内，遍置卫、所，进行统治。卫、所是军事兼行政管理的地方政权机构，官员均系明朝政府直接委派部族大小首领担任，给以印信。官职尽管是世袭的，但父死子继必须经明朝政府批准；要求晋升官爵，更换敕书，增加赏赐等，必须呈报政府，否

---

① 《攘异篇》，《民心》第2期。
② 《左传》第22卷，第7页，文学古籍刊行社，1955年。

则遭受惩罚。明朝政府还规定，卫、所官员要按期赴京述职，报告地方情况，同时交纳贡赋。毫无疑义，东北地区是明朝行政管理的辖区，女真人是明朝治下的臣民，努尔哈赤建立的大金政权，只不过是地方割据政权。后来满族入主中原，如同以往地方割据势力夺取中央政权一样，丝毫也不奇怪。

革命派无视铁一般的历史事实，自然只能得出荒诞不经的结论。

这部分革命派之所以会产生如此荒谬的认识，完全由于地地道道的大汉族主义在作怪。他们认定国家的统治者只能由汉人充当，少数民族只能被统治被同化。当立宪派就此问题辩论时，汪精卫就直言不讳地回答："苗、瑶之于我，使其耦俱无猜，则固可以相安；苟其为患于中国，则亦仇雠而已，谁云苗、瑶可以主中国耶？"①"若云同化，必以我民族居主人之位而吸收之，若明以前之于他族可也。不辨地位，而但云并包兼容，则必非我民族所当出也。"②

中华民族包括数十个少数民族，在长达数千年的历史发展过程中，民族融合一直都是主流，是传统文化中的优秀内核，也为中国绝大多数人民和民族所承认。只有那些具有强烈民族偏见的人才高叫"夷夏之防"、"以夏变夷"，主张以汉族统治压迫弱小民族。这部分革命派不仅继承了"夷夏之防"的糟粕，而且也违背了同盟会《军政府宣言》中所标榜的"自由、平等、博爱"的"一贯之精神"，以及"凡为国民，皆平等而有参政权"③的建立民国的宗旨。

20世纪初年，资产阶级上升时期的民族主义理论已经风靡全球，也为中国的大多数爱国人士和立宪派所崇奉。资产阶级上升时期的民族主义强调全国一致，共御外侮，争取国家民族独立。在此思想主导下，一些国家走向独立富强，有的建立了多民族的国家。与此相反，革命派作为先进阶级的代表，却没有学到其外国前辈的先进理论，而仍固守"夷夏之防"，其"民族主义"不是用来对付外国侵略的，而是用来排斥本国少数民族的。对于他们所处的时代而言，这种理论不是进步，而是倒退，其落后性是不言而喻的。

立论的前提根据既不存在，一味反对在中国实行君主立宪就成了无源之水、无本之木，失去了理论价值，变成感情用事、失去理性的武断。

---

① 精卫：《杂驳〈新民丛报〉》，《民报》第10—12期。
② 精卫：《民族的国民》，《民报》第1期。
③ 邹鲁：《中国同盟会》，《辛亥革命》（2），第14页。

其次，他们的"民族主义"实质上是国家分裂主义、民族分裂主义。他们把满洲地区视为"外国"，无端地把一个统一的中国一分为二；他们大肆宣扬排满，挑起民族间的争斗；他们露骨地赞颂大汉族主义，歧视少数民族，只能增长少数民族的厌恶感，使之产生分离倾向。依照他们的思想，中华民族焉有和睦振兴之望？他们爱的不是各族人民共有的中国，仅是他们少数人心目中的汉人的中国。依照他们的观点，不独东三省，就是内外蒙古、青海、新疆、西藏，以至内地少数民族聚居的地区，都应从中国的版图上划分出去，否则就是对少数民族实行高压政策，强使屈服。因此，其"民族主义"与真正的爱国主义毫无共同之处，客观上只能起到削弱分裂中华民族的消极作用。它遭到立宪派的反驳是必然的。连革命派内部的无政府主义流派也毫不客气地指出了它们的荒谬性。《天义报》有篇文章在批判了它"系沿宗法时代之遗风"后质问道："既欲他族受制于汉族，则与今日汉、蒙、回、藏受制满洲者奚异？"①另一篇文章尖锐地写道："因满人为异族，故当以汉人代满人，则此说尤谬。夫以汉人视满，则满人为异族；以苗民视汉人，则汉人又为异族。使实行民族主义，在彼满人，固当驱逐。即我汉人，亦当返居帕米尔西境，以返中国于苗民，岂得谓中土统治权，当为汉人所独握？故知民族主义，乃不合公理之最甚者也。"②

指出"民族主义"的错误并不意味着完全否定革命派的爱国思想，其爱国思想突出表现在主张进行资产阶级民主革命，彻底改变封建政治制度，使国家走向独立富强。革命派批判揭露满汉之间存在着不平等现象，也是正确而必要的。然而，无论进行民主革命，还是消灭满汉间的不平等现象，都和"民族主义"无直接关联。造成满汉间不平等现象的根本原因在于封建专制制度，要消灭这种现象，只有彻底铲除封建专制制度一途。民主革命成功，清政府的统治自归消灭，满汉间的不平等现象亦随之消失，根本无需乎提出"民族革命"这一错误而又耸人听闻的口号。坚持这一错误口号，革命成功以后，按照其思想逻辑，他们虽然可以消除满族统治者歧视汉人的不平等现象，但却不能实现各民族间的一律平等，代之而来的将是汉族统治者歧视满族和其他少数民族的另一种不平等现象。这就是其"民族主义"或大汉族主义的真谛！

---

① 震、申叔：《论种族革命与无政府革命之得失》，《天义报》第6—7期。
② 志达：《保满与排满》，《天义报》第3期。

对于孙中山等极少数人来说，还有一点值得特别注意，即他们反对立宪是出于反封建的彻底性。孙中山曾讲："此时全国的大权都落在人家手里，我们要立宪，也要从人家手里夺来。与其能夺来成立宪国，又何必不夺来成共和国呢？"①汪精卫言："语君权立宪之由来，大抵其政体本为君主专制，迨国民主义日发达，政府人民互相反抗，而求相调和，乃立宪法。是故立宪君权国之宪法，其中根据事实而不合法理之污点，皆国民所未尝以血涤而去之者也。"②胡汉民云："二十世纪，苟创设新政体者，必思涤除专制惟恐不尽"。"必革命而后可言立宪，一度革命，更不可不求至公至良之政体，而留改革之遗憾"。"君主立宪，其治人者与治于人者，等差厘然各殊，其爱情亦从而生阶级；民权立宪，则并此无之，而壹是平等。"③汪东亦说："夫今日之中国，其敝坏固已达于极点，而毁屋而重构，轮焕一新，未尝无及焉，则革命之谓也；弥缝补漏，踟蹰以处，立宪之谓也。"④

君主立宪制的确不如民主立宪制反封建彻底，保留着君主、皇室、贵族和特权阶级等封建残余。孙中山等主张采取最佳政体，一劳永逸地铲除封建残余，思想境界较高，无疑应予以肯定。但也应看到：第一，他们的立宪和选择最佳政体都是以武装革命成功为前提的，与立宪派主张通过和平改革实行君主立宪是不相同的，因而不能把这种思想视为反对在中国实行君主立宪的理论，至少针对性是不强的。第二，这种思想在革命派中极少，"同盟会会员在国内宣传革命、运动革命时，只强调'驱除鞑虏，恢复中华'这两句话，而对'建立民国，平均地权'的意义多不提及"。⑤可见革命派反对、批判在中国实行君主立宪的主要根据和理由，仍是"民族主义"。

## 二、认为君主立宪就是专制，甚至比专制还坏

此种观点以章太炎为首。他们也是"民族主义"即排满论者。章太炎说："吾所谓革命者，非革命也，曰光复也。光复中国之种族也，光复中国之州郡也，光

---

① 《孙中山全集》第1卷，第281页。
② 精卫：《民族的国民》，《民报》第2期。
③ 汉民：《〈民报〉之六大主义》，《民报》第3期。
④ 寄生：《论支那立宪必先以革命》，《民报》第2期。
⑤ 李书城：《辛亥革命前后黄克强先生的革命活动》，《湖南文史资料选辑》第1辑，第27页。

复中国之政权也。以此光复之实，而被以革命之名。"①此与第一种观点相同，不再重述。让我们看一看他们反对立宪的另外的理由。

章太炎的《代议然否论》可谓这方面的代表作。其中写道："代议政体者，封建之变相"。"我去封建远。去封建远者，民皆平等；去封建近者，民有贵族、黎庶之分。与效立宪而使民有贵族、黎庶之分，不如王者一人秉权于上，规模廓落，则苛察不遍行，民犹得以纾其死"。"是故通选亦失，限选亦失，单选亦失，复选亦失，进之则所选必在豪右，退之则选权堕于一偏。要之，代议政体必不如专制为善。满洲行之非，汉人行之亦非，君主行之非，民主行之亦非。"②此前他亦讲过："代议政体，非能伸民权，而适埋郁之。盖政府与齐民，才有二阶级耳，横置议士于其间，即分为三，政府固多一掣肘者，齐民亦多一抑制者"。专制时期，"人人等夷，名曰专制，其实放任也"。立宪之后，"无故建置议士，使废官豪民梗塞其间，以相陵轹，斯乃挫抑民权，非伸之也"。"以中国行代议立宪之政，其蠹民尤剧于专制。"③

1908年在安庆发动起义的熊成基持同一论调。他说："君主立宪，乃特别专制之代名词，非人民得有参政权也。夫在未立宪时代，助政府压制人民者，不过官府而已。设已立宪，反多各省之议员为政府助矣。"④

署名"羲皇正胤"者认为："君主立宪之制，即君主专制之变相，不过换其强横之状态，为诓骗之手段而已。"⑤

他们或把立宪说成变相专制，或把立宪视为比专制还坏，认为选举议员只是增加了压制人民的势力，人民非但得不到参政权，原有的自由反而被挫抑，因而极端加以反对。一望而知，他缺乏最起码的宪政常识，完全是胡说八道，章太炎更简直是站在封建立场上说话。

君主专制与君主立宪是绝对不同的两种政治制度，前者是封建主义性质的专制政治，后者是资本主义性质的民主政治，具有本质的区别。在前种制度下，君主权力无限，为所欲为，人民没有任何自由民主可言。在后种制度下，君主权力

---

① 太炎：《革命之道德》，《民报》第8期。
② 见《民报》第24期。
③ 太炎：《与马良书》，《民报》第19期。
④ 《熊成基自书供词》，吉林档案馆编：《清代吉林档案史料选编》，第49页，1981年。
⑤ 《满清政府预备立宪之阴谋》，《民报》第26期。

受到宪法限制，在有限的范围内行使，故亦称有限君主制。而且实行立法、行政、司法三权分立，君主不得专制独裁。较之君主专制，君主立宪同民主立宪一样，是历史的一大进步。人民也享有一定的民主自由权利。怎能说立宪与专制相等甚至更坏呢？

议会为君主立宪国家的最高立法机关，代表全体国民行使职权，正是国民参政即资产阶级民主政治的根本体现，也是君主立宪与君主专制相区别的主要标志之一。有了议会，议员民主决定国家大政，不仅可以限制、削弱君权，使国家机构设置趋于合理化，而且可以监督行政官吏，使之不敢像昔日那样欺压剥削人民，为非作歹。把议员看作封建"豪右"或助封建政府为虐的官吏，无疑是十分错误的。

总之，他们根本没有弄清君主立宪为何物，其反对是盲目的，无道理的，所加给君主立宪的罪名是臆造的、不实的。正因缺乏宪政常识，他们找不到解决政治问题的出路。章太炎坚决反对开设议会，只主张选举总统，却又是个"固非执守共和政体者"①。熊成基赞成改良政治，但提不出好的改良方案。

### 三、受无政府思潮影响，认为不需立宪

山西同盟会会员景定成的思想即属于这种类型。他叙述自己的思想说："当时我仇视君主立宪，有不共戴天之势。第一感触在吴樾烈士炸出洋五大臣，揭出清廷假立宪以欺国人的手段；第二感触在看见共和政治将普遍全世界，这些君主都要下二十世纪新舞台，还教他们立什么宪；第三感触社会主义，其极端至于无政府，这宪法也就不需要了。"②

景定成的第一个感触纯属悬揣，因为其时政府只是派遣大臣出洋考察政治，尚未决定立宪，断言假借立宪欺骗人民为时尚早。第二个感触是从理想出发，不是从事实出发，亦不足为凭。第三个感触显系受无政府思潮的影响，政府既不存在，宪法自然无用，君主立宪固为其反对，民主立宪亦未尝不为其反对。由此推知，其第二个感触也并非实行共和。有理由认为，其反对君主立宪主要是受无政府主义思想支配，当然也就谈不上什么正确与科学性。

---

① 太炎：《代议然否论》，《民报》第24期。
② 景梅九：《罪案》，见《辛亥革命资料类编》，第69页，中国社会科学出版社，1981年。

### 四、以农民的平均主义、空想社会主义反对立宪

此种观点为光复会领袖陶成章所独创。其突出的特点就是从平均主义、空想社会主义出发,对君主立宪和民主立宪一概加以反对。

他说:"无论各国立宪是因为离着封建时代不远,一时不能到平民执政的时代,就把这立宪做个上下过渡的用法。我们已是平民做了皇帝宰相千百余年,哪里还要用着立宪过渡呢?况且立宪实在是有弊病,无论什么君主立宪、共和立宪,总不免少数人的私意,平民依旧吃苦,将来天下各国,定归还要革命。况且我们又添着一个异种的政府,来替我们立宪,哪里立得好呢?所以我们就是今日同种人来立宪,还要再起革命。"①

撇开立宪决定于距封建时代远近的观点不谈,陶成章的思想明显是有别于其他革命党人的。他认为立宪"总不免于少数人的私意,平民依旧吃苦",所以君主立宪反,民主立宪亦反;满人立宪反,汉人立宪亦反。

那么,他的政治主张是什么呢?他是如此描述的:"(革命)成功以后,或是因为万不得已,暂时设立一总统,由大家公举;……或者用市民政体,或者竟定为无政府,不设总统,也未可知。……但无论如何,皇位是永远不能霸占的。列位有本领的出来,替大家办事,……到那时候,土地没[公]有,也没有大财主,也没有苦百姓,税也轻了,厘捐税关也都废了,兵也少了,从此大家有饭吃了,不愁冷了,于是乎可以太太平平,永远不用造反革命了,这才是我中华国民的万岁。""要把田地改作大家公有财产,也不准富豪们霸占;使得我们四万万同胞,并四万万同胞的子孙,不生出贫富的阶级,大家安安稳稳享福有饭吃呢。"②

他不知道革命成功以后采取什么政体好,只知让有大本领的人替大家办事;他理想的社会是个没有阶级和贫富,土地公有,人人有饭吃、有衣穿,兵少税轻的社会。他的思想尽管有反封建的意义,但实质是农民的平均主义、空想社会主义。这样的社会在不要宪法的情况下是无法实现的,而且在二十世纪初年资产阶级登上政治舞台以后,这种思想也变成过时乃至拉历史车轮倒转了。所以,其反对君主立宪是以落后反对先进,以倒退反对进步,亦不足取。

---

① 陶成章:《龙华会章程》,《辛亥革命》(1),第538页。
② 陶成章:《龙华会章程》,《辛亥革命》(1),第538、540页。

## 五、以"平民主义"反对立宪

河南同盟会会员、《河南》杂志创办人张钟端是此种观点的典型代表。张钟端反对君主立宪的理论基础是"平民主义",即主张人人在政治上平等。

他说:"国家之存在,乃为全体平民幸福之存在",并非为君主和少数官员而存在。他反对任何特权阶级、阶层,主张人人平等:"人人同守此公平之法律,即君主、官吏亦当同立于此法律之下而不能或越。国家之问题,当使平民与闻之;平民己身之权利,能对国家请求之。君主如是,官吏亦如是。是之谓政治上之平等"。凡依恃国家权力营谋私利、不顾平民利益者,不能算作平民,而应视为"国家之蠹",予以排斥。他认为现在的政府和官吏都是"误我国家,祸我平民"的,利己主义的,不愿对平民"开放"权利的,必须将其打倒。并特别声明,他与单纯的排满论者不同,"非因种族而有异也,乃因平民而有异,孰祸我平民,即孰当吾排斥之冲"。满汉官吏都要排斥,各族平民都要"提携"。排斥君主亦不是因为种族问题,而是由于国家安危问题:"非以其为满人而去之也,即为汉人亦必去之。盖不如是,必不能解其权,则国家之危亡亦将随兹非平民的政府而俱来"。他理想的是什么政府呢? 即"平民的政府"。凡有公民权的"一切之平民皆有为国家最高机关之地位也","皆有参与国权行使之权焉"。方法就是平民选举议员,"代议会为平民之代表机关而行使统治权","而非一人数人之所得专者也"。"此皆以平民而行国家主体之实",故平民的政府亦可谓"国会政体"。基于上述认识,他得出结论说:"将来之中国,当为民权立宪,不当为君权立宪"。①

在诸反对观点中,可以说张钟端的陈义最高。他不带任何民族偏见和感情色彩,完全从理性立论,了解专制与立宪的优劣,未受无政府主义的影响,很少小农的意识。不仅主张不要君主、贵族、特权阶级,政治上法律上人人平等,而且反对一切以权谋私、不为平民谋幸福的官吏;主张政府不但是"平民"的,而且是廉洁的。张钟端是一位难得的急进的民主主义者,他主张反封建反腐败都很彻底,而这些主张也是为君主立宪制解决不了的,因而确乎有其反对君主立宪、主张民权立宪的合理性。

---

① 以上俱引自鸿飞(张钟端):《对于要求开设国会者之感喟》,《河南》第4期。

但在具体论述君主立宪制度时,他的认识又显得相当模糊不清。如说君主立宪必须有善良君主实行,否则"亦与专制无以异耳"。这就太过头了。在君主立宪国家,君权被限制在法定范围以内,不能于法外为恶,君主个人行为可能有不利于施政的时候,但还不至于改变整个制度,与专制无异。

此外还有一些,限于篇幅,不再多述了。

"民族主义"或排满论在一定范围内确实收到了宣传实效,然而具有煽动性的东西并不就是真理。革命派反对在中国实行君主立宪的各种理论看来振振有词,实际上只有个别人和个别问题值得肯定,绝大多数都无科学性,难以成立。1909年7月1日,革命派办的《民呼日报》在其社论《论政府行为之矛盾》中开门见山地写道:"今日之所谓救时者,曰预备立宪,曰筹备宪政。就朝廷一方面言之,则挽救危亡之局在是,图收富强之效亦在是。就人民一方面言之,则恢复固有之权利在是,造就国民之资格亦在是。是故公然詈立宪为速亡之具者,此乃脑识单简者偏激之谈,而非中正之公论也。虽然,语常有之:正人行邪法,邪法可归正;邪人行正法,正法悉归邪。立宪之有效与否,亦全视政府用心之诚伪耳。"这种观点较之其"偏激"的同志们的观点要冷静、客观、公允得多了。谨以此作为本文的结束语。

(原载《史学集刊》1992年第2期;《走向近代世界的中国》,成都出版社,1992年4月)

# 立宪派与革命派的阶级基础

建国以后,关于立宪派和革命派的阶级基础问题曾经进行过热烈讨论,分歧很大。近年某些观点不再重提,民族资产阶级上层是立宪派的阶级基础、中下层是革命派的阶级基础的说法,渐趋一致(姑称之曰"阶层基础论")。然亦不无异议,这方面的论作不多,令人注目的是朱英先生发表的认为立宪派的阶级基础不仅仅是民族资产阶级上层,而是整个民族资产阶级的文章①(姑称之曰"阶级基础论")。这个问题确实值得进一步认真思考和深入研讨。笔者赞成"阶级基础论",同时认为革命派的阶级基础与立宪派一样,都是整个民族资产阶级。谨申述一些浅见,请方家不吝指正。

## 一、"阶层基础论"有违史实

凡属正确的论断,皆系从大量史实中概括出来并与之相符合的。"阶层基础论"所持的论断能否成立,是讨论时首先需要解决的问题。

"阶层基础论"认为立宪派的阶级基础是民族资产阶级上层的理由,约而言之有三:一、立宪派成员中很多人尤其是主要人物具有官僚、地主绅士与资本家两种社会属性,即本人担任着或担任过各种职官、具有功名职衔而又兼为资本家;二、民族资产阶级上层由地主、官僚、买办转化而来,起家依靠或得到封建势力支持,政治上、经济上同封建主义联系较多,现实的利益决定他们维护现有社会秩序,只要求改良,实行君主立宪,视打乱现有秩序的革命为洪水猛兽,而加以坚决抵

---
① 朱英:《立宪派阶级基础新论》,《江汉论坛》1986年第5期。

制和破坏；三、其政治经济主张代表了民族资产阶级上层的利益和愿望。

关于第一点，"阶层基础论"道出了部分事实，即某些立宪派人士兼有官僚、绅士及资本家两种社会属性。如江浙的张謇、汤寿潜、郑孝胥、李平书、张元济、周晋镳、沈同芳、周廷弼、李厚祐，广东的张振勋，湖南的龙璋等均是。但若以此去推断并归结为立宪派的特点是一身兼具两种社会属性，则未免失之于武断了。

仔细考察一下立宪派骨干人物的实际情况，他们之中身兼资本家与官僚、绅士两种社会属性的实在不多，大部分只具一种身份，即绅士，拥有传统的功名职衔，本人并非资本家。这样的例子俯拾皆是，不胜枚举。例如：

江苏的中坚分子孟森和孟昭常兄弟、雷奋、方还、秦瑞玠、杨廷栋，都不是资本家，传统功名最高者为举人，雷奋不过是区区一介附生，连绅士的资格也不具备。

浙江的主要人物陈黻宸、沈钧儒、陈时夏、邵羲、郑际平，有的获有传统功名，有的是新式学堂毕业，同样不是资本家。

类似的著名人士还有：直隶的孙洪伊、温世霖、齐树楷、李榘、籍忠寅、王振尧、于邦华、陈树楷、胡家祺等；安徽的江谦、陶镕、窦以珏等；江西的汪龙光、闵荷生等；湖南的谭延闿、易宗夔、雷光宇、粟戡时等；湖北的汤化龙、张国溶、夏寿康、姚晋圻、时象晋、陈登山等；山东的曲卓新、周树标、丁世峰等；山西的梁善济、李庆芳、李素等；河南的方贞、杜严、王敬芳等；四川的蒲殿俊、萧湘、罗纶、李文熙等；广东的丘逢甲等；广西的吴赐龄等；贵州的任可澄、牟琳、乐嘉藻等；奉天的吴景濂、袁金铠、刘兴甲等；吉林的松毓、庆山、庆康、何印川等。

就立宪团体看，亦非如"阶层基础论"所断言。广东地方自治研究社的某些成员虽经营或投资于工商业，但不具有绅士的身份；具有绅士身份的又不兼营工商业，如领导人易学清、卢乃潼均如此。

与广东地方自治研究社中绅士居多的情况相反，粤商自治会的众多会员，包括正副会长陈惠普、李戒期在内，虽为大大小小的资本家，然而却受到研究社绅士们的蔑视与排挤，同绅士存在着清晰的畛域。

贵州自治学社领导人张百麟的职衔是其父为之捐纳的小小通判，张鸿藻为举人，钟振玉为贡生，第一批正式会员传统功名最高者为贡生，其次监生，秀才过半，多为"寒士"。秀才极少特权，与老百姓相去无几，贡生、监生只不过是秀才中的优秀者，尚未取得做官的资格，他们在知识界属于下层，无力经营、投资工商业，根本谈不到资产阶级上层。

吉林自治会的二十七名职员中，有的具有传统功名，有的系留日学生，无一人是资本家。

湖北宪政筹备会的干部职员中，也只有个别人为资本家，其余均为知识分子。

于日本成立的以杨度为首的宪政公会和以梁启超为首的政闻社，成员几乎都留学生，新型知识分子，身兼资本家者极其罕见。

在各省谘议局的少数多额纳税议员中有几个资本家，他们有的属于立宪派，不过并不一定是绅士。其余绝大多数议员均只具有传统的功名职衔，或新式学校毕业资格，或新式事业职务，亦非兼具两种社会属性。

至于众多的一般立宪派人士之不具备两种社会属性，就不难想象了。

由上述事实可知，"阶层基础论"所谓立宪派的很多人尤其是主要人物具有官僚、绅士及资本家两种社会属性的说法，是缺乏事实根据的，有违史实的，兼具两种社会属性的立宪派主干人物在立宪派中所占比例很小，因而其推断立宪派的阶级基础为民族资产阶级上层的结论实难成立。

从参加立宪运动的商人考察亦然。因为拥有功名职衔并非民族资产阶级上层所独具的特点，不拥巨资的商务分会会员也兼有各种低级的功名职衔。对此，朱英先生的文章已有论述，本文不再重复了。

近代以来，特别是二十世纪初年，由于国家民族处于危急关头，政治及其他制度正在改革变化，阶级斗争形势尖锐，整个社会动荡不安，各阶级阶层人们的思想意识都或多或少地在发生转换，并且寻找新的出路，每一个政治团体、派别和政党的成分构成均相当复杂，极少单纯的现象。立宪派如此，革命派同样。

在革命派中，有的是秘密会党成员或与秘密会党有密切关系，有的以反满复汉为职志，有的献身民主革命。出身于农民和中小资产阶级者当然不少，出身于其他阶级阶层者亦屡见不鲜。如黄兴，家有"祖遗田产近三百石"①；刘公"家为清末襄阳三大富室之一，有田地一万三千余亩，号称'刘百万'"②，且兼营若干

---

① 黄一欧：《黄兴与明德学堂》，《辛亥革命回忆录》（2），第113页。
② 湖北省地方志编纂委员会编《湖北省志·人物志稿》（1），第104页，光明日报出版社，1989年。

商业；焦达峰"家颇殷实，有田五百余亩"①；孙武"家富百万"②；宋教仁的家庭也是地主③；刘英之父是"以货殖致巨富"的京山"望族"④；张静江"父殁，分得遗产巨万"，本人后充驻法国公使馆商务随员，开设通运公司，在上海、巴黎间经营古董贸易，"获利甚丰"⑤。香港和华侨中革命党人本人是大资本家或出身于大资本家的很多，如李纪堂，"弱冠任日本邮船公司港分行华经理"，"其父逝世，分得遗资百万"，本人就是"富商"⑥；李煜堂为"广东著名大商"，开设几家公司，保险公司分店遍于国内各口岸及南洋群岛，"时人咸以保险大王称之"⑦；黄乃裳在南洋经营农场，有工人数千名，"作大规模之垦殖"，"土人多以新福州王称之"⑧；孙中山求学时期由其兄孙眉供给，而孙眉"为夏威夷茂宜岛大畜牧家，富甲全岛，有牛千数百头"⑨，按照划分成分的政策，亦出身于大资本家。

革命党人具有传统功名职衔者不如立宪派多，但也决非绝无仅有。如黄乃裳为闽中名孝廉；胡汉民、石瑛为举人；杨笃生为拔贡，1898年分发广西知县；黄兴是秀才。1906年以后留学毕业归国应试获得清政府新进士、新举人头衔的更是大有人在。

身为资本家而获有职衔的亦不乏其例，如马刚侯即为花翎三品衔、候选知府；禹之谟获有五品衔、候选主簿。

相对而言，革命派中获有传统功名职衔者少而偏低，直接参与活动的上层资产阶级不如立宪派多，然而，阶级成分构成的复杂性却有过之而无不及，革命派中的会党分子、士兵就不为立宪派所见。倘若只是以某几个人的出身成分确定一个政治派别的阶级基础，那是不会有什么结果的，因为每一个派别的成分构成均相当复杂。随便拣选几条资料易如反掌，可是不能科学地说明问题。

一个政治派别和政党的阶级基础与其结构成分有一定联系，结构成分表明它

---

① 冯自由：《革命逸史》（2），第257页，中华书局，1981年。
② 章开沅、林增平主编：《辛亥革命史》中册，第89页，人民出版社，1980年。
③ 《宋教仁集》序言，中华书局，1981年。
④ 章开沅、林增平主编：《辛亥革命史》中册，第89页。
⑤ 《革命逸史》（2），第209—210页。
⑥ 《革命逸史》（1），第67、68、92页。
⑦ 《革命逸史》（1），第193—194页。
⑧ 《革命逸史》（2），第162页。
⑨ 《革命逸史》（1），第15页。

是由哪些阶级、阶层组成的；但结构成分并不是主要的证明，只是一种象征。主要的证明是：成员的历史，政治立场和思想意识的变化，特别是执行的政策。因此，在考察立宪派和革命派的阶级基础时，不应把眼光局限于极少数人，弃其他成员于不顾，而应审视全部成员的历史，综合分析其政治倾向，看其宗旨和方针政策究竟代表和反映了哪一个阶级、阶层的利益和愿望。否则，势必一叶障目，以偏概全。

关于第二点，即所谓上层民族资产阶级同封建主义在政治上、经济上联系较多，现实利益决定他们维护现有社会秩序，对革命加以反对和抵制。

诚然，民族资产阶级上层在政治上、经济上同封建主义联系多些，那些获有进士、举人及较高职衔的绅士对清廷往往怀有一种知遇之感，因而在思想感情上不愿轻易同清廷决裂，他们之主张立宪、反对革命，未尝不含有这种感情因素在内。然而这决不意味着所有上层人物，更不意味着全部立宪派皆由此种感情因素的作用而主张立宪的。因为上层人物中也有一些在政治上、经济上与封建主义没有什么直接联系，同清廷没有多少深切感情，一般中小资产阶级立宪派人士更不待言了。

马克思主义在分析社会历史问题时，非常重视经济因素的作用。可是，经济并非唯一的因素，对一个人和一个政治派别的政治态度来说，尤其如此。唯出身成分论的谬误和危害已是有目共睹，毋庸词费。简言之，一个人或一个政治派别提出什么政治主张，选择什么道路，虽受诸种外部因素制约，而主要取决于自身的认识和决心。所以，不能机械地简单化地搬运经济起决定作用的公式，强将立宪派和革命派的阶级基础化分并归结为民族资产阶级的上层和中下层。

民族资产阶级上层皆因害怕生命财产不保而主张立宪吗？不尽然，革命派中也有上层资本家和大地主。中下层均不畏流血牺牲、财产损失而加入革命吗？亦不尽然。立宪派内的中小资产阶级数不胜数，游离于两派之外的更无法统计。当时立宪派和革命派论及国民性或民族性时，无不深切慨叹国民"奴隶性"的根深蒂固，缺乏大无畏的反抗精神。所言不无偏颇片面之弊，但一般人民不是到了"是可忍，孰不可忍"的地步，是不愿铤而走险的，则系实情。采取革命暴力要冒抛头颅、洒热血、家破财空的巨大风险，在反动统治力量强大、革命力量弱小之时，革命并不像请客吃饭那样具有诱惑力，上层人士固然不易下决心，即等而下之者又何尝轻于一试？参加革命的只能是那些乐于献身国家民族的少数人（并不限于中下层），绝大多数忧国伤时之士均希望选择一条既无太大风险，又能挽救民族危机，使国家臻于富强的通达之路，这就是通过和平合法的运动，建立资产阶级君主立宪制度，与革命派达到同一目的。

立宪派与革命派的根本宗旨都是铲除封建专制，确立资产阶级民主政治。宗旨只能有一个，而实现宗旨的方法手段则可以多种多样，不拘一格。当某人认为此路不通时，便改行彼路，认为此法无效时，便采用彼法，于是在清末就出现了革命、立宪两派人员互相转变立场的常见现象。1903年以后，由立宪立场转到革命立场的就不知凡几。据革命党人田桐云，仅1904至1906年期间，留日学生中"由恶迁良、出保皇党以入革命党者，不可以千数计"①。毋庸否认，这些"不可以千数计"的立宪派人士转到革命立场上来，绝无可能系政治经济地位下降，即原为民族资产阶级上层、忽然变为中下层所致。此处不妨再举几个明显的例证。上海的上层人士李平书、李云书、王一亭、李薇庄、虞洽卿、朱葆三等人，原先都参加了立宪运动，而在辛亥革命前或辛亥革命中又转到革命方面来，他们的经济地位根本没有发生变化。像缅甸华侨、大资本家庄银安，先为仰光保皇会会长，1908年又任仰光同盟会会长，其转变不因经济的破产尤其显然。同样，由革命立场转到立宪立场的人亦非由中下层骤然升为上层，跻身于大资本家之列。凡此足以证明，革命、立宪的分野并非由于在民族资产阶级中处于不同的阶层而生，而是因认识上的差别而异。

谈到这个问题，不能不进一步搞清立宪派反对革命和革命派反对立宪的根本出发点之所在。

通过1905年开始的两派论争及后来的一系列言论，人们可以清楚地看到，立宪派对于革命的正义性、革命人士的爱国热诚及高尚情操等，除了极为个别的人物，无不予以赞扬肯定，可见他们并不是从内心仇视革命和革命人士。他们之主张立宪，反对革命，无非是因为：第一，在他们看来，立宪成功，可以实现革命派建立民主政治的宗旨（不是狭隘的排满），革命没有必要。第二，从国际形势的大局考虑和为国家民族的整体利益着想，立宪更适合国情。他们认为，自鸦片战争以来，列强侵略无孔不入，国土沦丧，利权渐失，经过甲午战争和八国联军之役，民族

---

① 《来函》，《民报》第5期。

危机愈趋严重,已经到了外国人"以中国为世界各国之中国,而非复中国人之中国"①的地步,亡国之祸,迫在眉睫,中国人民当前的主要急务是挽救民族危亡。救亡要讲究方法,什么方法于国家民族有利,就应当用什么方法:"我辈于救国诸方法中,苟有可以不损伤国民之生命财产,可以不戕贼国家全体之元气,可以不招列强干涉之惨祸,而亦可以救中国之危亡者,无论其方法为难为易,吾辈必先取之"。采取暴力手段不是绝对不可以,但不到时候,因其"实有得不偿失之虞,苟非至于计穷策尽,甘为孤注一掷之时,智者所不肯出此也"②。为什么说革命得不偿失?因为列强均"持机会均等主义,日眈眈焉瞯一机会之至,而各伸其权力于一步,若中国民间而有暴动,是即予彼等以最良之机会也",必然引起干涉。③"其结果,小之则自取灭亡,大之则灭亡中国"④。"小暴动,则足以扰乱社会秩序,而减少国民之经济能力;大暴动,则与各国利益均沾之目的相违,而与各国机会均等之目的相合,足以促外人之瓜分中国"。革命排满,势必使国内各族人民"种族之观念亦相引而起","相率而叛","至此中国乃大破国家之秩序,群兴种族之竞争","即无外国人干涉,而中国人之生命财产已大半埋没于腥风血雨之中"。"是故满排汉,汉排满,皆内部瓦解之媒介,而亡中国之尤也。"⑤因此,凡"爱国君子"、"为国民前途谋幸福者",不应出此下策。考虑问题应"以国家之利害为本位,而不以种族之利害为本位"。革命排满是一种"分裂的民族主义","徒负气耳,非真救国也"⑥。只有发动国民,通过和平合法的手段,群起要求政府改革政治,实行立宪,才是正确的救国方法。此法既避免了外国人干涉的借口,保证国内各族人民不致分裂内讧,生命财产不受损失,又可铲除封建专制政治,建立资产阶级民主政治,逐步增强国力,抵御外侮,同时远比采用暴力手段所遇到的阻力小,易于达到目的。

立宪派所论究竟含有几分真理与谬误,与本文主旨关系不大,且置不论。需要指出的是,立宪派之主张立宪,反对革命,主观动机与目的在于挽救民族危亡

---

① 杨度:《金铁主义说》,《中国新报》第1期。
② 刘蕙和:《国会反对论之征伐》,《中国新报》第9期。
③ 饮冰:《申论种族革命与政治革命之得失》,《新民丛报》第76期。
④ 饮冰:《暴动与外国干涉》,《新民丛报》第82期。
⑤ 李庆芳:《立宪魂》,第22、11—12页,1907年。
⑥ 与之:《论中国现在之党派及将来之政党》,《新民丛报》第92期。

而又使国家和各族人民不蒙受损失。其根本出发点是国家和各族人民,而不是"上层"的切身利害。立宪派当然也为自身的利益设想,但他们"以国家之利害为本位",将国家民族利益置于首要地位,则是显然的。其后多次的诚挚请愿,收回利权,抵制抗议外国欺凌侵略,均是很好的证明。

革命派因何反对在中国实行立宪?其内部观点并不一致,就居于领导地位、占压倒优势、人数最多、影响最大的观点看,一言以蔽之曰:不能拥戴"异族"君主实行立宪。

他们认为,满族人不是中国人,满洲不是中国的领土,满族入主中原即为中国灭亡。下面的语言典型地表明了他们最基本的观点:"我国今日为异族专制,故不能望君主立宪"①。"对于异族政府,无论其为立宪,为专制,亡国均也;纵令满洲政府下令组织国会,而自亡国之民视之,亦与满洲政府同气类者耳"。要求立宪"为反颜事仇,非我国民所宜出也"②。"革命者,以去满人为第一目的,以去暴政为第二目的"。"立宪者,其第二目的达否未可知,而第一目的之不得达则甚明也"。"大辱未雪,大欲未偿,亦复何心以商此事"?汉人"不可与满洲人长此侪处,无论以立宪饵之也,即有共和极制,非与满洲为群无从得之者,亦有舍置之而已"。"故今日之中国而欲立宪也,必汉族之驱并满洲而后能为之。"③总之,认为汉人当前的急务是进行"民族革命",驱逐满人,光复汉族,这是解决政治问题的唯一前提条件。此问题不解决,无论立宪前途多么通畅,作为"亡国奴"的汉人绝对不能接受,更不能要求,即使实行共和民主也不屑一顾。

他们是否认为立宪制度本身无可取之处?不是。大凡有些资产阶级政治学说常识的革命党人,皆承认君主立宪优越于君主专制,与民主立宪不是对立的,而是相等或属于同一层次的政体形式。故他们在原则上并不反对君主立宪制度,甚至极表欢迎:"立宪而至于英国,亦吾国上下之所愿也。"④"使中国而果能立宪也,吾当顶而礼之,膜以拜之,馨香以祝祷之。"⑤

---

① 精卫:《驳新民丛报最近之非革命论》,《民报》第4期。
② 精卫:《杂驳新民丛报》,《民报》第10—12期。
③ 蛰伸:《论满洲虽欲立宪而不能》,《民报》第1期。
④ 《对于政府之民心》,《民心》第5期。
⑤ 恨海:《满政府之立宪问题》,《复报》第1期。

如果统治者不是满人，而是汉人，立宪是否可以接受？国民是否可以用和平合法手段要求？正如汪精卫回答立宪派人士时所明白宣示的，可以。他说，同为汉人，单纯的"政治革命"（指颠覆专制，鼎革政体）方法是可以商量的，"劝告要求亦未始一种之方法"，如政府能与国民共事，亦可实行君主立宪，问题在于现在的政府"为异族政府"。①

由此可知，革命派反对在中国实行君主立宪的主要原因，不在于立宪制度不好，而在于不能也不应拥戴"异族"君主实行立宪。倘若君主为汉人，又能与国民共事，实行君主立宪的主张他们不但能够接受，而且还可以和平手段进行要求。换言之，他们考虑问题的基本出发点是狭隘落后的"民族主义"，而不是民权主义，更非君主立宪体现了什么阶层的利益。既然革命派能够接受汉人君主的立宪主张，那就说明，他们与主张君主立宪的立宪派之间的分野鸿沟便不复存在，完全站到同一阶级阶层中去了。在此，立宪派与革命派的阶级基础是否仅仅为某个阶层，已是不言自明了。

关于第三个问题，即立宪派的政治经济主张代表了民族资产阶级上层的利益和愿望，待后再述。

## 二、资产阶级政体同"阶层"没有必然联系

清朝末年，人们将国体区分为"君主"和"民主"，将政体区分为"专制"和"立宪"，谓君主立宪与民主共和为国体之争，实为误解。政体指国家政权的组织形式，国体指各阶级在国家统治中的地位。尽管此乃治史者的起码常识，但在讨论两派的阶级基础时，似乎仍有强调的必要。

国体与政体密切关联，不同的阶级采用不同的政体。封建地主阶级居于统治地位时，采用专制政体；资产阶级居于统治地位时，采用民主政体。不过资产阶级的民主政体不是单一的，比较通行的有君主立宪与民主共和两种，立宪派与革命派分选了其中之一。这两种政体与"阶层"之间是否有某种必然的联系呢？没有。通观世界资本主义国家，不仅政体有君主立宪与民主共和之别，而且各个国家的民主制度也不相同。君主立宪有英国式的，德国式的，日本式的；民主共和

---

① 参见《杂驳新民丛报》、《再驳新民丛报之政治革命论》、《与佛公书》，分载《民报》第10—12、6—7、9期。

有美国式的，法国式的，瑞士式的，等等。我们既应看到这种资产阶级"民主主义的各种程度上的差别"，看到资产阶级"有各种各样的民主派"，包括俄国的君主立宪派①；更应看到这些国家的共同本质。列宁说："资产阶级国家虽然形式极其繁杂，但本质是一个：所有这些国家，不管怎样，归根到底一定是资产阶级专政。"②"国家的统治形式可以各不相同，在有这种形式存在的地方，资本用这种方式表现它的力量，在有另一种形式的地方，资本就用另一种方式表现它的力量，但实质上政权总是操在资本家手里，不管权利有没有资格的限制，不管是不是民主共和国，反正都是一样。"③任何形式的资本主义国家，不论君主立宪还是民主共和，不论民主程度高低，其实质都是资产阶级专政，对人民进行统治，国家政权代表着资产阶级整体的利益："现代的国家政权不过是管理整个资产阶级的共同事务的委员会罢了"④。不言而喻，与资本主义国家政体直接联系着的国体是"整个资产阶级"，而不是某个阶层。在资产阶级夺取政权以后，政权一时落入代表某个特殊阶层利益的人物手中或许出现过，然而这种现象是极为短暂的，决不意味着国家政权仅仅代表某个阶层的利益，尤其不能认为某一政体是资产阶级中某一阶层利益的表征，例如说君主立宪代表资产阶级上层的利益，民主共和代表资产阶级中下层的利益。近现代的世界历史业已证实，美国、法国、瑞士模式的民主共和制度，从未仅仅代表资产阶级中下层的利益，英国、德国、日本模式的君主立宪制度，也从未仅仅代表资产阶级上层的利益。两种政体体现的都是整个资产阶级的意志，与某一阶层没有必然联系，前者既不是中下层的唯一选择，后者也不是上层的唯一选择。之所以造成政体形式的差别，不是由于资产阶级中某一特殊阶层的利益决定的，而是由于资产阶级进行革命时各国的历史条件、各阶级的力量对比、君主的让步程度以及资产阶级革命的彻底性如何等因素决定的。立宪派选择君主立宪主要是根据中国的国情做出的，并非厌恶民主共和这种政体形式，一旦认识转变，他们也会赞成民主共和。因此，由政体形式而断言立宪派的阶级基础是资产阶

---

① 《社会民主党在民主革命中的两种策略》，《列宁全集》第9卷，第36页，人民出版社，1959年。
② 《国家与革命》，《列宁选集》第3卷，第200页，人民出版社，1972年。
③ 《论国家》，《列宁选集》第4卷，第54页。
④ 《共产党宣言》，《马克思恩格斯选集》第1卷，第253页，人民出版社，1972年。

级上层,革命派的阶级基础是资产阶级中下层,在理论上难以令折服,在历史上也难以找到坚实的依据。

按照"阶层基础论",民族资产阶级划分为三个阶层,上层主张君主立宪,中下层主张民主共和。这就不免使人产生一个疑问:既然实有三个阶层,为什么不划得更清楚彻底一些,明确地分为上、中、下三个阶层,而却要将中、下两个阶层合并为一?上层的经济地位与中层固然有别,中层与下层的经济地位不同岂非也属理所当然?否则便不会有中、下两个阶层之名。如果说因为经济地位的差异上层与中层选取了不同的政体,那么,中层与下层同样应该选取不同的政体;如果以与封建主义联系的多少作为革命与否的标准,那么,应当说上层主张立宪,下层坚决革命,中层摇摆不定,因为中层同封建主义的联系肯定比下层多些;如果认为上层由于多兼有传统功名职衔,爱惜生命财产,害怕社会秩序被打乱,那么,也应该说,下层无此顾虑,中层介于二者之间,因为中层的传统功名职衔较上层虽然少而低,较之下层仍然多而高,财产较下层富裕,生命似乎也较下层"宝贵"。只有做到这种多层次的分析,"阶层基础论"才算达到了圆满和应该达到的地步。然而,"阶层基础论"分析了两层便止步不前了,而且竟然将本来不同的两个阶层合而为一,泯灭了中、下两个阶层之间不同的经济地位和特殊利益,以及由此导致的不同政治态度,这就颇为令人费解了。事实上,资本主义国家政权唯有君主立宪和民主共和两种形式通行,假若将阶层分析贯彻到底,不唯无法解释革命阵营中何以会有经济地位和阶层利益不同的人,而且也不易找到第三种适当的政权形式供中层或下层"选择"了。

## 三、立宪派的阶级基础是整个民族资产阶级

下面具体考察一下立宪派的阶级基础是否仅仅为民族资产阶级上层。

民族资产阶级的阶层如何划分,没有一定的标准。不过,可以肯定地说,无论如何划分,上层都是极少数,绝大多数都属于中下层。据北京政府农工商部统计,1912年(含当年)全国共有工厂二万七百四十九家,其中使用原动力的三百六十三家,非原动力的二万三百八十六家;以人数计,七至三十人的工厂一万八千二百十二家,三十至五十人的九百九十家,五十至一百人的七百九十八家,一百至五百人的五百十四家,五百至一千人的一百八十一家,一千人以上的

五十四家。① 若把使用原动力生产的资本家或五百人以上的资本家算作上层，其在全部企业主中所占的比例都很小，直接参加立宪运动者所占比例更微不足道了。

立宪派很希望资产阶级在运动中充分发挥作用，1910年国会请愿时，请愿代表着重指出："今日世界无不以工商业为立国之根本者。夫商人既一跃而居国中最重要之地位，则国中政治之得失，自与商人有特别利害之关系，故吾国今日国会请愿之事，尤应以联络商界为中坚。"为此，特发敬告商会书，号召各省商会推选代表，大举请愿。② 各省商务总会、分会乃至许多城镇的商务公所均群起响应。在二次请愿所上的十份请愿书中，商会和商民就占了四份（包括华侨），积极性相当之高。

参加立宪运动的数十百万群众是些什么人呢？当时的报刊消息缺乏说明。中国第一历史档案馆所藏的一份《国会请愿绅民衔名册》③，是我们目前能够查阅得到的唯一签名册，极为珍贵，很有助于对参加立宪运动的群众的了解。这份签名册内有签名簿三册，封面标明序号和"直隶"字样，另外还有一份《国会请愿书》，时间为宣统二年四月，知其为1910年5月直隶省人民在二次国会请愿时所上。三册签名簿的序号是按《周易》乾卦卦辞"元、亨、利、贞"的数序排列的，现存的三册为"元"、"亨"、"贞"，显然短缺"利"册。兹将仅存的三册签名者的身份加以分类排比，制作简表如下（见下页表）。

该表表明了这样几个事实：第一，知识分子和商人是请愿的主力军。由进士到新式学堂的大小新旧知识分子（许多未写新学历）和学生共有八千三百五十八人，占总人数的百分之三十三，数量最多；其次是商民，有六千五百四十三人，占总人数的百分之二十六。两项加起来，占总人数的百分之五十九。这种情况是符合事物发展的逻辑和规律的。自戊戌变法前后始，具有资本主义科学文化的知识分子就成为中国革命运动和政治改革运动的领导者和急先锋，在这场爱国民主运动中，他们自然是最先觉悟的一部分，到处奔走呼号，踊跃签名。立宪运动的直接受益者莫过于资产阶级，他们理解这场运动的性质同自身的利害关系，故亦纷纷追随在本阶级的代表人物之后，积极投入了运动。第二，签名者包括各个阶级阶

---

① 《中华民国元年第一次农商统计表》上卷，第1、3页，1914年。
② 《敬告各省商会请联合请愿书》，《大公报》1910年4月22—23日。
③ 中国第一历史档案馆：会议政务处档，第984、985、986号。

## 1910年直隶第二次国会请愿签名者身份统计表

| 出身、身份 | 人数 | 出身、身份 | 人数 | 总人数 |
|---|---|---|---|---|
| 具有各种文武职衔者 | 171 | 留学毕业生 | 50 | 25051 |
| 进士 | 9（内含武进士7，不含兼职衔者） | 新式学校毕业生 | 17（内含高小毕业生4） | |
| 举人 | 222（内含武举17，不含兼职衔者） | 佾生 | 2 | |
| 贡生 | 140 | 军人 | 2 | |
| 监生 | 11 | 商民 | 6543 | |
| 生员 | 7607（内含武生1） | 工人 | 45 | |
| 文童 | 280 | 农民 | 547 | |
| 自治所、劝学所人员 | 5 | 国民、民 | 1833 | |
| 教员 | 14 | 未注明者 | 7550 | |
| 职员 | 3 | | | |

层的人物。有大小知识分子，学生，商人，绅士，也有工人和农民。"国民"、"民"和未注明身份者一样，当包含着相当一部分市民，其余不外农、工、商几种类型。立宪运动旨在变更封建专制为资产阶级民主制度，从根本上讲，是一场社会革命，符合广大人民群众的愿望；加之二十世纪初叶以后资本主义在比较发达的城市中已居于领先地位，城市市民在经济上同资本主义发生了联系，在思想文化上也为资本主义所潜移默化，有着强烈的反帝反封建要求，所以下层劳动人民中的一部分也能接受立宪派的政治主张，给予支持，成为运动的社会支柱。只是由于运动的发动者尚未意识到群众力量的真正所在，轻视广大劳动人民，广大劳动人民在未看到运动带给自己的实际利益前持冷漠态度，这部分人数不多。第三，签名的商人中几乎全是各州县的中下层人物，上层人数极少（总商会单独上书）。具有进士、举人传统功名的上层知识分子共有二百三十一名（不含兼有其他职衔者），在全部大小新旧知识分子和学生总数中所占比例亦极小。

上层人物要求立宪固然反映本阶层的愿望，中下层群众同样反映本阶层的愿望。倘若立宪仅仅代表上层的利益，广大中下层人士是不会跟着极少数上层人物跑的，响应立宪号召的就寥寥无几，根本不可能形成一个全国性的群众运动了。所以，从参加运动者的身份考察，立宪派绝不可能仅仅代表民族资产阶级上层的利益，而是代表民族资产阶级整体的利益。

广大群众参加立宪派号召的游行请愿，目的、要求是否与立宪派迥然不同？这是需要进一步搞清的问题。立宪派发动国会请愿的主要目的在于挽救危亡，铲除专制，伸张民权，进而改变国家贫困落后的面貌。广大群众呢？且不说有文化知识的各阶层，即以天津市的普通劳动人民而论，亦莫不皆然。有位店员在致本市国会请愿同志会要求签名的信中写道："现观我国政府之腐败，专制之酷烈，官场之舞弊，交涉之棘手，无一非速亡之现相（象）。惟诸公组织请愿国会，诚为救亡要图。"①另外十余名店员写道："不才等愤民权之不伸，惧国运之危厄，是以连袂而起，愿附诸大君子之末，争吾辈天赋之权利，虽粉身碎骨亦所不惜。"②的确，广大群众迫切要求阻止外国侵略，摆脱封建压迫剥削，对清政府怀着强烈的不满情绪，并由此参加到立宪运动中来。但立宪派不也是出于同样的原因而发动请愿吗？二者的目的和要求并没有根本的区别。少数劳动人民为了改善生活状况而签名的也有，如天津十余名人力车夫的信说："生计艰难，衣食二字，劳力者多不易求，若不速开国会，我辈将无生望。"③此与立宪的目的也不背离，不应以此来否定广大群众与立宪派请愿目的的一致性。

广大群众是受立宪派"虚伪"的民主宣传蒙蔽吗？也不是。在国会请愿的宣传中，他们确有言过其实之处，把国会看成万应灵丹，仿佛国会一开，各种困难危机均能迎刃而解。然而他们要求召开国会、要求民主的诚意则是确凿无疑的。"任何民主派（也包括资产阶级民主派）都有权代表人民说话"④。"同小资产阶级民主派相反，马克思认为一切民主要求，毫无例外，都不是绝对的东西，而是资产阶级领导的人民群众反对封建制度的表现。"⑤民主有利于民族资产阶级各个阶层和一切劳动群众，唯一不利的是封建统治者，因此，有觉悟的人民群众投入到资产阶级领导的反封建斗争中来是十分自然的。何况国会请愿运动又是救亡运

---

① 《大公报》，1910年9月22日。
② 《大公报》，1910年10月3日。
③ 《大公报》，1910年10月3日。
④ 《地方自治派的运动和火星报的计划》，《列宁全集》第7卷，第497页。
⑤ 《社会主义革命和民族自决权》，《列宁选集》第2卷，第722页。

动,人民群众的爱国激情不可遏抑,其行动是自觉的。当清政府接受第三次请愿缩短了召集国会的年限时,张謇等几个上层人物"感激涕零",以江苏谘议局名义致电资政院"泥首叩谢"①。并电各省谘议局也向资政院"叩谢",企图以其崇高的威望向全国请愿运动施加影响,做到适可而止。然而各省谘议局少有应之者,多数主张继续请愿;不久,以奉天和天津青年学生为主体的广大群众又进行了有声有色的第四次请愿。在江苏,张謇威信受损,他提议谘议局召开欢祝会庆贺国会年限缩短,结果被绝大多数议员投票否决,"遂决然罢议"。②一些人针对张謇的电报特致电报馆,声明:"大江南北亦未承认有此容易涕零叩谢之代表"③。还有些学生致函谘议局,指斥其做法有碍代表继续进行请愿。④在各学校"人民之目的终未达,何庆之有?何祝之为"⑤的坚决抵制下,南京准备举行的提灯庆祝活动不得不宣布告吹。群众并不都是愚氓,特别是知识分子和商人有自己的独立见解和意志,哪会轻易被几个上层人物所左右、所蒙蔽!

看一看民族资本主义经济发展落后缓慢地区的情况,将会加深我们对立宪派阶级基础的理解和认识。

譬如广西省,"资本主义经济比东南沿海地区微弱得多,坐拥巨资的资产阶级寥寥无几,绝大多数城镇工商业者只能算做资产阶级的下层。"此处的立宪派人士除极少数外,一般很难接近封疆大吏,只能同城镇工商业者保持较多的社会或经济联系。⑥处于中下层地位的立宪派人士在考虑问题时不能不顾及广大工商业者和自身的利益,如果说他们只为极少数上层人士的利益着想,则不仅绝无可能,而且简直可笑。

贵州的民族资本主义经济发展也极缓慢,据1912年统计(含当年),全省仅有七至一百人的工厂一百二十家,其中以机器为动力的只有一家,其余皆为手工工场和作坊。⑦商业同样不发达,资产阶级上层的力量十分微弱。这里的"寒士"

---

① 《申报》,1910年11月9日。
② 《江苏谘议局之黑幕》,《申报》1910年11月27日。
③ 《时报》,1910年11月10日。
④ 《帝国日报》,1910年11月30日。
⑤ 《时报》,1910年11月19日。
⑥ 参见穆洁:《清末广西谘议局和广西新军》,《学术论坛》1981年第5期。
⑦ 《中华民国元年第一次农商统计表》上卷,第1、3页。

们即中下层知识分子，自1907年酝酿成立立宪团体自治学社始，非但没有单独为上层人物的利益效劳，反而为了自身的利益，同以上层人物唐尔镛、任可澄为首的集团不断进行斗争，唐尔镛集团于1909年成立另一立宪团体宪政预备会后，两个团体的斗争愈趋激烈，直至1911年武昌起义以后。自治学社与宪政预备会长期斗争的事实，雄辩地证明立宪派的阶级基础决非仅仅民族资产阶级上层，而是整个民族资产阶级。

现在，再从正面考察一下立宪派的经济和政治主张是否仅仅代表民族资产阶级上层的利益。

立宪派非常重视发展民族资本主义经济，把兴办实业看成是国家富强的基础。他们对"世界公共之利无一能为吾国人所有，而吾国固有之利几尽为他国人所夺"，"漏卮日大，脂膏日竭"的情况痛心疾首，忧心如焚。指出："欲振兴中国"、"欲求为立宪国"、"舍兴商业，其道末由"，"中国宜求为工业国"。① "实业不兴，国家无向荣之望，人民无苏息之机，安能振曜精魄，出与列强相见，以少遏其滔天之势，保吾完全独立之国乎！"，"实业之盛衰，原为国民生计之舒惨所系，亦为国政隆污之所系，且抑国命延促之所系。"② "救穷之法惟实业，致富之法亦惟实业。"③ 他们要求政府彻底改变以商为贱的偏见和抑商政策，提倡保护奖励工商业的发展。呼吁国民将全力倾注于实业，"举一国之实业而提倡之，通力合作，以自养者自保"④，夺回利权，挽回国运，同时提出许多促进实业发展的建议。梁启超说，欲振兴实业，"必须确定立宪政体，举法治国之实，使国民咸安习于法律状态。次则立教育方针，养成国民公德，使责任心日以发达。次则将企业必需之机关一一整备之，使无缺。次则用种种方法，随时掖进国民企业能力"。而最根本的则在于"改良政治组织"。⑤ 其他立宪派人士也把振兴工商业的根本措施归结为政治问题。有的说：宪法不立，民权难伸，"商权亦无由振"。⑥ 有的说：

---

① 《论立宪当以商学为亟》，《申报》1907年8月11日；《论中国宜求为工业国》，《商务官报》1906年第9期。
② 胜因：《实业救国之悬谈》，《东方杂志》第7年第6期。
③ 张謇：《拟请酌留苏路股本合营纺织公司意见书》，《张季子九录·实业录》卷5。
④ 《论实业所以救亡》，《中外日报》，转见《东方杂志》第1年第8期。
⑤ 梁启超：《敬告国中之谈实业者》，《国风报》第1年第27期。
⑥ 《奉告天津资本家及商业家》，《大公报》1904年8月21日。

美国实业之所以发达,就是由于国民享有较多的自由权利。①有的说:"非朝廷力持宪法,笃守大信,巩固臣民权力,不能使实业振兴。"②他们对资产阶级在国家社会中所起的作用给予高度评价,将其视为全国的枢纽,社会的脊柱,人种的命脉。积极鼓动资产阶级参政,在国家政治生活中充分发挥主动性,甚至主张资产阶级利用经济优势伺机向政府夺取权力:"政府财用日益穷乏","必有乞命于商之日,此时各省商民固可乘巘以要政权也"。③认为只有资产阶级取得了政治权利,才能够制定出奖励保护民族资本主义经济发展的政策,使工商业减轻或摆脱外国资本和本国封建主义的压迫,进而腾飞起来。

在半封建半殖民地的中国,身受外国资本主义与本国封建主义压迫的民族资产阶级上层无疑怀有强烈发展自身经济的愿望,中下层身处双重压迫的底层,所受痛苦更甚,其要求发展自身经济的愿望更形急切。立宪派关于发展民族资本主义经济的言论主张,诚然道出了上层人士的呼声,同时也说出了中下层的肺腑之语,代表了民族资产阶级全体的利益,决非仅仅有利于上层,而不利于中下层。有学者统计,1901至1911年兴办的民族企业全国共有五百八十五家,其中中小型居多,以上海、浙江两地而言,中小企业约占企业总数的百分之七十七。④中小型企业的迅速发展与其他因素直接相关,但不也说明中下层人士认为立宪派代表了他们的利益,是对立宪派号召的一种积极反应吗?

立宪派在政治上主张废除专制君权,实行民权;人民享有请愿、诉讼、言论、出版、集会、结社、居住、信仰、人身、通信秘密、财产私有等等权利和自由;人民有权选举自己的代表组成国家与地方议会,制定宪法和一切法律,政府对议会负责;府州县实行地方自治,等等。这些主张肯定首先有利于民族资产阶级上层人士,因为他们有较高的社会地位、文化水准和优越的经济条件,在民主选举中(不是完全平等的普遍选举)当选的可能性很大,有首先获得参政权的希望。但民主选举同样也为中下层人士创造了参政的良好机遇。中下层人士的社会地位和经济条件虽然逊于上层人士,可是就部分中下层人士来说,文化水平特别是近

---

① 陈筼:《实业砺志谈》,《东方杂志》第3年第4期。
② 《汇报》,1911年6月20日。
③ 蕹照:《论制治之原》,《东方杂志》第2年第7期。
④ 吴雁南等主编:《清末社会思潮》,第356页,福建人民出版社,1990年。

代文化知识和社会活动能力并不见得比上层人士低，甚至还高，这就能够使他们在选举中得以出人头地，在竞选中获胜。由于经济情况多数不明，目前尚难对参政者的阶级地位作出准确的判断，这里不妨以传统的科举功名为参照稍加分析。

在当选的资政院九十六名民选议员中，属于中下层的贡生、监生、生员和新式学校毕业生有三十一名，占百分之三十一强。① 各省谘议局地位略次于资政院，名额较多，中下层知识分子当选的机会亦多，所占比例相应加大。据几个标明议员身份的谘议局统计，江苏一百二十二名议员中，具有举人以上功名和职衔者六十人，贡生、生员和新式学校毕业生等六十二人，占百分之五十强。② 四川一百二十六名议员中，具有举人以上功名和职衔者为五十一人，其余七十五人俱为贡生以下及新式学校毕业，占近百分之六十，其中又以生员居大部，有五十二人。③ 顺直（包括顺天府在内的直隶谘议局）共有议员一百五十六名，贡生以下为一百零七人，占百分之六十二强，其中大部为生员（七十一人）。④ 陕西议员六十三名，中有贡生、生员等四十名，占百分之六十，另外还有以资产五千元资格当选的六名。⑤ 湖北议员九十四名，贡生以下知识分子共有五十四名，占了一半以上。⑥ 山西议员贡生以下出身的七十余名，占总数的百分之七十以上。⑦ 府州县和城镇乡的议事会议员中，上层人物更少于谘议局，主要为中下层人士。在封建社会中，贡生以下的知识分子尚未取得做官的资格，没有参政权，中下层资产阶级尤无权参政。立宪派主张国民参政，可以提高他们的政治和社会地位，利于他们发展企业，代表了他们的实际利益，因此，他们极为拥护，积极热情地参加各级代议机关的竞选和扩大民权的斗争。一般而言，民主、自由、平等的口号，除了封建统治阶级，对一切阶级阶层包括劳动人民都是有利的。立宪派提出这些口号，争取各项自由权利，毫无疑问，有助于民族资产阶级中下层人士的反封建斗争，因而一定会得到他们的支持。

---

① 据《资政院议员录》统计。
② 据《江苏谘议局议员名籍》统计，见《申报》1909年11月28—29日。
③ 据《四川省谘议局议员简历表》统计，见《四川文史资料选辑》第1辑。
④ 据中国第一历史档案馆：宪政编查馆考察筹备宪政档19号所列名单统计。
⑤ 据《陕西谘议局议员》统计，见《续陕西通志稿》卷43，第50—51页。
⑥ 据《湖北谘议局议员》统计，见《湖北通志》"志"132，"人物"10，"选举表"，第72—73页。
⑦ 据《各省谘议局议员姓名录》统计，见《东方杂志》第6年第10期。

无论从立宪派的经济主张还是从政治主张分析，均得不出只代表民族资产阶级上层而不代表中下层利益的结论。

资政院和各省谘议局大部为立宪派所掌握或左右（并非议员皆属立宪派），可以把这两种机关通过的议案看作其主张、政策的具体实施，让我们粗略地检视一下它们通过的议案。

两届资政院会议通过的议案主要有：速开国会，弹劾军机大臣，赦免国事犯，昭雪戊戌六君子冤案，剪发易服，浙江铁路公司仍照商律办理，国家预算，统一国库章程，南漕改折，黑龙江移民实边，整理边事，裁厘加税，收回开平矿产，地方学务章程，新刑律，著作权律，报律，结社集会律，纠参误国首恶，立即废除亲贵内阁，宪法交院协赞，解除党禁，准许革命党人改组政党，惩治汉口前线清军烧杀商民，十九信条，改用阳历，等等。

两届各省谘议局通过的主要议案有：以立法形式保护谘议局的权限；保护主权，收回利权；纠举不法官吏，澄清吏治；发展各项实业；办理各项新政、宪政；剔除各种弊政，减轻人民痛苦和负担；保护发展森林，兴修农田水利；禁止吸食鸦片、赌博、械斗、妇女缠足等恶劣习俗；筹办公益事业，救荒；维护谘议局的权限和人民的利益，同督抚和政府的违法侵权行为进行斗争；地方预算；等等。

以上议案所解决的皆为国家和各省存在的问题，尽管某些有利于民族资产阶级上层，但没有一个是专为这个阶层谋取私利的，其中有些是为减轻人民痛苦、改善人民生活状况提出的，若言不代表中下层的利益，殊难令人置信。

## 四、立宪派与革命派的阶级基础相同

立宪派的阶级基础不仅仅是民族资产阶级上层，革命派的阶级基础也不仅仅是中下层，两派的阶级基础皆为整个民族资产阶级，不存在阶层的差异。因为：

第一，两派都声称"中等社会"是推动社会前进的动力，并自诩为"中等社会"的政治代言人。他们心目中的"中等社会"，即民族资产阶级。两派的主要领导人物和中坚力量都是资产阶级知识分子，而不是他们所代表的阶级本体中的人物。虽然其中有人身兼资本家，但人数很少，无法左右整个派别，不能代表整个派别，而且其文化知识结构已经资产阶级化，故他们的存在并不影响两派领导和中坚力量主要是资产阶级知识分子的构成格局。作为资产阶级知识分子，相对地说，由于接受了资产阶级的政治学说及其他科学知识,在思考有关国家民族命运前途的大计时,皆比他们所代表的阶级本体群众站得高些,看得远些,偏见和狭隘性少些,照顾阶级整体的利益多些。正如列宁所指出的:"这种知识分子更能反映整个资产阶级的广义的根本利益,而这种利益同单纯是资产阶级'上层人物'的暂时的狭小的利益是不同的,忘记这一点是错误的。"①

第二,两派都主张铲除封建专制政治,建立资产阶级民主政治,希望中国变成先进的资本主义强国,根本宗旨相同。如果达到立宪派的理想境界——英国模式的虚君共和(同清政府的预备立宪是两回事),革命派建立民主政治的根本宗旨(不包括排满)便实现了。同样,革命成功,共和制度确立,也可使立宪派企求民主政治的愿望得到满足。政权形式毕竟属于事物的表象,根本宗旨才反映事物的本质。所以,他们在其他许多重大问题上,诸如揭露批判封建专制的腐朽黑暗,宣传民主主义,发展民族资本主义经济,倡导近代文化教育事业,收回利权,反对铁路国有,减轻人民负担,反抗抵制帝国主义的侵略掠夺等,认识和立场都是一致的,甚而行动也是共同的,很难看到有尖锐的对立。既然如此,两派所代表的阶级利益必然是一致的,没有根本的利害冲突,其阶级基础也应该是完全相同的。

第三,民族资产阶级是当时唯一新生的向上的先进阶级,它遭受帝国主义和封建主义的双重压迫,具有反帝反封建的迫切要求,也就是说,整个民族资产阶级具有反帝反封建的革命愿望,上层中的某些人士有参加革命的可能,并随着民族危机的加深和对统治者的失望,转入革命阵营的日益增多。另一方面,由于中国在世界上所处的危险环境和特殊的国情,为了挽救国家,立宪派选择了君主立宪道路,企图通过和平的途径,改革政治,达到与革命同样的政治目的。这一主张对于中下层人士也极具吸引力。所以,在两个阵营中皆有民族资产阶级各个阶层的人士参加,是毫不奇怪的。

第四,两派互相包容或体现了对方的利益。如上所述,立宪派代表着整个民族资产阶级的利益,其中当然包含着革命派的利益。这里再就两派的关系略加说明。尽管由于宗派成见和私利所囿,两派存在芥蒂,但立宪派还是不时体现了革命派的利益,为革命派着想。他们主张国民参政,民主选举,为革命派进入各级代议

---

① 《作保皇派资产阶级的尾巴,还是作革命无产阶级和农民的领袖?》,《列宁全集》第9卷,第199页。

机关开了方便之门，一些未暴露身份的革命党人得以被选为议员，利用合法讲坛，抨击清政府，争取团结群众，为革命积蓄力量，对革命是有利的。他们要求结社集会、言论出版等自由，冲破封建专制禁锢，为革命派在国内利用各种社团名义从事秘密活动，出版发行书籍报刊，宣传民主，创造了宽松的政治环境。他们认为革命党人不乏热诚爱国之士，为革命行为辩护，通过上书和资政院做决议，正式要求清政府赦免革命党人，使之回国效力。他们掩护革命党人（如谭延闿之对黄兴，陈炳焕之对黄一欧，丘逢甲之对陈炯明、邹鲁等），设法营救革命党人（如粟戡时等十余人之对胡瑛，张謇之对陈陶遗，粤商自治会之对1910年广州新军起义失败后的革命人士），坚决反对清政府捕杀革命党人。每当起义发生一次，他们总是大肆攻击清政府一番，大骂政府专制、欺骗人民一通。当革命派的报刊遭到封禁时（如《民呼日报》、《大江报》），立宪派的喉舌便为之打抱不平，痛诋政府和当局压迫舆论，大兴文字狱，故入人罪，破坏立宪制度，予以有力声援。

革命派搞资产阶级民主革命，而"资产阶级革命表现了资本主义发展的需要，它不仅不会消灭资本主义的基础，反而会扩大并加深这种基础。因此，这个革命不仅代表工人阶级的利益，而且代表整个资产阶级的利益"。① 没有理由认为革命派仅仅是民族资产阶级中下层的代表。在夺取政权之前，同盟会的政治纲领未表现出这种倾向，倒是可以看到，一些持论公正、排满意识不强、派性较少的革命党人，参加了立宪运动。1911年武昌起义后成立的南京临时政府表现革命派的意志，但在其存在的三个月中，所制定的政策、颁布的法令，没有一条仅仅代表民族资产阶级中下层的利益。相反，却把原立宪派的名流张謇、汤寿潜延揽为政府的总长。一些中下层资产阶级人士参加革命的目的之一，就是推翻封建压迫，摆脱帝国主义侵略，求得自身的发展。他们并不满足于已有的经济地位，夺取政权后必然千方百计予以提高，南北统一以后许多革命党人带头发起创办各种公司、投资实业，便是有力佐证。既然他们一心想跻身于上层的行列，又怎能设想其不代表上层的利益？资产阶级革命体现了资本主义发展的需要，扩大并加深资本主义的基础，在当时的中国，资本主义的发展不是多了，而是太少了，革命派怎么可能制定限制损害上层资产阶级经济利益的政策？在共和制度下，除了那些职业革命家，在

---

① 《社会民主党在民主革命中的两种策略》，《列宁选集》第1卷，第540页。

政治上获益最多的恐怕也不是中下层，而是上层，因为按照资产阶级平等竞选的民主原则，上层人士仍然有最先当选参政的可能。

总之，立宪派和革命派代表的都不是某一特殊阶层的利益，而是民族资产阶级整体的利益，其阶级基础同是整个民族资产阶级。正因你中有我，我中有你，根本分辨不清阶层的界限，才会有各阶层的人士分别加入两个派别，才会有某些地区两派人士的关系密切，才会有两派人士不断向对方阵营转化，也才会有辛亥革命爆发前后出现的两派合流。否则，是难以解释清楚这些现象的。

（原载《近代史研究》1992年第3期）

# 预备立宪是中国政治制度近代化的开端

20世纪初年,资产阶级立宪派发动领导了一场持久的立宪运动,要求改变封建专制政治,实行资产阶级君主立宪政治。在立宪运动的推动、日俄战争的刺激和革命运动的影响下,清政府为了"起衰弱而救颠危"[1],于1905年派遣载泽等五大臣出洋考察政治。次年9月1日向全国人民宣布了"仿行宪政","以预备立宪基础"[2]的基本国策。接着进行各项改革,开始了预备立宪的进程。1908年8月应立宪派请求,发布了逐年筹备事宜清单,预定从1908年起,九年内完成立宪的筹备工作。1910年11月经立宪派要求,又宣布将预备立宪期限提前三年,1913年颁布宪法,召集国会。1911年10月辛亥革命爆发,预备立宪的进程被打断,并随着清王朝的灭亡而失败。

所谓预备立宪,就是做好正式立宪前的各项准备工作,或者说是由原有的封建专制政治制度向资产阶级君主立宪制度过渡的时期。过去一些论著总把清政府的预备立宪当作正式立宪看待,并以此为标准加以衡量,这是一个误会。至于全部否定预备立宪的观点,则值得商榷。

历史的发展是曲折复杂的,由于各种各样的原因,进步的事物未必都一定成功,反动的事物却可能长期存在。评判是非功过,不应以成败和是什么人物为准绳,而应看其是否为社会为历史贡献了新的有益的东西。评价预备立宪亦然。

诚然,清朝统治者并不十分情愿实行预备立宪,留恋专制,竭力保存君权,抑制民权;方针政策和具体措施存在着许多严重的缺陷,有的甚至完全违反立宪

---

[1] 故宫博物院明清档案部编:《清末筹备立宪档案史料》上册,第1页。
[2] 《清末筹备立宪档案史料》上册,第43—44页。

原则，最终导致了失败。但不可否认的是，1906年预备立宪基本国策的确立，标志着清政府业已承认封建专制政治制度的破产，由此开始着手进行政治改革，陆续做了不少筹备工作，逐步向君主立宪制度迈进。同样不可否认的是，由于政府的预备立宪和立宪派的努力奋争，清末的政治制度确实发生了明显的变化，成为中国政治制度近代化的开端。这里所说的近代化，是指资本主义化。其事实表现有以下几个方面。

第一，制定宪法，否定了封建的无限君权制，确立了资产阶级的有限君权制和虚君共和制。

君主立宪是资产阶级民主政治的一种政体组织形式，通过制定宪法，将君主的权力限在一定的范围之内，不得超出宪法规定的范围，否则即为违宪，故亦称之为"有限君主制"。在实行议会制的君主立宪国家，君主只有表面的尊荣，没有实权，形同虚设；在实行二元制君主立宪国家，君主亦不能为所欲为。封建专制时代则不然，"朕即国家"，君主的命令意志就是法律，君权无限，至高无上。所以君主立宪与君主专制最本质的区别，就在于有无资本主义性质的宪法限制君权，保障民权，有者则为君主立宪，无者则为君主专制。

1911年，清政府曾经起草了一部宪法草案，这部草案经摄政王载沣核定了一半，武昌起义后取消，而且目前尚未发现，故无从据此准确地判断宪法的性质。但1908年颁布了《宪法大纲》，1911年11月又颁布了《宪法重大信条十九条》，这是在不同时期颁布的两个制定宪法的基本纲领，仍可窥见君权与民权的概貌。

《宪法大纲》基本上抄自日本宪法第一章"天皇"，后附臣民权利，完全采取日本君主大权政治模式，赋予君主统治国家之大权，立法、行政、司法皆归其总揽。其精神与英国、德国的宪法相比，固属等而下之，即使与日本宪法相比，也稍逊一筹，可以说是封建专制色彩最为浓厚的，资本主义民主水平最为低下的，没有丝毫值得夸耀之处。然而，相对于中国数千年的封建专制政体而言，却"已为超轶前古之举动"①。这主要表现在对君主权力作了一些限制，使其与封建专制时代的君主有了不同。首先，君主权力要受宪法的约束。关于这点，《宪法大纲》的条文没有写明，但前言中"上自朝廷，下至臣庶，均守钦定宪法，以期永远率循，

---

① 杨廷栋：《钦定宪法大纲讲义》"弁言"，1910年。

罔有逾越"①的说明，是得到朝廷认可的，君主承认按照宪法规定行事。更主要的是，君主行使统治权力时要受到国家机关的制约，"以议院协赞立法，以政府辅弼行政，以法院遵律司法"②，不能再随心所欲地发布命令。以立法而言，《宪法大纲》规定："凡法律虽经议院议决，而未奉诏命批准颁布者，不能见诸施行。"③这里强调的是君主的权力，可也不难看出，法律产生的程序首为议院议决通过，然后君主批准实行，这在实际上体现了以议院协赞立法的原则。已经颁布执行的法律，如不交议院议决，君主也无权变更废止："已定之法律，非交议院协赞，奏经钦定时，不以命令更改废止。"④关于行政方面的事情，皆由政府"辅弼"。君主"总揽司法权"，也只是"委任审判衙门，遵钦定法律行之"，而不能"以诏令随时更改"⑤。这些都是对专制时代无上无限君权的否定，而把君权限制在法律规定的范围之内。当然，限制还是很微弱的，但确实有了限制。

有些论著往往根据"大清皇帝统治大清帝国，万世一系，永永尊戴"和"君上神圣尊严，不可侵犯"两条，认为《宪法大纲》纯属封建专制性质，其实不然。类似的规定，在资本主义君主立宪国家几乎都有，因为这种国家都实行君主世袭制，君主为国家元首，势必让他处于特殊的尊贵地位。这种特殊的地位一方面是封建残余的表现，另一方面也可以说是由于其同意立宪、不负政治实际责任的代价换来的。这种规定不反映宪法的实质，反映宪法实质的是君权的大小和民权的多少。《宪法大纲》赐予臣民的权利确也有限，可是言论、著作、出版、集会、结社、人身自由，私有财产及住所受到保护，总算作为人民应当享有的天然权利而被列入国家根本大法之中了，这也是同封建专制时代完全不同的地方。所以，《宪法大纲》不是纯粹专制主义性质的，而是已经具备了以宪法和法律限制君权的君主立宪制度最基本的特征，初步体现了资本主义国家宪法的主权在民原则、基本人权原则、法治原则、三权分立原则和保护私有财产的原则，是一部立法权属于议院和君主的二元制君主立宪的宪法大纲。1847年恩格斯评论普鲁士联合省议会的职权（限于批准新的税收和贷款，讨论法律案时有发言权，向国王呈交请愿书）

---

① 《清末筹备立宪档案史料》上册，第57页。
② 《清末筹备立宪档案史料》上册，第57页。
③ 《清末筹备立宪档案史料》上册，第58页。
④ 《清末筹备立宪档案史料》上册，第58页。
⑤ 《清末筹备立宪档案史料》上册，第58页。

时说:"尽管普鲁士宪法本身是不足道的,但是,它给运动打下了基础,这个运动很快就会导致资产阶级代议制的建立,出版自由的实现,法官独立审判制和陪审制的实行。"① 对于《宪法大纲》,似乎也可作如是观。

1911年10月武昌起义以后,立宪派利用革命声势乘机推翻了宪法钦定原则,政府起草的宪法草案被废弃。资政院拟订的《宪法重大信条十九条》规定:君权以宪法所定者为限;宪法起草议决权属资政院,改正提案权属国会;总理大臣由国会公举;不得以命令代替法律;皇帝对内使用军队,应依国会议决之特别条件;缔结国际条约、制定官制官规、审议预算、确定皇室经费等,权力均属于国会;国会议决事项,由皇帝颁布。一切实际大权尽归国会。《宪法重大信条十九条》采取的是英国模式的虚君共和制度,彻底废除了君主权力,在实质上达到了与民主立宪同等的程度,是中国第一部真正的资产阶级宪法纲领,把预备立宪推到巅峰。只是由于为时已晚,统治者也将预备立宪送进了坟墓。

第二,废除了封建的集权制,确立了资产阶级的分权与制衡原则。

过去君主就是国家的最高机关,一切大权集中于其手。地方长官亦然。这种各项权力高度集中于一人而缺乏监督限制的体制,正是专制政治的主要特征和万恶之源。预备立宪时期确立并实行了三权分立的原则,立法、行政、司法权力分别交付不同的机关掌握,各自独立行使,互相制约。这种制度可以防止集权制下官员的专制和暴虐。

1906年中央政治体制改革时,厘定官制大臣确定:"此次改定官制既为预备立宪之基,自以所定官制与宪政相近为要义。按立宪国官制,不外立法、行政、司法三权并峙,各有专属,相辅而行",故"首分权以定限","除立法当属议院,今日尚难实行,拟暂设资政院以为预备外,行政之事则专属之内阁各部大臣","司法之权则专属之法部,以大理院任审判,而以法部监督之,均与行政官相对峙,而不为所节制"。② 慈禧否定了内阁制,保留了军机处管理行政,但同意设立资政院与司法独立。中央体制三权分立的原则确立下来。旋法部和大理院成立,行政与司法、司法行政与审判开始分离。1907年又改革地方官制,决定在行政官署之外,改省按察司为提法司,管理司法行政,于省府州县分期设立前所未有的各级审判厅,

---

① 恩格斯:《普鲁士宪法》,《马克思恩格斯全集》第4卷,第40页,人民出版社,1965年。
② 《清末筹备立宪档案史料》上册,第463—464页。

受理诉讼和上控事件。府州县同时分期设立议事会和董事会，试行地方自治。不久，再命各省设立谘议局。这样，地方体制三权分立的格局也完全确立。至武昌起义前，中央的资政院、责任内阁、大理院，省谘议局和各埠高等审判厅，均已成立。惟因革命爆发，预备立宪的进程中断，府州县的地方自治和审判厅有的已完全成立，有的仅成立了大部或一部，未能将机构建置完全。

这种体制是否仅具资本主义的形式而实质仍是封建主义的？此乃问题的关键，有必要讨论清楚。不错，清政府坚持循序渐进的指导思想，建置的一些机构多为过渡形态，尚非正式的立宪机构；但其性质和功能却有别于封建主义，具有资本主义近代化的特征。

先看立法机关。有种观点认为，资政院与谘议局都是专制政府控制的御用捧场机构或咨询机构，属于封建性质。此论难以令人赞同。

从资政院院章及议员选举章程看，资政院确有与立宪国家的议会不同的一面。主要有：资政院不是正式的议会，而是为培养锻炼议员能力、成立两院制的议会奠定基础而设立的一个临时性过渡性的机构；在立宪国家，议案经议会议决以后，君主只是形式上的裁定，一般不能否定或取消议决，资政院则无此完全的立法权限，议决的议案还要经君主"裁夺"；立宪国家的责任内阁多对议会负责，而院章却无军机大臣对资政院负责的规定；立宪国家的议会实行两院制，分别组织，个别实行一院制的国家，仅有民选议员，而无钦选议员，资政院则为混合组织，既有钦定，也有民选；正副总裁人数多于外国的正副议长，且不由议员选举，而由君主特简；选举章程更加混乱，不仅钦选与互选办法不同，钦选之中亦有区别，有的纯然钦定，有的先互选而后钦定，互选须经督抚最后圈定，亦非纯然的互选。

不论资政院存在着多少值得非议之处，然而，如同其他立宪国家一样，它拥有议决国家财政预算、决算、税法和公债的职权，由此得以监督制约政府；拥有议决宪法以外各种新定法典及其嗣后修改的职权，一切新定法典不经其议决便不能颁布，颁布的法律不经其议决也不能进行修改，这就意味着君主业已丧失自行颁布法律和修改法律的独裁专制权力。从法理上说，资政院具有立法权，是个立法机关，虽然不能议决宪法，立法权不够完全。资政院与行政大臣的地位是对等的，不是从属于后者的，当彼此意见分歧时，双方都有具奏的权力。不仅如此，资政院还有质问行政部门的权力，弹劾军机和行政大臣的权力，核议谘议局与督抚异议事件的权力，核办督抚侵夺谘议局权限或违背法律的权力。凡此均说明资政院决不是政府控制下的咨询或御用捧场机构，因为此类机构没有这样的权力；它是具有一定独立性的立法权限不太完全的立法机关。其结构成分、内部组织、纪律处分等等，均与立宪国家的议会雷同。其会议程序、议事规则、表决方法及两届会议的实际表现，都证实它的独立性和民主性，说明绝不是封建专制机关。

各省谘议局的议员、议长和常驻议员均由民主选举产生，其内部组织、任期、补缺、改选、辞职、会议程序、表决方法等等，皆符合立宪国家地方议会的精神。诚然，它没有立宪国家地方议会那样完全的立法权，它通过的议案缺少完全的法律效力。然而必须看到，它有权议决本省应兴应革事件，议决预算、决算、税法、公债和担任义务之增加，议决单行章程规则之增删修改和权利存废，还有权质问行政事件，呈请资政院核办督抚侵权违法，呈请督抚查办官吏纳贿违法。毫无疑义，谘议局具备了本省的立法权和监督行政、财政权，职责权限与立宪国家的地方议会类似，体现了它是一个初级形态的地方议会。它的成立大大突破了封闭式的封建政权结构，使行政机关受到很大限制。

否定谘议局民主性的理由大致有二，一是认为谘议局受督抚监督，没有独立性。这是一种误解。督抚对谘议局的监督主要表现为查明处理选举议员时有无舞弊及不合资格的事情，纠正谘议局开会时违背章程的事情。选举有问题，自然需要处理，这是极其正常的。至于纠正谘议局开会时违背章程，丝毫也不影响其独立性。谘议局是地方代议机关，自有一定的职权范围，不能超越，如越权违法，轻蔑朝廷，妨害国家治安等，均为章程所不许，督抚有权令其停议或奏请解散。然而，谘议局职权范围以内的事情，督抚便无权干涉，否则即为侵夺谘议局权限，谘议局便可呈请资政院核办。可见督抚的监督并不妨碍谘议局履行正常的职责。二是认为督抚对谘议局议决的议案"有裁夺施行之权"，谘议局受制于督抚，起不到立法作用。实际上这种规定并不违背立宪政治的原则。立法必须与行政分离，但二者也应尽可能地协调一致，以便使整部政权机器运转自如。在立宪国家，地方议会议决的议案同样要经行政长官核准，同意的即颁布施行，不同意的说明理由，交回复议，此乃一般通例。所不同的是，立宪国家更重视法律效力，地方议会具有完全的立法权，如对交议事件仍执前议，行政长官无论同意与否，都必须执行。谘议局不具备完全的立法权，督抚对其议决的议案如表同意，即颁布施行，显示出谘议局立法权的实际意义；而对谘议局仍执前议的议案依然反对，却无必须执行的明确规定。这种办法决不等于督抚可以无视谘议局的存在，擅自公布不经谘议局通过的地方法律，以行政权力自行修改谘议局通过的议案，或命令谘议局取消议案，而是根据章程规定，必须将有分歧的"全案咨送资政院核议"。显而易见，督抚对有分歧的议案并无最后的裁夺权或否决权，谘议局与督抚的地位是对等的平列的，谘议局不能强迫督抚颁布施行通过的议案，督抚也无权取消或修改谘议局通过的议案，彼此平等，谁也压不倒对方，被赋予仲裁权力的是资政院。而资政院与谘议局性质相近，关系密切，仲裁时不会偏袒督抚，对谘议局是有利的。

地方自治分上下两级。下级即城镇乡自治的议决机关为议事会，执行机关为董事会。议事会议员由选民直接民主选举产生，职权为议决本城镇乡自治范围内兴革整理事宜（包括学务、卫生、道路工程、农工商务、善举、公共营业、筹集款项等）；订立自治规约；筹集经费，审定年度预算、决算；处理选举争议；惩戒有过错的自治职员；调解诉讼；选举董事会职员，并对之进行监督；申复地方官咨询。董事会执行议事会议决的事件。议事会与董事会决定问题均以多数所决为准。上级即府厅州县自治的议决机关也是民主选举产生的议事会，自治事宜包括府厅州县的公益事务，城镇乡不能担任的公益事务，以法律命令委任办理的国家和地方行政事务。执行者则是地方长官。"自治制度和专制制度根本不能相容"①，是资产阶级民主政治的表现形式之一，它的确立打破了封建官吏和土豪劣绅垄断把持的局面，使地方和基层行政权力结构发生了部分质变，开始了民主化。

再看行政机关。1911年5月8日成立的责任内阁还不是正式的责任内阁，而是"先立基础，沟通新旧"的"过渡办法"②。若单纯就人事而言，这个内阁是违背立宪原则的。立宪制度不允许皇族成员入阁，而清内阁的十三名成员中不仅有七名皇族，而且以皇族为总理大臣。因而遭到立宪派的激烈反对。若从制度本身而论，较之军机旧制则有很大进步，这也是应当看到的。过去虽军机处名曰政府，而对全国行政实不负任何责任，以致遇事敷衍推卸，出了问题诿过君主，自己逃脱罪责。内阁官制明确规定了国务大臣"辅弼皇帝，担负责任"③，这就迫使他们

---

① 列宁：《怎么办？》，《列宁全集》第5卷，第405页。
② 《清末筹备立宪档案史料》上册，第560页。
③ 《清末筹备立宪档案史料》上册，第561页。

不得不认真考虑国家的大政方针，负起行政责任。此其一。1908年载沣当政后恢复了在乾隆年间实行、后来中断了的军机大臣在诏旨上署名的制度，可是没有明确军机大臣有何等责任，因此不能限制皇帝专制独裁。新内阁官制颁布后情况就大不一样了，由于明确了国务大臣应辅弼皇帝，担负责任，副署就与军机大臣之副署有了本质区别。国务大臣代替皇帝担负责任在立宪国家有两个方面，一是违宪责任，二是失政责任。君主在行使统治权时，如发布违背宪法和国民根本利益的诏旨命令，国务大臣必须进行匡正，君主不听，国务大臣应拒绝副署或辞职，不辞职而署名签发，这个违宪和失政的政治责任就由国务大臣担负。所以新内阁官制施行以后，国务大臣就有了同君主争辩的法理依据，限制君权，甚至拒绝副署诏旨命令，使之归于无效，从而可以矫正君主个人专制独裁的弊端。此其二。往昔由于军机大臣不负责任，往往造成政令歧异，政事纷乱，工作效率极其低下。新内阁成立后，政治方针由总理大臣决定，内阁会议采取合议制，各部门之间无隔阂诿卸，对各省行政进行直接领导监督，可使行政方针得到统一，国家机构设置趋于合理化，机制的运营趋向近代化。此其三。以上三点表明，中央的行政制度在逐渐接近于宪政。但由于内阁不是对国会负责，资政院的立法权又不完备，就有产生内阁利用代皇帝负责和本身职权实行内阁专制的危险。

在地方体制改革方面，清末也迈出了新的一步。1907年，将东三省由八旗驻防为主的体制改为行省建制，同时改革了机构。继之在此基础之上确定了全国通用的地方体制，由东三省首先实行，直隶和江苏择地试办，俟著有成效，再加推广。以后清政府还准备作进一步的改革，因辛亥革命爆发而中止。从1907年这次改革来看，机构的变化不是很大，仅裁撤了分巡分守道，省级增设了巡警道和劝业道两个近代机构；但与过去相比，还是有很大不同。过去督抚决定重大问题完全擅断自专，这次改革规定，督抚衙门一律设立会议厅，定期召集司道以下官员会议紧要事件，决定施行；如有关涉地方事件，还应酌择公正乡绅与议。此种办法多少能够抑制督抚的专断作风。过去府州县长官均用佐贰杂职帮助治理地方事务，这次改革取消了佐贰杂职，一律以佐治官代之，设警务长、视学员、劝业员、典狱员、主计员各一名，分掌巡警、教育、农工商和交通、监狱、税收事宜，并且通过考试录用。既可使长官专力于全面宏观的管理，又使得其他行政事务有专人负责，机构的设置亦趋于合理化，有了近代化的功能。

体制改革开始,清政府即明确了司法独立的原则,以后陆续颁行了《大理院审判编制法》、《各级审判厅试办章程》、《法院编制法》、《司法区域分划暂行章程》,成立了各级司法机关,重申了各级司法机关必须"独立执法",任何行政官员"不准违法干涉"[①]。

清末的司法管辖分为刑事诉讼和民事诉讼两种。审判机关有初级审判厅、地方审判厅、高等审判厅和大理院四级,分设于州县、府、省和中央。实行四级三审制,即向初级审判厅起诉的案件,不服,可上诉到地方审判厅和高等审判厅;向地方审判厅起诉的案件,不服,可上诉到高等审判厅和大理院。各级审判机关都配置相应的独立的检察机关,即初级、地方、高等和总检察厅,负责对刑事案件进行搜查、公诉,并监察审判之执行;在民事案件中充当诉讼当事人或公益代表人。同时实行公开审判、陪审、辩护、回避等制度,起诉、预审、公判、上诉、判决执行等程序。使中国的司法制度进入资本主义法治范围,摆脱了封建专制的羁绊。

第三,人民,主要是民族资产阶级及其知识分子争得了一定的民主自由权利。

在预备立宪之前,人民没有任何民主自由可言。从上述中可以看出,预备立宪后成立的资政院和谘议局尽管没有如同西方国家议会那样完全的立法权,带有过渡临时性质,但毕竟是初级形态的代议机关,具有一定的独立性,不经其议决,中央和地方政府不能颁布任何法律;国家和地方的预算、决算、税法、借贷外债、增加人民负担,都要经其通过认可,否则政府便无权决定,即便决定也属违法行为;并有权弹劾纠举各级官员,监督行政;还可议决本省兴革和权利存废事件,广泛参与地方事务。府厅州县和城镇乡正在实行和建立地方自治制度,实行自治的区域,城镇乡人民选举议员直接管理公共事务,府厅州县人民选举议员议决公共事务。事实说明,人民已经在选举自己的代表参与管理国家和地方大事,取得了一定的议政参政权,昔日完全由官员统治人民的情况已经结束了。《宪法重大信条十九条》大大前进了一步,规定实行议会政治,把一切大权赋予了议会。这一点虽然未能真正实现,但也标志着封建专制政治的彻底崩溃。

过去,封建统治者为了维护专制统治,极力钳制舆论,将一切不利于专制统治的言论、资产阶级的政治学说一概视为异端邪说,不给人民发表政见的自由,

---

[①] 《宣统政纪》卷18,第23页,辽海书社,1934年。

不准揭露官场的腐败黑暗，否则就采取专制手段，封禁报馆期刊，逮捕监禁编辑和报刊负责人员。预备立宪以后虽然仍有不法官吏肆虐的事例出现，但这种情况少得多了，而且一经出现，就遭到舆论的大肆抨击，使之有所忌惮，不敢继续为非作歹。人民确实争得了相当的言论出版自由权利。报刊"对于政治之得失，内外大员之善恶，皆可尽情指责；人民之冤抑隐疾，更可尽情登载"。①往昔"圣旨"一下，谁也不敢妄议，不然就以"大不敬"或"大逆不道"论罪。预备立宪以后，报刊上以"恭注"、"谨注"或"感言"等形式著论进行批驳的屡见不鲜。立宪派的上书更是针锋相对，毫无忌讳。至1911年6月，立宪派还公然喊出了若欲御侮，首先要铲除"内患"——打倒皇族内阁的口号。"国中言论实较已往数年为自由"②。

历代封建统治者都严厉禁止民间结社立会，清王朝以少数民族入主中原，戒心特甚，禁令尤严。预备立宪以后，这一残酷的罗网也被打破。立宪派援引资本主义立宪国家的法律，强调人民应当享有的自由权利，纷纷组织立宪团体，聚集力量，团结教育人民，促进政府推行宪政，并同其专制行为进行斗争。后来条件成熟，又组织了政党。只要不是以暴力推翻清王朝为目的和秘密组织，一切公开的团体和政党（康有为、梁启超系特殊情况，例外）均取得了合法存在的权利。不仅如此，立宪派和议员还可以在资政院堂而皇之地通过上书和议案，奏请赦免革命党人，并于武昌起义后终于迫使政府开放了党禁，赦免了长期流离在海外的康有为、梁启超，准许革命党人组织合法政党。

政治性的群众集会、请愿、游行示威、罢课、罢市，在以前也为政府所绝对禁止。预备立宪以后，政府尽管不希望出现，视为民气嚣张，有时下令禁止，甚至动用武力压制，但除了认为学生尚在学习期间、不准干预政治外，也不能不承认人民有集会、请愿、游行示威等等正当的权利。而人民更利用这些手段从事和平斗争。所以这些在封建时代从未出现的事情在清末都成了司空见惯的现象。

总之，昔日被斥为邪说妄言的民主、自由、平等，"今实行于政事矣"③。

---

① 管翼贤：《北京报纸小史》，见杨光辉编《中国近代报刊发展概况》，第404页，新华出版社，1986年。
② 冯自由：《革命逸史》（3），第333页。
③ 刘廷琛奏折语，《清朝续文献通考》卷400，宪政8，商务印书馆，1936年。

第四，初步制定并实行了一些资本主义性质的法律。

20世纪之前，清政府的成文法典仅有一部以刑法为主要内容的封建性质的《大清律例》。进入20世纪，清政府有感于国际国内形势的巨变，交涉和通商事务的增多，西方文化的不断传入，旧律已不适用，1902年决意设立修订法律馆，命沈家本、伍廷芳为修订法律大臣，"按照交涉情形，参酌各国法律"，修订律例，"务期中外通行"。①1906年以后，清政府认为"编纂法典为预备立宪最要之阶级"，且"为他日收回法权地步"②，对修订法律更为重视。除了关于宪法、资政院、谘议局、地方自治、司法方面的章制外，还颁行或起草了其他法律。

修订的刑律有两部，一部是《现行刑律》，一部是《新刑律》。《现行刑律》是为了以应急需和便于推行《新刑律》，根据《大清律例》删改而成的，是一部过渡性的法典，1910年5月颁布施行。它删掉了旧律例中的六律总目；废除了凌迟、枭首、戮尸、缘坐、刺字种种酷刑，改定刑罚为死刑（斩、绞）、遣刑、流刑、徒刑和罚金五种；将旧律中的继承、分产、婚姻、田宅、钱债等民事条款分出，不再科刑，以示民、刑有别。

关于旧律中满汉两族人民刑罚上的区别，清政府在1908年也明令废止，嗣后旗人犯罪俱照汉人，按律科断，概归各级审判机关审理。满汉人民统一于相同的刑律之下。

《新刑律》是为适应立宪制度而修订的，故修订之初，沈家本就确定专以"模范列强为宗旨"③，"折衷各国大同之良规，兼采近世最新之学说"④，"务期中外从同"⑤。1909年2月，朝廷曾根据某些封建官僚的反映，谕令将"数千年相传之国粹，立国之大本"的三纲五常，作为修改宗旨⑥。沈家本等认为，要想收回领事裁判权，就要使中国的法律与外国一致；旧律中富贵贫贱等级森严，而法律实不应有厚薄之殊；且旧律中与立宪政治抵触的地方很多，必须按照立宪国家的成规加以改正，绝不可继续墨守旧时范围。三纲五常各条，不能列入刑律正文之内，

---

① 《大清法规大全》，法律部，"谕旨"第1页，政学社印行。
② 《清末筹备立宪档案史料》下册，第850页。
③ 《清末筹备立宪档案史料》下册，第852页。
④ 《钦定大清刑律》，"奏疏"第12页。
⑤ 《大清法规大全》，法律部，"变通旧律例二"第26页。
⑥ 《大清法规大全》，法律部，"谕旨"第2页。

只能另辑暂行章程，作为刑律的附则，藉示保存，"沟通新旧"。①1911年1月，《新刑律》的总则、分则和暂行章程公布，没有实行（分则和暂行章程未经资政院通过，需经下届会议讨论，尚非正式刑律）。

《新刑律》完全采用资本主义国家的刑法体例和原则。体例分总则和分则两编，总则规定刑法的效力范围、犯罪构成要件及刑罚等一般原则。分则规定具体犯罪及处罚方法；刑名分主刑、从刑两种，主刑包括死刑、无期徒刑、有期徒刑、拘留、罚金，从刑包括褫夺公民权、没收。依据资产阶级的刑法理论，明确了罪与非罪、遂与未遂、累犯与俱发等界限。在原则上，删除了比附，采用了资产阶级的"罪刑法定主义"，规定凡律文无正条者，不论何种行为，不得为罪，并取消了在法律适用上的等级特权，使人人在法律面前一律平等。此外，还考虑到社会的变化，增添了一些新罪名，规定了诉讼时效和执行时效。这些都反映了《新刑律》正文是中国第一部近代化的资本主义性质的法典。所附暂行章程则是与企图维护封建纲常名教势力妥协的产物，封建性比较明显。

中国旧律都是诸法合体，刑、民不分，没有独立的民法。预备立宪以后，也仿效资本主义国家，将民法独立出来，1911年完成了《民律草案》。《民律草案》的编辑指导思想是：1."注重世界最普通之法则"，即注重资产阶级法律的一般原则；2."原本后出最精之法理"，即采用资产阶级最新的法学理论；3."求最适于中国民情之法则"，"除与立宪相背酌量变通外，或取诸现行法制，或本诸经义，或参诸道德，务期整饬风纪，以维持数千年民彝于不敝"；4."期于改进上最有利益之法则"，以便"循序渐进"。② 因此，前三编总则、债权、物权采取的是资本主义国家的民法原则，后两编亲属、继承主要沿袭了中国封建旧律的有关原则，是一部资本主义和封建主义色彩都很鲜明的草案。

1903年商部设立后，陆续颁行了一些商事单行法规。预备立宪以后，又制定了《奖给商勋章程》和《华商办理实业爵赏章程》，修订了《奖励华商章程》，起草了一部内容较为完备的《商律草案》（未及施行）。这些商事法规都属于资本主义性质，对保护民族资产阶级的合法权益，提高商办企业的地位和私人投资的积极性，推动民族资本主义的发展，起了一定作用。

---

① 《钦定大清刑律》，"奏疏"第18页，1911年。
② 《清末筹备立宪档案史料》下册，第912—913页。

中国历来把程序法和实体法混为一体，无单独的诉讼法典。预备立宪以后，也因袭资产阶级的立法原则，完成了《刑事诉讼法草案》和《民事诉讼法草案》。

此外，还颁行了《报律》、《结社集会律》、《违警律》。前二者以法律形式肯定了人民的言论出版自由和结社集会权利。后者规定了关于政务、公众危害、交通、通信、秩序、风俗、身体及卫生方面的犯罪及处罚办法，意在维护公共秩序和社会风化，"兼采东西制度"①，也是仿效资本主义国家的办法制定的。

总观预备立宪期间的各种法律和草案，除了《现行刑律》因系临时性质，其余基本上均是根据资本主义国家的立法原则和通例，参酌中国的情况拟订的。虽然其中个别的甚或保留着浓厚的封建色彩，但从总体上看，皆属于资本主义范畴。虽然有些未及施行，可是中国封建法律的根本改革以预备立宪时期为嚆矢则是铁一般的事实。

政治制度通常指国家政权的组织形式及其有关的制度，与国家的根本性质是相适应的。通过以上事实可以看出，在清末预备立宪期间，国家不仅在政体上采取了封建专制时代所从未有过的资本主义形式，而且在国体上也发生了重大质变，民族资产阶级及其政治代表已经开始取得一些议政参政和自由权利，民主政治制度在试行和确立之中，只是由于预备立宪的进程被打断，有些机构不完善，或未完全建立起来。完整的封建皇权和单纯的专制政治制度已不复存在，整个政治制度正在向资本主义近代化演进。法律体现统治阶级的意志，是上层建筑的重要组成部分，清末资本主义法律的制定，既反映了政治和社会制度的变化，也说明在民主潮流的推动下，统治阶级的思想意识被迫资本主义化。所以，有理由认为，清末的预备立宪是中国政治制度近代化的开端。

（原载《历史档案》1991年第4期）

---

① 《大清法规大全》，民政部，"违警律"第1页。

# 论清末立宪运动的进步作用

关于清末立宪运动的性质仍是一个有待讨论的问题，本文就其进步作用作些探讨，并对不同的意见提出商榷，以就正于方家。

立宪运动的进步作用在于：

第一，宣传了爱国主义，激发了人民的爱国热情。

立宪运动自始至终都充满着爱国激情。它勃发的最大动因就是"起于图救危亡之问题"①，"救国为前提，立宪为目的"②。立宪派认为，列强俱都实行了立宪、民主制度，互相勾结，共同侵略中国，中国在世界上极其孤立，同时又是专制政体，得不到人民的支持拥护，因此屡屡被列强挫败，丧权失地，已成未亡将亡之国。"欲于处必死之地而求其生，是则必须明定宪法，上下相维，以吾通国之财之力结合为一，以御外侮。"③"若讲御外，必从政治上为根本之解决"，"质言之，所谓立宪是已"。④"振兴中国，变专制为立宪，实为当务之急焉"⑤。立宪派与革命派都是真诚的爱国主义者，政见虽不同，谋国之心则一，方法虽殊，救国前提则一。实行立宪就是立宪派认为的非常正确的救国救民道路。正因立宪的首要目的在于抵御外侮，所以他们在鼓吹立宪运动时，总是首先指出民族危机的严重性和紧迫性，号召人民赶快团结起来，一致为改造不足依恃的专制政体、振兴中国而奋争。每当新的民族危机出现的时候，他们总是悲愤欲绝，无情地揭露帝国主义的侵略

---

① 吴冠英：《论资政院宜有条约承认权》，《宪政新志》第4期。
② 李庆芳：《立宪魂》，第46页，1907年。
③ 《论列强瓜分中国之势已成》，《中外日报》1907年7月28日。
④ 李庆芳：《中国国会议》，《中国新报》第9期。
⑤ 《振兴中国何者为当务之急》，《大公报》1905年4月21日。

阴谋，大声疾呼，力图挽救，并掀起立宪运动的高潮，以实际行动争取缩短预备立宪的进程，加速国家改革的步伐，以便有朝一日同列强一较雌雄。一旦政府经受不起帝国主义的压力与之签订了不平等条约，丧失了利权，他们总是勇敢地站出来带头进行抵制。他们领导的收回利权和保路运动都是顺乎时代潮流、应乎人民心理的爱国义举，具有鲜明的反帝性质。他们的思想和行动与中国近代人民坚持的反帝反封建的斗争大方向是一致的。他们的宣传鼓动激发了人民群众的爱国热情，特别是知识分子和青年学生整日为救亡图存而奔走呼号，有的为了激励别人，竟不惜断指、刺臂、割股，甚至献出了宝贵生命，更多的群众则投入挽回利权和保路运动的洪流。

第二，大大解放了人民的思想，提高了人民的政治参与意识和民主主义觉悟。

立宪运动可以说是戊戌维新运动的继续和发展，而其规模之宏大、理论之精辟、成效之显著、影响之广泛，又远非维新运动所可比拟。如果说维新运动是中国近代思想解放开端的话，立宪运动就应当称之为20世纪初叶的思想大解放时代。

戊戌变法时期，维新志士在政治理论上所澄清的主要是"君权神授"的谬论，提出了制定宪法、召开国会、三权分立等主张，但缺乏具体阐述，尤不敢涉及君权这个最敏感而重要的问题。依照变法总设计师康有为所描绘的蓝图，成功后充其量也不过实行日本的君主大权政治而已。维新派办的期刊很少，发行量极其有限，寿命又短，一些主张仅仅见之于奏折条陈，翻译的资产阶级政治学说少得可怜，影响基本限于少数官员和士大夫。

立宪运动时期完全不一样了。立宪派懂得，立宪不能单纯依赖政府，必须立足于国民自身，而一般国民缺少普通的宪政知识和参政能力，对立宪很为不利；政府也动辄以民智未开为借口，阻挠破坏立宪运动。因此，他们一直把启迪民智当作立宪运动最迫切的一环来抓，想尽一切办法搞好。

除原有的《东方杂志》、《新民丛报》，立宪派还创办了许多新的期刊，如《中国新报》、《大同报》、《政论》、《国风报》、《自治学社杂志》、《预备立宪公会报》、《宪报》、《牖报》、《广东地方自治研究录》、《蜀报》、《宪政新志》、《法政新报》、《法政浅说》、《宪政旬报》、《宪政述闻报》、《自治公报》等。日报则有《时报》、《大公报》、《国民公报》、《宪志日刊》、《宪政日报》、《黔报》、《西南日报》、《中央日报》等。这些报刊都以鼓吹立宪，普及宪政知识，开启民智为宗旨。如《时报》"著论恒斤斤然以专制立宪政治之得失为比较，盖欲摧挫专制之末运，奖翼宪制之新机，不厌反复详言之，使政府与国民咸洞悉其所以然之故，灼然而无所疑，而一般之心理皆趋向于立宪政治之途，以舆论而造成事实"①。《国民公报》意在"监察宪政之进行，鼓吹国会之速开，培植政党之基础，巩固各省谘议局之实力，输入世界之常识"②。《国风报》"以忠告政府，指导国民，灌输世界之常识，造成健全之舆论为宗旨"③。

　　立宪派就是以这些报刊为阵地，本着这样的宗旨，大张旗鼓地宣传资产阶级政治学说，政治制度，民主、自由、平等思想，立宪的目的、意义和进行方法，国民的权利和义务，等等。他们根据资产阶级政治思想家卢梭等人的理论强调指出：专制国家与立宪国家绝然不同，前者为"君主私有之国家"，后者为"君主与人民公共之国家"④；"专制家天下，立宪公天下"⑤；专制国纯为人治，立宪国崇尚法治。"国家由民约而成立"，"君主为客体，人民为主体"⑥。人民是国家的主人，"人民干涉国家之政治"，"为人类固有的自然之权利"⑦；人民既然为国家承担纳税、当兵等义务，就理应享受参与政治，管理国家的权利，选举自己的代表组织议会，讨论决定国家和地方大政；理应享有言论、出版、集会、结社自由，"国民咸得发表其政见，以判论国政之得失"⑧；理应享有监督行政、财政和外交诸权利。君主"与人民同为国家一分子"⑨，彼此平等，"自天子以至于庶人，壹是皆以守法为本"⑩，谁也不能越出宪法和法律范围之外。过去由于国民放弃责任，致使君主专制，国衰民贫，政治黑暗腐败；现在每一个国民都必须要有国家观念，恢复天赋人权，关心政治，提高能力，积极参政，铲除专制制度，削夺君权，扩张民权。只有如此，才能民富国强，杜绝外患。

---

① 《中国将来议院制度之问题》，《时报》1907年6月25日。
② 《对于〈国民公报〉之感言》，《大公报》1910年8月24日。
③ 《申报》1910年2月21日"广告"。
④ 《论国民不可放弃应有之责任》，《广益丛报》第9年第9期。
⑤ 《康有为与保皇会》，第299页。
⑥ 《论国民的责任》，《广益丛报》第6年第18期。
⑦ 《论预备立宪国民宜具政治上之确定力》，《时报》1909年5月13日。
⑧ 长舆：《立宪政治与舆论》，《国风报》第1年第13期。
⑨ 《论国民不可放弃应有之责任》，《广益丛报》第9年第9期。
⑩ 《发刊辞》，《宪政浅说》第1期。

立宪成为既定的国策之后，国内每一种报刊都成为宣传立宪的工具，其中有许多是为了适应宣讲和劳动群众听懂而用通俗语言编写的。这些报刊都跟着立宪派的主调唱和，全国的舆论完全为民主政治所主宰，连商人刊登广告都以"立宪"相标榜，如上海的中法大药房即用"立宪国民预备之资料"、"胸部立宪之重剂"之类加以渲染，招徕顾客，兜售药品。

与创办报刊相结合，经立宪派提倡，全国各地大中小城市和州县城镇乡村成立了各种各样的阅报馆、阅报所、演报社、阅报公会、讲报处、藏书阅报室、女阅书报社，购订多种书报，任人阅览，不收分文，以便知识分子增长新的知识。有些书报社所每日向群众宣讲，有些每周至各地演说重要时事新闻，有些在通衢随读随讲，有些请人在集市演说，启迪民智，开通社会风气，使劳动群众了解国家大事和宪政常识，养成立宪国家的国民资格，具有爱国保种的热忱。在此风气带动下，有些地方官吏也出资倡办，甚至免费将书报分送乡下的知识分子阅读，亲自向群众宣讲。

立宪派还大力提倡设立法政讲习所、法政学堂和各类普通学堂，向青年和成人进行宪政知识教育。

为了开启民智，立宪派翻译编辑出版了上百种西方资产阶级的政治、法学、行政、财政、政党、历史、教育著作，其中重要的有：《民约论》、《政治学》、《宪法精理》、《代议政体》、《国家学纲领》、《政治原论》、《万国宪法志》、《万国官制志》、《英国宪法史》、《英国制度沿革史》、《共和政体论》、《政治学新论》、《四大家政治学说》、《政治学及比较宪法论》、《万国宪法比较》、《宪法研究书》、《宪政论》、《日本宪法义解》、《日本预备立宪过去史实》、《日本议会法规》、《议会政党论》、《十六国议院典例》、《议院法提要》、《选举法要论》、《自治论》、《欧洲大陆市政论》、《地方自治要鉴》、《地方自治规范》、《立宪国法制述要》、《法学通论》、《明治政党小史》、《泰西政治学者列传》、《现今世界大势论》等。这些著作一出版，就风行海内，销售一空。他们自己也编写了多种阐释资政院、谘议局和地方自治的通俗读物，广为宣传。

与大造舆论的同时，立宪派领导了几次全国性的国会请愿运动，利用各种方式进行了相当广泛的动员宣传，有些地方已经深入到农村。

经过立宪派的努力，人民的"国家思想日盛"①，昔日不为广大群众所知的东西，如今已成为口头禅了。有个思想开明的士大夫在1907年深有感慨地说："风气至今，可谓大转移，立宪也，议院也，公然不讳，昌言无忌，且屡见诸诏旨，几等口头禅，视为绝不奇异之一名词，诚数年前余等居海上时，所梦想不及者也。"②"中国今日知与不知者，固无不有一立宪之问题，影响于心目中也。"③关于速开国会，"三五年前，国人之系念者谁？而今则贩夫竖子皆知是事之不可缓"④。"愚民乐闻君民平权，见能与官吏相抗，惟恐立宪之不速"⑤。人民的参政意识、自由民权观念大大增强，改革政治、争取民主、反对专制的政治热情非常高昂。他们说："要打算实行立宪，非绅民向官争权不可。"⑥遇有政府损失利权，人民便举派代表进京与政府大开谈判，据理力争；百余万各阶层群众参加了国会请愿签名运动和集会游行，数千万群众投入了保路运动，顽强地为捍卫已经取得的政治权利，争取更多的民主自由而斗争。立宪派不无夸张地说："民气日益发舒"，"政府举措有不当于民意者，舆论得挟其所见，起而与之抗争。虽以政府之腐败，官吏之专横，亦且慑于众议，不能不屈己以从众"⑦。封建官僚赵尔丰承认："自宣布立宪以来，外间官势日缩，民权日张，每议一事，权利之间，丝毫不肯退让，由来已非一日。此次川人皆以立宪国民，但能根据法律，不妨竭力以争。"⑧又说："自立宪之说鼓吹，人人有自由观念。"⑨顽固官僚陈夔龙也哀叹说："溯自欧风东渐，异说争鸣，一时士流喜其新奇，乐其简易，始以见异思迁之过，驯至显违礼法之忧，唾拾空言，抨弹实事，一二人倡之，千百人和之，喧呶不已，风气浇漓。"⑩有个御史诅咒要求立宪的人们说："明托君主立宪之名，阴行民主立宪之实"。"学堂停课，商会罢市，议员开会演说，且以不纳税不当兵为正当办法；更有丧心病狂主张合邦者，

---

① 长舆：《国会与人民》，《国风报》第1年第16期。
② 孙宝瑄：《忘山庐日记》下，第1082页，上海古籍出版社，1983年。
③ 《论预备立宪时代之人心》，《盛京时报》1907年11月1日。
④ 《今年之希望》，《盛京时报》1911年2月9日。
⑤ 魏元旷：《坚冰志》，第17页，潜园类编本。
⑥ 《立宪之大纪念》，《正宗爱国报》1907年8月21日。
⑦ 长舆：《立宪政治与舆论》，《国风报》第1年第13期。
⑧ 戴执礼编：《四川保路运动史料》，第290页，科学出版社，1959年。
⑨ 《四川保路运动史料》，第297页。
⑩ 陈夔龙：《庸庵尚书奏议》卷11，第2页，台北文海出版社。

有明目张胆提倡民主者。犯上作乱之事昔出于密谋,今见于公议;无父无君之论昔起于匪类,今创于缙绅。世变之奇,至此已极。"① 这些恶毒的言辞从反面证明了人民民主觉悟的提高。社会在前进,人民在前进,谈宪政成为社会上时尚的话题和显示文明的尺度,某些自觉跟不上时代步伐的士大夫和旧官僚只好自惭形秽、羞于出门了。叶昌炽在 1911 年旧历元旦的日记中写道:"欧风浸灌,新国民、新少年如饮狂药,吾辈如陈人宿物,旧时所学,尽成土苴。过新年后只可蛰居不出,即以此日为始。"②

清末人民民主觉悟的提高主要是立宪派的功劳。因为他们有宣传自己政治主张和领导、发动、组织群众的自由,有可供利用的众多合法阵地和讲坛,此正表明了合法斗争的长处。革命派在海外创办的报刊遭到禁运,在国内的亦受限制,不能畅所欲言,为了免于封禁,还需经常以立宪装潢点缀,缺少立宪派得天独厚的客观条件,虽也起了一些作用,但不如立宪派大。

人民民主觉悟的提高,主要表现在民族资产阶级、广大知识分子群体、青年学生、开明官员和地主,部分市民、工人和农民身上,并不包括绝大多数下层劳动群众。即便如此,也是十分了不起的变化与进步了。

第三,推动了清政府预备立宪,促进了国家政治制度开始近代化。

立宪运动推动着清政府进行预备立宪,而预备立宪就标志着清政府承认了封建专制制度业已破产,着手改革,逐步向君主立宪制过渡。不论统治者多么想多保留君权,也不论其方针政策和具体措施存在多么严重的错误,最后失败,以致不能使人看到正式立宪后的宪法和国会是什么样子。但不可否认的是,清末的政治制度确实发生了明显的重大变化,是中国政治制度近代化的开端。

首先,制定宪法,否定了封建的无限君权制,确立了资产阶级的有限君权制。封建君主权力无限,至高无上。1908 年的《宪法大纲》尽管赋予君主很大权力,但却作了限制,君主必须遵守《宪法大纲》,不能逾越;行使权力要受到其他机关制约,不能再凭个人意志为所欲为;不经议院议决,不能颁布新的法律和更改、废止已经公布执行的法律。1911 年 11 月公布的《十九信条》尤其彻底,采取虚君

---

① 中国第一历史档案馆档案:《掌湖南道监察御史欧家廉奏编纂宪法宜按中国程度为准折》,朱批奏折档,111号。
② 叶昌炽:《缘督庐日记钞》卷14,辛亥正月一日,1919年。

共和的政体形式，取消了君主的一切实际权力。

其次，推翻了封建的集权制，确立了资产阶级的分权制。过去，君主就是国家的最高机关，一切权力集中于其手。地方长官亦然。这种各项权力高度集中于一人的体制正是专制政治的主要特征和万恶之源。预备立宪时期确定国家体制实行三权分立的原则，将立法、行政、司法三种权力分别交付不同的机关掌管，各自独立行使，相互制衡。同时初步改革了政治体制，在中央建立了资政院、责任内阁和大理院，地方也建立了相应的机构。这种体制可以防止集权制下官员的专制与暴虐。

再次，人民主要是民族资产阶级争得了一定的民主自由权利。中央的资政院、地方的谘议局尽管没取得如同西方议会那样完全的立法权，带有过渡临时性质，但毕竟是初级形态的代议机关，具有一定的独立性，不经其议决，中央和地方政府不能颁布法律；国家与地方的预算、决算、税法、借贷外债、增加人民负担，都要经其通过认可；并有权纠举弹劾各级行政官员。府厅州县和城镇乡正在实行和建立地方自治制度，实行的区域，城镇乡人民选举代表直接管理公共事务，府厅州县人民选举代表议决公共事务。人民已经在选举代表参与管理国家和地方事务。《十九信条》大大前进一步，规定实行议会政治，把一切大权赋予了议会。人民已争得了言论、出版、集会、结社自由。报刊"对于政治之得失，内外大员之善恶，皆可尽情指责；人民之冤抑隐疾，更可尽情登载"①。往昔圣旨一下，谁也不敢妄议，否则便以"大不敬"或"大逆不道"论罪。预备立宪以后，报刊上以"恭注"、"谨注"或"感言"等形式著论进行批驳的屡见不鲜，立宪派的请愿书更是针锋相对。"国中言论实较已往数年为自由"②。严禁党团活动的封建禁网也被打破，只要是不以推翻清王朝为目的和秘密组织，一切公开的政党和团体（康、梁系特殊情况）均取得了合法存在的权利，资政院还可以堂而皇之地上奏赦免包括革命党人在内的议案，政治性的集会、游行、请愿、罢课、罢市已成为司空见惯的事情。昔日被斥为邪说的自由平等，"今实行于政事矣"③。

又次，初步制定并实行了一些资本主义性质的法律。以前中国只有一部以刑

---

① 管翼贤：《北京报纸小史》，见杨光辉编《中国近代报刊发展概况》，第404页。
② 冯自由：《革命逸史》（3），第333页。
③ 刘廷琛奏折语，见《清朝续文献通考》卷400，宪政8。

法为主体的封建成文法典。预备立宪以后,除了资政院、谘议局、地方自治等章制外,还初步制定了刑法、民法、诉讼法、商法、法院编制法、集会结社律、报律诸方面的法律。这些法律只有个别系临时应用、带有浓厚的封建色彩,绝大多数都属于资本主义性质,虽然有些由于立宪进程被革命打断未能实施,但中国封建法律的根本改革和资本主义法律的制定以预备立宪时期为嚆矢则是无疑的。

以上说明,清末最后几年国家不仅在政体上采用了资本主义的形式,在国体上也发生了重大变化,民族资产阶级已经开始取得一些议政参政权,单纯的封建专政制度已不存在,民主政治及有关法律有些在试行,有些在准备和确立之中,整个政治制度正在向资本主义近代化演变迈进。

第四,为辛亥革命的爆发和胜利做出了重大贡献。

立宪运动一方面无情鞭挞了封建专制的黑暗,揭露了清政府的腐朽和守旧;一方面广泛地宣传了资产阶级的政治学说和自由民主思想,启发了人民的民主主义觉悟,使广大人民特别是知识分子和市民阶层看到了清政府的不可救药,统治阶级内部也分崩离析,这就为辛亥革命的酝酿和爆发打下了思想基础和群众基础,创造了有利形势和客观条件。立宪派领导的保路运动点燃了辛亥革命的导火索。立宪派转向革命,积极响应武昌起义,纷纷谋取独立,壮大了革命阵营,加速了清王朝的崩溃和辛亥革命的胜利。

关于立宪运动的评价史学界的认识尚不一致,这里对持反动论的观点再提出商榷意见。

一种观点认为,19世纪末,资产阶级革命力量尚待形成,维新派是时代的先进者。此后尤其1905年同盟会成立以后,革命已经成为时代的潮流,只有革命派才是时代的先进者,只有他们的斗争才决定着时代的主要内容和发展方向。立宪运动对抗阻挡革命潮流,是反动的。

所谓"潮流",是比喻时代或社会发展的趋势。关于历史"时代",列宁在《打着别人的旗帜》[①]一文中作过精辟的阐述。对"资产阶级上升的时代",他是这样说的:"一般说,这是资产阶级民主运动的时代,特别是资产阶级民族运动

---

① 见《列宁全集》,第21卷,人民出版社,1959年。

的时代，是迅速摧毁过时的封建专制制度的时代。"当时，"人民运动是一般的民主运动，也就是说，就其经济内容和阶级内容来说是资产阶级民主运动"。"马克思的方法首先是考虑具体时间、具体环境里的历史过程的客观内容，以便首先了解，在这个具体环境里，哪一个阶级的运动是可能推动社会进步的主要动力"。"资产阶级反对封建专制势力的运动是主要的动力"。还指出："我们能够知道，而且确实知道，哪一个阶级是这个或那个时代的中心，决定着时代的主要内容、时代发展的主要方向、时代的历史背景的主要特点等等。"

列宁的话十分明确：资产阶级上升的时代就是"资产阶级民主运动的时代"，资产阶级是推动社会进步的主要动力。需要再强调一下的是，列宁讲的这个时代是"民主运动"，而不仅仅是革命；时代的中心是"阶级"，而不是某一阶层或政治派别。事实上也是如此。"有各种各样的资产阶级民主制度"，有德国式的、英国式的、奥国式的，也有美国和瑞士式的，应该看到这种"民主主义的各种程度上的差别"。同时也应看到"有各种各样的民主派"，如俄国的君主立宪派，即"拥护上院、'请求'施行普选制、同时在暗地里偷偷摸摸地就残缺不全的宪法和沙皇政府实行妥协的保皇派地方自治人士，是资产阶级民主派"①。因此，凡是反对封建专制、争取民主政治的一切运动，不论采取什么斗争手段，暴力的、和平的，合法的、非法的，也不论将来建立什么政体形式，民主共和，或者君主立宪，都属于"民主运动"；凡从事于这种斗争的阶级，都是"民主派"、"时代的中心"，决定着时代发展的主要方向，决不能认为只有武装革命才叫民主运动，只有革命派才是民主派。

19世纪末、20世纪初的中国，完全符合列宁的论述。其时中国的民族资产阶级正是新生的上升的阶级，中国人民所处的也恰恰是反帝反封建的民主运动时代。在此时代中，革命派旗帜鲜明地推翻封建专制，要求建立资产阶级共和国，进行的是民主运动，固然是民主派。立宪派也反对封建专制，要求建立资产阶级的君主立宪制国家，搞的也是民主运动，同样是民主派。所以说立宪运动非但不违背时代潮流，相反，正是时代潮流的不可分割的一个组成部分。清末的民主运动潮流就是由革命运动和立宪运动两大洪流汇合而成的。民主运动本身便体现了时代

---

① 《社会民主党在民主革命中的两种策略》，《列宁全集》第9卷，第36页。

的主要内容和发展方向，怎能说立宪运动反动呢？

时代潮流是时代为人民规定的历史任务，不以某一新的政治派别甚至阶级的出现为转移。在欧洲的民主运动时代，工人阶级曾经追随资产阶级战斗。在清末，革命派主张用暴力推翻封建专制是一件大好事，然而并未改变民主运动的时代性质，换句话说，在反对封建专制、实行民主政治这个实质性问题上，革命派并未提出超越立宪派的政治主张，开辟另一新的时代。不要说革命派与立宪派同属一个阶级，就是比革命派先进得多的工人阶级登上政治舞台以后，尽管此时的民主主义不再是旧的，而是在中国共产党领导之下的新民主主义，但时代的性质也未因此而有所改变，中国人民依然要进行民主运动，为争取独立和民主而斗争。

立宪运动与革命运动所起历史作用的大小、功过的多少，甚至谁是主流，谁是支流，都是可以讨论的；但无论如何，这两大洪流的流向是一致的，正如长江和黄河同发源于青藏高原、东流入海一样，根本不存在立宪运动逆革命运动而行的问题。

另一种观点认为，立宪运动引导一部分人走上歧路，抵制消除革命，还诋毁革命，争夺抢占舆论阵地，扰乱、破坏革命队伍，因而是反动的。

诋毁革命，抢占舆论阵地，扰乱、破坏革命队伍的现象，在国内没有出现过。海外的康、梁一派与革命派有些摩擦，可是这是由两派争夺地盘、群众、募集捐款和民主运动领导权引起的宗派斗争，绝大多数由革命派挑起，而且扰乱、破坏是相互的，就此而指认立宪派反动说不过去。如众所周知的政闻社召开成立大会，革命派无端跳到台上痛打梁启超，破坏大会进行一事，究竟怨政闻社，还是怨革命派？总得有个是非界限吧？只许革命派大打出手、谩骂诬蔑，不许立宪派还口辩解，恐怕不能算作持平之论。双方都搞民主运动，如说立宪派妨碍革命派是反动，反过来也有理由说革命派妨碍立宪派是反动，这在逻辑上和事实上都是站得住的。不过我们并不作如是观，而是认为他们之间的摩擦是宗派斗争，根本谈不上严肃的政治斗争和反动与否。

立宪运动的确有消除革命的意图，然而也不能据此认为反动。因为在立宪派看来，如果立宪成功了，革命派建立民主政治的宗旨（不是排满）也就实现了，革命就自然没有必要、自行消失了。他们只是期待以自己认为可行的手段达到革命的目的，尽量使国家少受破坏，也就是说，他们要达到的是革命的目的，要消除的仅是革命手段。立宪与革命既同为民主运动，根本宗旨一致，这就决定了它的进步性，与国际工人运动中的资产阶级改良派用合法斗争取消社会主义革命的目的不可同日而语。再者，立宪派不赞成使用革命手段仅仅束缚了自己的手脚，限制不住革命派，对革命运动不会造成危害，与协助政府镇压革命、维护封建统治是决然不同的。所以不能认为是反动的。

关于引导一部分人走上歧路，此论似是而非。在论者之意，是说因有立宪运动吸引了一些人，便使革命力量相对减少了一部分，换言之，没有立宪运动，这些人就会加入革命。

毛泽东说："事物发展的根本原因，不是在事物的外部而是在事物的内部，在于事物内部的矛盾性。……事物内部的这种矛盾性是事物发展的根本原因，一事物和他事物的互相联系和互相影响则是事物发展的第二位的原因。"① 这是绝对正确的。强调立宪运动吸引人们走上歧路，实际上是哲学上的外因论。

一个人选择走什么道路，无疑会受到各种外部因素诸如阶级、家庭、教育、亲友、环境的影响，但决定的因素则是个人的认识和决心。同样都是地主家庭，黄兴成为革命党领袖，孙洪伊则成为立宪派的风云人物。同在日本留学，有的回国后当了官僚，有的从事立宪运动，有的从事革命运动。单纯强调外因的作用是不能说明问题的。

立宪派宣传自己的主张，革命派也在宣传自己的主张，双方都期望第三者接受本派的主张，加入本派组织，但都无权强迫别人接受；作为第三者同时受到两方面的影响，因此，他走什么道路，完全出自个人的抉择。当一个人下定了革命的决心，立宪派的宣传便不会发生作用。同样的，假若一个人认准了立宪道路，革命派想拉也拉不动。如杨度，初"倡言排满，与黄兴、刘揆一啮血为盟，图为刺客，将赫然革命之健者"②。到日本留学后转到立宪立场。有次孙中山听说留学生中杨度最为有名，极力想把他拉入革命阵营，与杨"聚议三昼夜不歇，满汉中外，靡不备论；革保利弊，畅言无隐"，说得唇焦舌敝，也未把杨说服。③ 以孙中山革命领袖的威望亲自做了三天的说服工作，而卒无效果，可见外因对人的影

---

① 《矛盾论》，《毛泽东选集》合订本，第276页，1966年。
② 揆郑：《哀政闻社员》，《民报》第23期。
③ 章士钊：《与黄克强相交始末》，《湖南文史资料选辑》第1辑。

响是何等的微不足道。

革命不是好玩的事情，违犯清朝法律，属于叛逆大罪，抓住要被判刑，甚至杀头，参加起义很有可能牺牲，既关系到个人的前途和生命，又牵连到家庭，这是很实际的切身利害问题，并不是每个人都能轻而易举做到的，只有那些下定决心献身国家和人民的人才能参加革命。一个人若没有牺牲精神，即便没有立宪派，也不会投入革命行列。把一部分人不能献身革命归罪于立宪派是不公允的。

对于世界观尚未确立、思想摇摆不定的青年，立宪派可能会产生一定影响，但这不过是短暂的，一旦世界观确立，影响便即消失。20世纪初年，先进的知识分子几乎都受到《清议报》和《新民丛报》的影响，曾几何时，许多人又放弃了立宪主张转向了革命。这说明立宪运动阻止不住人生道路的选择，阻挡不了革命力量的发展。

事实上，只有海外的梁启超等与革命派有过理论上的论争，国内的立宪派与革命派非但没有论争，反而相处得不错，有些立宪派赞助革命派创办报刊，有些掩护革命党人活动，有些在经济上给革命派支持。立宪派大肆鼓吹民主主义，揭露抨击腐败黑暗政治，适足以提高人民的觉悟，增长对政府的仇恨，使一部分人逐渐向革命转化。立宪派通过和平斗争也受到现实的自我教育，日渐觉醒，不断有人转向革命阵营。由此看来，立宪运动不是阻止了革命运动，而是起到了桥梁作用，为革命输送了新的力量。

社会是极其复杂的，每个阶级、阶层、集团乃至个人都在以自己的言行有意无意地影响着周围的事物，企望只受好的不受坏的影响是不可能的。外因通过内因而起作用，所以一个政党或派别能否获得发展壮大，唯有从其内部寻找原因。立宪派与革命派同时在竞争民主运动的领导权，谁的政治主张更能吸引人，路线方针政策正确，言论行动为人所信仰，谁的力量就会有较快的增长，反之则发展缓慢。如果说立宪运动尚能把一部分人吸引过去，那只能说明革命运动对这部分人没有吸引力。如徐佛苏早先加入过华兴会，蒋智由也"始倡革命"[①]，"沉醉革命"[②]，但后来又成为立宪运动的干将。这种原就为革命吸引反而又被立宪吸引的现象，难道不值得反思吗？为什么不从革命派内部找找原因，一味责备立宪

---

① 揆郑：《哀政闻社员》，《民报》第23期。
② 《梁启超年谱长编》，371页，上海人民出版社，1983年。

运动呢?

同革命派一样,立宪派也是新生的上升的民族资产阶级的政治代表,是推动当时社会前进的动力。衡量评判立宪派进步或反动,不能仅仅以其反对采取革命暴力为标准,而应看其根本宗旨是否与革命派一致,是否从事民主运动,反对封建专制,代表哪个阶级的利益,其政策和实践对社会有无贡献新的东西,对生产力起了束缚作用还是解放作用,对人民和历史的发展是有益还是有害。从阶级、政治、经济、思想文化诸方面全面分析考察,毫无疑义,立宪派和立宪运动不是反动的,而是进步的。

肯定立宪派和立宪运动,决不意味着否定贬低革命派和革命运动,或认为以革命暴力推翻清王朝没有必要。马克思说:"普鲁士的专制君主国也和从前英国和法国的一样,是不愿意自动变成资产阶级君主国的。它是不会自动退位的。"①清王朝亦如此,即使在各种形势逼迫下表示进行改革,向人民做出某种让步,但为了维护自己和统治阶级的私利,他们决不会把改革进行到底,把政权彻底交给人民。一旦人民的要求超过了其所能容忍的限度时,他们就会动用专政工具进行压制。这时如果没有武装力量与之对峙,予以狠狠打击,就不可能迫使统治者就范,达到目的。清末的立宪过程表明了这一点。和平的合法斗争难于奏效,革命暴力为民主运动增添了更有效更正确的斗争手段,大大增加了推翻封建统治的保险系数,革命派起到了立宪派所不能起的作用。革命与立宪是相辅相成的,没有立宪运动就没有1911年深刻的革命危机;没有革命派的毅然举义,也不可能把预备立宪推向顶峰,更不可能在当时推翻清王朝,建立民主共和国。革命运动的历史功勋将永远彪炳史册。

恩格斯在论述19世纪中叶德国的革命时曾对君主立宪及立宪派做过这样的评价:"当黑格尔在他的《法哲学》一书中宣称君主立宪是最高的、最完善的政体时",他便"宣布了德国资产阶级取得政权的时刻即将到来"。资产阶级进入反对专制政体的反对派队伍的时刻,"应该看做德国的真正革命运动的开始"。②以立宪政体代替专制政体是否一定要"推翻人的力量和夺取经济力量"?即"任命自己的人代替官吏"和"夺取国家的全部财政力量"?列宁说不需要:"推翻专

---

① 马克思:《道德化的批判和批判化的道德》,《马克思恩格斯选集》第1卷,第186页,1976年。
② 恩格斯:《德国的革命与反革命》,《马克思恩格斯选集》第1卷,第510—511页。

制政体究竟是什么意思呢？这就是说，取消沙皇的无限权力，人民有权选举自己的代表来颁布法律，监督官吏的行为，监督国家资财的收支。这种由人民参与立法和管理的政体叫做立宪政体（宪法是人民代表参与立法和管理国家的法律）。总之，推翻专制制度就是用立宪政体来代替专制政体。由此可见，推翻专制制度根本不需要'推翻人的力量和夺取经济力量'，而只需要迫使沙皇政府放弃自己的无限权力和召开全国国事会议来制定宪法。"① 在专制政体下能否进行进步的合法的运动？列宁回答说："我们丝毫不怀疑，甚至在专制政体下，也是可以进行能够推进俄国进步的合法活动的。"② 马克思主义者应当如何对待资产阶级民主派反对封建专制的斗争和立宪运动？列宁认为："像在世界各国一样，我国觉悟的无产阶级也必须支持资产阶级民主派反对农奴制残余和专制制度的反对派立场和斗争"③，"无产阶级必须支持资产阶级的立宪运动"④。这种思想，列宁曾不止一次地讲到。不但如此，列宁和俄国社会民主党还多次号召工人和全党参加和平斗争。1895年，列宁在社会民主党纲领草案的说明中写道："工人最迫切的要求和工人阶级争取影响国家事务的首要任务，应该是争取政治自由即争取以法律（宪法）保证全体公民直接参加国家的管理，保证全体公民享有自由集会、自由讨论自己的事情和通过各种团体与报纸影响国家事务的权利。""党纲宣称，首先，所有反对专制政府无限权力的社会阶层都是工人的同盟者"，"它将支持资产阶级中间所有反对极权政府的阶层和部分"⑤。俄国社会民主党提出的要求有：召开由全体公民的代表组成的国民代表会议来制定宪法；公民都有普遍的、直接的选举权；集会、结社和罢工自由；出版自由；消灭等级，全体公民在法律面前完全平等；宗教信仰自由，所有民族一律平等；公民有权控告任何官吏；居民移动和迁徙自由；从事职业和行业的自由。⑥ 1903年，为了回答沙皇颁布的诏书，俄国社会民主党又提出了三项要求：立即无条件地颁布法律，承认集会自由，出版自由，大赦一切政治犯和宗教信徒；召开全民立宪会议，会议由全体公民选举产生；立

---

① 《俄国社会民主党中的倒退倾向》，《列宁全集》第4卷，第231—232页，人民出版社，1958年。
② 《地方自治局的迫害者和自由主义的汉尼拔》，《列宁全集》第5卷，第50页。
③ 《从民粹主义到马克思主义》，《列宁全集》第8卷，第69页。
④ 《专制制度和无产阶级》，《列宁全集》第8卷，第8页。
⑤ 《社会民主党纲领草案及其说明》，《列宁全集》第2卷，第90—91页。
⑥ 《社会民主党纲领草案及其说明》，《列宁全集》第2卷，第71页。

即无条件地颁布法律，承认农民同其他一切等级完全平等，消灭农奴制残余，改善农民处境。① 还指出："工人应当要求沙皇召开人民代表大会，召开全国国事会议。""如果我们能使群众都了解这种联系（按：指减少工作时间、实行计时工资制与宪法之间的联系），那末'要宪法！'的呼声就不再是从一个人口中喊出来，而是从千百万人口中喊出来了，那时这个呼声就不是可笑的，而是可畏的了。"②"现在，削弱了的政府不加追究的那种公开宣传民主主义思想和要求的工作，非常广泛，以至我们倒应该去适应这种全新的运动规模了。"③ 虽然列宁也总是提醒全党，无产阶级进行这些斗争的目的是利用合法团体来加强和巩固自己的工作，激发人民，扩大力量；要注意清除资产阶级民主派对工人的影响；一刻也不容忘记自己的阶级独立性和推翻资产阶级的目的。但从一系列论述中可以看出，列宁对资产阶级民主派所从事的反对封建专制的合法斗争是肯定的、支持的。只有当资产阶级民主派与封建专制妥协、反对无产阶级革命的时候，才揭露它的反动性。在清末的中国，工人阶级还未成为自为的阶级和独立的政治力量，立宪派反对无产阶级革命的问题，如同国际工人运动中的资产阶级改良派企图用合法斗争欺骗工人阶级，模糊其社会主义革命意识，使之忘记社会主义革命目的的问题，并不存在，因而也没有俄国资产阶级民主派和国际工人运动中资产阶级改良派的那种反动性。再者，中国的立宪派主张合法斗争只是一时的，一旦经过事实的严酷教育，他们中间便有相当一部分觉醒了，放弃了合法手段，转向了革命，武昌起义后更多的人投入了革命斗争。所以不应把立宪派与国际工人运动中的资产阶级改良派等量齐观。

（原载《近代史研究》1991 年第 3 期）

---

① 《专制制度在动摇中……》，《列宁全集》第6卷，第314页。
② 《〈哈尔科夫的五月〉小册子序言》，《列宁全集》第4卷，第325—326页。
③ 《新的任务和新的力量》，《列宁全集》第8卷，第189页。

# 预备立宪失败的原因

预备立宪与立宪运动既有联系,又有区别。前者由清政府领导,后者由民族资产阶级的政治代表立宪派领导;前者依赖各级政权自上而下地贯彻推行,后者系人民自下而上地要求请愿;前者确立的是君主大权政治,民主非常有限的政治,后者追求的是议会政治,真正的资产阶级民主政治,对前者有支持拥护的时候,而更多的是监督、批判和抨击;前者主张立宪期限从缓,后者主张从速。二者虽同向君主立宪迈进,有密切联系,然而执行的却是两条迥然不同的路线,决不可混为一谈,以致把立宪派看成清政府的帮凶。

在预备立宪时期,清政府规划了总体方案和分年执行方案,公之于众,按照方案逐一施行,做了一些实际工作,初步改革了政治制度,并非完全欺骗世人。改革表明,整个国家政治制度有了不少改进,对预备立宪应予基本肯定。可是清政府还未走完既定的过渡途程,实现预定的目标,就遭到了覆亡的厄运,预备立宪也随之彻底失败。

既然预备立宪值得基本肯定,为什么会失败呢?值得肯定的未必一定都是成功的。考察清政府实施的过程和措施,失败的原因大致有以下几个方面。

第一,缺乏主动性和紧迫感,刚愎自用,拒绝接受意见,措施保守而迂缓,以致与立宪派的矛盾日益尖锐,终于导致立宪派绝情而去,走向政府的对立面,使政府丧失了预备立宪的社会和阶级基础。

清政府搞预备立宪是在立宪派的强烈要求和世界大势驱迫之下不得已而宣布的,不是思想认识自我提高的结果,缺乏主动性和自觉性,所以在实施的过程中,无论指导思想、方针政策,还是具体措施,都不能满足立宪派的愿望,同立宪派自始至终存在着严重的分歧和矛盾。只是在开始的一段时间，由于政府的意图尚不十分清楚，立宪派的力量有待于集结，分歧和矛盾还不那么尖锐罢了。随着预备立宪步骤和措施的展开，立宪派力量的增强和认识的提高，两者的矛盾愈益不可调和，斗争愈益激化，立宪派也就由政府的支持者变为敌对势力和掘墓人。

立宪派与政府最大最根本的分歧有二，一是立宪层次的高下，二是预备立宪速度的快慢。

清政府宣布仿行宪政伊始，便确立了师法日本的指导思想。日本的立宪属于君主大权政治模式，国家权力集中于君主之手，人民的民主权利很少，是君主立宪制度中层次最为低下的一种。日本选择这种政体形式自有其特殊的国情和历史条件。当时日本刚刚讨平了幕府封建割据势力，国家面临的任务不仅仅是走向富强之路，而且也需要保持统一。因此树立天皇的权威，实行中央集权，发展资本主义，有其进步意义，符合历史发展的要求和人民的利益。

与日本不同，中国早就消灭了封建割据，实行中央集权统治，人民对封建专制已经痛恨到极点，只有选取一种明显优越于封建专制的制度，才会得到人民的认可。日本式立宪尽管也优越于封建专制，但毕竟太接近了。清政府没有考虑到两国国情的差异，东施效颦，把日本模式移植过来，强加到中国人民头上，那就使立宪派难于接受了。

清政府照搬日本模式，也未考虑到中日两国预备立宪时代的不同。日本的预备立宪起自19世纪70年代，其时日本人民了解西方政治学说的很少，加上政府采取的一系列有利于资产阶级、寄生地主和一般劳动人民解放的经济政策，在政治上也时有让步，特别是以对外侵略转移了自由民权派的斗争视线，日本人民便容忍了政府的开明专制。如果清王朝的预备立宪与日本同步，哪怕迟至1898年，按照康有为设计的蓝图，沿着明治维新的足迹前进，也决不至于由于进步势力的反对而使政府出现大的危机，因为当时资本主义的发展和资产阶级的力量均很微弱，西方的政治学说传播有限，广大的知识分子思想尚未解放。至20世纪初年，各国人民的民主意识皆大大增强，各资本主义国家的政治制度也在逐步完善。更重要的是中国国内情况发生了巨变。首先，通过留学和兴办近代教育涌现出大批新型知识分子。这些知识分子一般都如饥似渴地学习了西方的政治学说，既了解资本主义制度的优越性，也了解君主立宪的各种模式和高下程度。其次，民族资本主义有了较快发展，资产阶级力量在迅速壮大。他们备受帝国主义和封建主义的压迫，有强烈的参政要求和实行民主政治的愿望。再次，经过八国联军之役的巨创深痛，目睹政府的腐败和因循守旧，有识之士无不认识到若不彻底铲除封建专制，中国就万劫不复了。这样，资产阶级的政治代言人在选择君主立宪政体时，除了极少数外，绝大部分都崇尚英国的议会政治即虚君共和模式，坚决反对政府师法日本。何况政府的预备立宪措施不是直接仿效日本立宪后的制度和精神，不少是立宪之前的过渡形态，层次更为低下！

于是围绕着立宪层次的高下，立宪派与政府展开了长期的斗争。政府权要刚愎自用，冥顽不灵，拒绝接受意见，牢守君主大权政治主义，不做丝毫让步，立宪派也不退却，矛盾逐渐激化。立宪派由不满而失望，由失望而怨恨，由怨恨而分道扬镳，走向政府的对立面。

立宪派与政府第二个最大最根本的分歧是预备立宪速度的快慢。这也是由师法日本引起的。政府最初没有确定预备立宪年限，立宪派感到遥遥无期，于1908年进京请愿。政府亦觉没有期限实在交代不过去，又照搬日本的办法，宣布自1908年起，预备立宪以九年为期，这种生搬硬套的拿来主义，显然忘记了中日两国所处的国际环境的区别。

日本自1854年在美国武力威胁下被迫开关之后，先后同十余个资本主义国家签订了不平等条约，承认外国享有领事裁判权、租界权、协定关税和贸易最惠国待遇等特权，然而这些均发生在幕府统治末期，预备立宪期间非但没有出现更为严重的危机，相反还对外进行侵略扩张，人民没有危亡在即的威胁感。

中国则大异。预备立宪之前，已同列强签订了许多不平等条约，丧失了如同日本丧失的主权，还割弃了大片领土，损失了巨额赔款，国计民生濒临崩溃，列强划分势力范围，危险不可名状。预备立宪以后，民族危机有增无减。日本在东三省设置关东都督府和南满铁路公司，肆无忌惮地进行侵略，1910年又将朝鲜吞并，直接威胁着中国的安全。沙俄不断向清政府提出无理要求，陈兵东北、西北边境，造成那一带边疆的危机。英国经常干涉西藏地方内部事务，悍然武装入侵云南，强占片马。日法协约、日俄协约、英俄协约的签订国，皆隐然视中国为保护国。其他列强亦无不鹰瞵狼视，亟思染指。立宪派深感亡国巨患迫在眉睫。为了救亡图存、富国强兵，他们于1910年发动了数次全国性的请愿运动，迫切要求加速预备立宪进程，一年之内召开国会，建立责任内阁。政府麻木不仁，认为立宪派危言耸听，居心叵测，被迫将预备立宪期限缩短三年之后，宣称再也不准提前，坚持渐进主义，按部就班，循序前进。就常情而论，从1908年起，至1913年召开国会、颁布宪法止，以六年时间完成立宪的预备工作，速度的确不能说太慢，甚至应当说非常之快。然而立宪派认为，如不早开国会，颁布宪法，限制君主和政府权力，将立法权和监督权抓在自己手里，国家很快就会被误国殃民的当权者所断送。民族危机的严重使得他们急不可待，再次发动国会请愿，而政府竟无情加以镇压。立宪派大为愤怒，开始认识到以和平手段谋取立宪已经无望，相继转向革命。至1911年反对皇族内阁遭到严厉申斥，政府与四国银行团签订湖广铁路借款合同，违背立宪政治，拒不改正，立宪派越发感到政府无药可救，思想认识发生飞跃，由昔日的抵御外患为首一变而认为铲除内患最急，坚决主张打倒腐败专制的政府。

立宪派与政府的斗争也激化了政府与地方之间、满汉官员之间、政府和人民之间以及统治阶级内部的矛盾，使政府丧尽人心，完全失去预备立宪的社会和阶级基础，陷于绝对孤立的境地。待辛亥革命爆发，举国响应，政府再想改弦易辙，承认错误，按照立宪派的要求走完预备立宪的途程，为时已晚了。

第二，缺乏将改革事业进行到底的坚强领导核心。

预备立宪实质上是一场变封建专制制度为资产阶级民主政治的不流血的社会革命，虽由立宪派促成，而实施则在政府。要通过自上而下的方式完成这一艰巨的政治改革任务，国家政权首先要转移到资产阶级或其政治代表手中，组成一个有谋略、有才干、有决心将改革事业推进到底的坚强领导核心。清政府就不具备这一基本条件。

君权至高无上。慈禧太后在世时专断擅权，顾虑爱新觉罗王朝不保，坚决不允许损害君权。光绪皇帝如同傀儡，不起作用。后继的摄政王载沣虽然思想比较开明，有爱国热情，但对宪政知识一知半解，其特殊的身份地位又使之对旧时代的君权无限留恋，优柔寡断的性格使之易为枢府大臣所左右，也不能大有作为，做一番轰轰烈烈的伟大事业。

号称政府、具体领导预备立宪的军机大臣呢？没有一个可以当之而无愧。1906年中央体制改革至1911年5月期间，思想比较开明一些的瞿鸿禨、林绍年、毓朗均在位不久即被排斥而去，戴鸿慈任职很短便与世长辞，只有奕劻、世续、鹿传霖、张之洞、袁世凯、那桐、徐世昌任职较长。皇族内阁成立，成员几乎是各部的原套人马，奕劻、那桐、徐世昌则由军机大臣而入阁为总协理大臣，完全控制了阁权。在这些盘踞枢垣较久的人物中，世续、鹿传霖为众所周知的顽固派。张之洞是著名的洋务派。奕劻政治上相当保守，与袁世凯沆瀣一气。袁世凯也是个洋务派，不过善搞政治投机，假倡导立宪之名，行窃取中央大权之实。那桐、徐世昌均以奕劻、袁世凯之马首是瞻。这些人在预备立宪之前都是封建官僚，预备立宪之后没有考察过资本主义国家，也未认真学习研究过西方的政治学说，在潮流所驱下思想意识虽有变化，但并未从根本上转到资产阶级立场上来。也就是说，在领导核心中没有一个人可以称得上资产阶级的政治家。革命党人宋教仁1906年在报上看到改革官制和奕劻将为总理大臣之说的消息后，慨叹说："噫，人才不适于时势，亦徒焉已耳！"① 的确，由封建思想充溢头脑的官僚领导资本主义性质的政治改革，以旧人而行新政，是绝对不适应的。他们不能代表资产阶级发言，想资产阶级之所想，急资产阶级之所急，不敢开放政权，推行宪政往往粉饰其外，措置诸多不当，有时公然违背立宪原则，压制国民的言论自由，侵害民意机关的权力；他们缺乏宪政知识，分辨不清专政与民主、宪政与非宪政，没有能力确定正确的方针政策，辅佐君主推进立宪，纵有改革之心，也是枉然；他们是时代的落伍者，本能地有一种被淘汰的恐惧心理，所以尽可能地保留君权，反对扩张民权，企图依赖君主的庇荫保住自己的权位，不愿擢用有才干卓识的立宪派人士参与决策和领导，以免被取代；他们是被立宪派拖入到政治改革中来的，预备立宪后又经常受到立宪派的严密监督和猛烈抨击，因此对立宪派这支进行和平改革的社会中坚力量非但不能团结依靠，反而怀疑、猜忌、仇视，极尽摧抑压制之能事；他们是封建官僚，惯于独裁专断，从不认真听取国民的呼声，民之所好恶之，民之所恶好之，事事大反民意，断难得到国民拥护；他们头脑中没有国家和人民，只知在皇帝面前进退唯诺，献媚取宠，加上长期造成的权限不分，责任不明，诸事皆不负责任，贻误国家，制定的方针政策矛盾百出。自然，他们也无法使各级官员的政治文化素质提高，适应改革的需要，担负起贯彻执行和倡导督促预备立宪的任务。似此领导核心，无论如何也不会把预备立宪这一崭新而繁重的政治改

---

① 《宋教仁日记》，第230页，湖南人民出版社，1980年。

革搞好。正如一位立宪派人士所预见的:"不于其司政当权之人一洗涤刮磨之,则永无改革之望。"①

第三,政府腐败透顶。

晚清官员的来源一如从前,主要来自科举、保荐、捐纳几个途径,各色人物都有,新的成分补充很少。

戊戌变法以前,官场贿赂之风尚未大盛,狷介廉洁之士亦不乏人。至奕劻当国,情况突变。奕劻以贪婪枉法著称于世,无钱不要,无贿不收。上行下效,整个官场贿赂成风,腐败透顶,朝野皆不讳言。谁都承认:"今日之政府诚腐败,且腐败至不可收拾"。"欺君病国,逐贿争权,专以献媚外人、剥削民权为唯一之天职。"②"在上者卖官鬻爵,贿赂公行,坦然无可忌惮;在下者辇金载宝,钻营奔竞,恬然绝无羞耻。"③"权势之家趋者如蚁,一旦得志,凭社假威,狗苟蝇营。""其人但可以致富贵,虽异种殊方,巨奸大猾,俯首摇尾,不以为辱。"④"上以贿求之下,下以贿献之上","衣冠之俦,官署之中,宴会之场,莫不曰运动、运动"⑤。官场变成了"运动场"、"交易所",不顾廉耻"尤亘古之所无"。⑥官以价论,政以贿成,"腰金者徒步卿相,奸险者势焰薰天"。⑦权与利是紧密相连不可分割的,权势愈大,受贿愈多,子孙亲友受益愈广,因此,揽权植势、结纳私党、互为奥援也是清末普遍的风气。"结党援以左右政权,借名位以扩张势力,自私自利,而不知有国家,争宠争荣,而惟便其私计"⑧,"争权竞势,未改其常度,其相疑相嫉相倾轧之风反因此益炽"⑨,便是这种腐败现象的真实写照。有才而无奥援者永远沉沦下位,无才而有奥援者飞黄腾达,骤跻显位。连煌煌谕旨都坦白承认:"降及今日,人心愈幻,作弊愈工,宠赂官邪,比比皆是。或假新政为名,肆行侵蚀;

---

① 英华:《说官》,《也是集》,第30页,大公报馆,1907年。
② 《今日政府之真相》,《大公报》1910年3月10日。
③ 茶圃:《论筹备立宪当先整肃纪纲》,《国风报》第1年第17期。
④ 《清末筹备立宪档案史料》上册,第126页。
⑤ 《论贿赂为宪政上之最大障害》,《大公报》1910年1月17日。
⑥ 林绍年:《财竭民穷请饬官方以兴实业折》,见《林文直公奏稿》卷7,1927年。
⑦ 《宣统元年大事记》,《国风报》第1年第1期。
⑧ 《清末筹备立宪档案史料》下册,第948—949页。
⑨ 《请开国会之理由书》,《中国新报》第9期。

或以官缺为市，巧试奸欺；或夤缘引荐，借博高官。"①这些人"群以做官为发财之阶级，若第二之天性然"②，整日忙于收贿行贿，搜括民财，钻营夤缘，拍马逢迎，揽权植势，看戏、打牌、上馆子、逛妓院，"置国事于不论不议之列"③，借预备立宪"为干进之阶，罔利之途，择肥而食，饱则飏去"④，哪里会把主要精力用于研究宪政，把预备立宪筹备好呢！

正因这样的官员都是自私自利之徒，在专制和官僚政治时代得到了好处，所以对待预备立宪的态度也以对其是否有利为标准。实行立宪，国民参政，监督行政，官员的进退不再完全属于朝廷，而取决于国民公论，其种种非法丑行势必无法遮饰，因而他们十分害怕民权发达以后不能为所欲为，丧失权位利禄，目立宪如洪水猛兽，嫉之如蛇蝎，恶之若仇敌，内心深处并不赞成，千方百计进行阻挠破坏，"务摧绝其萌芽而勿使滋长，务设为种种耸动之言以恫吓人主"⑤。"守秕政若璆宝，视舆论为寇仇"⑥。"举凡事之变更成法而便于己者，则指为宪政"；"而一遇乎事之稍有近于宪政之真精神者，则相与骇怪之而破坏之"⑦。"恐实行改革则与一己之禄位权利或不免大有妨碍，于是蒙混目前者有之，暗中阻挠者有之，倒行逆施者亦有之"⑧。故意"迂缓其途，冀及身不当其危"⑨，或"幸其偾败"⑩。

消极怠工、敷衍塞责是腐败的又一重要表现。清末时封建统治机器业已运转不灵，"虽明诏迭颁，亟欲实施宪政，而行政官吏腐朽放任，机关窒塞，执行无人，遂使良法未能实行，下情壅于上达，朝廷之大信渐坠，国民之失望愈深"⑪。当权者视朝旨若具文，从不认真贯彻执行。地方官吏限于考成，对筹备宪政做了些工作，但都学会了一套因循玩忽、粉饰成绩、虚应故事的本领，敷衍的也不在少数。预备立宪也被败坏在这种虚假应付的冥冥之中。

---

① 《谕旨》，《国风报》第1年第18期。
② 《论我国今日最大之弊害》，《盛京时报》1909年11月6日。
③ 《北京政俗之一斑》，《神州日报》1907年8月14日。
④ 《梁启超年谱长编》，第506—507页。
⑤ 《论立宪之不利于官》，《申报》1905年11月4日。
⑥ 《清末筹备立宪档案史料》下册，第949页。
⑦ 梁启超：《敬告国人之误解宪政者》，《饮冰室合集·文集》，第10册。
⑧ 《今日政府之真相》，《大公报》1910年3月10日。
⑨ 胡思敬：《密陈立宪隐患折》，《退庐疏稿》卷3，1913年。
⑩ 《论民变足以阻挠宪政》，《大公报》1910年9月7日。
⑪ 《请开国会之理由书》，《中国新报》第9期。

在贿赂公行和升官发财之世，上司层层向属下索贿，处于州县的基层官吏只能向老百姓大肆搜括。预备立宪以后，筹办地方自治，调查户口，兴办教育等等，又给他们增添了搜括的新名目和机会。例如直隶，预备立宪以后即借就地筹款之名，横征暴敛，地方劣绅亦借口经费鱼肉乡里。烟酒和盐斤加价、旧捐增额之外，又新设了许多苛捐杂税，米豆、菜果、鱼虾、猪羊、木石、柴草、房屋、车马，"无物不捐，且加捐上加捐"①。别省也是如此，"搜括新法，愈出愈奇，征赌不已，变而征娼"②。结果不但引起了广大人民群众对预备立宪的恶感和反抗，增加了实施的难度和阻力；而且激成了全国各地连绵不绝的民变和暴动，造成整个社会动荡不安，成为引发辛亥革命的重要因素。

对于吏治腐败黑暗，朝廷是清楚的，也曾三令五申进行整顿，利用三年大计和一年考核之机分别予以甄别奖惩。仅1909年和1910年两年，经载沣批准革职的大小不称职官员即达千人以上。③然而积重难返，病入膏肓，各级官员上下左右之间互相勾连，盘根错节，彼此庇护，根本整顿不下去；万一某人事发，亦可行贿免参；再者处置太轻，罚不当罪，一般仅至革职而止，既不绳之以严刑峻法，亦不追缴赃物赃款，不法之徒即便丢官，私囊已饱，仍可携带巨款回籍安享清福，也不畏惧。因此，整顿虽成为"官场之口头禅"，却没有多少效果，"整顿后之腐败，较之曩日盖无以异，或反有加焉"④。"私亲遍植于要津，人才半成于贿赂，故日言整纪纲而小人愈肆，日言饬官常而幸门益开，日言养民而只增苛扰之烦，日言察吏而转启贪横之习，日言治军而克扣之弊转甚绿营，日言理财而挥霍之风公侵国帑。"⑤

广大人民把官场比之为"如虎之猛"，"如狐之媚"，"如蛇之狡"，"如虿之毒"，"如无知之偶"，"如钻泥之鳅"，"如黑暗之洞"，"如无底之渊"，"如谷木之蠹虫"。⑥他们愤怒地指出："呜呼，官诚今日中国之蠹哉！""凡事之涉

---

① 《光绪朝东华录》，总5804页，中华书局，1958年。
② 《清末筹备立宪档案史料》上册，第432页。
③ 据《宣统政纪》统计。
④ 《积习宜除议》，《盛京时报》1909年5月28日。
⑤ 刘廷琛奏折语，见刘锦藻编《清朝续文献通考》卷398，宪政6。
⑥ 《官场九如颂》，《大公报》1904年5月5—8日。

于官者，几无不为人所鄙夷，殆所谓天下之恶皆归者"。① 他们说："作官的对待小民直如同牛马，比奴隶还不若"，"小民还说作官的好吗？那一切的感情还好的了吗？你瞧现在无论什么报纸上，只要一讽刺作官的，是看报的人就没有不拍手喝彩的。不怕有三五个人交谈，但是一提到官场一层，你就去听吧，没有说好话的，这种现象大概得属我们中国为尊了。现在小民视官长如仇敌……中国作官的确是国民的公敌。"② 人民把官吏视为蠹虫和公敌，深恶痛绝无以复加，与政府尖锐对立，绝对不会信任政府真心预备立宪，他们也绝不会继续忍受下去，不久，人民就以革命手段将腐朽透顶的清政府推翻，也把预备立宪一同埋葬了。

（原载《史学月刊》1991年第4期）

---

① 《中国今日之官箴》，《神州日报》1908年4月25日。
② 《论中国国民对于官场感情最恶的原因》，《京都日报》1909年10月20日。

# 应为康、梁和立宪派正名

康有为、梁启超和立宪派在政治上属于什么派别？以往的论作众口一词，莫不给他们加上一个很不光彩的头衔，即资产阶级改良主义者或改良派。近年已有学者提出不同意见，发出戊戌变法"是改良主义运动吗"的不平之鸣。有的将改良与改良主义加以区分，指出改良是进步的，改良主义是反动的。有的则在肯定戊戌变法是进步改良运动的同时，又认为此后的康、梁保皇、立宪，堕落成为改良主义者。而坚持康、梁和立宪派为贬义上的改良主义者或改良派的依然居于优势。

笔者以为将康、梁和立宪派判定为资产阶级改良主义者或改良派，与他们的实际不相符合，有欠确当。不揣谫陋，略述管见，以就正于高明。

改良是个外来语，相对于革命而言。列宁有个规定性的说法，即"改良运动通常是缓慢地、审慎地、逐渐地前进"①。又说："任何改良之所以为改良（而不是反动的或保守的措施），正因为它是趋向改善的一个一定的步骤或'阶段'。"②

改良主义的内涵与改良不同，它主要是一种思潮或政治主张，但它同时也是一种措施或办法。列宁在《论黄金在目前和在社会主义完全胜利后的作用》一文中讲到建设问题时，便几次提到："我们提出完全不同的办法即改良主义的办法"，"采取非常'改良主义的'措施"。

资产阶级改良主义者赞成改良，主张改良，但仅限于改良，其政策限于资产阶级统治和资本主义制度之内。所以，虽然改良与改良主义有别，但作为措施、办法、行动等等，二者又有共同之处，即都是在缓慢地、逐渐地前进。正因如此，列宁

---

① 《列宁选集》第4卷，第576页。
② 《列宁全集》第12卷，第222页。

才将二者并提，说欧美资产阶级的思想家和政治代表"越来越多地主张用所谓社会改良来反对社会革命的思想。不是用自由主义来反对社会主义，而是用改良主义来反对社会主义革命"①。还写道："目前的新事物，就是我国革命在经济建设的根本问题上，必须采取'改良主义的'、逐渐的、审慎迂回的行动方法。"②这里对改良主义的遣词用语与改良略有出入，但基本意思一致。因而断言二者只有本质区别，而无相同之处，实属误解。马克思主义者并不反对改良主义者提倡改良，分歧并不在此。改良主义的反动性在于只限于改良，反对社会主义革命，保持资产阶级统治。马克思主义者批判的锋芒主要指向这一点。本文不打算对此作深入探讨，只是想说明，在资本主义社会内，资产阶级改良主义者同资产阶级改良派之间并不存在一条清晰的不可逾越的界沟，凡改良主义者无不主张改良，而改良派的措施如果不冲破改良的范围，也同改良主义没有本质区别。正是从这个意义上，本文所说的改良主义与改良，改良主义者与改良派，均为同义语。为了行文方便，一般只提一个，这是需要说明的。

一

笔者不赞成将康、梁和立宪派定性为资产阶级改良主义者或改良派，主要基于以下几点考虑。

第一，当时的中国尚不具备产生资产阶级改良主义思想的社会历史条件。

每一个阶级的政治学说和理论的创立，均有其特定的社会历史条件，决非无端自天而降。社会历史条件不具备、不成熟，某一阶级的政治学说和理论便不会创立出来，例如资产阶级的政治思想只能与资本主义的生产关系的发展相适应，绝不可能在奴隶社会和封建社会前期出现。

资产阶级改良主义思想是作为马克思主义的对立物而出世的，它产生于这样的社会历史背景之下：工人运动蓬勃兴起，马克思主义创立；欧美国家的资本主义高度发达，资产阶级的统治确立已久。"改良主义实际上就是拒绝马克思主义，用资产阶级的'社会政策'来代替它。"③其目的是"用改良来反对革命，用局部

---

① 《列宁选集》第2卷，第403页。
② 《列宁选集》第4卷，第574页。
③ 《列宁全集》第19卷，第375页。

修缮行将灭亡的制度来反对用革命推翻资产阶级政权,以分化和削弱工人阶级,保持资产阶级的政权。"①

而当康有为、梁启超活跃于清朝末年的政治舞台时,中国虽然已非纯粹的封建社会,但资本主义经济的发展还微乎其微,资产阶级的力量十分弱小,不仅尚未取得统治地位,而且还受到封建主义严重的摧残压抑。至于无产阶级的社会主义革命,更属遥远的将来。既无产生改良主义的社会条件和阶级基础,又乏改良主义所反对的理论对象。因此,在当时的中国尚无自行产生资产阶级改良主义思想的可能性。

同时,在戊戌变法期间,由于各种原因,无论是马克思主义学说,还是改良主义思潮,均未传播到中国来。康有为、梁启超没有并且也不可能接受资产阶级改良主义思想,更不可能有超前反对对他们来说还一无所知的马克思主义学说的意识。康、梁与欧美的资产阶级改良主义者是互不相关的两代人,思想没有共同之处,称之为资产阶级改良主义者和认定戊戌变法是改良主义运动,均欠妥当。

戊戌变法失败以后,康、梁逃海外,梁启超长期旅居日本,游历过美洲、澳洲,康有为作过环球旅行,考察过欧美各国。但从现存的资料中,尚未发现他们有欧美资产阶级改良主义者那种用改良来反对社会主义革命,以保持资产阶级统治的言论。在清末的十余年间,欧美资产阶级改良主义思潮对多少先进的中国知识分子产生过影响,笔者孤陋寡闻,不敢妄下断语。但说很少,当非谬误。如果说谁的思想中有那么一点改良主义味道的话,孙中山倒算一个。1905年孙中山在《民报发刊词》中写道:"欧美强矣,其民实困,观大同盟罢工与无政府党、社会党之日炽,社会革命其将不远。吾国纵能媲迹于欧美,犹不能免于第二次之革命,而况追逐于人已然之末轨者之终无成耶!夫欧美社会之祸,伏之数十年,及今而后发现之,又不能使之遽去。吾国治民生主义者,发达最先,睹其祸害于未萌,诚可举政治革命、社会革命毕其于一役。"②次年在东京《民报》创刊周年庆祝会上又讲了同样的意思:"社会问题在欧美是积重难返,在中国却还在幼稚时代,但是将来总会发生的。到那时候收拾不来,又要弄成大革命了。革命的事情是万不得已才用,不可频频伤国民的元气。我们实现民族革命、政治革命的时候,须

---

① 《列宁选集》第2卷,第403页。
② 《孙中山全集》第1卷,第288—289页。

同时想法子改良社会经济组织，防止后来的社会革命，这真是最大的责任。"①这里所阐述的思想，就是鉴于欧美资本主义国家阶级矛盾的尖锐，设想在资产阶级共和国建立后，通过"改良社会经济组织"，防止欧美资本主义国家工人运动和社会主义革命（即"社会革命"、"第二次革命"）"祸害"的萌生。虽然采取的预防措施与欧美改良主义者不尽相同，但其立意通过改良，防止无产阶级革命，保持资产阶级统治的思想，却与欧美改良主义者相吻合。可是，孙中山的这种思想从未被视为改良主义，而没有改良主义思想的康、梁和立宪派反被当作改良主义去批判。

欧美资产阶级改良主义思潮为什么未能在清末的中国广为传播，而独独孙中山率先超前引进，思欲效法？主要是因为尚不具备产生并接受资产阶级改良主义思想的社会历史条件。康、梁和立宪派所代表的民族资产阶级是个新兴的被压迫的阶级，时代赋予他们的历史使命和当务之急，是如何尽快地使本阶级跃居统治地位，使中国尽快赶上先进的资本主义国家，挽救民族危亡。因此，对于如何防止无产阶级革命，维持业已确立的资产阶级统治这类远离现实的问题，他们不但无暇考虑，而且无心考虑。即使出国考察过的人，由于民族危机的严重，他们的视线亦不会集注于此。资产阶级革命派中的绝大多数对孙中山的民生主义不理解、不感兴趣，恐怕与此不无关系。孙中山之有这种思想，当是长期生活在发达的资本主义国家，目睹其社会弊病所致。

世界各国的历史发展进程皆不平衡，每一个国家均有其独特的国情，彼国所有的东西，此国未必有。将马克思主义运用于历史研究时，只能以其立场、观点、方法为指导，不能简单地采取拿来主义，乱贴政治标签。不顾中国现实的条件，不顾中国与欧美资本主义国家不同的历史背景，不顾具体的时间、地点，硬把发达资本主义国家的东西过早地搬到根本没有市场的半封建半殖民地的中国，强为比附，给康、梁和立宪派扣上一顶改良主义的政治帽子，那是无论如何也不会合适的。

生搬硬套的教条主义方法是一种反科学的非历史主义的错误方法，按照这一方法，历史将混乱不堪，甚至导致否定马克思主义传入中国之前的全部历史。封

---

① 《孙中山全集》第1卷，第326页。

建社会中有作为的帝王将相，如以变法改革而著称的王安石、张居正等，有哪一个不是仅仅改革封建制度的弊害，维护封建制度，只限于改良而反对革命的？皆可谥之曰改良主义者。铤而走险的农民起义领袖固然敢于造反，但一旦建立了政权，还不是照样当封建皇帝，维护封建统治？不论采取什么政策，都不会超越封建主义的雷池一步，仍可称为改良主义。即使与康、梁同时代的人（指清朝末年），包括革命党人在内，由于他们不了解马克思主义，分别给他们扣上反马克思主义、"左"倾冒险主义、右倾机会主义、修正主义的帽子，亦似无不可。果真如此，当然是十分荒谬可笑的。资产阶级改良主义是发达的资本主义国家特有的一种思潮，既不能套用于封建社会，也不能套用于马克思主义传入以前的中国社会。

第二，康、梁和立宪派不具备欧美资产阶级改良主义的基本特征。

改良主义者之所以被称为改良主义者，就在于"他们只是限于改良"①，"在保持统治阶级（按：指资产阶级）的政权的条件下要统治阶级让步"②。拿这一标准同康、梁和立宪派比较并不合适，即便以此标准来衡量，康、梁和立宪派也不是改良主义者。

在戊戌维新时期，康有为提出制定宪法，召开国会，建立三权分立的政权，同时在经济、教育、文化、军事等方面进行改革，主张以资产阶级的君主立宪代替封建君主专制，变贫困落后的封建中国为富强先进的资本主义中国。虽然由于顽固守旧势力的反对而失败，但其建立资本主义制度的终极目的无疑非"只是限于改良"。封建制度与资本主义制度是两种性质不同的制度，建立了资本主义制度，尽管还会保留清王朝和皇帝的名号，但封建的无限君权制将为有限君权制所取代，甚至君主完全丧失实际权力，整个政权将逐渐为资产阶级所掌握。这是对封建统治和社会制度加以最根本的改造，其非在保持封建政权的条件下仅要封建统治者作点让步，是不言而喻的。

其后康、梁创设保皇会，然未改初衷，仍继续为实现君主立宪而奔走呼号。梁启超指出，君主立宪与民主立宪"同为民权"。康有为较前亦有进步，不再讲君权，说："君主立宪，君主既已无权，亦与民主等耳。"③后来他们投身立宪运动之中，

---

① 《列宁全集》第23卷，第159页。
② 《列宁选集》第3卷，第322页。
③ 《康有为政论集》上册，第518页。

愈益抨击封建专制政治，为实现真正的资产阶级君主立宪而奋斗。立宪派虽然采取和平合法的手段，但他们追求的是英国虚君共和的立宪政体模式，彻底削夺君权，发扬民权，实行议会政治、政党政治，进而确立资产阶级统治，实现社会革命。事实证明，康、梁在政治主张上非但未比戊戌时期倒退，反而继续前进，他们和立宪派既非"只是限于改良"，亦非要保持维护封建政权，不具备欧美资产阶级改良主义的基本特征，认定他们是改良主义者显然缺乏根据。

第三，康、梁和立宪派反对的暴力革命与欧美资产阶级改良主义者反对的暴力革命迥然不同，不能等量齐观。

康、梁和立宪派被称为改良主义者，还因他们主张和平改革，合法斗争，反对孙中山领导的资产阶级暴力革命。某些论者肯定戊戌时期的康、梁而把此后的康、梁贬斥为改良主义者，基本原因正在于此。诚然，列宁讲过改良主义者"用改良来反对革命"的话，可是拿来说明康、梁和立宪派就未必适宜了。列宁讲的是有了长足发展的资本主义国家的资产阶级改良主义者用改良反对社会主义革命，与康、梁和立宪派反对中国的资产阶级革命派所从事的暴力革命根本对不上号。只看表面，不问反对什么性质的革命，不加区别地乱套一通，不可能得出合乎历史实际的结论。

欧美资产阶级鼓吹改良主义，旨在反对无产阶级革命，此乃一个阶级反对另一个先进阶级去革自己的命，是两个阶级之间的搏斗。康、梁和立宪派同中国资产阶级革命派的分歧则是同一阶级之间的事情。立宪派与革命派都是为了救亡图存，推翻封建制度，建立资本主义制度，目的相同，从事的都是资产阶级民主运动。他们的分歧不在宗旨目的，而在策略手段。立宪派害怕暴力革命招致外国武装干涉，导致国家灭亡，因而反对使用暴力推翻清王朝。他们这样做确有消除革命的意图，然而在他们看来，如果立宪成功了，革命派建立民主政治的宗旨也就实现了，革命就自然没有必要、自行消失了。他们只是期待以自己认为可行的和平改革手段达到革命的目的，尽量使国家少受损失破坏，避免被列强瓜分的厄运，也就是说，他们要达到的是革命的目的，要消除的仅为暴力手段。这与欧美改良主义者反对无产阶级革命性质绝异，决不能混为一谈。

顺便提一下，康、梁和立宪派并不完全拒绝使用暴力。戊戌维新时康、梁曾策动袁世凯动用新军，1900年又发动自立军起义。自立军失败后，康有为丧失信心,不再言兵事。1911年武昌起义爆发前,已有一些激进的立宪派人士相率转向革命,起义以后响应者更多。梁启超也打算利用吴禄贞、载涛所控制的武装力量。1915年梁与蔡锷发动护国战争,1917年又参加讨逆军讨伐张勋复辟。笼统地说他们反对使用暴力,亦非持平之论。

还需强调指出,一个阶级的政治代言人,只能代表本阶级利益,维护本阶级的统治,绝不是相反,否则,他就是另一个阶级的代言人。一些论者似乎疏忽了这一点。

欧美资产阶级的思想家和政治家以及被资产阶级思想俘虏的工人运动的叛卖者代资产阶级立言,维护的是资产阶级即本阶级的统治,所代表的阶级与维护的制度是统一的,理所当然地被称为资产阶级改良主义者。一些论者在判断康、梁和立宪派的政治属性时则不然,一方面说他们是资产阶级改良主义者,另一方面又说他们维护的是旧封建制度,于是陷入一种无法自圆其说的矛盾之中。如果他们的确维护封建制度的话,那么,从逻辑上推断,他们应是地地道道的封建地主阶级的改良主义者(如果可以这样称呼的话),怎能称之为资产阶级改良主义者?岂非张冠李戴?如果资产阶级改良主义者的称号当之无愧,那么,他们所改良的就一定是也理应是业已确立起来的资本主义制度,怎能说旧封建制度呢?作为资产阶级的政治代言人,却千方百计寻觅维护腐朽封建制度的药方,岂止令人费解,简直不可思议。或者是资产阶级改良主义者维护业已确立的资本主义制度,或者是封建地主阶级的代言人改良封建制度,二者必居其一,不可调和。只有这样,他们所代表的阶级和所维护的制度才能统一起来,合乎事物的逻辑,现实生活中决无维护旧封建制度的资产阶级改良主义者。对一个维护旧封建制度的人,有何理由称为资产阶级改良主义者?一个维护旧封建制度的人,有何资格被尊称为"先进的中国人"?总之,思想上逻辑上的紊乱使一些论者给自己打下了一个解不开的死结。解不开这个死结,不能合理地圆满地解释清楚其间的矛盾,欲将资产阶级改良主义的帽子强扣在康、梁和立宪派头上,恐怕难度相当之大。

二

既然康、梁和立宪派不是资产阶级改良主义者或改良派,他们在政治上应当属于什么派别?

要讨论清楚这个问题,很有必要先将"革命"这一概念的确切涵义进一步搞清。

"从马克思主义的观点来看,革命究竟是什么意思呢?这就是用暴力打碎陈旧的政治上层建筑,即打碎那由于和新的生产关系发生矛盾而到一定的时机就要瓦解的上层建筑。"①列宁的这段话被当作对革命的最权威性解释,并据此只承认"用暴力打碎陈旧的政治上层建筑"方为革命。实则不然。

上引只是列宁讲的一种情况,而且多就无产阶级革命而言。关于革命的内涵,列宁还有许多论述,其最全面而简要的概括莫过于这样一句话:"革命是一种最基本最根本地摧毁旧事物的改造。"②

的确,革命既不是仅指使用暴力而言,也不是仅指人类社会中阶级之间所进行的残酷激烈、你死我活的拼斗而言。革命包括人们对自然和社会两方面的旧事物所进行的根本改造,是使旧事物发生根本性质变的过程。凡事物由旧质向新质飞跃,均可称为革命,故在马克思主义经典作家的笔下,有"产业革命"或"工业革命"的词语出现。以后又有"科技革命"等等。此乃人类对自然界所进行的革命,没有并且也不必采取对阶级敌人那样的暴力手段。

所谓社会革命,就是通过某种手段,将旧的阻碍生产力发展和社会前进的生产方式和社会制度,改造成为新的生产方式和社会制度。在此,使社会发生根本质变具有决定性的意义,手段仅居次要地位。只要能使社会发生根本质变,不论采取什么手段,暴力的也好,和平的也好,均应称为革命。反之,不能使社会发生根本质变,不论采取多么激烈的手段,如封建社会的农民战争,包括近代太平天国的武装斗争,统治阶级间为争夺政权而进行的战争,军阀混战,哪怕杀人盈野,血流成河,也不应称为革命。只承认暴力,否定其他手段,仅看形式,无视内容,未免表面化、片面化、绝对化。

毫无疑问,暴力是促成旧社会转向新社会的一种极为重要而有效的手段,旧的统治阶级不甘心丧失政权,归于灭亡,所以在多数情况下不用暴力很难将其推翻。但这并不意味着暴力是革命应当采取的唯一手段,不等于说非暴力手段不能充当社会变革的杠杆。列宁曾说:"由于剥削形式的改变,奴隶占有制国家变成了农

---

① 《列宁选集》第1卷,第616页。
② 《列宁选集》第4卷,第575页。

奴制国家。"① 以资产阶级君主立宪政体代替封建专制政体,是否一定要采取暴力手段才可? 不一定。列宁明确地讲:"推翻专制政体究竟是什么意思呢? 这就是说,取消沙皇的无限权力,人民有选举自己的代表来颁布法律,监督官吏的行为,监督国家资财的收支。这种由人民参与立法和管理的政体叫做立宪政体(宪法是人民代表参与立法和管理国家的法律)。总之,推翻专制制度就是用立宪政体来代替专制政体。由此可见,推翻专制制度根本不需要'推翻人的力量和夺取经济力量',而只需要迫使沙皇政府放弃自己的无限权力和召开全国国事会议来制定宪法。"② 世界近代历史提供了有力的佐证。19 世纪 60 年代的奥地利和普鲁士均未通过暴力革命而实现了资产阶级的改革,1861 年俄国同样通过自上而下的改革以资本主义代替了农奴制。中国的维新运动虽然一度遇挫,但继起的立宪运动则推动清廷采取了一系列措施,使政治制度向资本主义近代化过渡,政体国体均在发生变化,如果进程不被打断,也有可能通过和平改革使国家制度资本主义化。

不使用暴力,用其他手段打碎陈旧的政治上层建筑,对旧事物实行根本性的改造,而称为革命,亦有据可依。例如,1905 年列宁曾称 1848 年德国的资产阶级民主主义的变革为革命:

"俄国革命的一个重要问题就在于:

一、彻底推翻沙皇政府,建立共和国;

二、只是争得一个残缺不全的、限制沙皇权力的君主制的宪法。

换句话说:我们注定要进行 1789 年式的革命还是 1848 年式的革命?"③

对于 1861 年俄国的改革,他同样认为是革命,说:"从十八世纪末到十九世纪,世界各地发生了革命,农奴制在西欧各国被排挤掉了。这一点在俄国发生得最晚。俄国在 1861 年也发生了变革,结果一种社会形式被另一种社会形式所代替——农奴制被资本主义所代替。"④

让我们再看一看康、梁和立宪派的实际表现。

康、梁和立宪派在清朝末年立张变法维新,实行立宪,不是枝枝节节而为之,

---

① 《列宁选集》第 4 卷,第 50 页。
② 《列宁全集》第 4 卷,第 231—232 页。
③ 《列宁全集》第 8 卷,第 229 页。
④ 《列宁选集》第 4 卷,第 46 页。

不是想补封建社会之天。而是在一定时期之内，摧毁旧的封建政治制度，确立资本主义政治制度，发展资本主义经济和教育科学文化事业，把封建社会全面改造为资本主义社会。一言以蔽之，使封建社会发生根本性的质变。尽管采取的是渐变而非顿变的形式，但他们企图通过改革，逐步由部分质变达到全部质变，则是不容置疑的。他们这样做，正是革命最基本的表现。具体到某一方面来说，例如他们倡导的废科举、兴学校，目的就是向世界先进国家看齐，废除封建教育制度，推行并确立资本主义教育制度，使教育现代化。实质上，这就是在教育领域所进行的一场革命，只不过不是在暴力革命成功后再加推行而已。

"一切革命的根本问题是国家政权问题。"① "无论从革命这一概念的严格科学意义来讲，或是从实际政治意义来讲，国家政权从一个阶级手里转到另一个阶级手里，都是革命首要的基本的标志。"② 所谓政权转移，系指从旧阶级手里转到新阶级手里，而不是相反。康、梁和立宪派主张限制以至削夺君权，使君主仅仅成为名义上的国家元首，让人民特别是新兴的民族资产阶级参政执政，组织国会，掌握立法大权，责任内阁对国会负责，并以政党政治取代封建官僚政治，就是要使政权从封建地主阶级手里转归资产阶级手里。他们这样做，不正是革命首要的基本的标志吗？事实上，在预备立宪的最后几年里，民族资产阶级已经在资政院、谘议局和各级地方自治机关取得了一定的地位和权力，原有的封建政权已开始向资产阶级手中转移。

在当年与革命派论战时，梁启超颇为坚信实行立宪就是搞政治革命，说："政治革命者，革专制而成立宪之谓也。无论为君主立宪，为共和立宪，皆谓之政治革命。"③ 革命派如何理解？论敌汪精卫回答："所谓政治革命者，鼎革其政体之谓也。故非颠覆专制，不足以云政治革命。"④ "所谓政治革命者，颠覆专制，而为立宪之谓也。"⑤ 所言与梁启超无异，也就是说，他承认梁启超主张的立宪不是对封建专制制度的修修补补，而是实行政治革命。只不过他认定清王朝"为异族专制"，"所以并树民族主义"，主张将其推翻而已。事实昭然，立宪的实质就

---

① 《列宁选集》第3卷，第19页。
② 《列宁选集》第3卷，第25页。
③ 《辛亥革命前十年间时论选集》第2卷，上册，第199页。
④ 《辛亥革命前十年间时论选集》第2卷，上册，第474页。
⑤ 《辛亥革命前十年间时论选集》第2卷，上册，第481—482页。

是革命。如果主张将封建社会改造成为资本主义社会是改良主义者，试问：资产阶级革命派又将谓之何？

康、梁和立宪派的根本宗旨与孙中山为首的资产阶级革命派一致，所从事的是资产阶级民主运动，实质上是革命工作，而非暴力革命在世界近代史上已有先例，故笔者以为，康、梁和立宪派在政治上不属于资产阶级改良主义者或改良派，而属于资产阶级革命派。不过，鉴于他们曾反对孙中山为首的激进的资产阶级民主派使用暴力手段，同时也为了使二者互相区别，称他们为温和的资产阶级民主派似较确切一些。按照当前人们对"改革"一词的理解（改革就是一场革命），称为资产阶级改革派亦可。但改革与改良在外语中本是一个词，又易使人将二者混同，不如称为温和的资产阶级民主派明确。也许如此称谓仍不能恰如其分地反映康、梁和立宪派的政治属性，可以继续讨论，但应当为康、梁和立宪派重新定性正名，不宜再因循旧说。

（原载《近代史研究》1994年第2期）

# 清末的言论结社集会自由

一

历代封建王朝为了维护专制统治，均严厉禁止人民结党立会。清王朝以少数民族统治中国，害怕汉人反抗，禁令尤严，人们对此也讳莫如深。直到戊戌变法之前，维新志士发起成立了少数团体，禁网始被冲破一道缺口。变法失败后，慈禧又严禁结社立会，并悬赏缉拿康有为、梁启超和革命党领袖孙中山。因此，在1906年9月朝廷宣布预备立宪之前，国内没有公开的政治团体。允许不允许政党、社团合法存在和政治上持不同意见的人进行正常活动，是专制政治与民主政治的一大原则区别。1906年9月朝廷颁布预备立宪诏旨以后，主张君主立宪的立宪派以为朝廷既然决意立宪，就不能不向立宪国家学习，视结社集会自由为神圣不可侵犯，于是筹建了第一批立宪团体。国人自办的报纸（当时一些刊物也称报纸）出现于十九世纪七十年代，中日甲午战争以后，有志之士为了挽救危亡，唤醒同胞，方才重视创办报纸。对于言论的控制，清王朝一向极严，制造了很多文字狱。1898年变法维新时，光绪皇帝曾明令臣民在报刊上发表言论不要忌讳。可是，慈禧重新训政以后，又恶狠狠地下令严禁言论自由。二十世纪初，报纸逐渐增多，但数量仍很有限。在1905至1907年间，负责管理报纸的部门为民政部（初名巡警部），其制订的条例先后有《大清印刷物专律》、《约束报馆规则》和《报馆暂行条规》。

1907年10月，清政府向英国借款修筑苏杭甬铁路，只准江苏、浙江两省绅商搭股，不准商办。两省绅民和学生立即掀起坚拒借款、铁路商办的热潮，南方各报责难政府不遗余力。11月20日，朝廷谕令学部申诫学生，不准干预政事。12月23日命民政部编订报律。24日下令拟订政事结社条规："各国君主立宪政体，率皆大权统于朝廷，庶政公诸舆论，而施行庶政，裁决舆论，仍自朝廷主之。民间集会结社，暨一切言论著作，莫不有法律为之范围，各国从无以破坏纲纪、干犯名义为立宪者"。"不晓事体者，遇有内外政事，辄借口立宪，相率干预，一唱百和，肆意簧鼓，以讹传讹，侵寻日久，深恐谬说蜂起，淆乱黑白，下陵上替，纲纪荡然"。"民情固不可不达，而民气断不可使嚣，立宪国之臣民，皆须遵崇秩序，保守平和"。"现在京师资政院、外省谘议局，业经饬设，原为立议院基础。嗣后各省利病，均应由该省谘议局详细讨论，如确有见地，可呈请本省大吏咨送资政院，采择核办，不得凌躐无序，紊乱政体，尤不得胥动浮言，妨害治安"。"倘有好事之徒，纠集煽惑，搆酿巨患，国法具在，断难姑容，必宜从严禁办"。①25日再发整顿学务谕："不准干预国家政治及离经叛道、联盟纠众、立会演说等事，均经悬为厉禁"，教育部门必须对学堂切实整顿，学生如不遵从，"立即屏斥惩罚"，教师管教不严，一并重处。②26日，又令民政部等衙门严行查禁在京师开会演说。

  这几道命令气势汹汹，蛮横至极，引起一些官员的忧虑。12月31日，御史赵炳麟上奏说："开会、结社，未可一概禁止。""方今时局艰难，正赖京外士民同德同心，讲求政学，若不分别办理，一概禁止，实非治平之道。"应"妥议章程，凡研究政治、法律、农商、教育等会，必报部立案，一经核定，国家力任保护。其妨碍治安、不守法律所规定者，即行查禁。似此分别办理，庶合朝廷预备立宪之至意"③。1908年1月18日，御史黄瑞麒又奏称："迩来民智渐开，咸知家国一体、休戚与共之义，其望治之心切，斯其忠义之气张，迎其势而扶植匡正之，可以养成尊君亲上、尚公敢任之民俗。臣愚以为一切言论、集会之事，但须明定法律，使之不悖于尊卑之大防，而民间之请愿要求，亦宜曲为转圜，不可过事禁抑，以阻其欣欣自向之意。否则，情志不达，至于相激，奸人得乘间以肆其簧鼓煽诱之术，甚至横溢冲决，不可收拾，则臣有不忍言者矣。"④

  1908年3月11日，宪政编查馆大臣上奏的《结社集会律》颁布执行。奏折称：结社集会种类甚多，"除秘密结社、潜谋不法者应行严禁外"，其他团体"但令

---

① 故宫博物院明清档案部编：《清末筹备立宪档案史料》上册，第53—54页，中华书局，1979年。
② 《清末筹备立宪档案史料》下册，第1000—1001页。
③ 朱寿朋编：《光绪朝东华录》，总5810页，中华书局，1958年。
④ 《清末筹备立宪档案史料》上册，第320页。

宗旨无悖于治安,即法令可不加以禁遏"。在欧西立宪各国,国愈进步,结社集会之风愈盛。"论其功用,实足以增进文化,裨益治理。然使漫无限制,则又不能无言厖事杂之虞。是以各国既以人民结社集会之自由明定之于宪法,而又特设各种律令以范围之。其中政治社会关系尤重,故国家之防范亦弥严,先事则有呈报,以杜患于未萌,临事则有稽查,以应变于俄顷,上收兼听并观之益,而下鲜嚣张凌乱之风。立宪精义,实存于此。"①

《结社集会律》共三十五条,除规定秘密结社一律禁止、非政治性结社集会不必呈报、经官批准立案的结社集会不在此限外,关于政治性的结社集会规定:政事结社成立之前,必须由首事人开具宗旨、名称、社章、办事处、设立之年月日、首事人、佐理人和办事人的姓名、履历、住址,现有入社人数,呈报巡警官署或地方官署,在京申报民政部核准,在外由巡警道、局呈本省督抚核准,咨部存案。政论集会,须先定倡始人,由倡始人于开会前一日将宗旨或事由、会场、开会时间,倡始人的姓名、履历、住址,现有入会人数,呈报会场所在地巡警或地方官署。凡关系公事之结社集会,虽与政治无涉,若巡警或地方官署为维持公安起见谕令呈报,应即遵照办理。凡于室外道旁集众开会或整列游行者,也由倡始人于开会前一日将宗旨或事由、会场、时间,倡始人的姓名、履历、住址,人数,及应经路线等呈报。军人、巡警、官吏、僧道及其他宗教师、教习和学生,未满二十岁的男子,妇女,曾判监禁以上之刑者,不识文义者,不准参加政事结社和政论集会。政事结社以一百人为限,政论集会以二百人为限。政论集会时,巡警或地方官署得派遣人员临场监察;集会或游行之际,如有任意喧扰或迹涉狂暴者,巡警或地方官署得量加阻止,有不遵者,得勒令退出;集会讲演如有语言悖谬或滋生事端、妨害风俗之虞者,巡警或地方官署得饬令中止。无论何种结社,若民政部或本省督抚及巡警道、局和地方官为维持公安起见,饬令解散,或令暂时停办,应即遵照办理。无论何种集会和游行,巡警或地方官署为维持公安起见,得量加限禁,或饬令解散。还规定了对违犯者处以罚金、拘留、监禁处分。②

三天之后,即3月14日,宪政编查馆大臣上奏的《报律》亦颁布执行。奏折称:"环球各国,莫不注重报纸"。"良以报纸之启迪新机,策励社会,俨握文明进

---

① 《光绪朝东华录》,总5859—5860页。
② 丁进军编选:《清末宪政编查馆拟订政事结社集会律》,《历史档案》1994年第4期。

步之枢纽也。然利之所在，弊亦随之。激扬清浊，不无代表舆论之功；颠倒是非，实滋淆惑民听之惧。以故各国俱特设专例，为之防闲"。"中国报界知识甫经萌蘖，际兹预备立宪之时，固宜广为提倡，以符言论自由之通例。而横言泛滥，如川溃防，亦宜严申厉禁。"①

《报律》是在民政部拟出的草案基础上修订的，共四十五条。主要规定有：开设报馆、发行报纸者，在发行二十日以前，将报纸的名称、体例、发行人、编辑人和印刷人的姓名、履历、住址，发行所、印刷所的名称、地址，呈送地方官衙门，申报本省督抚，咨明民政部存案。呈报时附缴保押费，每月发行四次以上者缴银五百元，三次以下者二百五十元，专载学术、艺事等项的免缴，宣讲及白话等报亦同。日报于发行前一日晚十二点以前，其他报于发行前一日中午十二点以前，送巡警或官署查核。审判衙门禁止旁听的诉讼事件，未经公判的预审事件，主管衙门禁止登载的外交、海陆军事件，未经阁抄、官报公布的谕旨、章奏，均不得揭载；诋毁宫廷、淆乱政体、扰害公安、败坏风俗之语，均不得揭载；不得挟嫌诬蔑，损人名誉。并规定了对违犯者的各种处罚。②

## 二

在预备立宪期内，颁布一些法律，由人治进入法治，很有必要。然而制定法律的目的应该是限制政府的专制行为，保护并扩大人民的民主自由权利，而不是相反。颁布《结社集会律》打破了专制时代的厉禁，给了人民结社集会的自由，无疑是进步的。但开放又是有限的，无端地剥夺了广大文盲和妇女等人的权利；限制人数、禁止教员学生干预政治和开会演说，毫无道理；而笼统的"为维持公安起见"的规定，又给了当局随意解散或停止结社、集会、游行的借口，使人民的民主自由权利失去保障。《报律》规定的送审制度是典型的专制行为，所谓"扰害公安"、"损人名誉"等等，均未有具体明确的界定，只能有利于当局的蛮横干涉，不利于言论自由。两个法律遭到广大民众反对是必然的。

1909年11月浙江谘议局开会时，陈敬第、沈钧儒等十几名议员即提出：结社集会"不应设何种之限制"，限制人数"与立宪之旨绝对不相容"，必须"削

---

① 《光绪朝东华录》，总5862页。
② 《宪政编查馆奏考核报律折》，《东方杂志》第5年第4期。

除"。①1910年8月，谘议局议员联合会专门就《结社集会律》通过一项议案，请求资政院修改。指出：各国宪法均许人民自由结社集会，我国方预备立宪，"亟须牖国民政治之知识"。禁止教习结社集会，与要国民具有政治知识的本旨相背驰，与现行各项法律相矛盾，对教育政策也大有妨碍，"应行删除"。"限制人数，于法理不合"，"纯属立法者之任意规定"，"东西各国无此全无根据之法律"，"事实上亦无实效"，"于政策上尤生重大之恶果"，"本条应全删"。②

在1910年10月召开的第一届资政院会议上，法典股议员审查了谘议局议员联合会的陈请，认为既许国民结社集会，"而忽然于人数加以限制，颇觉不合"，应将这一条"全然删去"。原律限制教习、学生结社集会，"现在明白法律、政治的人，大半皆从事于教育，若是加以限制，则于政党发达大有妨碍"，亦把这一条删去。还提出，原定"维持公安起见"，并未定出条件，没有界限，应改为"认为妨害治安"。多数议员通过了修改后的结社集会律。③

《报律》更招致舆论的抵制和猛烈抨击。《正宗爱国报》的措辞最为尖锐，写道："甚么叫《报律》呀？简直的外号儿就叫收拾报馆！堵住报馆的嘴，不准你说话，就是《报律》的真精神！"④对于报纸发行前送审的规定，北京各报馆亦联合发表宣言书进行驳斥，表示将采取一致行动，予以抵制。

在施行过程中，民政部也觉得《报律》"尚有窒碍难通之处"。如发行前的检查制度，原草案没有此条，是宪政编查馆加进去的。民政部认为："官署虽有检查出版之权，并无核定报章之责，报馆如有违犯，自可于发行之后执法严惩，不能于发行以前先事干涉。"仓促检查，"既难保无疏漏之病，遍加勘定，又不胜其检查之烦。且制定《报律》原为严防流失［弊］起见，若必待检查定而后发行，则一切违犯之处，报馆转可不任其责，而此数十条《报律》亦属赘疣，似与定律初意，不相吻合"⑤。1909年10月又奏请加以改正。改正的主要之点是废除了发行前的检查，改为每号报纸发行日，递送所在地官署。保押费由原来每月发行四次以上者缴银五百元减到三百元，三次以下者由二百五十元减到一百五十元；原定白话

① 《民吁日报》，1909年11月19日。
② 《直省谘议局议员联合会报告书·议决案汇录》，第25—29页，1910年。
③ 《宣统二年第一次常年会资政院会议速记录》第41号，第77、81、82、87页，1910年。
④ 《叹报律》，《正宗爱国报》1908年3月26日。
⑤ 徐载平、徐瑞芳：《清末四十年申报史料》，第264—265页，新华出版社，1988年。

报不缴保押费不合理,删去。1910年3月奏请交宪政编查馆复核。宪政编查馆再加修改,同年10月将报律修正案提交第一届资政院会议讨论。

北京报界公会的《京津时报》、《中国报》、《国民公报》、《北京日报》、《帝国日报》、《帝京新闻》、《宪志日刊》闻悉,联名上书资政院,除具体批驳报律修正案几条规定意在摧残舆论外,还强调指出:"限制人民言论自由实为欧西各国所无",修正案依据的是几十年前日本的新闻条例,而这个条例目前在日本也无报纸遵守,为何我国还要把它奉为金科玉律?现在中国"社会之复杂,道德之堕落,官吏行为之横暴,国民生气之萎敝,虽在明治以前已不如今日中国之甚,故中国今日之定报律,即疏节阔目,力求宽大,犹虑国民之畏避,不肯尽言,安可故为苛条,使之沮丧不言耶!"请资政院强硬议驳,并声言:"非斟酌删除,碍难遵守。"①

资政院议员们讨论时,主要针对报律修正案关于秘密和损害他人名誉两条进行了驳斥。他们说,修正案规定损害他人名誉,不论有无事实,报纸不得登载,登载都算有罪,都要受罚,太无道理。"既有事实,则已无名誉之可言,尚何损害之有?"贪官污吏全赖报纸监督,"若禁报纸登载,其何以儆奸慝而伸舆论?"而且"损害"、"无一定标准,则办报之人日日在监禁之中,时时有罚金之事。凡报馆言论,原以主张公道、激浊扬清为天职,若加以如此钳制,则报馆无置喙之地矣!"不准登载的秘密事件,条文过于简略,没有范围,报纸没有依据,"窒碍甚多"。总之,这些规定不是提倡言论自由,"祇能实行取缔本国报馆,为摧残舆论之计","令通国舆论机关无以自存,必争设立于各租界而后快。"②

经过讨论,第一届资政院会议通过了《报律》。主要规定有:开设报馆、发行报纸,发行人事先要将名称、体例、发行时期、发行人、编辑人、印刷人的姓名、履历、住址,发行所、印刷所的名称和地址,呈报官署,申报民政部或本省督抚,咨部存案。呈报时附缴保押费,所缴数目除修正案提出的每月发行四次以上者缴银三百元,三次以下者一百五十元外,在京师、省会和商埠以外发行的还可享受优惠,减少三分之一或三分之二;同时恢复了专以开通民智为目的的报纸及白话报,全免保押费;专载学术、艺事等等的报纸,不用缴纳,以示鼓励提倡。废除

---

① 《北京报界公会上资政院陈请书》,《大公报》1910年10月30—31日。
② 《宣统二年第一次常年会资政院会议速记录》第6号,第26—31页。

了事前检查，改为每号报纸发行日递送所在地官署及本省督抚或民政部各一份存查。冒渎乘舆、淆乱政体、妨害治安、败坏风俗之语，俱不得登载。损害他人名誉之语，不得登载，但专为公益、不涉阴私者，不在此限。官署禁止登载的外交、海陆军事件及其他政务，和禁止旁听的诉讼或会议事件，均不得登载。并规定了对违反者的各种处罚。①

三

人民的立场总是与官方有一定的距离，有时甚至对立。某些官僚只知有官权，不知有民权，只要认为报刊上的言论或某个社团于己不利，或是对其有所怀疑，便找个借口，利用职权加以封杀或解散。因此，摧残与维护言论结社集会自由的斗争也时有发生。

在结社集会方面，首遭解散命运的是政闻社，不过情形比较特殊。该社是梁启超1907年10月在日本东京组织的立宪团体。由于戊戌变法时结下的宿怨，慈禧一直通缉拿办康有为、梁启超，仇恨始终未能化解。康、梁多方运动满族亲贵开放党禁，可是没有达到目的。故1908年2月政闻社本部迁往上海后，并未呈报政府立案。8月13日，朝廷以该社"内多悖逆要犯，广敛资财，纠结党类，托名研究时务，阴图煽乱，扰害治安"②为名，下令查禁。其实，查禁的主要原因是康有为"自海外密电某当道，请劾奕劻植党揽权，及外间有康、梁秘联粤督岑春煊，谋倒张之洞、袁世凯之谣"③，引起奕劻、袁世凯、张之洞愤怒；其组织的帝国宪政会又联络海外五洲二百余埠华侨上书请愿，提出撤帝归政、迁都江南及改大清国号为中华国等要求，这在慈禧和奕劻等人看来，即为大逆不道。由于帝国宪政会远在海外，鞭长莫及，政闻社系梁启超所组织，而且没有批准立案，所以就下令将其查禁了。

吉林自治会的被解散另有原因。该会成立以后，会长松毓为官场所忌，会员张松龄因私欲得不到满足也怀恨在心，写信控告他"款项不清，任用私人"④等等。东三省总督徐世昌和吉林巡抚陈昭常遂给该会加上"私拟章程，多未合法"，"于

---

① 丁进军编选：《清末修订报律史料选载》，《历史档案》1988年第3期。
② 《光绪朝东华录》，总5967页。
③ 《梁启超年谱长编》，第450页，上海人民出版社，1983年。
④ 《盛京时报》，1908年10月14日。

营利则多方讲求，于公益则未闻举办"，"殊与自治义理大有不合，更与政府宗旨显相违背"①的罪名，于1908年10月下令解散。

袁世凯任军机大臣、外务部尚书时也想将粤商自治会解散。1907年11月，广东省西江发生一起抢劫悬挂英国旗帜的中国船只事件，英国以护航名义派出十余艘炮舰驶进西江，并要求清政府将西江缉捕权交由海关税务司管理。粤商自治会即于此时成立，发电指责外务部答应英国的要求。1908年2月5日，日本商船二辰丸装运军火，在澳门附近为中国海军巡逻船弋获，因其没有运往中国军火的护照，遂将船械扣留。日本驻华公使林权助照会外务部，声称中国将二辰丸拘留违约；以后又提出立即释放二辰丸，赔偿被扣期间的损失，中国政府对撤换国旗鸣炮致歉，收买该船军火，处置扣船官员五项条件。外务部全部接受。3月19日，两广总督张人骏遵照外务部所议各节释放二辰丸。粤商自治会马上召开了十万群众参加的大会，提出应当罢斥袁世凯，广东不担负赔偿费。接着开展了抵制日货运动，影响波及上海、广西以及香港、南洋、澳洲等地。袁世凯大为恼怒，几次致电张人骏，给粤商自治会妄加罪名，要其查办会长陈惠普等人，解散该会。张人骏令广州府查复。广州府复称：十数年来，凡地方公益，陈惠普等人无不挺身直赴；近年所办各事，皆为地方谋求大利。力争西江捕权及二辰丸案，"虽不无过激之处，要之皆爱国之士，朝廷尚须加以奖励，万不可误听谣言，以陷善类"②。张人骏据此以复，袁世凯默然。同年11月香港掀起抵制日货高潮时，袁世凯又旧事重提，必欲将该会置于死地而后快。张人骏电复说：该会为"商会中人研究商业而设，禀明在案。商会自治，功令所许，非等违禁私集，主持之人均系殷实正商"。"若将首会之人惩办，在日人为以怨报德，在我为加罪无辜"。"若徇外人无据之言，归咎地方正当商首，适堕彼等计中。"③由于张人骏竭力维护，袁世凯始终未能如愿。

在顽固守旧大臣眼里，人民结社集会请愿并不是出于什么好心，而是与政府为难，说西方那一套办法在中国不适用，1910年6月16日第二次国会请愿后，他们就"力主以严旨震吓，以免哓哓不休"④。军机大臣们均主解散代表团，限制开

---

① 吉林省社会科学院历史所、吉林档案馆编：《清代吉林档案史料选编》，第132—133页，1981年。
② 《竹园白话报》，1908年6月9日。
③ 王芸生：《六十年来中国与日本》，第5卷，第163页，三联书店，1982年。
④ 《国会请愿近情种种》，《时报》1910年6月26日。

会演说，派遣密探侦察请愿代表的行动，企图罗织罪名将请愿运动镇压下去。但是，舆论的强烈使他们不敢公然与人民为敌。1910年7月4日，北京国会请愿同志会在北京外城巡警总厅立案，民政部的侍郎等多数官员主张要与军机大臣商定。尚书善耆深恐军机大臣阻挠，说："凡人民结社立会能不违背法律者，本部即有保护之专责。查国会请愿一事，多系志士热心爱国，以和平主义力求进行，该会既无强挟之要求，即为不背法律，应即允准立案，无庸请商政府，以致多所转折。"①当即批准。

在言论方面，1906年9月，北京的《中华报》被巡警部以"妄议朝政"等罪名封禁，并将主笔递解回籍。《大公报》批评说："当兹察纳舆论、勤求民隐之时代"，"斩然扑灭，施以决绝之手段，恐非所以尊崇民格、预备立宪之意也。"②

1907年5月，《北洋日报》因痛诋贿买黑龙江巡抚的段芝贵遭到封禁。8月，汪康年办的《京报》因登载奕劻受贿被勒令停刊。《广益丛报》著文说："政府之于专制也，乃取其实而不欲居其名；于立宪也，则用其名而惟恐蹈其实。"③

1909年8月革命党人办的《民呼日报》遭到封禁，《时报》和《东方杂志》均为其打抱不平，批评政府和官吏"压迫舆论及故入人罪之非法"④。同年9月，北京的《中央大同日报》、《国报》因登载东三省交涉之事，评论外务部丧失国权，外务部以其泄露机密，有碍交涉，奏请勒令停止出版。《吉林日报》也因登载东三省督抚与外务部往来要电，被禁止出版。京师的舆论为之哗然。上海的《时报》就此发表评论说："不及几月中，报界之被摧残者已落花流水如此矣，此亦预备立宪第二年应有事耶？呜呼！"⑤在舆论的谴责下，不久《国报》改名《中国报》，《吉林日报》改名《吉林时报》，《中央大同日报》仍用原名，得以继续出版发行。

1910年5月9日，天津的《北方日报》刚出版一天，直隶总督陈夔龙因其刊登的广告内有"监督政府，响导国民"字样，指为"大不敬"，当即勒令停刊，并逮捕了主笔。报社同仁立电各报，"乞持公论"⑥。省谘议局正副议长马上面谒

---

① 《大公报》，1910年8月13日。
② 《大公报》，1906年10月4日。
③ 《论国民之前途及救亡之责任》，《广益丛报》第5年第20期。
④ 《记上海报界之风潮》，《东方杂志》第6年第8期。
⑤ 《时报》，1909年9月30日。
⑥ 《时报》，1910年5月17日。

当局,据理力争。各界大愤,电约各省报界联禀民政部,代为申理。陈夔龙迫于公论,不得不准许该报出版发行。

1911年7月,汉口的《大江报》发表《大乱者救中国之妙药也》时评,詹大悲遭到拘捕,报馆被封。《时报》立即指斥当局大兴文字狱,破坏立宪制度,予以声援。

由于摧残言论自由不符合《报律》的规定,不得人心,某些有良知和按法办事的巡警也不唯官僚之命是听。如1909年6月,宪政编查馆提调宝熙因为屡受报纸评论,欲以辱骂官长的罪名,要北京内城巡警总厅厅丞章宗祥将某报封禁。章宗祥拒绝执行,答以:"指摘官长未犯《报律》,何能任意罗织;且《报律》为宪政编查馆所定,尤未便出尔反尔。"① 宝熙哑口无言,悻悻而返。官高权大的军机大臣等人认为报纸煽动闹事,更想压制。可是,又怕落下专制暴虐的骂名,不敢直接出面,便找替罪羊。如1910年召开第一届资政院会议时,军机大臣对民政部尚书善耆说:"现在民选议员敢如此狂纵嚣张者,系多以报馆为后援之故,否则,断不至此;且各报登载续请国会及剪发等问题,均足以扰害大局,尤非严加禁缔不可。"善耆不以为然,凛然答道:"资政院既准报馆旁听,则照议场情形登录,即不能限缔。且会议剪发、国会等事,亦为确有之事,并非虚捏,与违犯《报律》者不同。本部虽有管理报馆之责,亦断不能滥行干预,致负摧残舆论之谤。"② 将他们顶了回去。

## 四

如果不带偏见,实事求是,可以毫不夸张地说:清政府改革专制政治刚刚起步,就为国人办报创造了较为宽松的社会政治环境。其明显突出的表现有二:一为注册登记手续极其简单,二为言论相当自由。

注册登记,只要发行人按照《报律》规定,开具报纸的名称、体例、发行时间,发行人、编辑人、印刷人的姓名、履历、住址,发行所、印刷所的名称和地址,呈报所在地官署,再缴纳为数不多的保押费,就可以出版发行了。所以当时办报非常容易,凡是按照这些规定办理的,均获得了官方的批准。还有一些报刊不经

---

① 《京都日报》,1909年6月30日。
② 《枢府固无往而不摧残舆论者》,《申报》1911年1月9日。

官方批准，就出版发行了。

报纸的言论，只要遵守《报律》规定应该禁止的条款，不登载"冒渎乘舆"、"淆乱政体"、"妨害治安"、"败坏风俗"之语，以及当局禁止的外交、海陆军事件、政务、诉讼或会议事件，其他任何文字，包括制度的好坏，政治的得失，法律的利弊，政府的政策，官场的腐败，官吏的专横，社会的黑暗，皆可登载评论。"政府举措有不当于民意者，舆论得挟其所见，起而与抗争。"① 有位报人深有体会地说："光绪末叶数年，出报既不报知官厅，其言论之自由，可谓有闻必录。对于政治之得失，内外大员之善恶，皆可尽情指责；人民之冤抑隐疾，更可尽情登载。"② 革命党人冯自由亦说："国中言论实较已往数年为自由。"③

这种情况从预备立宪以后就出现了。如1906年12月，即有报纸指出：清政府进行的中央体制改革是"伪改革"，"徒为表面之变更"④。1910年10月9日国会请愿代表前往谒见首席军机大臣、庆亲王奕劻，遭到拒绝。为此，《国民公报》于14日发表社论《诘问庆王》，指出：通过前两次请愿，海内已知其无意国会，不意此次竟不会见代表。"虽然，天下惟患伪立宪耳，若真专制，则固吾人所欢迎者。何则？其激之者愈甚，斯其应之者愈力。……今王果反对国会者，不妨表明意旨之所在，将各代表逐之辱之诛之僇之，则吾国民受王之赐者实远过于今日无剌无非不痛不痒之政体也。"硬是逼着奕劻表态。老奸巨猾的奕劻到底畏惧一点舆论，以后接见了请愿代表。对官场腐败的揭露，更是全无顾忌。诸如："呜呼，官诚今日中国之蠹哉"！"凡事之涉于官者，几无不为人所鄙夷，殆所谓天下之恶皆归者。"⑤"今日之政府诚腐败，且腐败至不可收拾"。"欺君病国，逐贿争权，专以献媚外人、剥削民权为唯一之天职。"⑥"作官的对待小民直如同牛马，比奴隶还不若"，"小民还说作官的好吗？那一切的感情还好的了吗？你瞧现在无论什么报纸上，只要一讽刺作官的，是看报的人就没有不拍手喝彩的。不怕有三五

---

① 长舆：《立宪政治与舆论》，《国风报》第1年第13期。
② 管翼贤：《北京报纸小史》，见杨光辉等编《中国近代报刊发展概况》，第404页，新华出版社，1986年。
③ 冯自由：《革命逸史》第3集，第333页，中华书局，1981年。
④ 《论今日时局之危》，《申报》1906年12月6日。
⑤ 《中国今日之官箴》，《神州日报》1908年4月25日。
⑥ 《今日政府之真相》，《大公报》1910年3月10日。

个人交谈，但是一提到官场一层，你就去听吧，没有说好话的，这种现象大概得属我们中国为尊了。现在小民视官长如仇敌，……中国作官的确是国民的公敌！"①

还有一个史无前例的巨大进步，也是最能集中体现言论自由的，就是国民敢于公然对圣旨进行批评指责。往昔圣旨一下，谁也不敢妄议，否则便以"大不敬"或"大逆不道"论罪。预备立宪以后完全不同了，人民只要不满意，就可以在报纸上以"恭注"、"谨注"、"感言"等形式公开发表自己的看法，加以评论批驳。此种情形，屡见不鲜："关于宪政谕旨，日给不遑，而海内各报，恭注上谕，或志疑者，乃时有所见闻。"②这里略举几例。

1907年11月和12月，朝廷发布不准学生干预政事、开会演说和编订报律、结社集会条规的上谕以后，立即招致报纸的猛烈批评和抨击。

《大公报》写道："近观官府对待国民之举动，其手段其方法依然以压制为唯一宗旨"。学生争拒路款，乃"以与己身家有干系之事"，"争其固有之权而不使之失也，非干预政事也"。"禁止学生争拒路款一事，非但夺国民之言论自由、集会自由权，是并夺其一切固有之权也。"③

《申报》写道："立宪国有三大自由，一言论自由，一集会自由，一出版自由。有此则为立宪，无此则为专制。"近来各省绅商士民向外国争权，举动都很文明，宗旨也很忠爱，加以引导，足以促宪政早日成立。"乃政府以为于己不利，视若仇敌，一则曰'肆意簧鼓，以讹传讹'；再则曰'谬说蜂起，纲纪荡然'。如其说，吾知'淆乱黑白'之言，将不在各省之绅商士庶，而在中央之专制政府矣。限制言事，限制结社，吾又知阻碍宪政之言，亦不在各省之绅商士庶，而在中央之专制政府矣"。观12月24日上谕，"乃知政府敌视人民之意，蓄积于平素，发泄于一朝，一切集会结社诸禁令，直倾筐倒箧而出也。"④欲行专制，不妨明言。"哀我人民，又孰敢反抗者？何必用其专制之手段，以肮脏此立宪之美名也哉！"⑤

《时报》针对12月的几道谕旨评论道："曰'施行庶政仍自朝廷主之'也，

---

① 《论中国国民对于官场感情最恶的原因》，《京都日报》1909年10月20日。
② 诤民：《五月二十一日上谕恭注》，见张枬、王忍之编：《辛亥革命前十年间时论选集》第3卷，第725页，三联书店，1977年。
③ 《此之谓预备立宪时代》，《大公报》1907年12月4日。
④ 《二十日上谕谨注》，《申报》1907年12月26日。
⑤ 《论政府欺罔朝廷》，《申报》1907年12月27日。

已自'公诸舆论'之庶政而收回其半也"。"曰'人人皆得言事,非事事皆得干预'也,是所谓舆论者,又不全也。曰'编订报律'也,曰'限制结社条规'也,是又取此不完全之舆论而又缚束之也,然不准立宪之言尚未明言也。曰'藉口立宪,相率干预',是直不准人民言立宪矣"。"今则毅然决然曰,'开会演说殊属不成事体,一体严行查禁'矣。立宪之预备,果如是着着进行乎?"①

1908年7月,政闻社社员陈景仁致电清政府,奏请三年内召开国会,并将攻击人民请愿、要求民权的考察宪政大臣于式枚革职。25日朝廷颁发上谕,反说他臆度率请召开国会,擅行请革大员,将其革职。此谕一出,报纸评论说:这简直是"揭其假面而与天下相见以干戈矣"！②"惩一陈景仁,而与景仁同一宗旨者莫不惩;全一于式枚,而与式枚同一宗旨者莫不全;斥一政闻社,而与政闻社同一宗旨者莫不斥。政府之用心、之手段,肺肝如见矣。"③

1908年8月27日,朝廷颁布了《宪法大纲》,其中有不准议院干预这、干预那的各种规定。有的文章写道:"吾不意二十世纪公理大明之时代,而竟有拥护专制之立宪也","真可谓夐宇内而无俦者矣"。④有的写道:"于议院议决协赞之权阙焉弗讲,是尚得为议院矣乎！"⑤还有的写道:"于君主一方面,则丝毫不准人民之侵蚀大权;于人民一方面,则处处以君主所定之法律束缚之,专制政体之完备,无过于此者。"⑥

1910年6月16日第二次国会请愿时,直省谘议局议员代表呈递的请愿书,就是完全针对朝廷第一次拒绝速开国会上谕中所列的筹备不完全、国民知识程度未划一、资政院可为议院基础而发的,与其说是请愿书,倒不如说批驳书更为确当。

1911年5月8日,以奕劻为首的皇族内阁成立,谘议局议员联合会以其违背立宪原则,两次奏请另简大员组织内阁,呈请都察院代奏。但均被留中。联合会又写了一篇《直省谘议局议员联合会报告书》,指出组织皇族内阁之无理,发往各省,登于报刊。7月5日,朝廷发布上谕说:"黜陟百司,系君上大权,载在先

---

① 《汇读关于立宪问题之上谕》,《时报》1908年1月5日。
② 《六月二十七日上谕恭注》,《时报》1908年7月27日。
③ 《二十年内无立宪之希望》,《申报》1908年7月28日。
④ 《宪政编查馆奏宪法大纲折书后》,《时报》1908年9月3日。
⑤ 《时报》,1908年9月4日。
⑥ 《宪法大纲质疑》,《广益丛报》第6年第27期。

朝钦定《宪法大纲》，并注明议员不得干预。值兹预备立宪之时，凡我君民上下，何得稍出乎大纲范围之外。乃议员等一再陈请，议论渐近嚣张，若不亟为申明，日久恐滋流弊。朝廷用人，审时度势，一秉大公，尔臣民等均当凛遵钦定《宪法大纲》，不得率行干请，以符君主立宪之本旨。"①联合会马上写了一篇《为阁制案续行请愿通告各省团体书》，严厉驳斥：议员所请求的皇族不能担任内阁大臣，"为立宪国所特定之限制"，是说皇族全体地位特殊，不应列于国务大臣，"乃立法之原理问题，机关组织之原则问题，非用人问题也"，怎能"谓之干预黜陟大权"？皇族不组织内阁"实君主立宪国最著之本旨"，怎能说与君主立宪本旨不符？"既为立宪而禁臣民为政治之干请，犹得曰'庶政公诸舆论'耶？犹得曰'符君主立宪之本旨'耶？"②将上谕驳得体无完肤。

　　立宪派的精英们何以敢于如此大胆地放言无忌呢？因为在他们看来，专制国家与立宪国家绝然不同，前者是家天下，纯为人治，后者是公天下，崇尚法治；人民是国家的主人，"干涉国家之政治"，"为人类固有的自然之权利"③；人民既然为国家承担纳税、当兵等义务，就理应享有参与政治、管理国家、监督政府的权利，享有言论出版、结社集会的自由，"国民咸得发表其政见，以判论国政之得失"④；君主与人民同为国家一分子，彼此平等，谁也不能越出宪法和法律范围之外。他们认为正义真理在自己一边，加之强烈的责任感，便以天赋人权、民主、自由、平等思想为锐利武器，同一切专制独裁的言行进行斗争。

　　预备立宪以后，开放党禁的呼声甚高。在第一届资政院会议上，通过了赦免包括革命党人在内的国事犯奏稿。由于各种极为复杂的原因，朝廷没有交议和批答，直到1911年武昌起义后才在革命形势的逼迫下开放党禁。

　　虽则如此，严禁结社集会的禁网也被打破。从实际情况看，只要不是以武力推翻清王朝为目的的革命党和秘密组织，成立非政治性团体固然不必呈报官府，即使政治性团体，只要按照《结社集会律》的规定办理，亦不禁止，一切公开的政党和团体（政闻社和吉林自治会系特殊情况）均取得了合法存在的权利。至

---

① 《清末筹备立宪档案史料》上册，第579页。
② 直省谘议局议员联合会编：《直省谘议局议员联合会第二届报告书·记事录》，第105—109页。
③ 《论预备立宪国民宜具政治上之确定力》，《时报》1909年5月13日。
④ 长奥：《立宪政治与舆论》，《国风报》第1年第13期。

1911年，全国成立了十几个政治性的团体和政学会、宪政实进会、辛亥俱乐部、宪友会四个政党。只是在社团成立的过程中，个别的曾遇到一点小麻烦。如贵州自治学社最初呈请成立时，社员中多为学生，巡抚庞鸿书因朝廷不准学生干预政事，未予批准。发起人另行联络，再次呈请，就得到批准了。1910年12月北京旗民组织的八旗期成公民会的情况与此类似。

《结社集会律》对人数的限制也被突破。许多立宪团体和政党的人数都越出了结社不得超过一百人的规定。集会游行基本上也是自由的，参加的民众动辄成千上万，更越出了不得超过二百人的规定。不过自由有一定的限度，一旦民众的行动超越了执政者的容忍极限时，他们就下令禁止。1910年11月召开国会期限缩短三年的上谕发布以后，摄政王载沣见奉天等省的民众仍继续请愿，以为此乃"无识之徒"肆意要求，"实属不成事体"，下令禁止，派人将奉天的请愿代表送回原籍；并声称："如再有聚众滋闹情事，即非安分良民"，应即"查拿严办"。① 直隶总督陈夔龙则命令军警包围了罢课请愿的学堂，逮捕并发配了天津的全国学界同志会会长温世霖。

1911年5月成立的皇族内阁更加专制残暴。当其违背资政院章程和谘议局章程，实行全国铁路干线国有政策及同外国银行团签订湖广铁路借款合同，遭到四川等省民众强烈反对时，非但不满足民众的合理要求，保障民众集会的正当权利，反而倒行逆施，命令署理四川总督赵尔丰严拿惩办，格杀勿论。赵尔丰遂逮捕了谘议局、保路同志会和铁路公司的领导人。民众前往督署要求放人，赵尔丰竟悍然下令向民众开枪。鲜血使民众认识到"当道蛮横"，"残毒暴烈"，"不能以法理要求"②，"朝廷及督抚系大大之强盗"，"官逼民反"③，于是抛弃了和平请愿，拿起武器，点燃了辛亥革命的导火索。皇族内阁自以为权大于法，可以随意剥夺民权，而剥夺的结果，却是清王朝被革命风暴所埋葬。

（原载《史学集刊》2009年第5期）

---

① 《清末筹备立宪档案史料》下册，第652—653页。
② 戴执礼编：《四川保路运动史料》，第459页，科学出版社，1959年。
③ 《四川保路运动史料》，第318页。

# 清末合法政党宪友会的成立

历代封建王朝为了维护专制统治，均严厉禁止人民结党立会。清王朝以少数民族统治中国，害怕人民反抗，禁令尤严。1905年孙中山等建立的同盟会可谓中国第一个正式的资产阶级政党，因其为革命党，不为清政府所容，所以直到这时还没有一个合法的资产阶级政党出现。

1906年预备立宪以后，封建禁令有所松弛。已有先进人士开始把立宪团体作为组建政党的前奏，发出"预备立宪宜先组织政党"的呼声了①。为了创造建立政党的条件，立宪派自预备立宪后就开始了关于政党学说的学习和研究，不断在报刊和集会上广泛宣传讨论。他们介绍了资产阶级国家的政党性质，与人民、政府、国会、宪政的关系，产生的背景和在建设中所起的重要作用等等，并根据中国的国情提出了种种看法。

立宪派认为政党是国家的政治基础，为立宪国家所必不可少。说："政党者，必有一政党之纲领主义，堂堂正正揭旗鼓以声于天下"。其掌握政权，"必一力坚持实行其所主张之主义，以定一国政治之方针"。其在野，"事事攻击当局者，指其瑕而摘其疵，使政府常有所警惕而不敢纵恣"。若是两党竞争，互相督责，更可促国家进步。"一政党虽操一国之政柄，以植其党势，而仍当先一国之大计，而不敢徒便一党之私图。此一国政治基础所由立，而国家所贵乎有政党也。"②

立宪派人士认为，政党政治比官僚政治优越得多。官僚政治的长处是阅历多，经验丰富，但其政策多变，不如政党政治稳固，思想、步调不如政党政治齐一，

---

① 《论预备立宪宜先组织政党》，《申报》1906年9月7日、12日。
② 《论政党与立宪政治之关系》，《时报》1907年3月1—2日。

而且只注意政治，不注意发展其他事业，对推动社会进步所起的作用不如政党政治大。

他们认为，中国成立政党非常必要，宪政能否实现，"则以中国能发生政党与否而决之"①。"执政者专横成性"，当政府举动妨碍国家大局时，人民临时应付是无济于事的，政党"势力足使政府行政纳于轨范之中，不致恣肆而谬妄"②。故必须成立政党，监督政府，"与政府抗争"。③预备立宪阻力很大，改革事业困难重重，必须组织政党，厚集力量，坚决拥护立宪制度，支持改革派，竭力抵抗反对派的破坏，以利宪政进行。现在国民政治能力薄弱，无权利思想，不论政府如何昏庸腐败，皆听之任之，这种状况不改变，纵令实行立宪，也徒有其名。要改变这种状况，"必恃有先觉者以为之提倡，而后自觉的国民乃始兴起。其培养此政治思想，网罗此先觉之士者，莫若政党。故政党者，实社会初开明之曙星，而立宪政治之先河也"④。

到1910年10月资政院开院时，最初一批立宪团体已成立好几年，均积累了一定的组织、领导、管理、活动经验；经过几次国会请愿和第一届谘议局联合会，各省立宪派人士密切了联系，增进了了解，有了共同的政治语言，尤其认识到有进一步组织起来的必要，组建政党的条件基本成熟。资政院中的钦选议员彼此缺少联系，讨论问题往往意见分歧，也觉得要提出重要成熟的议案，必须组建政党。同年11月宣布1913年召开国会后，资政院和谘议局议员及立宪派人士认为国会召开之期不远，而国会政治也就是政党政治，为了迎接即将到来的国会，使国会真正发挥立法机关和监督机关的作用，同时为了获得多数议席，进而组织政党内阁，取代封建官僚政治，益觉组织政党刻不容缓。于是在1911年上半年，宪政实进会、政学会、宪友会、辛亥俱乐部相继成立，这就是中国的首批合法政党。

在这批合法政党中，以宪友会的酝酿过程最长。宪友会是在国会请愿同志会和谘议局联合会的基础上建立的。1909年10月谘议局成立和发动国会请愿之初，立宪派便感到"组织政党之事，则尤为时势所不可无者矣"。说"谘议局虽已成立，

---

① 《论政党与立宪政治之关系》，《时报》1907年3月1—2日。
② 《论今日亟宜组织政党以促宪政之进行》，《申报》1910年4月27日。
③ 杜亚泉：《政党论》，《东方杂志》第8卷第1期。
④ 与之：《论中国现在之党派及将来之政党》，《新民丛报》第92期。

而所定权限尚属微小，苟无大政党以为后援，则孤立无助，不至为督抚所蹂躏者几希。"①1910年国会请愿时，立宪派认为国民如一盘散沙，"而为之团者则政党也"；国民向无合群的纪律公德，"而为之练习者则政党也"，提出应利用请愿的绝好机会组织政党，"为要求国会之本"。②纷纷建议组织政党。同年11月请愿代表团解散时，即决定在国会请愿同志会的基础之上改组政党，培养积蓄实力，推举孙洪伊、徐佛苏、王敬芳、方还起草党纲党规。

对于是否组建政党及组建什么样的政党，国会请愿同志会内部开始意见颇为分歧。有的反对立即组党，主张先组织会社；有的主张建党；有的主张政党规模宜大，以多制胜；有的主张规模宜小，如此可以保证党员质量，易于成立。经过多次讨论，意见趋于统一，决定组建全国性的政党。

关于党的名称，当初没有定下。1910年12月上旬，孙洪伊致电梁启超"促定党名"，梁启超建议叫帝国统一党。③同月底，孙洪伊等拟出帝国统一党党规三十条、党纲十三条。④

1911年1月1日，孙洪伊等邀请三十八位同志召开谈话会，讨论党规、党纲草案，与会者认为还应作进一步修正。接着议决推举临时干事四十人，负责成立大会召开前的一切筹备工作，先在到会诸人中推出一少部分。遂推定吴赐龄、李文熙、席绶、康士铎、彭占元、汪龙光、王敬芳、陈登山、雷奋、罗杰、易宗夔、齐树楷、张之霖、李素、牟琳、江辛、孙洪伊十七人。⑤继之讨论党名，易宗夔、康士铎、李文熙皆反对用"统一"二字，雷奋、王敬芳则坚持原议，最后决定将党名与党纲党规一起提交临时干事会修改决定。⑥帝国统一党党名传到社会，引起了一些人的误会，以为此党成立之意，"在于统一国内之党派，或且目为专制"⑦。因此，临时干事不得不写了一篇《帝国统一党党名释义》，于1月4日在《国民公报》刊出，

---

① 《论救时之策有二不可缓》，《时报》1909年10月26日。
② 《论组织政党为要求国会之本》，《时报》1910年7月3日。
③ 丁文江、赵丰田编：《梁启超年谱长编》，第529页，上海人民出版社，1983年。
④ 《大公报》，1911年3月18—19日。
⑤ 《大公报》，1911年1月4日，报道中"张雨村"即张之霖号。10日的《申报》同。8日的《时报》和6日的《盛京时报》均将康士铎作康咏，但康咏在以后的总会和分会发起人以及被推职员中均未出现过，康士铎则相反，故应以康士铎为是。
⑥ 《申报》，1911年1月10日。
⑦ 《帝国统一党党名释义》，《国民公报》1911年1月4日。

进行一番解释。并说明党名系暂定，以后还要讨论。

党纲、党规修改完毕，本应先寄往各省征求意见，由各省派人来京，作进一步讨论，决定后再呈报政府立案。但此时适值天津的温世霖因进行第四次国会请愿被政府发配新疆，"警厅对于各团体之集会取缔极严，风声鹤唳，志士心寒"。孙洪伊等为了"释群疑而定众志"，便采取了权宜措施，将党纲党规草案径直呈请北京外城巡警总厅，转申民政部立案。①3月上旬，民政部批准。康有为闻悉欣喜地说："今统一党之注册于民政部也，乃中国政党发启明之初焰。民政部之许统一党注册也，为中国官认立党之雷震第一声。于是数千年专制禁党之旧俗，遂为埃及之僵尸、印度之灰塔，皆为古旧之前尘影事矣。"②

孙洪伊等接到批准的通知，于3月9日发出公启，附寄党纲、党规和入党证书草案，向各省解释了暂且呈请立案的原因，并请推定支部干事，于谘议局联合会开会时齐集京师，公决党纲、党规，宣告成立，再进行呈报更正。③

第二届谘议局联合会召开不久，与会诸人"以近日政治上之活动，在政府毫无实际，在国民亦毫无预备，立宪国家有此现象，甚为危险，故非从速组织政党，决难收宪政之效果"，特于5月20日讨论组织办法，决定修改党纲、党规，公推黄远庸、雷奋、张国溶、徐佛苏为起草员。④24日讨论时，曾发生是实行中央集权还是地方分权的争论，孟昭常主张实行中央集权，遭到一致反对，大家说："我辈既为救亡起见，断不能作政府党，助其虐焰。"⑤孟昭常于是退居来宾席。

5月30日，召开发起会，与会者五十三人。公举谢远涵为临时主席，李文熙为书记。张国溶报告了开会宗旨，宣读了章程，提出党名不用帝国统一党，改用宪友会，请大家讨论。大家赞成更改党名，原则上通过了章程，决定6月4日召开成立大会，推萧湘、袁金铠、康士铎、梁善济、陈登山、孙洪伊为临时干事，准备成立大会的召开。

发起组建宪友会的共有七十人，即陈黻宸、谢远涵、杨寿篯、雷奋、黄远庸、徐佛苏、梁善济、萧湘、李文熙、李榘、籍忠寅、谭延闿、方贞、甘德蕃、蒙经、

---

① 《大公报》，1911年3月18日。
② 上海市文管会编：《康有为与保皇会》，第315页，上海人民出版社，1982年。
③ 《大公报》，1911年3月18日。
④ 《申报》，1911年5月30日、6月7日。
⑤ 《正宗爱国报》，1911年5月29日。

袁金铠、高俊滺、陆鸿逵、林志钧、高登鲤、刘崇佑、窦以珏、潘之博、汤化龙、张国溶、郭志仁、赵熙、陆乃翔、罗敦融、欧阳弁元、齐树楷、李长生、恒钧、胡瑞霖、程明超、王敬芳、周树标、李良材、李新展、邢殿元、李庆芳、杨治清、林长民、余绍宋、贺维翰、陶冠禹、李承烈、席绶、王作霖、伍庄、李国珍、易宗夔、舒伟俊、何宗瀚、李素、邹树声、廖绎训、罗家衡、方子杰、张铭勋、孙洪伊、汪秉忠、何耀光、吴赐龄、陈登山、康士铎、文耀、李华炳、邹日烽、陈文中。基本上都是第二届谘议局联合会、国会请愿同志会的成员和立宪团体的人物。

《宪友会章程》规定，会中干部暂时不设会长，只设常务干事三人，由大会民主选举产生；文书、会计、庶务、调查、编辑、交际各职能部门干部由常务干事商议推定；各干部不得兼任其他党的发起人和干部，均任期一年，常务干事可以连选连任。6月4日，在北京湖广会馆召开大会，宣告了它的成立。与会者一百余人，公推谢远涵为临时主席，黄远庸、李文熙为临时书记。会上首先选举出常务干事，雷奋、徐佛苏、孙洪伊当选。籍忠寅、李文熙、谢远涵当选为候补常务干事。

继之，常务干事推定各科干部，文耀为庶务员，李文熙、吴赐龄为文书员，李素为会计员，欧阳弁元、陈登山为交际员，康士铎、何宗瀚为调查员，王葆心、余绍宋为编辑员。

接着，会员推举出十八个省和八旗的支部发起人。他们是：

广西：甘德蕃、蒙经；湖北：汤化龙、张国溶、郑万瞻；山西：梁善济、李庆芳、李华炳、李素；奉天：袁金铠；山东：周树标；江西：邹树声、宋名璋、叶先圻、罗家衡、郭志仁、谢远涵、黄远庸；福建：高登鲤、刘崇佑、林长民、林志钧；河南：方贞、王敬芳；陕西：李良材、郭忠清；四川：蒲殿俊、何耀光、胡庸章、萧湘、罗纶、李新展；浙江：汤尔和、马叙伦、陈黻宸；湖南：谭延闿；吉林：何印川；安徽：窦以珏、陶冠禹、李国松、康达；直隶：李榘、籍忠寅、齐树楷、李长生、高俊滺、张铭勋、刘春霖、王法勤；贵州：杨寿篯；广东：伦明、姚梓芳、黄节；江苏：马相伯、沈恩孚、黄炎培、汪秉忠；八旗：恒钧、文耀。①

以上人员中有少数同盟会会员在内，如黄炎培、蒙经、郭忠清均是。

---

① 《申报》，1911年6月10日。同月11日的《时报》相同，但缺八旗发起人。8日的《大公报》所记出入较大，湖北多出胡瑞霖；山西少李庆芳；江西少邹树声；河南多出方子杰；四川多出刘登朝，而少萧湘；浙江多出胡钟翰、刘绍宽、蔡汝霖、邵羲、陈敬第；广东少姚梓芳；贵州则无。

6月25日，宪友会研究了各省支部成立的期限及办法，决定分期分批成立，凡交通便利、团体易于集合之省，限定本年9月以前成立，其余限定年内成立。奉天、河南、山西、湖南、湖北、江苏、广西、福建、四川自认于9月前成立。还决定，本年资政院开会以前，召开一次大会，届时凡已成立的支部各举代表到京参加，总部与支部皆要预备议案。①

8月，民政部批准宪友会立案。

同月31日，宪友会召开了一次谈话会，徐佛苏报告了各省支部成立的情况，决定于9、10月间召开大会，催促各省支部成立；在京议员每周开谈话会一次；通告各省支部及发起人，劝告本省资政院民选议员入会。还公举出黄远庸、林志钧、谢远涵、康士铎四人与辛亥俱乐部联络。②

支部活动开展较早的是湖南。发起人原只推定谭延闿，后来本省人士又加推资政院民选议员黎尚雯和易宗夔。谭延闿因事留京，黎尚雯奉调前往奉天，特让易宗夔先回省活动。易宗夔于7月初抵长沙后，即与各界人士联系。7月4日，召开了谈话会，易宗夔作了报告，廖名缙发表了演说，当即签名担任发起人的有三十余人。后推举出廖名缙、陈炳焕、曹世昌、姜济寰、周名建、仇毅为临时干事，贝允昕、雷光宇、胡迈、谭传恺为支部章程起草人。决定章程拟定再开发起会。至于成立大会，必须等谭延闿回湘后举办。③但谭延闿离京较晚，抵湘数日武昌起义的枪声已经打响，成立大会未能开成。易宗夔在湘潭也开展了工作。他同当地各界人士商议了组织湘潭支部的问题，召开了一百余人参加的发起会，当即推举陈恭沅、包炳坤、吴拱辰、陈祖亮、王洪元、宋焕奎为临时干事，刘武、曹作弼、汤池为支部章程起草人。④

山西支部成立于9月17日。7月，梁善济等发起人尚未回省，山西部分人士接到宪友会公启及李素的信后，就进行了酝酿，准备召开发起会，提议待梁善济回省后再开成立大会。⑤8月27日，发起会在太原召开。9月17日，举行成立大会，到会一百二十余人，公推梁善济为正干事，王用霖为副干事，杜上化、刘志詹为

---

① 《申报》，1911年7月2日。
② 《申报》，1911年9月9日。
③ 《时报》，1911年7月13日。14日的《帝国日报》、18日的《申报》均记开会日期为7月5日。
④ 《申报》，1911年8月14日。
⑤ 《申报》，1911年8月1日。

候补干事。重要干部有李华炳、李春浦、姚树圻、刘文炳、潘恩元、徐一清、皇甫振清、李素、白志嘉、高洪、李实旭、王锦雯、李好德等，另有会员一百六十余人。①

贵州支部成立于9月22日，发起人为自治学社社员杨寿篯。时杨寿篯因公留京，便委托杨昌铭担当起组织支部的任务。杨昌铭返贵阳后，与自治学社负责人张百麟密商，认为组织政党有集中人才、消息灵通诸益，决定成立。9月22日开成立大会，各县来省赴会者四千多人，推举杨昌铭和杨寿篯为干事。②

直隶发起人李榘、齐树楷、籍忠寅、张铭勋、李长生、王法勤等于9月15日以前回天津进行活动。同月29日，召开茶话会，商议组织支部问题，愿意充当发起人的有白毓崑、宋兆芙、马玉麟、田毓瑞、李翰、贾浦、聂作宾、王邦屏、丁宗峄、贺培桐等一百零一人。③10月4日，召开成立会，讨论了支部章程草案，选举李榘、籍忠寅为正副干事，王振尧、高俊渺、邢端、刘春霖为候补干事。7日又开会通过了支部章程，公举了干部。文书员为吴鼎昌、马俊英、耿兆栋；庶务员是王锡泉、丁宗峄、张其密；会计员是乔培茂、刘骏书；编辑员有梁志宸、韩殿奇、韩梯云、吴炳枞、宋桢、邓毓怡；调查员有张照坤、吕邦宪、锡林、聂作宾、么立祥、戴彬；交际员为吴燕来、胡源汇、张恩绥、张肇隆、李镜湖、焦焕桐。有会员一百七十余人。④

福建支部由谘议局正副议长高登鲤、刘崇佑等发起，8月高登鲤返闽后，即将宪友会章程分发议员，商议组织办法。⑤10月7日召开发起人会议，列名者八十余人。研究了支部规划和会费问题，确定该支部为全省各支部的联络机关。继推刘崇佑、梁继栋起草支部章程，议定本月11日召开第二次发起人会议，议决规则及以后的组织发展办法。⑥因辛亥革命爆发而中止。

江苏支部原定于10月15日召开成立会，后因辛亥革命爆发而布告延期。⑦从11月3日《申报》有通署名"苏支部"致北京《国民公报》及宪友会总部的电报看，

---

① 《顺天时报》，宣统三年七月八日、八月十五日。转见自张玉法《清季的立宪团体》第484页。
② 杨昌铭：《贵州光复记实》，《云南贵州辛亥革命资料》，第201页，科学出版社，1959年。
③ 《大公报》，1911年10月1日。
④ 《大公报》，1911年10月9日、22日。
⑤ 《时报》，1911年8月13日。
⑥ 《时报》，1911年10月20日。
⑦ 《时报》，1911年10月13日、17日。

江苏支部似已成立。

江西支部大约成立于9月24日。《时报》有消息说，南昌绅商学界人士曾协商组织宪友会支部之事，定于9月24日召开成立大会。①

据徐佛苏8月31日在总部报告，广西、奉天、湖北等省支部均可于9月内成立。② 由于资料缺乏，具体情况就不得而知了。

组建宪友会本来包含着团结全国立宪派人士的意图，而在一定程度上也做到了这一点。预备立宪公会、宪政公会（包括湖南宪政公会）、湖北宪政筹备会、汉口宪政同志会、贵州自治学社、直隶宪政研究会、福建政与会、八旗宪政会、前政闻社诸多立宪团体的重要代表人物，或者参与了宪友会的发起组织，或者当选为领导人和干部，或者担任了各省支部发起人。全国十八个省和首都北京有的建立了支部，有的正在组建，有的确定了发起人。这种情况使得全国大多数立宪团体和立宪派人士在宪友会的旗帜之下加强了联系和团结，从而进一步统一思想认识，形成一股在野的庞大的社会政治力量。

但是，宪友会没有也不可能把全国的立宪派人士都团结起来。有些立宪派人士已经参加了别的政党，有些立宪团体尚游离于宪友会之外，有的立宪团体虽有不少成员参加了宪友会，然而团体仍然独立存在，这些成员要同时接受宪友会和本团体的双重领导，在思想行动上完全做到与宪友会一致也有困难。加之它是由各地的立宪派人士所组成，所以在宪友会内部，在宪友会和立宪团体之间，派系的阴影依旧时常出现。据孙洪伊说，立宪派在"精神上隐分两派"，"一近朴拙诚实，一近灵华巧黠"，"事实上亦有时竞争"。③ 如"请愿国会之争及中美银行之争，同人之与张季直公（张謇字季直）中道异趋"。"铁路借款之争，黄远庸、孟庸生（孟昭常字）极主张运动荫君味斋及与吾党有关系之资政院议员，第一、二次谈判在宪政馆，遂与远庸决裂。其后至取消庸生议案研究会之会长"。黄远庸和籍忠寅"在宪友会时代，其精神上与同人已多不合"，"迹近虚华巧黠"，"陈叔通亦然"。④ 这里所说的"灵华巧黠"派是指以张謇为首的江浙温和派，"朴拙

---

① 《时报》，1911年10月1日。
② 《申报》，1911年9月9日。
③ 《梁启超年谱长编》，第638—639页。
④ 《梁启超年谱长编》，第631页。

诚实"派指孙洪伊、汤化龙、谭延闿、蒲殿俊等激进派人物。至于黄远庸,其实并非如孙洪伊所言,他同江浙派也是有矛盾的,对张謇、孟昭常、张元济颇多微词。如他在给李盛铎的三封信中就说:"孟(昭常)已为同乡拐去,宪报已归实进(宪政实进会)承顶,基(黄自称)尚与委蛇"。"近沪上诸名士若张菊生(名元济)好自标尚,则以联合旧有团体为不免附会风气。庸生亦是此系统中人"。又言张謇"直是一念佛老猫,几为鼠许所陷",乃一意赖人,终何能成哉!"①海外的康梁一派与江浙派关系比较冷淡,通过徐佛苏在国会请愿中的活动,与孙洪伊、汤化龙等稍为接近。黄远庸对梁启超盛赞康有为"气魄过人,意以为旋乾转坤,祗此是赖"②,也很不满。仅从这点已知的材料即可窥见其矛盾之错综复杂,感情之隔阂疏远。

宪友会尽管没有以政党命名,然而无疑是个合法的政党。它订有详细的《章程》及《支部规则》③,据此可知:第一,它有明确的奋斗目的,即"发展民权,完成宪政";标明了政治纲领,即:1. 尊重君主立宪政体;2. 督促联责内阁;3. 整厘行省政务;4. 开发社会经济;5. 讲求国民外交;6. 提倡尚武教育。树立了公开的旗帜,使社会上了解它、认识它,从而决定对它的态度。这是鉴别是否政党的主要标志。第二,有比较严密的组织机构,入会手续和组织纪律也较完备和严格。规定"总部为各支部之总机关,各支部应统属于总部",总部与支部是领导与被领导的关系,上下级关系。在未设会长以前,其关系大致为:"总部对于支部之责务:(甲)组成支部及其发达事件;(乙)通告本会一致进行事件;(丙)征求协商事件;(丁)其他关于一切通知各项事件"。"支部对于总部之责务:(甲)担任本会义务;(乙)要求协商事件;(丙)担任调查事件;(丁)其他一切关于本会通知应行筹备各事件"。"各支部之目的及行动条件一依会章办理","各支部议决案应随时报告总部"。总部的决议支部必须执行,组织的决议个人必须执行。换句话说,组织原则是地方服从中央,个人服从组织:"本会政策之关系国家者,由大会议决,议决后本会各部会员不得有二种以上之主张;其关系一省者,由各该本省支会议决,议决后各该支部会员不得有两种以上之主张"。"本

---

① 黄远庸致李盛铎函,原件,中国社会科学院近代史研究所档案。
② 黄远庸致李盛铎函,原件,中国社会科学院近代史研究所档案。
③ 《章程》见《时报》,1911年6月10—11日,《支部通则》见《申报》,1911年6月20日。

会议决案有必须以本会名义执行者，非经大会议决，不得自由行动"。凡欲入会者，必须"有选民资格，赞成本会宗旨"，"具有入会证书，由本会会员一人之介绍，经常务干事认定"。会员于入会时要交纳五元入会金，平时交纳月捐一元，三个月一交，如两次不交，"当然消灭会员资格"。会员"不得以本会名义为个人之行为"，"有反乎本会宗旨或背本会规约者，经本会议决，不认为本会会员"。这就使得宪友会具备了政党的基本特征。

政党是代表某一阶级、阶层或集团并为维护其利益而斗争的政治组织。宪友会是由资产阶级立宪派结合组成的；向往追求资产阶级民主政治，务期实现真正的君主立宪制度，主张发展资本主义经济，实行国民外交，提倡军国民教育，要把中国建设成为一个民主富强的资本主义国家，代表的是民族资产阶级的利益。其总部、支部负责人均由民主选举产生，议决问题也采取资产阶级的民主原则，"常务干事处理事务应三人公同署名，其有两方面意见时，以常务干事二人之意见行之，其意见分歧或事体重大时，应开职员会议"。无论什么会议，"议决以到会全体之过半数为准，可否同数时，则取决于主席"。因此，宪友会是一个资产阶级的得到政府允许存在的合法政党。

宪友会与同时期成立的宪政实进会、辛亥俱乐部有相同的地方，而差异也很明显。相同的地方就是它们都属于资产阶级的合法政党。其差异在于，宪政实进会和辛亥俱乐部均有相当一部分资政院的钦选议员，宪友会则无，"其性质最为纯净，完全为在野之政党"[1]，"国民之政党"[2]。宪政实进会的领导权主要掌握在钦选议员和官员手中，辛亥俱乐部的领导权为占优势的民选议员、立宪派人士、革命党人所控制，宪友会却为立宪派所执掌。宪政实进会和辛亥俱乐部的支部较少，力量主要集中在京师，宪友会则分布于全国，实力最为雄厚。宪政实进会和辛亥俱乐部"多数皆注重官僚政治及中央集权"[3]，宪友会注重地方分权，旗帜鲜明地标榜发展民权。宪政实进会比较保守，宪友会政治态度相对激进，辛亥俱乐部介于二者之间。总之，宪友会最能表明资产阶级政党的性质，最能代表资产阶级的利益，最能体现"中国中等社会跃起之一特征"，为"诸团体中之最有进步之希

---

[1] 《论政党之前途》，《时报》1911年6月28日。
[2] 《论我国政党之前途》，《时报》1911年6月12日。
[3] 《论政党之前途》，《时报》1911年6月28日。

望者"。①

宪友会及其他合法政党的出现,标志着封建专制制度的进一步崩解,人民民主自由权利的增长,资产阶级力量的重新凝聚。既是资产阶级立宪派人士长期奋斗取得的重大成就,也是清政府预备立宪的结果。立宪派有了政党这个得力工具,便可更好地同专制独裁者进行斗争。

（原载《社会科学战线》1991 年第 4 期）

---

① 《中国政党小史》,《时报》1911年6月12日。

# 辛亥前梁启超与革命派的矛盾

辛亥革命爆发前,梁启超同革命派长期处于斗争状态。这种斗争属于什么性质,是敌我矛盾,还是民族资产阶级内部两个不同政治派别之间的矛盾?它直接关系到对梁启超的评价,有必要讨论清楚。

一

梁启超与革命派的矛盾始于1900年。由于梁启超是康有为的弟子,关系非同寻常,革命派同他的矛盾又和同康的矛盾交织在一起,故在论述梁和革命派的矛盾之前,必须回顾一下戊戌变法前后康同革命派的关系。

1893年冬,孙中山得知康有为"有志西学",首次提出与之结交。康有为以"先具门生帖拜师"为先决条件。孙中山因其"妄自尊大,卒不往见"。[①]1894年兴中会建立后,孙中山仍"欲延揽他同办大事"。1895年兴中会会员陈少白访康有为于上海旅次,初识梁启超。[②]1896年兴中会会员谢缵泰晤康有为谈论革命,不得要领。次年,谢又会晤康有为之弟康广仁。此时康有为已成为蜚声海内的维新派首领,孙中山亦因谋广州起义被通缉而成为中外所知的革命党领袖。康广仁对谢缵泰讲:康有为"非忠心扶满,不过欲以和平革命方法救国,现时大臣如张之洞等咸赞成其主张,故不便与革命党公然往还,致招疑忌"。[③]后来谢再次与康

---

① 冯自由:《革命逸史》(1),第47页,中华书局,1981年。
② 陈少白:《兴中会革命史要》,《辛亥革命》(1),第45页。
③ 《革命逸史》(6),第12页。

广仁会谈,"谋联合各党一致救国,以有为师徒卑视他党,运动无效"①。

1898年9月戊戌政变后,康有为、梁启超亡命日本。孙中山等拟与之"商以后合作问题"②,托日人宫崎滔天、平山周向康有为示意。"康自称身奉清帝衣带诏,不便与革命党往还";"以帝王师自命,意气甚盛,视中山一派为叛徒,隐存羞与为伍之见","深恐为所牵累,竟托事不见"。③10月下旬某日,梁启超主动约孙中山、陈少白会面,"一夜之话,不外陈说合作之利,彼此宜相助,勿相扼"④。数日后,陈少白往见康有为,述清政府腐败,不可救药,请其改弦易辙,共同实行革命。康答云:"今上圣明,必有复辟之一日。余受恩深重,无论如何不能忘记,惟有鞠躬尽瘁,力谋起兵勤王,脱其禁锢瀛台之厄,其他非余所知……"⑤

其时尚有两件事值得注意,一是横滨兴中会会员的转向,一是王照揭露康有为的伪"衣带诏"。横滨是孙中山在海外建立的第二个活动基地,在华侨中有兴中会会员百余人。1897年华侨集议成立学校以教育子弟,就商于孙中山。孙代为定名曰中西学校,且荐梁启超主持校务。康有为以梁不得分身,改荐徐勤为代,并推派弟子数人为教员同往,将学校更名曰大同。大同学校开学后,徐勤等与兴中会员往来异常亲热,不分彼此。经过一年多,由于徐勤等"与侨商朝夕酬酢,友谊日深","交际渐广",而兴中会方面仅陈少白、杨衢云二人接洽,遂成"反客为主之局"。⑥迨至戊戌变法时,"康门弟子皆弹冠相庆,不敢与总理及陈少白等往还"⑦。校董与侨商中的多数兴中会会员"听到康有为将来要做宰相,也都偏向到那边去",连兴中会支会长冯镜如也加入了维新党,革命派更加相形见绌。后来校中又出现"不许招待孙逸仙"字条的风波,双方闹得不可开交,"于是两方面就成了水火,成了不解之仇"。⑧

维新派王照出逃后颇受康有为虐待,对康极为不满。陈少白察知,密嘱平山周伺机将王照引出,王照即将其出京经过及康有为所称衣带诏之"诈伪"写出。

---

① 《革命逸史》(1),第41页。
② 冯自由:《中华民国开国前革命史》上编,第41页,1928年。
③ 《革命逸史》(1),第49页;《中华民国开国前革命史》上编,第305、41页。
④ 《兴中会革命史要》,《辛亥革命》(1),第57页。
⑤ 《革命逸史》(1),第49页。
⑥ 《革命逸史》(6),第10页。
⑦ 《革命逸史》(3),第128页。
⑧ 《兴中会革命史要》,《辛亥革命》(1),第53—54页。

"由是康作伪之真相尽为日人所知。康以为少白故恶作剧,因而迁怒及于革命党,而两派更无融合之望矣。"①

1899年春康有为去加拿大,以梁启超为首的"十三太保"同革命派"时相往还,顿形密切,一时孙、康合作之声浪,轰传于东京、横滨之间"。夏秋之交,两派商订联合组党计划,梁启超等致书康有为,请其"息影林泉,自娱晚景"②,退出政治舞台。其后,梁启超往香港走访陈少白,"殷殷谈两党合并事",推陈和徐勤起草联合章程。徐勤坚决反对联合,向康有为告变,谓"卓如渐入行者(指孙中山)圈套,非速设法解救不可"③。是年7月,康有为在加拿大建立保皇会,鼓吹保救光绪皇帝复位。得梁启超等劝退书和徐函,怒不可遏,立派叶觉迈携款赴日,勒令梁启超前往檀香山办理保皇会事务。同时驰书"痛责那倡言合作的学生,说他们太无志气,不识潮流,要附人骥尾,实属可耻",令他们"痛悔前非,自己争气"。④梁启超虽然有心革命,但"视其师如帝天"⑤,"恩犹父子"⑥,缺乏挣脱封建师生关系羁绊的勇气,终于屈从于康,中断了与革命派的合作。

上述过程表明,康有为与孙中山的矛盾,早在戊戌变法之前即已潜在,后来日益尖锐,终至分道扬镳。孙中山在联合问题上一直立于主动地位,积极争取,而康有为始终深闭固拒,甚至强行拆散梁启超与革命派的合作,主要责任在康。产生矛盾的原因,归纳起来,大致有如下几点。

第一,康有为狂妄自大,封建士大夫思想浓厚,不能平等待人,门户之见很深。孙中山接受了西方资产阶级教育,当然不会答应拜师的无理要求。戊戌变法之后,康声名大振,常以帝师自命,愈益"不能居第二"⑦,因此,不屑与革命派为伍,斥梁启超等与革命派合作为"附人骥尾"。康的贵族老爷式的态度,不能不引起革命派的愤懑与反感。杨衢云致函谢缵泰说:"康党太傲慢,……不愿同我们平

---

① 《革命逸史》(1),第49页。
② 《革命逸史》(2),第28页。
③ 《革命逸史》(2),第29页;《中华民国开国前革命史》上编,第44页。
④ 《兴中会革命史要》,《辛亥革命》(1),第64页。
⑤ 《革命逸史》(2),第29页。
⑥ 宣统元年九月二十三日《致张坚白书》,《梁启超年谱长编》,第498页,上海人民出版社,1983年。
⑦ 《兴中会革命史要》,《辛亥革命》(1),第59页。

等相处，他们一心想控制我们，或者要我们服从他们"①，就反映了这种情绪。第二，为了避嫌，康有为不愿同革命派往还与合作。第三，康有为主张实行君主立宪救国，孙中山除对此表同情外，亦主张用革命手段，在救国方法上有所歧异。第四，横滨兴中会会员的大部分转向，在于他们趋炎附势，亦与康党的宗派主义有关。革命派认为康党故挖墙脚，使其无立足之地，实属忘恩负义，以此结下"不解之仇"。第五，王照揭露衣带诏的虚假，康有为怀疑革命派在日本人面前揭穿其骗局，不仅使保救光绪复位大业的号召力大大削弱，而且对其政治品质有损，他的离开日本就是由此所致，无疑对革命派产生强烈怨恨。这一点纯属无原则纠纷，然而对康有为的刺激却最厉害。

五点之中，只有第三点属于政治原则问题，但当时革命派对此并不重视。就革命派一面讲，他们对康有为一派最痛恨的是其目中无人，挖墙脚，不是政治主张的根本分歧。梁启超与革命派的矛盾就是在此基础之上产生的。

## 二

1899年12月，梁启超由日本赴檀香山。"濒行约中山共商国事，矢言合作到底，至死不渝。"并托孙中山介绍同志。②孙坦然不疑，作书交梁。梁到后借助于孙的威望，加入当地三合会，宣传"名为保皇，实则革命"，加上吹牛，群众觉悟低，很快取得信任，大部分兴中会会员和华侨纷纷加入保皇会，孙中山的革命发源地一变而为保皇会据点。

横滨大部分兴中会会员转向，业已使两派结下不解之仇。梁启超又一次将兴中会的根据地摧垮，使其组织荡然无存，会务无法进行，如此沉重的打击，简直令革命派不能忍受，他们从此对梁耿耿于怀，怨恨油然而生。

矛盾的性质是什么？前述已经可以看出，两派是在争夺群众。梁启超1900年3、4月致康有为函，亦说明了这一点。3月函云："今日经营旧地之事，实为我辈第一着"。"今日时势似与去年冬腊间又一变。盖自伪诏（指立溥儁为大阿哥之诏）既下，更无容我辈布置等待之时也；……且行者日日布置，我今不速图，广东一落其手，我辈更向何处发轫乎？此实不可不计及，不能徒以行者毫无实力之一空

---

① 谢缵泰：《中华民国革命秘史》，转引自《孙中山年谱》，第41页，中华书局，1981年。
② 《中华民国开国前革命史》上编，第44页。

言可以自欺也。"① 这里讲的是在广东与革命派竞争势力，准备武装"勤王"。4月函云："三则此间保皇会得力之人大半皆行者旧党，今虽热而来归，彼心以为吾党之人才势力，远过于彼党耳。……而彼党在港颇众，檀山旧人归去从彼者，如刘祥，如邓从圣，此间人皆称之。彼辈一归，失意于吾党而不分，返檀必为行者用。吾赔了夫人又折兵，徒使行将军大笑，而回光镜一度返照到檀，全局可以瓦解。此三者乃弟子所以不愿遣人来归之原因。"② 这里讲的是防止加入保皇会的人员再回到兴中会去，仍是竞争力量。竞争力量、武装"勤王"和其他保皇事业，必须有款，而款只有从海外侨胞处募捐。康有为交给梁启超的任务之一就是募捐，梁出色地完成了，获银十万元。革命派发动起义、从事其他活动亦靠从海外侨胞处募捐。于是争取群众、争募捐款、争夺地盘的冲突就势所难免了，此即两派矛盾的焦点。由此而引起的斗争明显的是政治派别之间的仇恨，非阶级之间的仇恨，与阶级敌人做策反工作是完全不同的两回事。民族资产阶级内部不论划分若干阶层，组织多少政党或团体，其总体的阶级的利益是一致的。但政团之间又往往孜孜谋求本派利益，危害别派利益，具有强烈的排他性，这就是资产阶级宗派主义的重要特征和劣根性，也是梁启超与革命派产生矛盾的主要原因。

事实上，当时两派在政治主张上并无太大分歧。梁启超一直未忘同孙中山联合，这从他至檀香山后所写的几封信里可以得到证明。2月10日，他致函孙中山说："我辈既已订交，他日共天下事必无分歧之理。弟日夜无时不焦念此事，兄但假以时日，弟必有调停之善法也。"③4月28日又函孙云："自去年岁杪废立事起，全国人心悚动奋发，热力骤增数倍，望勤王之师，如大旱之望雨。……弟之意常觉得通国办事之人，只有咁多，必当合而不当分。既欲合，则必多舍其私见，同折衷于公义……。夫倒满洲以兴民政，公义也；而借勤王以兴民政，则今日之时势最相宜者也。……弟以为宜稍变通矣。……草创既定，举皇上为总统，两者兼全，成事正易，岂不甚善？何必故画鸿沟，使彼此永远不相合哉。……望兄采纳鄙言，

---

① 光绪二十六年二月十三日《与夫子大人书》，《梁启超年谱长编》，第200—201页。
② 光绪二十六年四月一日《致南海夫子大人书》，《梁启超年谱长编》，第233页。
③ 《革命逸史》（6），第14页。

更迟半年之期，我辈握手共入中原，是所厚望。"①同年8月离檀岛前，又致书孙眉说："弟此行归去，必见逸仙，随机应变，务求其合，不令其分，弟自问必能做到也。"②有的论者认为梁启超一面挖墙脚，一面叫嚷联合，实属"狡诈"。其实他也有自己的苦衷。他想联合，但又不敢抗拒师命，不得不照康有为的指示行事。在2月10日致孙中山的信里，他写道："弟此来不无从权办理之事；但兄须谅弟所处之境遇，望勿怪也。"③即明白道出这种矛盾心情。在其后的信里亦毫不隐瞒地明告孙，其"办事宗旨"、"至今未尝稍变"，但其"方略"则随时"变通"。④非但如此，他还致书陈少白，请其面见康有为，力劝康合作。⑤并直接去函规谏康："万不可存一同门不同门之界。办天下之大事，非尽收天下之豪杰不可。"⑥在《与知新同人书》中，他也强调："同门不同门之圈限，必当力破。"⑦应当说，梁欲与革命派联合，并非纯粹虚伪。

孙中山在1900年7月的一次谈话中说："我志在驱逐满洲人，而他（康有为）支持年轻的皇帝。我希望与他磋商，为我们在共同路线上的联合行动作出安排。"⑧承认两派有共同的路线。陈少白始终认为："简直说，革命与保皇，亦不过救国之一策。"⑨所以他们对康党的君主立宪纲领并不反对，有时且降格以求。7月24日孙中山和兴中会骨干杨衢云、陈少白、谢缵泰、郑士良、邓荫南、史坚如、李纪堂八人署名的《致港督卜力书》，所拟订的平治章程六则，主要精神就是实行君主立宪。⑩

既然双方路线一致，彼此自是同志朋友，不是阶级敌人，其矛盾系同志朋友间的、不同派别间的，殆无疑义。正因如此，孙中山闻梁启超在檀香山的作为后，

---

① 光绪二十六年三月二十九日《致孙逸仙书》，《梁启超年谱长编》，第258页。
② 《革命逸史》（2），第5页。
③ 《革命逸史》（6），第14页。
④ 《梁启超年谱长编》，第181页。
⑤ 《兴中会革命史要》，《辛亥革命》（1），第63页。
⑥ 光绪二十六年二月二十八日《致康南海先生书》，《梁启超年谱长编》，第210页。
⑦ 《梁启超年谱长编》，第207页。
⑧ 《与斯韦顿汉等的谈话》，《孙中山全集》第1卷，第195页。
⑨ 《兴中会革命史要》，《辛亥革命》（1），第64页。
⑩ 有的论者认为，章程内容完全是香港政府议员、资产阶级改良派何启的思想，未免失之偏颇。章程是陈少白起草，不过经何启译成英文后递交罢了，怎能说是何启的思想？该书载《孙中山全集》第1卷，第191—194页。

仅仅驰书责其"失信背义"①，不够朋友，而未予以严谴。

同年6月，日人犬养毅、宫崎滔天提出联康计划，孙中山等立表赞成。②当宫崎赴新加坡说康有为时，徐勤怀疑宫崎是奉李鸿章之命前往行刺，电康慎防。康信以为真，即告新加坡当局将宫崎拘捕，后经孙中山营救获释。经过此次事件，"不独两派合作的可能性完全消灭，而且以后还越发的水火起来"③。日人视康有为为"无情汉"，亦将合作之议废然抛弃。造成两派彻底决裂的严重后果，纯属误会或康党多疑所致，与政治立场的根本对立和宗旨相悖毫无关系。

同年8月，自立军起义因海外汇款屡次愆期等原因而失败。参加起义的秦力山等人"以保皇会捐款用途不明，谓其阻误义师，攻击甚力，康、梁师徒疑为革命党主使，衔恨益深，时梁启超尝有从此披发入山之愤言。"④梁与革命派的关系更加恶化。

此后，梁启超不时遭到革命派攻击。至1903年末，梁启超游新大陆归来，放弃了"破坏"和"革命"口号，两派壁垒趋于分明，斗争转剧，革命派对他的攻击论调也随之升级。

1903年12月，孙中山与康党在檀香山的《新中国报》主笔陈仪侃论战，痛骂康、梁为"满奴"、"汉奸"，亲自拉开两派正式笔战的序幕。1905年《民报》出版后，梁启超赤膊上阵，与革命派论战。他与革命派论战的范围颇广，最主要的是关于根本宗旨的问题。革命派主张通过暴力推翻清王朝，实行民主立宪；梁启超主张用和平方法改造清政府，实行君主立宪。一些论者认为，这一斗争属于敌我性质，并且是导致两派斗争的根本原因。笔者不敢苟同。要详细论证这一问题，需另撰专文，本文仅就两种主张的性质略加陈述。

笔者认为，两派的宗旨相同。

梁启超同革命派一样，坚决反对封建君主专制制度。他指出："专制政体者，实数千年来破家亡国之总根源也。"并说："稍有世界知识者，宜无不知专制政

---

① 《革命逸史》（2），第4页。
② 宫崎滔天：《三十三年之梦》，第182页，三联书店香港分店，1981年；林启彦：《宫崎寅藏与中国革命活动编年纪要》，见《三十三年之梦》，第306页。
③ 《梁启超年谱长编》，第257页。
④ 《革命逸史》（6），第15页。

体不适于今日国家之生存"①,"莫不痛心疾首于专制政体"②。大声疾呼:"为国民者,当视专制政体为大众之公敌。"③号召国民群起反对,以使"专制之迹必永绝"④。

梁启超既然坚决反对封建专制政治,他所追求的当然不再是封建独裁政治,而是资产阶级的君主立宪政治。"君主立宪者,君主应人民之要求,而规定国家机关之行动及人民对于国家之权利义务者也"。"其所规定,则君主与人民协定之"。⑤"立宪政体亦名为有限权之政体,专制政体亦名为无限权之政体"⑥。"夫立宪政体之所以异于专制者,亦于其君权之有限无限判之而已"⑦。在此,梁启超指出了封建君主专制制度与君主立宪制度的根本区别:专制政治,君权无限,一任自专;君主立宪,君权有限,受制于宪法。宪法规定各国家机关和人民的权利义务。梁启超说,君主立宪有三大特色,这就是民选议会,大臣副署(责任内阁),司法独立。即"立法权由国会行之,行政权由国务大臣行之,司法权由独立审判厅行之"的三权分立制度。⑧议会的职权有七项:参预改正宪法,提出法律、议决法律,议决预算、审查决算,事后承诺,质问政府,上奏弹劾,受理请愿。⑨"无国会不得为立宪,有国会而非民选不得为立宪";虽有民选国会,而"权力不圆满具足,仍不得为立宪"⑩。责任内阁只能"对于国会负责任"⑪,不能对君主负责任,如"惟对于君主而负责任也,则是取立宪政体之原则翻根柢以破之,而复返于专制"⑫。关于宪法,梁启超反对单纯的钦定,而主张国民对"宪法之内容若何,则在所必争"⑬。他认为,经人民"协定"的宪法,至少要明确规定人民应享

---

① 《政闻社宣言书》,《辛亥革命前十年间时论选集》第2卷,下册,第1058页。
② 《论专制政体有百害于君主而无一利》,《辛亥革命前十年间时论选集》第1卷,上册,第232页。
③ 《论专制政体有百害于君主而无一利》,《辛亥革命前十年间时论选集》第1卷,上册,第241页。
④ 《政闻社宣言书》,《辛亥革命前十年间时论选集》第2卷,下册,第1058页。
⑤ 《申论种族革命与政治革命之得失》,《辛亥革命前十年间时论选集》第2卷,上册,第234页。
⑥ 《立宪法议》,《饮冰室合集·文集》第2册。
⑦ 《中国国会制度私议》,《饮冰室合集·文集》第9册。
⑧ 《宪政浅说》,《饮冰室合集·文集》第8册。
⑨ 《论政府阻挠国会之非》,《国风报》第1年第17期。
⑩ 《宪政浅说》,《饮冰室合集·文集》第8册。
⑪ 《论政府阻挠国会之非》,《国风报》第1年第17期。
⑫ 《内阁果对于谁而负责任乎》,《国风报》第2年第12号。
⑬ 《申论种族革命与政治革命之得失》,《辛亥革命前十年间时论选集》第2卷,上册,第231页。

受下列自由权利：言论著作、集会结社、行为、居住等自由，财产所有、请愿等。①梁启超提倡政党政治，积极组织政团，鼓励同人以在野政治家自勉，将来成为在朝政治家。②他憧憬英国式的政党政治，并断言中国只要实行真正的立宪，绝不会出现德国、日本式的官僚政治。他说，将来民间的政党势必在国会中独占势力，同官僚内阁斗争，"犹以千钧之弩溃痈也，进焉则取而代之，退焉则使官僚内阁唯唯服从也必矣。吾故曰：吾国将来之政治现象，必变为英国式之政党政治，势则然也"③。

梁启超痛斥数千年来视国家为一姓之私产的君主为"民贼"④，他所要的君主绝非代表大地主大买办阶级的君主。当然，他笔下的君主同封建君主一样，表面上仍是"神圣不可侵犯"的。但是，在"神圣不可侵犯"的背后，却有着与封建君主绝异的内容。封建君主有至高无上的权力，主宰专断一切；立宪国家的君主则是"无责任"。在梁启超看来，"君主无责任也，君主神圣不可侵犯也，二者盖异名而同实也。惟其无责任，故可以不侵犯；惟其不可侵犯，故不可以有责任"⑤。也就是说，"神圣不可侵犯"是"无责任"即"无实权"的交换条件。既"无责任"，"其为虚器也章章矣"⑥。他又说："但使立宪实行，政权全归国会，则皇帝不过坐支干修之废物耳。国势既定，存之废之，无关大计，岂虑其长能为虐哉！吾党所坚持立宪主义者，凡以此也。"⑦"夫无责任之君主，欧美人常比诸受豢之肥腯耳，优美崇高之装饰品耳。"⑧总之，他要的君主，是一个"无责任"、"无实权"、"坐支干修之废物"，可以随时"废之"的"优美崇高之装饰品"。这样的君主，其不能发生任何重大政治作用，不能代表大地主大买办阶级的意志而行使统治权力，自无待辞费。那么，他要的是什么样的君主呢？是英国式的君主。关于这一点，他讲得明明白白："吾以为君主之尊荣者，莫如英吉利；君位之巩固者，

---

① 《各国宪法异同论》，《饮冰室合集·文集》第2册。
② 《责任内阁与政治家》，《饮冰室合集·文集》第8册。
③ 《读十月初三日上谕感言》，《国风报》第1年第28号。
④ 《中国积弱溯源论》，《饮冰室合集·文集》第2册。
⑤ 《政治学学理摭言》，《饮冰室合集·文集》第4册。
⑥ 《政治学学理摭言》，《饮冰室合集·文集》第4册。
⑦ 宣统三年九月八日《致雪公书》，《梁启超年谱长编》，第553页。
⑧ 《异哉所谓国体问题者》，《饮冰室合集·专集》第9册。

莫如英吉利；故欲尊其君者，不可不学英吉利；欲安其国者，不可不学英吉利。"①又言："宜效英之虚君"②。"使其君主而为英国今日之君主也，夫谁得而觊之？"③

从梁启超的君主立宪政纲看，他追求的理想王国，显然不是封建王国，而是"今日"即二十世纪初年的资本主义的英吉利王国。他有时也谈效法日本，不过不是幕府封建割据时代的日本，而是明治维新后跃居资本主义现代化国家的日本。正因其宗旨是建立资本主义现代化的国家，又认英国"无共和之名而有其实"④，所以，他把革除专制后而建立的君主立宪或民主立宪，均称之为"政治革命"⑤。认为二者一样，"同为民权"⑥，其"共通之原则，则政治公开是也。所谓政治公开者，凡一切行政、立法、财政，大抵经人民公议"⑦。因之，他在与革命派辩论时根本不承认两派宗旨有别，并视把革命与立宪对立起来为天下奇闻，说："今之少年，饮排满共和之狂泉，而失其本性，恶夫持君主立宪论者之与己异也，而并仇之，于是革命二字与立宪成为对待之名词，此真天下所未闻也。"⑧

梁启超的观点没有错，他抓到了事物的本质。无论君主立宪，还是民主立宪，都是西方资产阶级在进行革命斗争中创立的政体，是对封建专制政体的否定。与政体相联系的是资产阶级行使国家统治权，因而这两种制度又是资产阶级为实现自己的专政而建立的国家形态。时至今日，我们也讲不出梁启超所效法的君主仍然"神圣不可侵犯"的英国、日本，其国家性质在本质上与革命派所效法的共和制度的法国、美国有何不同。

某些较有资产阶级政治学常识的革命党人，在理论上也不否认君主立宪与民主立宪的国家在本质上相同。姑举数例。孙中山说："英、奥等国，君主国也，而政治之进步与民主国无异，因君主虽有君主之位，而不能干预政治专制害民故

---

① 《答某君问德国日本裁抑民权事》，《饮冰室合集·文集》第4册。
② 《新中国建设问题》，《饮冰室合集·文集》第10册。
③ 《论专制政体有百害于君主而无一利》，《辛亥革命前十年间时论选集》第1卷，上册，第236页。
④ 《答某报第四号对于新民丛报之驳论》，《饮冰室合集·文集》第6册。
⑤ 《申论种族革命与政治革命之得失》，《辛亥革命前十年间时论选集》第2卷，上册，第199—200页。
⑥ 《立宪法议》，《饮冰室合集·文集》第2册。
⑦ 《初归国演说辞》，《饮冰室合集·文集》第11册。
⑧ 《申论种族革命与政治革命之得失》，《辛亥革命前十年间时论选集》第2卷，上册，第236页。

也。"① 汪精卫说，在君主立宪国，"其自由、平等之程度，亦近乎共和，而远乎专制。"②"德国学者波伦赫克曰：'今日之英国，非君主政体，乃民主政体也。'非虚语矣。"③ 他认为，如果具备两个前提，是可以实行君主立宪的④。所以，他在辩论时，也反对把君主立宪与民主立宪对立，说："而该记者乃以立宪与共和为对待之名词，真可谓呓语矣。"⑤ 汪东说："排满论与政治革命论（按：指君主立宪），皆假定之以为可以救吾国，其性质非有差也。"⑥ 他同样否认君主立宪与民主立宪对立，说："革命与立宪，要非绝对的名词也。夫立宪为专制改良的政体，而革命者，即所以求此政体之具也。"⑦ 宋教仁说："英国国体号为君主制，而其实际则兼有民主的精神。"⑧《民心》杂志撰文说："立宪而至于英国，亦吾国上下之所愿也。"⑨《复报》认为："以君主立宪与民主立宪比较，不过多选举大统领一事而已。"⑩ 可见，在革命派眼里，君主立宪制度本身并不是对民主立宪的反动。

两派的分歧在哪里呢？在于用何手段实现宗旨和将来所采取的政权形式要不要有君主。革命派主用暴力手段，梁启超主用和平手段；革命派主学法、美，打倒皇帝，建立资产阶级的共和国家，梁启超主学英、日，保留皇帝，建立资产阶级的君主立宪国家。两点分歧显示了革命派对清政府的认识较梁深刻，斗争性较梁坚强，反封建亦比梁彻底。这种分歧虽然可以引起两派进行激烈论战和斗争，但毕竟是在建立资产阶级国家的相同宗旨的前提下产生的，只有高下程度之差，并无本质区别。因而它属于民族资产阶级内部两个不同政治派别之间的争论，而非大地主大买办阶级与民族资产阶级之间的阶级斗争。

论战的原因尚不止上述分歧，因非本文所论，不赘。在此，我们想强调指出一个常为论者忽视而又十分重要的问题。众所周知，双方论战的最终目的，都是

---

① 《在国民党成立大会上的演说》，《孙中山全集》第2卷，第408—409页。
② 《再驳新民丛报最近之非革命论》，《民报》第7号。
③ 《希望满洲立宪者盍听诸》，《民报》第5号。
④ 《与佛公书》，《民报》第9号。
⑤ 《希望满洲立宪者盍听诸》，《民报》第5号。
⑥ 《新民丛报杂说辨》，《民报》第11号。
⑦ 《论支那立宪必先以革命》，《民报》第2号。
⑧ 《英国之国会革命》，《宋教仁集》上册，第301页。
⑨ 《对于政府之民心》，《民心》第5期。
⑩ 奇零人：《中国新报》，《复报》第10期。

为了实现自己的主张。但怎样才能实现呢？空喊口号是无济于事的。要实现，必须有愿意为之奋斗的大批群众；要争取群众，就要做宣传组织工作，建立机构，扩展会务，还要从事暗杀或武装起义，这一切都离不开金钱，而金钱又要从支持者那里取得。总之，在两派看来，谁争取的群众多，金钱多，地盘大，力量大，谁就有首先战胜封建专制制度的希望，在竞争中获得优胜。任何一方的得势，都意味着对方处于劣势。这是个极为现实的切身利害问题，双方均直觉地感到了它的重要性，因而竭力争夺，愈演愈烈，甚至把对方当作头号"大敌"，百般排斥打击。美洲及其他地方的斗争情况就是最好的说明。

孙中山于1903年10月抵檀香山后，发表演说，号召革命，"前时误入保皇会之兴中会员多觉悟来归，保皇党势力因之大受影响"①。陈仪侃"深恐该党基础为之动摇"，乃于报上丑诋孙中山"为假革命，且及个人私德"②，进行挑战。孙中山怀疑陈仪侃之攻击由于梁启超出于对他的妒忌，暗中授意陈而发③，遂将一腔怒气发泄到梁的头上。孙中山的另一任务是筹款，可是所发的军需债券，"因兴中会地盘已为保皇会蚕食过半，购者寥寥，全数仅得二千余元，以视梁启超所筹之数，相去真不可以道里计矣"④。筹款的失败，顿时增长了仇恨。他致函黄宗仰说："闻在金山敛财百余万，此财大半出自有心革命倒满之人。梁借革命之名骗得此财，以行其保皇立宪，……罪通于天矣，可胜诛哉！……今当乘此余暇，尽力扫除此毒，以一民心；民心一，则财力可以无忧也。""非将此毒铲除，断不能做事。"⑤未几，孙中山去美国内地，"康、梁师徒深虑革命党得势，使若辈有地盘丧失之虞"，且挟其在檀岛排击之嫌，极力设法阻止孙"涉足美境"。⑥孙中山入境后，主持《大同报》笔政的康党欧榘甲，以孙的到来，"于彼有利害冲突"，"虑《大同报》为所搀夺"，遂著论排斥，且诋洪门尊重孙中山为不智。⑦结果被致公堂大佬黄三德摈斥，《大同报》落入革命派之手。孙中山乘机遍游各埠，进行筹款和发展革

---

① 《革命逸史》（2），第93—95页。
② 《革命逸史》（4），第20页。
③ 《复某友人函》，《孙中山全集》第1卷，第229页。
④ 《革命逸史》（1），第17页。
⑤ 《复黄宗仰函》，《孙中山全集》第1卷，第229—230页。
⑥ 《革命逸史》（4），第138、147页；《革命逸史》（2），第102页。
⑦ 《革命逸史》（1），第148页；《革命逸史》（2），第111页。

命力量，由于保皇党势力过大，收效甚微。致公堂进行总注册时，"各分堂职员身跨保皇会籍者，实有繁徒"，因是"大都阳奉阴违，延不举办，会员之报名注册者，寥寥无几"①。关于发行军需债券，大家开始均甚赞成，可是一听凡购券者即为兴中会员，多谈虎色变。②可见矛盾的实质是争势力、争捐款、争地盘、争民主运动的领导权。为"扫灭在美国之保党"③，壮大力量，革命派在《大同报》发表梁启超"冒称中国国务总理大臣"委任美国军官福近卜为中国维新军大元帅的证书，对保皇派给予沉重打击。1905年2月，孙中山更在手订的《致公堂重订新章要义》中，确立了"先清内奸而后除异种"④的方针，把同保皇派的斗争摆在首要位置。

其他各地，许多斗争远远超出了论战范围。在香港，革命派的《中国报》刊载康有为之女康同璧在美洲"行骗"华侨事，被康有为委托人在法院控以毁谤名誉罪，要求赔偿损失五千元。⑤该报又攻击康党叶惠伯，康党再控其毁谤之罪，索赔丑银一万元。⑥在日本，胡汉民于保皇党召开的戊戌、庚子死事诸人追悼纪念会上发表演说，对康、梁大肆进行人身攻击，《民报》第一号将其全文登载。后来革命派的报刊上公开喧嚷"必杀"康、梁，"诛此两妖魁"⑦，还发生了大闹政闻社开会的活剧。在新加坡和缅甸，有对报社的争夺，有革命党人大闹政闻社的故智重演。这些不择手段的人身攻击，阵地争夺，徒逞胸臆的叫骂，更非严肃的政治斗争，只能激化矛盾，不能解决任何问题，具有更明显的宗派主义斗争性质。

冯自由说："更从事实上言之，革命党各报当年进攻之大敌，名为满清政府，实则康、梁党徒。"⑧为什么呢？邹鲁说："梁氏之文，盖足当反革命论之代表，党人知非征服此伧，无由使革命思想发展也。"⑨争取思想理论上的胜利，是为了使革命思想获得发展。说得更明确些，就是取得广大人民群众的同情、参加和物

---

① 《革命逸史》（1），第153页。
② 《革命逸史》（2），第106页。
③ 《复黄宗仰函》，《孙中山全集》第1卷，第240页。
④ 《孙中山全集》第1卷，第261页。
⑤ 《革命逸史》（1），第71—72页；《革命逸史》（3），第223页。
⑥ 中国保皇总会《告列位同志兄书》，《梁启超年谱长编》，第359—360页。
⑦ 刘道一：《驱满酋必先杀汉奸论》，《汉帜》第1号。
⑧ 《革命逸史》（4），第138页。
⑨ 邹鲁：《中国国民党史稿》（2），第484页，中华书局，1960年。

质支援，壮大自己，削弱对方，一句话，同对方争夺民主运动的领导权。梁启超亦然。1906年春，他说，为了"与彼党争舆论之动力"，仍要同《民报》辩驳，"盖不如是，则第三者之观听愈荧也"①。后来他又致书康有为说："今日局面，革命党鸱张梦延，殆遍全国。我今日必须竭全力与之争大举，以谋进取，不然将无吾党立足之地。故拟在上海开设本部后，即派员到各省州县演说开会，占得一县，即有一县之势力，占得一府，即有一府之势力，不然者我先荆天棘地矣（现敌党在南方一带，已骎骎占势力，我党一面在南方与彼殊死战，一面急其所不急者先下手，以取北方……）。""革党现在东京占极大之势力，万余学生从之者过半。……及改官制有名无实，其势益张，近且举国若狂矣。东京各省人皆有，彼播种于此间，而蔓延于内地，真心腹之大患，万不能轻视者也。"②再清楚不过地表明他要与革命派争势力、争地盘。而争势力、争地盘，又完全是为了"争大举"。"大举"在革命派那里是指武装推翻清王朝，在梁启超那里是指大搞立宪运动，建立资产阶级的君主立宪国家，其目的亦是同革命派争夺民主运动的领导权，最后"与政府死战"③。这又说明，矛盾的性质依然未超出民族资产阶级内部两个不同政治集团的斗争范围。

### 三

梁启超公然反对暴力革命，同革命党斗争，究竟把革命派视为严格意义上的阶级敌人呢，还是视为实现共同目的而互相竞争的"政敌"或"敌党"？弄清这一问题，可以进一步明确矛盾的性质。

首先看看梁启超对两党关系所持的态度。1900年梁启超主张与革命派联合，已见上述。1902年他公开声明："两党之人互相水火，互相唾骂，互相攻讦"，"此诚最可痛心之事"。尽管革命党"认民间异己之党派为第一敌"，屡加攻击，但他"尚知自重而不肯蹈此恶习"。他说："夫使以笔墨挑战也，则吾辈亦何患无辞。……吾所谓与舆论挑战者，自今以往，有以主义相辨难者，苟持之有故，言之成理，吾乐相与赏之析之；若夫轧轹谩骂之言，吾固断不以加诸人，其有加诸我者，亦

---

① 光绪三十二春《与佛苏我兄书》、《致徐佛苏书》，《梁启超年谱长编》，第362—363页。
② 光绪三十二年十一月《与夫子大人书》，《梁启超年谱长编》，第372—373页。
③ 《与夫子大人书》，《梁启超年谱长编》，第373页。

直受之而已。"①同年，他在《敬告留学生诸君》中亦申明："主温和"、"主激烈"不过是达到目的的一种手段，各有其用，"所谓同归而殊途，一致而百虑，善之大者也。但求同归，但求一致，不必以途之殊、虑之百为病也。"为此，他规劝，不要以手段之差别而互相非议，"自隘以自水火"。②他的态度相当明晰：一、他认为攻讦谩骂是一种低级粗野的"恶习"，作为党派不应出此手段，故"不屑为"。二、在他看来，两派本系殊途同归，应"但求同归，但求一致"，只要政治大方向相同，就不必计较手段的差异，即应求大同，存小异。三、既然殊途同归，双方即为道义上的朋友，从"义"上讲，攻讦谩骂亦不允许。四、主张思想理论上的分歧通过讨论、说理去解决，不应倾轧排斥。这说明他与革命派的分歧只是思想理论的分歧，未把对方视为不可调和的阶级敌人，而是看作为同一目标而奋斗的朋友。

在论战的激烈时刻，其态度又如何呢？1906年春，论战进行不久，胜负尚未见分晓，梁启超即切望停止论战，致函徐佛苏说："公所谓作一来函登报，以停止论战者，此甚要，望早成之。"③同时向革命派阐述了不应敌视倾轧的理由。他说，革命与立宪并不对立，"夫使诸君所执排满共和之手段，而果足以救国，则诸君坚持之宜矣；然于他人之执他手段而欲以救国者，犹当以其目的之相同而勿与为敌。"两党之实力"即一国之元气"，如互相倾轧不已，"其力两相消，卒并归于无有而已"，国家前途不堪设想。请"节制感情，共向一最高之目的以进行"。对于分歧，可以"用严正之理论法"答辩，但"毋为各趋一途而使力互相消也"。④还是认为两党应为共同的最高目的而奋斗，不应因认识分歧和手段之异而感情用事，相互水火，消耗力量。4月，看到胡汉民的人身攻击后，他自然有些怒气，但他并不准备以牙还牙，以眼还眼，因为"义不应尔"，并声明凡此后对之"作人身攻击者，即使其丑诋视前十倍"，"亦一字不辩"。⑤其后，他在《杂答某报》中更详细地论述了两党应有的关系，认为要求立宪"决非与排满主义不相容"，实际上，要求立宪能为革命党"间接生助力"，而革命也可以为立宪党"间接生助力"，正"所谓相反而实相成者也"。因此，他呼吁联合，共同向清政府作斗争：

---

① 《答和事人》，《饮冰室合集·文集》第4册。
② 《饮冰室合集·文集》第4册。
③ 光绪三十二年春《致徐佛苏书》，《梁启超年谱长编》，第363页。
④ 《申论种族革命与政治革命之得失》，《辛亥革命前十年间时论选集》第2卷，上册，第238页。
⑤ 《答某报第四号对于新民丛报之驳论》附言，《饮冰室合集·文集》第6册。

"彼报与我报可以相提携而共向针锋于政府，可以相提携以鼓吹国民研究何术可以实行监督政府，且迫使政府不得不受监督。如此，则势力可以相加，而效果可以增数倍蓰焉，不贤于今日哓论辩而势力相消者也。"① 这些意见是完全正确的，因为两派同属一个阶级，都要把中国推进到资本主义，没有根本的阶级的利害冲突，共同的敌人是维护封建专制统治的清政府，两者理应经成联盟，一致对敌。《民报》第九号、第十号则发表驳徐佛苏劝告停止论战的文章，表示将论战进行到底。梁鉴于革命派的决绝态度，加之本人的宗派成见，亦不免意气用事，致书康有为，声言："今者我党与政府死战，犹是第二义；与革党死战，乃是第一义。有彼则无我，有我则无彼。"② 实际上，正像前面所指出的，这里说的是与革命党争势力、争地盘。即使在此时，他也未放弃与革命党谋求和解。1907年1月10日，他托徐佛苏出面见宋教仁希图转圜。徐佛苏传达梁意说："向与《民报》辩驳之事，亦出于不得已。苟可以调和，则愿不如是也。"请宋与《民报》相商，"以后和平发言，不互相攻击。"次日，宋告章炳麟、孙中山、胡汉民，章允调和，孙、胡"皆不以为然"，调和失败。③ 3月、5月，《民报》连续发表文章，宣称决不能与梁启超"相提携"④。7月以后，梁启超的斗争锋芒即转向"全力对待政府"⑤。10月，革命派大闹政闻社会场，梁未利用日警查询之机进行报复。1910年，当国内立宪派力量蓬勃而兴的时候，他依然反对意气之争，宣称："若彼此终不能弃其所信，则各坚持之可也，申辩之可也，立宪国之常有两政党对峙，岂不以此耶？"⑥ 同年徐佛苏在北京主编《国民公报》，该报出版伊始，徐即与梁启超约定"不对革党及他派下攻击"，梁启超对此非常嘉许。⑦ 1911年，上海几家革命党报纸因梁启超对锦爱铁路和中美同盟问题持不同意见，又对梁大加攻击，说梁受日本人指使，并编造了一些不符合事实的新闻，甚至牵及其妻女。6月，梁启超被迫发表《与上海某某等报馆主笔书》，进行答辩。在书中，他首先表明了对不同政见应抱的态度，

---

① 《新民丛报》第84期。
② 光绪三十二年十一月《与夫子大人书》，《梁启超年谱长编》，第373页。
③ 《宋教仁日记》，第322—323页。
④ 精卫：《杂驳新民丛报》，《民报》第12号；民意：《希望满洲立宪者之勘察》，《民报》第13号。
⑤ 光绪三十三年六月八日《与南海夫子大人书》，《梁启超年谱长编》，第409页。
⑥ 《中国外交方针私议》，《饮冰室合集·文集》第8册。
⑦ 徐佛苏：《梁任公先生逸事》，《梁启超年谱长编》，第513页。

说任何政策都有利害两个方面,不同的观点进行辩论是正常的。"吾所主张,岂敢自谓其无误,特就其所见及者而论之耳。公等不以吾言为然,从而纠正之,此我所最乐闻。公等所纠而足以服我之心,吾固不惮降心相从;若犹未也,则更相与往复其论,以求最后之真理。"这种态度无可非议。接着,他就革命党人的指责,重申了自己的立论根据,澄清了事实。他批评革命派:"公等徒以政见不同之故,而诬吾以受日本人指使,且日日闭门捏造新闻,此则吾所最为公等不取也。"但他又指出:"推公等之意,或良出于爱国热诚,以愤恨日本人之故,但使有政策可以排日者,则虽加数倍之牺牲而不惜。""公等为感情所激,乃至以窃鈇之疑相加,即鄙人亦未尝不为公等谅。"最后再次申明:"吾之此书,非有怒于公等也,公等因与吾政见不合,又因吾所居之地为日本,以爱国嫉俗之故而致疑于我,此何足怪者。至于记事失实,则或由采访不确,而非公等之咎;或以恶其人过甚,不惜深文以入其罪,此社会向来之恶习,不能尽为公等责也。"他批评了革命派的指责偏激失实,但又以出于"爱国热诚"以及其他主观的社会的原因,而表示深深理解革命派的心情,加以原谅。如此宽容大度,不正体现了他对革命党的态度吗?末后,他向对方提出四点"忠告"。前两点属于办报的职业道德问题,无庸多论。第三点是:"当知今日之中国,危急存亡,仅余一发,为国民者,惟当并力一致攻击恶政府,以谋建设良政府。凡有向此目的进行者,宜互相提携,捐小弃而取大同,无为排挤以相消其力,而令政府窃笑于旁。"第四点是:"当思现今人才寥落已极,吾辈虽尽数结合,犹恐不足以救亡,苟其人而稍有一节之长,固当隐恶扬善,以期相与有成,安可更萋斐以相戕者。"①这两点充分道出他对两党关系所持的鲜明的立场和联合对方并力一致向清政府斗争的意愿。

凡此皆表明,梁启起始终把两派看作如同资本主义国家中的两党那样,主张和平竞争,讨论辩难,联合提携,共同向清政府斗争,反对互相倾轧,抵消力量。他既未把对方看作阶级敌人,更未采取同阶级敌人斗争的方式。他的这些认识和做法,只能在同一阶级中不同政治派别之间找到,在革命的真正阶级敌人那里是绝对没有的。

其次,看看梁启超对革命党人的印象。他曾指责革命党人意气用事,抱有一

---

① 《饮冰室合集·文集》第10册。

党之见,不容异己力量,对攻讦倾轧表示愤慨。但他承认革命的必然性和正义性,认为清政府是"制造革命党之一大工场",革命党产生完全由于清政府"政治腐败"。对这样的政府,"人民于权利上得起而革之,且于义务上不可不起而革之"。① 他甚至承认:"在今日之中国而持革命论,诚不能自完其说;在今日之中国而持非革命论,其不能自完其说抑更甚。"② 他肯定革命党人具有高尚的品格,称革命党人为"固一国中多血多泪之男子,先国家之忧乐而后其身者也"③。是"真爱国者","有热血有智识之人"。赞颂死于黄花岗之役的烈士中"不乏爱国热诚磊落英多之士",并说革命党人是国家之"元气","而国所赖以不亡者也"。他敬仰陈天华的为人,陈死后"益崇拜之而思竟其志"。④ 他公开宣称坚决反对捕杀革命党人,痛斥清政府是祸国殃民的"元恶大憝"⑤。这些话,如果不是站在盟友的立场上发言,试问哪一个真正的阶级敌人能出诸其口?梁启超与革命派的矛盾性质不是洞若观火吗?

## 四

有比较才有鉴别。当一事物同他类事物并存时,应把他们放在同一尺度下加以衡量,以便使问题看得更清楚一些。下面再考察一下革命派同国内立宪派的关系。

国内的立宪派分属不同的团体,与梁启超为首的海外立宪派有联系也有区别。革命派同他们的关系错综复杂,要彻底搞清比较困难。大体而论,海外的革命派对他们攻击很少,激烈程度更逊于对康有为和梁启超的攻击,而活动于国内的革命派与他们的关系,一般地说,均无恶感,两派人士亲密无间、互相帮助、互相支援以至共同行动的情况亦非罕见。

如江苏:

1907年革命派的于右任创办《神州日报》于上海,即得到立宪派首领张謇和

---

① 《现政府与革命党》,《饮冰室合集·文集》第7册。
② 《粤乱感言》,《饮冰室合集·文集》第10册。
③ 《答和事人》,《饮冰室合集·文集》第4册。
④ 《申论种族革命与政治革命之得失》,《辛亥革命前十年间时论选集》第2卷,上册,第238、196页;《粤乱感言》,《饮冰室合集·文集》第10册。
⑤ 《敬告留学生诸君》,《饮冰室合集·文集》第4册。

马相伯的帮助。①

1908年同盟会江苏支部长陈陶遗为两江总督端方拘捕，革命派请张謇帮忙，张立电端方，端未敢下毒手。②

1909年马相伯和《时报》创办人狄葆贤反对清廷以征银变相加赋，革命派的《民呼日报》歌颂其行动为"为民请命"。③

蔡元培素与马相伯为"莫逆交"④。

同盟会会员黄炎培认张謇、马相伯、赵凤昌、姚文枬等是"政治意识不完全相同而一致倾向于推翻清廷，创立民国的战友"⑤，与立宪派骨干沈恩孚、杨廷栋、雷奋、方还、刘厚生等关系亦非同寻常。

沈缦云、王一亭先是主张立宪，但在暗中结交革命党人，加入同盟会后，仍与江苏立宪派的头面人物保持着密切交往。

1909年8月革命派的《民呼日报》遭封禁，各报多持"正义"，"均著论批评清吏压迫舆论及故入人罪之非法"，"斥责会审公廨判辞之失当"，立宪派的《时报》和《东方杂志》尤为激昂。⑥《时报》于案结后发表社论说："呜呼，此堂判耶？此实摧折言论萌芽之大刀阔斧耳。人心何在？天理何在？今后之言论权更何在？"并对"判辞"加予《民呼日报》和于右任的诬蔑逐一驳斥。又发表"时评"为之鸣不平，猛烈抨击封建专制。指出："《民呼日报》何罪？于（右任）、陈（非卿）何罪？而乃至于押一月余，至于逐出租界，至于具不开报甘结。呜呼！所谓'言论萌芽，不宜摧折'者，顾宜如是耶？乃忽又曰：'上海各报时有凭空诋毁是非之事'，岂以《民呼日报》为未足，又欲尽上海各报而一网尽之耶？呜呼！上海各报果能摧折尽净否？即令摧折尽净，报馆尽死，能令人心尽死否？噫嘻！"《东方杂志》刊登了《民呼日报》案的全部经过与结果，转载了《时报》的社论和时评，以及《神州日报》为此案发表的社论，"窃比于案而不断之意"。⑦两报刊有力地声援了《民

---

① 《革命逸史》（2），第243页；傅学文：《邵力子生平简史》，《文史资料选辑》第67辑。
② 袁希洛：《我在辛亥革命时的一些经历和见闻》，《辛亥革命回忆录》（6），第277—278页。
③ 《民呼日报》，1909年5月17日。
④ 蒋维乔：《民国教育部初设时之状况.》，《辛亥革命史料选辑》下册，第302页，湖南人民出版社，1981年。
⑤ 黄炎培：《八十年来》，第53页，文史资料出版社，1982年。
⑥ 《革命逸史》（3），第304、305、307页。
⑦ 均见《记上海报界之风潮》，《东方杂志》第6年第8期。

呼日报》。

对于立宪派请愿速开国会之举，早在1907年9月，《神州日报》就发表政论说："执笔人敢为通国正告之曰：国会者为立宪国国体之总命脉，……为自专制政体进入于宪法政体之转捩机键，而尤为吾中国今日祛风疏邪、保中和脉、起衰振敝惟一之良剂。"故曰："中国而不实行立宪则已，苟实行立宪"，"必自开国会始"。它同立宪派一起大声疾呼："吾侪小人，勿自菲薄，务以国会促进人民之程度，而必不宜坐待程度之企及国会也。"①

1909年7月1日，《民呼日报》发表社论云："今日所谓救时者，曰预备立宪，曰筹办宪政。就朝廷一方面言之，则挽救危亡之局在是，图收富强之策亦在是。就人民一方面言之，则恢复固有之权利在是，造就国民之资格亦在是。是故公然置立宪为速亡之具者，此乃脑识单简者偏激之谈，而非中正之公论也。"它承认，假使政府"果出于诚心也者，则立宪之弊害诚减于专制。"②在此，它驳斥了对立宪持"偏激之谈"的伙伴。同年10月，江苏谘议局议长张謇派人联络各省谘议局，共同要求速开国会，《民呼日报》称这一行动"此中殆有救亡之深意存焉"，并称赞张謇为"议员中之伟大人物"。③

1910年10月，革命派又创刊《民立报》。当时国会请愿正搞得热火朝天，对这一重大政治事件，它开始未发表评论。但从称赴京请愿者为"志士"，称河南请愿之举为"动地惊天"，称资政院通过速开国会案的那一天为"历史上之纪念日"④诸高级褒词报道中，人们不难窥见其政治倾向。至12月，它就速开国会一事发表了三篇社论，正面阐述了自己的政治立场。11日的社论写道："人人心目中悬理想优美之宪法，馨香可祝之国会，知宪法、国会为吾民生命财产自由之保障，得之则生，弗得则死，有之则乐，无之则悲，而合天下之谋，聚全国之力，指天日誓泣，共以支撑吾民之保障自任，敢有堕吾保障者群起而攻之，牺牲头胪而不悔，则美、法、瑞士共和之宪法，虽不能骤见于今日，而掇英、比、普、日之精华而弃其糟粕，以合于吾国民固有之精神，当非甚难之事。"它号召："吾

---

① 《论开国会当先于地方自治》，《神州日报》1907年9月7日，《东方杂志》第4年第12期转载。
② 《论政府行为之矛盾》，《民呼日报》1909年7月1日。
③ 《民呼日报》，1909年10月30日。
④ 见《民立报》1910年10月14日、10月27日、10月29日。

国民盍急起而图之。"①此乃鼓励人民请愿，实行君主立宪。26日的社论是针对清廷驱逐请愿代表回籍的上谕而发的，它着重肯定了请愿国民的"爱国之举动"，痛斥清廷以假立宪"欺蔽吾民耳目"。②28日的社论除再次肯定了请愿者为"热心爱国之人民"，表达了对立宪"福音"的"日夕翘首企踵"的渴望外，还特别向监国、摄政王载沣进言："窃谓今日之预备立宪，是不啻开一线之樊，俾吾民得窥见自由之山川日月矣。而又欲禁锢……使之重入黑暗之地，吾民岂肯安之也否？吾不解监国贤王，奚以怙终而竟不悟也。世变日亟，则人智日开，人智日开，则民权日盛。苟不实行立宪，则必与专制之恶魔相搏击，虽上竭其淫威之手腕以压抑之，下必出其相当之能力以反抗之。"继之又写道："今欧洲立宪诸邦，其君主之家富尊荣，神明愉乐，岂唯波斯、突厥诸君不能梦想其万一，即令起路易十四于九泉，亦将闻之而生羡也。彼俄皇之蹐天促地一夕而三易其寝处者，吾不知其何所恋而不忍去也。噫！二十世纪为亚洲君民交争之时代，立宪之幸福，国民当流血以为代价，吾何忍为此言哉！明明我王，曷其奈何弗察。"③它从不立宪的危险和立宪的好处两个方面立论，劝告载沣及早明察醒悟，立即满足人民的立宪要求，这就无异于自己参加到请愿队伍的行列，而且口吻也和立宪派一样。

浙江：

1909年立宪派领袖汤寿潜（字蛰仙）在反对借外债筑路斗争中的表现，赢得革命派报刊的高度赞扬，誉其为"廉明果毅"、"民望所归"的"国士"，并从内心里发出"吾崇拜汤蛰仙"，"中国之汤蛰仙日多，吾又为中国幸"④的炽烈崇敬之感。在武昌起义前，汤寿潜"常与民党中人往还，虽未参加革命，行动精神早有默契"⑤。浙江谘议局议员赵镜年、预备立宪公会会员高尔登等人"或斥资接济党人，或遇党案暗中掩护，赞助之力甚大"。"谘议局中大部分议员，尤同情革命，热烈拥护。"⑥

---

① 《论国民宜急起参与宪法》，《民立报》1910年12月11日。
② 《对于二十三日上谕之概言》，《民立报》1910年12月26日。
③ 《宪政乎国民之代价安在》，《民立报》1910年12月28日。
④ 《论政府亟宜迁调汪大燮以挽浙民将去之人心》，《民呼日报》1909年6月27日；《河南之汤蛰仙》，《民呼日报》1909年7月28日；《中央集权发微》，《克复学报》第2期。
⑤ 黄元秀：《辛亥浙江光复回忆录》，《辛亥革命浙江史料选辑》，第519页。
⑥ 褚辅成：《浙江辛亥革命纪实》，《辛亥革命》（7），第152—153页。

湖南：

龙璋当过知县，1907年回长沙从事教育和工商业，1909年当选为谘议局议员。1911年参与发起组织政党宪友会和辛亥俱乐部湖南支部，担任辛亥俱乐部支部的候补常议员。他是黄兴的密友，华兴会的成立，就得到他在经济上的大力支持。① 黄兴在1904年谋长沙发难事泄后，即藏在龙家，得龙从弟及谭延闿（后为立宪派首领）、张继等帮助逃走。② 龙璋经常"以大量金钱资助"革命党，先后为革命捐输的款项，至少在二十万元以上，并利用自己的汽船为革命党人秘密购运枪械。③ 他和革命党人陈作新关系密切④，深得革命派信赖，1911年黄花岗起义前，谭人凤回长沙布置，请龙璋参与了密议。⑤ 陈作新与立宪党人黄锳友谊笃深。同盟会会员席绶曾与立宪派骨干孙洪伊创办《国民公报》，奔走京沪。1910年，省谘议局议员、立宪派粟戡时等十余人公函湖北谘议局，请其为关押在狱的同盟会会员胡瑛平反冤狱。⑥ 1911年夏，端方通缉拿办在长沙从事革命的黄一欧，谘议局副议长、立宪派骨干陈炳焕掩护黄逃离。⑦ 至于两派在保路斗争中的紧密合作更不待言了。

别的省区，这一类事情亦屡见不鲜。如：

四川的两派联合进行保路斗争。

奉天谘议局议长吴景濂同革命党人张榕时常交往，"形成维新派与革命派的联合"⑧。

广西的两派亦常相联系，两派的报纸"共同宣传革命"⑨。

陕西的同盟会会员郭希仁作为代表参加了1910年立宪派发动的国会请愿运动。

---

① 龙伯坚：《龙璋事略》，《湖南文史资料选辑》第10辑；章士钊：《与黄克强相交始末》，《湖南文史资料选辑》第1辑。
② 龙绂瑞：《龙荚溪先生遗书》，载《湖南反正追记》，第124—126页。
③ 龙铁元：《长沙光复前后见闻》，《辛亥革命回忆录》（7），第163页；龙伯坚：《龙璋事略》；黄一欧：《黄兴与明德学堂》，《湖南文史资料选辑》第2辑。
④ 阎幼甫：《回忆陈作新》，《辛亥革命回忆录》（7），第128—129页。
⑤ 谢介僧、文斐等：《湖南辛亥光复事略》，《辛亥革命史料选辑》下册，第1页。
⑥ 《胡瑛将重见天日》，《民立报》1910年12月2日。
⑦ 黄一欧：《黄兴与明德学堂》，《湖南文史资料选辑》第2辑。
⑧ 宁武：《东北辛亥革命简述》，《辛亥革命回忆录》（5），第524页。
⑨ 耿毅：《辛亥革命时期的广西》，《辛亥革命在广西》上集，第205页，广西人民出版社，1962年；蒙起鹏：《辛亥革命时期广西的报刊》，《辛亥革命在广西》上集，第90页。

直隶同盟会会员王葆真在省谘议局中有许多"熟识朋友",与议长阎凤阁、立宪派骨干齐树楷等"感情都很好"①。

广东谘议局副议长丘逢甲曾引进革命党人古应芬、邹鲁、朱执信到谘议局秘书处工作。1910年倪映典在广州发动新军起义失败,省巡警道查出邹鲁和陈炯明同这次起义有关,带人到谘议局拿捕,在丘的庇护下,邹、陈始得平安无事。1911年黄花岗起义失败后,丘得知邹、陈参加起义的证据已为清吏搜获,及时通知邹、陈逃离。②

湖北的立宪派时象晋同革命党人张难先、李书城过往甚密。③

同盟会山东支部主盟人徐镜心、丁鼎臣以及王讷、陈干等骨干分子,同立宪派的丁世峄、夏继泉、周树标、赵正印、侯延爽、徐佛苏等均相当接近。④

如此等等,不一而足。

如果说革命派与梁启超政治主张不同是分歧最根本的原因,那么,如何理解革命派对国内立宪派所持的态度呢?如何理解国内两派密切交往、支援合作等等现象呢?如何理解《神州日报》和《民立报》等鼓吹国会请愿和某些同盟会员直接参加请愿的行动呢?须知,鼓吹和参加请愿不仅证明这一部分革命派赞成立宪派的宗旨,而且连所采取的手段也完全一致。在此,政治分野消失了,所谓敌我矛盾更不存在了。

孙中山曾公开声明:"革命、保皇二事决分两途,如黑白之不能混淆,如东西之不能易位。革命者志在排满而兴汉,保皇者志在扶满而臣清,事理相反,背道而驰,互相冲突,互相水火,非一日矣。如弟与任公私交虽密,一谈政事,则俨如敌国。"⑤当徐佛苏调和论战时,汪精卫声言:"仆等与《新民丛报》宗旨不同,感情何能相洽。"⑥这些喧之于口公之于众的言论,证明革命派是重政治轻感情的,因而对国内两派关系的融洽绝不能用私交加以解释。是梁启超一派同国内立宪派宗旨不同而导致革命派的态度歧异吗?不是。立宪派虽有海外、国内之分,

---

① 王葆真:《滦州起义及北方革命运动简述》,《辛亥革命回忆录》(5),第403页。
② 邹鲁:《回顾录》(1),第29、30、33、40页,独立出版社,1947年。
③ 见郭莹、何晓明:《武汉民族资产阶级与辛亥革命》,《武汉师范学院学报》1981年第3期。
④ 见章开沅、林增平主编《辛亥革命史》下册,第165页。
⑤ 《敬告同乡书》,《孙中山全集》第1卷,第232页。
⑥ 《与佛公书》,《民报》第9号。

团体各别，但根本宗旨毫无二致。是国内的革命派与海外的革命派宗旨不同而造成的吗？亦不是。究竟是何缘故呢？唯一的原因就在于革命派与梁启超一派、国内立宪派的历史渊源不同。如上所述，革命派与梁启超一派最初均活动海外华侨当中，华侨分布虽广，然人数仅数百万，活动范围有限。为了发展壮大本派势力，他们在争取群众、捐款、地盘问题上不可避免地要发生激烈冲突，以此结下仇恨，互不谅解，愈积愈深，无法消除，遇有机会，便要发作，"往往因报上一字一句之微"，而"涉讼法庭"①。革命派与国内立宪派并未结下此种宿怨。当两派在海外开始笔战时，革命派在国内尚无什么力量。1905年同盟会成立后，革命力量渐向内地发展，然而主要偏重于沿海沿边一带，争取的群众多为会党。后来重点转移到新军，争取的对象多为中下级军官和士兵，经费来源靠海外接济和革命党人自筹。而国内立宪派则主要活动在民族资产阶级、知识分子以及一部分开明士绅中间，争取的对象、活动的范围均不与革命派发生冲突，经费自有来源，更不会产生争募捐款的矛盾。同时国内地广民众，大有回旋余地，不至出现你争我夺的现象。总而言之，革命派与国内立宪派没有直接的利害冲突，故能相安无事。再是，在当时的社会上，革命派之外，立宪派是最进步的民主势力。他们在呼吁挽救民族危亡，反对封建专制制度，要求民主自由权利，保路保矿，发展资本主义工商业，兴办教育等等问题上，均走在社会的前头。这些，在不持偏见的革命党人心目中都留下了良好印象。加之两派宗旨相同，彼此本来就有比较密切的交往，所以他们能够和平相处，遇事相助，共同携起手来同清廷斗争，直至最后两派"合流"。革命派与国内立宪派的关系证明两派宗旨相同，又反证出革命派与梁启超一派的矛盾之所以不可调和，主要是民族资产阶级不同派别之间的宗派主义成见在作怪。

宗派主义也表现在开放党禁问题上。自戊戌政变后，康有为和梁启超就是清政府通缉的重要"国事犯"。梁启超后来组织的立宪团体政闻社不久即被清政府勒令解散。为了在国内取得合法地位，从1907年起康有为就着手运动开放党禁。至1910年10月资政院开议后，要求开放党禁的活动达到高潮。参加人员除康、梁派回国内的以外，还有资政院议员，国会请愿同志会的成员，直隶和河南两省的绅民，以及御史赵熙等。他们要求朝廷特赦的戊戌以来的"国事犯"，一是戊

---

① 《革命逸史》（4），第132页。

戌党人，即康、梁党徒，二是革命党人。对此，资政院议员长福在会上所作的关于审查本议案的报告及最初提出此议案的议员罗杰的发言，都有明确的说明。① 无论主张开放党禁的人的主观动机如何，这件事情本身无疑是反对封建专制、争取民主自由权利的一个重要方面，值得肯定。不仅有利于立宪派，而且有利于革命派，至少可以为革命派在国内从事公开的活动、积聚革命力量提供许多方便条件。即使革命派不屑于加以利用，由于要求开放党禁是进步的行动，革命派亦理应予以支持。然而，仅仅因为开放党禁涉及康、梁回国，革命派以为只有利于康、梁，不利于自己，即痛下攻击。孙中山在海外闻讯，感到康、梁回国会助长其党气焰，打算设法"预用离间之计以防之"，在满族亲贵面前"怂以危言，使满人忌之"②，不让康、梁得逞。《民立报》表现得更奇特。它称赞、支持、鼓励国会请愿，对发动组织请愿的团体国会请愿同志会大加肯定。可是，就是因为同志会主张开放党禁，要求赦免康、梁回国，该报便把它骂了个狗血喷头，且扬言要把同志会的人斩尽杀光。它写道："丑哉，同志会！……一面上书洵邸（载洵），一面乞援各团，以起用康、梁为目的。夫康、梁者何物乎？乃人神之所共弃、天地之所不容者。今同志会竟中疯发狂，为虎作伥，不可耻乎？其无耻也。"在攻击康、梁一番之后又写道："语有之：乱臣贼子，人人得而诛之。然则辅助乱臣贼子者，非人人之所应诛乎？手执大刀九十九，杀尽仇人方罢手。夫康、梁与同志会，非仅朝廷之罪人，实吾同胞之公仇也……"③《民立报》的政治倾向和对同志会的态度，再次无可辩驳地证明：主办《民立报》的革命党人肯定同志会，纯从政治上着眼；痛骂同志会，纯出于对康、梁之嫉恨。可见革命派与梁启超的矛盾不在于政治上的分歧，而在于宿怨，在于双方具有严重的宗派主义。

五

民族资产阶级是新兴的先进的阶级，他们为了挽救民族危亡，使国家独立富强，一致要求变地主阶级专政为资产阶级专政，采用各种方式手段同封建专制制度进行斗争，为近代中国历史的发展作出了巨大贡献。但它毕竟是个剥削阶级，其成

---

① 《资政院会议速记录》第34号，第10—12页。
② 《致比利时同盟会员函》，《孙中山全集》第1卷，第427页。
③ 《丑哉同志会》，《民立报》1910年11月28日。

员无可例外的均会打上本阶级的思想烙印。再加地主阶级的影响，封建主义的熏陶，主观主义、自私自利、升官发财、权力观念、地域观念等等，在他们身上都或多或少地存在着。这些思想意识表现在组织上，就是宗派主义。宗派主义既存在于团体之间，也存在于团体之内。在团体之间，具有强烈的排他性；在团体之内，具有严重的独立性，实际上是另一种形式的排他性。二者都是为了谋取本团体本派别的私利，并不因宗旨歧异而起。

以革命派内部而言，兴中会的杨衢云曾同孙中山竞争总统。《国民日日报》的经理、编辑两部，"因权限问题"发生"同党内讧"，"卒致各向外国公堂提出诉讼"，经党人多方奔走调处，虽不再争执，结果却使该报停刊。① 《中国日报》和《有所谓报》由于抵制美约之事意见不合，曾"大开笔战"，"互相攻击"。② 同盟会酝酿成立期间，华兴会的成员在东京讨论是否合并，黄兴主形式上加入，精神上仍存华兴会团体，刘揆一则反对加入，都含有保存本团体的意义在内。1907年3月孙中山离开日本时，因日本赠款的分配问题，遭到章炳麟、张继、宋教仁、谭人凤、白逾桓等人非议，章更声称孙中山"出卖"《民报》。潮、惠起义失败，章炳麟等对孙中山大加抨击，提议罢免孙中山的总理职务，为庶务干事刘揆一拒绝，张继因此大闹《民报》社，与刘揆一"互相殴打"，且扬言"革命之前，必先革革命党之命"。后刘师培又提出改组本部案。刘揆一因纠纷日甚，函冯自由、胡汉民劝孙中山向东京本部"引咎请罪，以平民愤"，孙坚不同意。后因东京党员回国发动起义，此一轩然大波始告沉寂。③ 此外，还有共进会和同盟会中部总会的成立，在组织上与同盟会闹独立（虽然不是完全独立），湖北的共进会与和文学社因在军队中争夺发展对象而造成很深的矛盾。

表现最突出的要算同盟会与光复会的矛盾。1905年同盟会成立之初，陶成章等虽加入，但光复会组织在内地仍存。光复、同盟二会"宗旨固无大异，皆以种族革命为务，特民生之说殊耳。"④ 宗旨无大异，手段亦相同，照理应该团体一致，

---

① 《革命逸史》（1），第135—136页。
② 《革命逸史》（1），第70页；《革命逸史》（3），第222页。
③ 《中华民国开国前革命史》上编，第201—202页；李新主编《中华民国史》第1编（下），第129页，中华书局，1982年。
④ 龚翼星：《光复军志》，《辛亥革命》（1），第530页；《致陈炯明及中国同盟会电》，《孙中山全集》第2卷，第46页。

不应产生尖锐矛盾。然而不然。1907年冬，陶成章欲往南洋募款准备江浙起义，未得孙中山允许，遂在南洋打出光复会旗帜，得到李燮和与同孙中山有矛盾的许雪秋等同盟会员的支持，大有取代同盟会之势。次年汪精卫、邓子瑜奉孙中山之命到南洋筹款，大受光复会排挤，无功而返。双方互相攻击，至1909年矛盾趋于尖锐公开化。孙派不仅阻陶募款，且诬陶为保皇党，嗾人进行暗杀。陶一面纠集在南洋七省同盟会员胪列孙中山十二项"罪状"，在报端公开发表，一面亲去东京要求开会，不认孙为总理。章炳麟亦因《民报》续刊之事刊印传单《伪〈民报〉之检举状》，斥孙"藉革命为新骗术"。孙大怒，命各机关报攻击陶、章不遗余力。①陶攻孙想"得名"、"攫利"，孙攻陶为"棍骗"、"忌功、争名、争利"，并欲进行暗杀，攻章为"卑劣"。②孙派更指责章为端方的侦探，中国革命党和《民报》的罪人。1910年2月光复会总部恢复，举章、陶为正副会长，与同盟会彻底决裂。1911年陶回上海组织锐进学社，同盟会会员陈其美竟欲将其枪击。③上海光复时，陈其美入江南制造局被拘，光复会李燮和欲杀之，为尹锐志阻止。④陈当上都督的第三天，即派人刺杀李于去吴淞途中（未击中）。至民国成立后，尚且还发生了陈其美串通蒋介石刺杀陶成章的事件，出现了广东的许雪秋、陈芸生等与同盟会军人互相倾轧残杀的局面。

光复会与同盟会的分裂斗争较之革命派与保皇派的斗争，时间短，范围狭，但激烈程度却有过之而无不及，如前者互相仇杀的悲剧即远远超过了后者殴打的闹剧。原因何在？最初，"同盟会运动革命，早已行及南洋群岛，植其势力根基，光复会于丁未（1907年）亦继续前进，争取南部势力，因此发生利害冲突，争端愈烈"⑤。此与梁启超同革命派的矛盾起因如出一辙。其后，"为争名位"，"两会之人挟其私图，不能相忍以为国"，"不惜萁豆相煎"。⑥前述陶、孙互攻亦证明此说不误。争名争利是资产阶级自私自利阶级本质的表现之一，加之误解平等

---

① 张篁溪：《光复会领袖陶成章革命史》，《辛亥革命》（1），第525—526页；黄兴："复孙中山书"，《黄兴集》，第9页，中华书局，1981年。
② 《孙中山全集》第1卷，第420、422、425、429页。
③ 魏兰：《陶焕卿先生行述》，《辛亥革命浙江史料选辑》，第345页。
④ 尹锐志：《锐志回忆录》，《辛亥革命浙江史料选辑》，第489页。
⑤ 陶冶公：《光复会与同盟会的分歧与合作》，《浙江辛亥革命回忆录》，第256页，1981年。
⑥ 陶冶公：《龚未生〈自叙革命史〉书后》，《浙江辛亥革命回忆录》，第101页。

自由之说，在一些革命党人眼里，什么严密的组织纪律、个人权威，统统都不存在。他们认为，谁的功劳大，能力强，谁就可以当领袖。焦达峰就是一个典型。当其组织共进会时，黄兴曾质问他："如是，革命有二统，二统将谁为正？"焦答："异日公功盛，我则附公；我功盛，公亦当附我。"黄兴无以难之。① 正因如此，一旦利害冲突或名位相妨，便不顾本党的利益而各行其是。既然革命派内部斗争如此尖锐激烈，又怎能企望早有猜嫌，本不一派的梁启超与之融洽？既然革命派内部因利害冲突和争夺名位而产生的斗争属于革命派内部矛盾，又有什么理由把民族资产阶级内部两个党派，由于同样原因而产生的斗争，不认为是民族资产阶级内部之事？

"党外有党，党内有派"，乃是资产阶级的痼疾，不可能根除。立宪派各团体宗旨相同，但同样有矛盾斗争。如梁启超的政闻社同杨度的宪政公会、张謇为首的预备立宪公会之间，就不断发生明争暗斗。宪友会"在精神上隐分两派"②。至于康、梁派内部，亦矛盾重重，康有为和欧榘甲、梁启超和狄葆贤之间，都闹得不可开交。1909年1月，康有为形容其内部情形说："权利竞争，人心日坏，事变日甚，内乱日多。"③ 如果说梁启超不与革命派斗争才叫做不反动，那就是强行要求梁启超应具备比革命派更高的水平和觉悟，这是完全脱离历史实际的主观空想。即使梁启超主观上不愿与革命派斗争，但现实的利害冲突和对民主运动领导权的争夺，也势必迫使两派斗争。因此，必须历史地看待这一斗争，不能苛求前人，无限上纲，任意夸大，混淆矛盾性质。

梁启超与革命派的矛盾至辛亥革命后仍未消除，但革命派不再视梁为"必杀"的仇敌了，对辛亥前的矛盾性质也有了重新认识。1911年12月3日盛先觉见章炳麟陈述康有为、梁启超之意后，章说："今也两先生心迹盖昭昭然于天下矣，吾何慊焉。""曩余致书任公，盖未知其隐衷故尔，今知之矣。"④ 对梁的政治主张给予肯定和谅解。1912年1月，汪精卫致函梁云："方今共和之治，毕露萌芽，

---

① 章太炎：《焦达峰传》，《辛亥革命》（6），第164页。
② 见《梁启超年谱长编》，第631、638、639页。
③ 光绪三十四年十二月十五日康南海《与任弟书》，《梁启超年谱长编》，第483页。
④ 宣统三年十月十七日盛先觉《致任公先生书》，《梁启超年谱长编》，第571页。

中国前途，悲观乐观，交萦于爱国者之胸中。以积学养望、夙以指导国民为念如先生者，其可无以教之乎？吾党之士，于此常有含意未申之苦，兆铭冒昧辄为一言。"①他和一部分革命党人（"吾党之士"）至少承认辛亥前的梁启超是个爱国主义者、民主主义者。因为"指导国民"显指启迪国民的民主主义觉悟而言，如果是宣传维护封建专制主义，共和后的革命派是不会主动向他请教治国之方的。在致函的同时，汪又赠款二千元以供其用。此款"系南中筹得"②，非汪私馈，由此推断，其函似亦非私意。同年5月28日，同盟会的重要骨干张继、刘揆一联名电梁，称："国体更始，党派胥融，乞君回国，共济时艰。"③"党派胥融"一语，道破了以前两党矛盾是民族资产阶级内部的矛盾。张、刘公然电梁回国，决非个人行动，很可能出于同盟会总部授意。若然，同盟会对辛亥前其与梁的矛盾性质总算达到了正确认识。

梁启超与革命派的矛盾属于民族资产阶级内部两个不同政治派别之间的矛盾。这一矛盾是在康有为与革命派的矛盾的基础上产生的，而康与革命派的矛盾早在戊戌变法之前即已潜在。梁与革命派的矛盾亦产生在革命派与保皇派划清界限之前，实质是互相争夺力量、捐款、地盘和民主运动的领导权。其后激化，两派在实现宗旨所取手段和将来采用政体形式上各执一见是个重要因素，但更主要的则是宗派主义在作怪。宗派主义具有严重的危害性，它使革命的先进的阶级分裂，造成派别之间不顾本阶级的整体利益而互相斗争。矛盾最初由梁启超在檀香山侵害革命派利益引起，其咎首先在梁。但后来双方均有责任，至于责任之大小，尚需进一步研究。孙中山在南京临时政府成立后，为调和同盟、光复二会互相轧轹时曾指出："盖不图其实际，惟以名号为争端，则二会之公咎也。"④对梁启超与革命派的矛盾，亦应作如是观。单纯强调矛盾的根本原因由于宗旨不同的观点是不符合历史实际的、片面的，认为矛盾的性质属于敌我问题是缺乏根据的，难以令人信服的，一味指责一方的错误是不妥当的，有失公允的。

（原载《益阳师专学报》1990年第1—2期）

---

① 民国元年一月十七日汪兆铭《致任公先生书》，《梁启超年谱长编》，第588页。
② 宣统三年十二月八日范源濂《致任师书》，《梁启超年谱长编》，第588页。
③ 民国元年五月二十八日张继、刘揆一《致任公先生电》，《梁启超年谱长编》，第644页。
④ 《致陈炯明及中国同盟会电》，《孙中山全集》第2卷，第46页。

# 清末预备立宪时期的杨度

杨度早年主张革命排满，后走上君主立宪道路，1908年进入清政府任职，民国后拥护袁世凯称帝，1918年转赞孙中山革命，晚年加入中国共产党，一生历程曲折复杂。他在清末民初的思想与活动曾引起当时人们的密切注意，在社会上产生过重大影响，本文拟对其这一时期的言行作一初步探析。

## 一、杨度坚持的并非中间路线

1907年，杨度主编的《中国新报》月刊出版刚半年，革命派的《复报》即发表一篇文章，对其政治倾向加以评论，认为其持论"视《新民丛报》有进"，但其民族论模棱两可，断言杨度为"大奸巨憝"，欲以此术"自全于排满者与保皇之间"。① 把《中国新报》视为中间路线。

1971年吴相湘先生在《"旷代逸才"杨度》一文中写道："（一）杨氏及《民报》对中国前途均属望于人民，以扑灭现政府为手段。（二）《民报》斥清廷为异族政府，杨则不以为然，认为只是放任不负责任之政府。（三）《民报》主张兴国民军以革命，杨则以清廷是天下最易推倒的政府，不需武力，舆论的力量即可。（四）《新民丛报》要求清廷立宪，杨则主速开国会，国民自负立宪的责任。（五）《新民丛报》劝告清廷行开明专制，杨则以其不惟不能如此，且不能行野蛮专制。（六）《新民丛报》以国民之能力只能辅助清廷，杨则欲以国民之能力促清廷之倒。""综合这些异同，杨的主张比较《新民丛报》进步，这就是他标榜的中间偏左路线。"

---

① 《中国新报》，《复报》第10期。

实则他的持论并不一贯，前后尤多矛盾，其最重要点即其一再申言国民必'促此不负责任政府之倒'，旋又指陈'今日之中国已由民族主义进化于国家主义'，并为保全满蒙藏领土主权计：'以就现有之君主立宪为宜'。"① 这段文字与前引《复报》著文基本相同，显见吴先生因袭了前说。不过吴先生明确指出了杨度坚持的是"中间偏左路线"。

陶菊隐先生在 1957 年说，杨度"鼓吹'金铁主义'，是同盟会与君主立宪派以外的另一面旗帜。"② 其后论述更多："《中国新报》提倡'金铁主义'，既不赞成革命，也不主张保皇。乍看起来，金铁主义似乎别具见解，另树一旗。其实，《中国新报》和《新民丛报》是主张君主立宪，反对民主革命的一对孪生儿，其分歧之点是，保皇党主张由清朝立宪，杨则主张召开国会以定国是，并不一定拥戴清朝皇帝"。他"持论模棱两可"，"力求使自己以第三者的面目出现。如《民报》主张排满，《新民丛报》主张满汉合一，而杨度则称满汉是不能合一的"，"但汉族是绝不应该排满的"。又如"《民报》主张民主立宪，《新民丛报》主张君主立宪，而杨度则认为君主、民主二者并无优劣之可言，关键在'宪'而不在'主'"。"按之中国现状，当然是就固有之皇帝，采取君主立宪为优了。不过万一清政府实在太腐败了，杨度认为人民也可以自取权力，促使政府倒台"。"他既不加入同盟会，又不加入保皇党"，自己聚集一班人组织第三势力。③ 基调仍把杨度视为"第三势力"。

张玉法先生也认为杨度"立场介于保皇与革命之间"④。

无可否认，以上观点不无合理之处，然而基本上不符合杨度的思想实际。判断一个人或一个团体是否属于"中间路线"或"第三势力"，不能仅从形式上看其是否游离于两大政治派别之外，另组政团，而应看其政治立场和政治主张与其他两派有无本质区别。就杨度的政治立场和政治主张而论，他同梁启超一致，属于同一政治派别，不是"第三势力"或坚持"中间路线"。

首先看杨度的政治主张与《民报》的"相同"处（关于相异之点，已属众所周知，

---

① 见《民国百人传》第3册，台湾传记文学出版社，1971年。
② 陶菊隐：《北洋军阀统治时期史话》（1），第30页，三联书店，1957年。
③ 见《筹安会"六君子"传》，第19—20页，中华书局，1981年。
④ 张玉法：《清季的立宪团体》，第370页，1971年。

且非问题症结所在，此不赘述）。说杨度与《民报》"对中国前途均属望于人民"是正确的；说二者均"以扑灭现政府为手段"，就流于从形式上看问题，有所误会了。杨度对君主和政府是严加区分的，称君主为国家元首，"政府"指立宪国家的责任内阁，在中国则指军机处，从未把君主包括在"政府"之内。因此，他的"促使政府倒台"和"扑灭现政府"，只是要打倒封建专制的军机处，建立责任内阁，而不是推翻皇帝。而《民报》的"扑灭现政府"则不仅要打倒清"政府"，而且还打倒皇帝，推翻整个满族统治。正因有此区别，所以二者判然而有君主立宪和民主立宪之分；也正因杨度的"政府"不包括君主在内，所以他的"促使政府倒台"、"扑灭现政府"与其"以就现有之君主立宪为宜"的主张并不矛盾。

至于说杨度"不主张保皇"，"不一定拥戴清朝皇帝"，则尤令人费解了。就笔者所见，杨度在此期间并未有这样的言论和思想。相反，他主张"保皇"的言论却俯拾皆是。别的且不论，仅仅他主张君主立宪一点也就说明问题了。君主立宪，不言而喻，是要在保全君主的前提下实行立宪，非"保皇"而何？关于"不一定拥戴清朝皇帝"之说，与杨之原意恰好相反。他在《金铁主义说》中用大量篇幅论述满族问题，目的之一即在保全满族皇帝。他在另一文中讲得更为直截而明白："是一言立宪，则以就现有之君主立宪为宜。"①"现有之君主"，即满族君主。说杨度"不主张保皇"，"不一定拥戴清朝皇帝"，有失深察；若由此推论其与《民报》观点相近，尤为缺乏根据了。

其次，比较一下杨度与《新民丛报》的灵魂梁启超的"异点"。

杨度与梁启超结交较早，1906年9月以后二人曾商组政党，但因梁发觉杨有"野心"②，而终于分道扬镳。这里不涉及政见问题，故不能因此而判定他们之间存在着深刻的政见分歧。下面谈谈论者提出的几个具体问题。

第一，关于梁启超要求立宪，杨主速开国会，国民自负立宪责任的问题。

要求立宪与速开国会究竟有无区别，区别何在，杨度在《致〈新民丛报〉记者》中作了最好的回答。他说：要求立宪及要求开国会，实质上"无若何之差异"。国会为诸宪政中最关重要之事，"此事既成，则宪已不待言而自立"。"以余推之，不仅于足下主义无所悖，即与足下方法亦无所殊，不过于要求立宪之广范围

---

① 杨度：《〈中国新报〉序》，《中国新报》第1期。
② 见《梁启超年谱长编》，第409、391页。

中，而抽出其最重之一事，易其名曰要求开国会而已。"①梁启超要求立宪，是否反对召开国会呢？1906年春梁曾说："立宪之纲领不一端，而议院之开设，当其最重要之一也。"认为国会在诸宪政中最重要。但又说"人民程度未及格"，"施政机关未整备"，"最速犹非十年乃至十五年不能致也"。②迨至1907年，当杨度驰书说明召开国会的理由，请《新民丛报》"合力专言国会事"③时，梁立即复书，表示完全赞成，谓："至专提倡开国会，以简单直捷之主义，求约束国民心理于一途，以收一针见血之效，诚为良策，弟当遵此行之……"④可见，杨提出以开国会相号召后，梁积极响应，二者之间不存在任何分歧。

杨度主张国民自负立宪的责任，梁启超也不是仅要求清廷而无视国民的力量。早在1906年春，梁即指出："立宪之几，恒不在君主而在人民"。并强调说："吾国今日所最要者，在使一国中大多数人知立宪，希望立宪，且相率以要求立宪"。"故苟民间有正当之舆论，而盾以实力之要求者，吾信其最后之胜利必有属矣。"⑤在致徐佛苏信中亦言："鄙见仍觉主动者必当在民，若得舆归一途，成一庞大之势力，则上部之动，亦非难耳。"⑥梁启超虽然要求清廷立宪，但把成功的希望寄托在国民自身的觉悟与行动上的。杨度虽主张国民自负立宪的责任，但同样也对清廷抱有希望，否则便不会向清廷"要求"开国会了。谓二者有若大之异，亦非确论。

第二，关于梁启超主劝告清廷实行开明专制，杨度反对的问题。

梁提出开明专制论，乃根于其十年以后方能实行立宪的认识。他认为既在十年之后，那么立宪之前清廷必定实行专制，若能劝告清廷实行开明专制，对国家前途和国民进步都会产生重大影响，不仅可以为立宪作预备，而且对革命也有好处。⑦其开明专制论是否正确，不在本文论述范围，姑置而不论。他之所以提出这一问题，显然出于对腐败的清政府抱有不切实际的幻想，对其本质缺乏深刻的认识。杨度言"与其求有开明之政府而人民赖以开明，何如求有开明之人民而政府不得

---

① 见《中国新报》第4期。
② 梁启超：《开明专制论》，《新民丛报》第75、77期。
③ 光绪三十三年杨度《致卓如我兄足下书》，《梁启超年谱长编》，第398页。
④ 光绪三十三年《与皙兄书》，《梁启超年谱长编》，第395页。
⑤ 《申论政治革命与种族革命之得失》，《新民丛报》第76期。
⑥ 光绪三十二年春《与佛苏我兄书》，《梁启超年谱长编》，第362页。
⑦ 参见《答某报第四号对于本报之驳论》，《新民丛报》第79期。

不开明"①，自是略胜梁一等。然而，至1906年9月清廷宣布预备立宪后，梁便闭口不谈开明专制，也就是说，当杨度"另树一旗"时，他们在这个问题上的分歧也跟着消失了。据此而说他们属于政治上的两派同样是难以成立的。

第三，关于梁启超"以国民之能力只能辅助清廷，杨则欲以国民之能力促清廷之倒"的问题。

诚然，梁启超说过类似的话。但他也讲过：清政府当权者如不听劝告，即采用暗杀手段对付之②，这就非监督辅助的范围了。《新民丛报》第九十二期刊载的《论中国现在之党派及将来之政党》讲得更进一步："吾人之目的，将以改造现政府"。"使现政府而翻然大悟也，实行改革，以与天下更新，则革命党不期弭而自弭。若徒以诛锄杀戮威吓天下，则岂惟革命党致死于现政府，即革命党以外之人，无不致死于现政府，现政府又岂得高枕而卧耶？"该文所云"改造现政府"与杨度说的"变吾放任政府为责任政府"③意义相同；所云"致死于现政府"与杨的"促政府之倒"亦同。论者所说杨有"促清廷之倒"的话，笔者没有查到，想是将"政府"误写为"清廷"，二字之差，相去甚远，我们不能以此为据而论证杨与《新民丛报》观点不同。

第四，关于杨度主张满汉"不能合一"，《新民丛报》主张满汉"合一"的问题。

梁启超说：经过二百余年的变化，"满洲人实已同化于汉人"，"今后实已有构成一混同民族之资格"，将来满族终会被汉族同化。④他讲的是当前的情况和将来的发展趋势，这里只是据事实而论，并不明确包含"满汉合一"的主张在内。杨度也承认满族已被"同化"。他说："满汉今已同化"，"已将合为一矣"。"合一"好不好呢？他说："若同化于汉，则满人之军事能力、经济能力、政治能力必益发达，而可以为军国之国民，适于今日世界之生存。此不独中国之利，亦满人之利也。"⑤其倾向性比梁更明显。事实上，他们对满族已被汉族同化，将来必定"合一"的认识是一致的。不过杨度明确提出了满汉之间在政治上尚存在着不平等现象，应该使其平等，比梁稍微高明一些。再是，二人大讲满汉问题，都是为了反对《民

---

① 《金铁主义说》，载《中国新报》第1—6期。
② 《申论政治革命与种族革命之得失》，《新民丛报》第76期。
③ 《〈中国新报〉叙》，《中国新报》第1期。
④ 《申论政治革命与种族革命之得失》，《新民丛报》第76期。
⑤ 以上均见《金铁主义说》。

报》派的"排满"主义,拥戴清朝皇帝实行君主立宪,目的完全相同。因此,在这个问题上,把杨度与《新民丛报》截然分为政治上的两派,未免有些偏颇。

第五,关于杨度"认为君主、民主二者并无优劣之可言,关键在'宪'而不在'主'"的问题。

的确,杨度说过这种话,不过,他的观点与梁启超并不歧异。梁说:君主立宪与共和立宪,"苟得其一,皆可曰政治革命。"视君宪、民宪性质相同。他反对《民报》把革命、立宪即民主立宪与君主立宪当作对立物。还说:"流俗人之言立宪,则但求得一钦定宪法而遂以自安,其宪法之内容若何不及问也;吾之言立宪,虽不妨为钦定宪法,而发布之时,万不能如日本为单纯的钦定之形式,若其宪法之内容若何,则在所必争也。"① 与杨度的"所问者在宪而不在主"如出一辙。所以,把杨度与《新民丛报》视为两派是不妥的。

通过以上对照,不难看到,杨度同《民报》除了对中国前途均属望于人民有其相同点外,在其他重大问题上存在着根本分歧。相反,杨度与《新民丛报》除了在个别具体问题上提法不尽一致,或开始有所分歧,后来统一了认识外,在实行君主立宪这一总目标总宗旨上,在其他重大问题上都是一致的,他们不是属于两种政治势力,而是属于一种政治势力,两个政团。既属两个政团,对某些具体问题的认识和进行的方法步骤自然会存在分歧(即使在同一政团内部也在所难免),但只要他们的政治纲领一样,总的目的一致,就属于同一政治派别,同一政治势力。杨度和《新民丛报》都是君主立宪派,他并非"第三势力",所坚持的亦非"中间路线"。明确了这一点,我们再进而分析他的君主立宪思想。

## 二、君主立宪思想

中国的立宪思潮发轫于戊戌变法之前,而勃兴于20世纪初叶以后。1904年日俄战争爆发,立宪之议,主者渐多,某些官僚也奏请立宪。清廷鉴于大势所趋,乃于1906年9月发布上谕,仿行宪政。

同其他进步的资产阶级知识分子一样,杨度主张立宪也是出于爱国的一片热忱,为了救亡图存。杨度指出,中国今日所处之世界为"野蛮世界",列强皆为"经

---

① 以上均见《申论政治革命与种族革命之得失》。

济的军国主义"，他们依靠其强大的经济势力、军事势力对外侵略，目前中国已成为"世界各国之中国"，中国欲与列强竞争，有优胜无劣败，也必须变成"经济的军国主义"或"金铁主义"。而欲成一经济的军国，则不可不"变吾专制国家为立宪国家，变吾放任政府为责任政府"。① 要使中国变成一个与列强并驾齐驱的经济军事强国，先决条件是变革政治制度，使专制的封建国家成为立宪的资本主义国家。他的主张未必行得通，但在当时的历史条件下，却是那些不打算推翻清王朝的中国人民所能提出的最理想的政治主张，在他们看来，这是中国摆脱被奴役被压迫地位的唯一出路。

立宪有民主立宪和君主立宪两种，杨度认为二者性质一样，没有优劣高下之分。首先，他认为两种立宪国家的国民程度相同，国民所得幸福之多寡相同，国民的自由权利虽然有异，但其"异"表现在宪法的规定上，不是表现在君主立宪和民主立宪上。宪法规定的人民自由权利完全是人民奋起争取的结果，而非国家元首赐予，"故吾人之所问者，不在国体而在政体，不争乎主而争乎宪"。② 为国体是君主或民主、国家元首为皇帝还是总统而争斗没有必要，关键在于变专制政体为立宪政体，使宪法规定人民更多的自由权利。其次，既有宪法规定，元首"皆不能于法外为善为恶，实无择别之必要也"③。世袭的君主，选举的总统，皆受宪法制约，不能胡作非为，实在不必加以选择。故其断言：君宪与民宪"无可分之高下，惟各据其国之情势而定之"④。衡之近代资本主义国家的立宪史，杨度所论基本符合历史实际。但君主立宪国家终究保留着君主和皇室，在议会中也有贵族这一特殊阶级充任议员，这些都是君主专制制度的残余，显示了君主立宪国家的资产阶级革命不如民主立宪国家彻底。此为杨度未能见及的地方，是其认识的局限性所在。

那么，中国应当实行君主立宪还是民主立宪？杨度回答说：既然二者难分高下，便"不当以理论决，而当以事实决"。今日中国"但能为君主立宪，而不能为民主立宪。此于理无可言，惟据势以为断耳"⑤。

杨度认为，根据中国的情势，实行民主立宪有两个困难，一是满蒙回藏人文

---

① 《〈中国新报〉叙》。
② 《〈中国新报〉叙》。
③ 《致〈新民丛报〉记者》。
④ 《致〈新民丛报〉记者》。
⑤ 《〈中国新报〉叙》。

化程度极低,影响国家强盛,而文化同一的唯一条件和标准为汉语。欲行此制,"于蒙回藏必仍固有之君主、固有之政府而后能行之"。二是汉人兵力不及蒙回藏人,若汉人组织共和国家,蒙回藏人必然因持民族主义而闹分离,其时新政府无力制服各族,蒙回藏必为列强所并,其影响所及,将会造成汉人之国灭亡。所以,"欲保全领土,则不可不保全蒙回藏;欲保全蒙回藏,则不可不保全君主。君主既当保,则立宪亦但可言君主立宪,而不可言民主立宪"①。其实他的理由缺乏根据,主观臆测性居多。他片面地强调了蒙回藏各族人民文化程度在祖国统一中的作用和他们的离心力,低估了他们希望祖国统一的向心力,结论是建筑在不坚实的基础之上的。辛亥革命后共和国的建立,并未出现杨度所预料的结果,便是很好的证明。

此外,杨度赞成君主立宪还有两个理由。其一,无论君宪、民宪国家,国会在事实上都掌握着国权,因此,在"发达国民之目的"上,二者无异,"欲多用其力以去君主,亦诚可不必"。其二,中国情况特殊。别国立宪之后,阻碍国民发达的除君主外,还有势力强大的贵族。中国封建阶级久废,无有贵族,国民发达之易,甲于世界各国,"尤不必以君主一人之故,而牺牲全国人民以敌之,贻国家以危害"。②在此,杨度看到了君宪和民宪发达国民目的相同的一面,同时也夸大了中国实行立宪阻力特小的一面。诚然,中国的贵族作为一个阶级已经消灭,可是,这并不等于立宪阻力仅仅来自君主和政府当权人物。事实上,皇室及满蒙王公还存在,而封建阶级和各级官僚更不可轻视,近代中国萌发的一切生机皆为他们所遏绝。杨度见不及此,自然产生立宪容易的错误认识。

杨度由主张革命一变而为立宪,上述几点可谓其转变的思想认识上的原因。

杨度的君主立宪主要包括三方面的内容。

第一,建立责任内阁。实行责任内阁制,政府负责任,君主无责任,在清末已成为君宪国家的一项重要政治原则。杨度非常重视,说:"政治革命之目的,则以改造责任政府为其惟一之目的。"因为责任政府"以发达人民为务",有了责任政府,即可民富国强。如政府不负责任,国会便对它进行弹劾,加以改造。"补救专制政体之失,其法良意美,无过于此者"。③

---

① 以上引文均见《金铁主义说》、《〈中国新报〉叙》。
② 以上引文均见《金铁主义说》。
③ 《金铁主义说》。

关于责任政府之责任，杨度把它归纳为两种。一为违法之责任。君主应遵守宪法，若君主违法，大臣当谏，谏而不听，则应辞职。二为失政之责任。立宪政体之精神，在于发达民生，增进国力。君主所发制令，必须合乎这一目的，否则，大臣应任其辅弼无状之责。

中国的政府与立宪国家相反，它是专制政府，"非以人民之意思所组织而成者"，对外"为送礼之政府"，对内"为偷钱之政府"，"升官发财以外，百事非其所管"。一言以蔽之，曰"不负责任之政府也"。欲望如此政府发达人民，保护国权，根本不可能。杨度的揭露十分深刻。但他又把清政府的"放任"错误地归咎于"中国人民之放任"。还说什么中国的君主、政府、督抚无一人能负责任，即无一人敢拥权力，人人可自取权力，可惜人民竟不拾取。① 完全把"负责任"与"拥权力"混为一谈了。封建官僚皆视权如命，正因他们拥有权力，才敢于"不负责任"，也不允人民有丝毫权力。说人民可以随意取得权力，纯粹无视现实，不啻梦呓。尽管如此，他的立论宗旨还是在于号召人民起来争取权力，扩张民权，以便打倒专制政府，建立立宪的责任政府，仍有其积极的一面。

第二，召开国会。杨度说国会最重要的本质"在于人民参政权"②，应当以人民组织，能够代表人民。其职权包括改正宪法及附属法令、上奏、会计监督、制订法律、发布命令、质问、建议、接受请愿、国会内部自治各项，总之，是国家的最高立法机关、监督机关。有了它，就可以"解决一切之政治问题"。③

立宪国家的内阁与国会缺一不可，但相较而言，国会更重要。这是因为有了国会，才能监督政府，使政府负责任，"国会者，改造责任政府之武器也"④。召开国会，是人民的"至急之务"⑤。

与其他立宪派人士不同，杨度不是泛讲预备立宪，而是以召开国会号召天下，盖其有所鉴而云然。他看到1906年朝廷不费任何气力便宣布预备立宪，改革官制一无成效，从而认识到"政府宁肯与人民一尺之空文，不肯与人民一寸之实事，人民与之争者，宜与争实事，而不与争空文"。且立宪范围甚广，若事事注意，

---

① 以上引文均见《金铁主义说》。
② 《金铁主义说》。
③ 杨度：《国会与旗人》，第58页。
④ 《金铁主义说》。
⑤ 《国会与旗人》，第98页。

结果必致一事不办，故必须于诸事中"择其至重且大者，以专注之力而主张之"，这就是召开国会。其事简单，一目了然，"以此唤起国民之政治思想、责望政府要求权利之心，必较为速"。此外，还可以此测验政府"有心立宪与否"，使利禄之徒尽露鬼蜮之形。经过几番努力，其事必成。此事既成，立宪也就自然实现，这是救国的唯一办法。① 要不要国会，是真假立宪的试金石，杨度大声疾呼召开国会，确实抓住了立宪最主要的东西。

杨度号召开国会，在内心深处还有一个不便公之于众的原因，此即利用号召开国会与革命派竞争势力。1907年他致函梁启超说："其所以必以国会号召而不可以他者，因社会上人明白者甚少……必其操术简单，而后人人能喻，此'革命排满'四字所以应于社会程度，而几成为无理由之宗教也。吾辈若欲胜之，则宜放下一切，而专标一义，不仅使其脑筋简单者易知易从，并将使脑筋复杂者去其游思，而专心于此事。……以此为宗教，与敌党竞争势力，彼虽欲攻我，亦但能曰办不到，而不能曰不应办也。"② 革命派与立宪派同属一个阶级，所抱宗旨相同，惟在政权组织形式和所持手段上有异，二者本应结成同盟军，集结本阶级力量，分别从不同方面发挥各自的作用，共同向清政府进攻。杨度却把号召开国会用以与革命党竞争势力，充分说明其派性严重，一味考虑本派的发展，置整个阶级的利益于不顾，这只能加深两派的分裂，不能促进联合。不过，当时两派人对此问题均未能正确对待，似不应独责杨度。

对于要求召开国会能否实现，杨度是充满信心的。首先，他认为政治革命的对象在政府而不在君主，如果人民发动起来，政府便抵挡不住。且开国会对君主有利，阻力在君主方面极小，比民主立宪要推倒君主易于达到目的。其次，要求开国会所恃之"武力"主要为舆论，其次为兵力，但使举国舆论一致，政府势必投降，万不得已而使用兵力时，由于不革君主，"其兵力亦取警告政府而已矣"③，较之民主立宪单纯使用兵力要省力得多。而且民主立宪因其革君主可能招致外国干涉，要求国会则不发生这样的问题。

杨度说国会是"代表人民"的机关，究竟代表哪些人民？这从他的选举主张

---

① 《致〈新民丛报〉记者》。
② 杨度：《致卓如我兄足下书》，《梁启超年谱长编》，第398页。
③ 《金铁主义说》。

中可以窥见。他明确地宣称：主张限制选举，反对"人人平等"的普选制，选举权只能给"有身家智识者"，只有他们才有资格入国会、谋国事。大多数"至贫无学"的人民不会监督政府，不配有选举权，他们进入国会只能"害国家"，改造政府后能使他们"自存"，也就问心无愧了。因此，不能为他们争选举权，选举权只能"为全国中一部分人之利益"。① 在此，他剥夺了绝大多数人民的选举权，非常错误。他所讲的"有身家智识者"主要指的是资产阶级，也包括地主阶级的知识分子在内。因而其要求的国会首先是资产阶级的国会，而这也就是杨度所代表的阶级的利益，同时也说明他歧视害怕广大劳动人民的阶级偏见。

第三，制定宪法。君主立宪，即制定宪法以限制君主的权力，无宪法就无所谓君主立宪。杨度的着眼点不在宪法的具体内容，而在如何制定出一部"良宪法"，伸张国会的权力。

君主立宪国家的宪法各个不同，杨度认为，英国宪法程度最高，普鲁士次之，日本最低。这种差异的产生，虽是由人民用力之多少或君主让步之多少所致，但更主要的，"全由国会与宪法之关系而异"，即国会的建立与否是宪法程度高下的决定因素。所以，他又认为，中国人民所当注意者，不在宪法之善恶和有无，"惟专心竭力以求国会之早成而已。既有国会，斯不患无宪法；且必有国会，而后能有程度较高之宪法。何以故？必有国会而后国民有提议宪法、承认宪法之机关，始可以国民之意思加入于宪法范围之内，乃可望宪法程度之高也"。中国立宪，关键在于"去君主专制之权，以扩张民权"。因而他颇有把握地说，假使人人都起来力争开设国会，"日本亦不足虑，直可以成为普鲁士"。②

宪法、国会、责任内阁是君主立宪的三个主要标志，杨度准确地抓住了它们。总起来看，他在性质、职权、重要性等方面阐述得大体符合资产阶级的宪政原理，但在具体结合中国国情方面则有正确的一面，也有错误的一面，需要具体分析，不可一概而论。

## 三、鼓吹召开国会

1907年1月，杨度"因国事危迫，举世无一定之方针，欲对国民有所陈说，

---

① 见《国会与旗人》，第66—68页。
② 以上引文均见《金铁主义说》。

特组织《中国新报》"①。鉴于清廷的预备立宪毫无实际，杨度在其主编的《中国新报》中，重点鼓吹召开国会。《请开国会之理由书》则集中地反映了杨度和该刊要求速开国会的思想和愿望。《理由书》写道，整顿内政，捍御外侮，振纲纪，固国本，只有召开民选的国会。"国会成立，为吾人救国之目的"。并具体阐述了欲整理财政、振兴教育、扩张军备、澄清吏治、保卫国权，必须速开国会的理由。②

人民程度不足，几乎成为清政府及一切顽固分子反对召开国会的口头禅。为了破除这一藉口，争取国会早开，杨度力驳其非。他指出：人民程度并无一定标准，若以普及教育和遍行地方自治为准，则在中国的专制政体下绝对办不到。无论在何国家，推动社会事业前进的"常在中流社会"，"一国之优秀者常集于中流社会"，"故欲论人民程度者，但宜据中流社会之少数者以立论，而不必及于全国多数之人民"。有国会，人民程度高，无国会，人民程度低。中国人民程度虽不如各立宪国的人民程度，但又超过了其未立宪之时。而且人民程度的提高全在召开国会，参政可增进人民知识，历练能力，欲人民程度提高而又不开国会，就是颠倒是非，以欺国民。再者，政府官员出自人民，若谓人民程度未足，而政府程度已足，决无是理。③杨度的驳斥，在一定程度上驱散了笼罩在社会上的迷雾，澄清了人们的模糊认识，促进了请愿国会运动的勃发。

当时，一些人抱有召开国会要依赖政府的心理，还有部分人害怕政府阻挠，怀疑国会能否开成，这些都是召开国会无形的消极的因素。针对这种情况，杨度尖锐指出：召开国会不利于官僚中饱私囊，"欲其赞成，不可得也"④。因此，绝不应有依赖政府之心。又指出，不必担心政府阻挠，因为中国政府之能力"惟能为放任"。只要人民发动起来，"其势力已足于左右叱咤声中而促政府之倒矣"。⑤显而易见，他一厢情愿的想法实在过于天真而不切实际了。然而，从另一方面观察，它又富于鼓动性，容易煽起人们要求召开国会的激情。

杨度既然认为政府不足依赖，便把召开国会的希望完全寄托在人民身上。他呼吁"天下贤者"起而组织政党，发动人民进行请愿，积极主动地争取要求。方

---

① 杨度：《哭亡友胡茂如诗并引》，《中国新报》第7期。
② 见《中国新报》第9期。
③ 以上引文均见《金铁主义说》。
④ 《金铁主义说》。
⑤ 《〈中国新报〉叙》。

法可以采取多种形式，或集会演说，或分别运动，或以团体之名义，或以地域之名义，一次不行，继之以再，"总期于一二年间，四方同志云集响应，集于辇毂之下，为帝阍之呼吁。"① 大造速开国会舆论，极力鼓动人民请愿。

应当指出，杨度虽然号召人民主动要求国会，但他真正依赖的对象并非全体人民。在他看来，全体或大多数人民都要求国会在事实上做不到，也无必要。各国运动皆由"上中社会"的少数人发动，中国开设国会，"乃全国人民共同之利益"，假如上中社会主张召开，其他人必定赞成。对上中社会以外的人应当团结，以扩张势力，但领导运动的不是他们。他相信，在四亿人中，如"有数十百万人为一致之行动，必已能收效果"。②

为了促使召开国会见诸实际，杨度按照自己的理论和设想，于1907年在东京创设了宪政讲习会，为将来组织政党、发动人民预作准备。该会成立不久，就发表《中国宪政讲习会意见书》，大声疾呼：现在政府已使祖国处于"灭亡实行之中"，如欲中国存在，"非改造责任政府不可；如欲改造责任政府，则非设民选议院不可"。同时指出，政府过于"腐败放弃"，国民已对之绝望。担负国事，参与政权，是公民的天职。"有强迫政府立宪之国民，无自行立宪之政府"。"故我国民决不可守消极之态度，而立于受动之地位，坐待他人之以政权授我也。"③ 猛烈地抨击了清政府，肯定了参政权是公民应有的权利，号召人民为获得政治权利而奋斗。

杨度不仅宣传鼓动要求召开国会，而且身体力行，首先派人上书清政府，请愿召开国会。1907年10月5日熊范舆、沈钧儒、恒钧、雷光宇就是作为宪政讲习会公举的代表，由日本至北京都察院呈请速设民选议院的。熊范舆等在呈中声称："国家不可以孤立，政治不可以独裁。孤立者国必亡，独裁者民必乱。"接着论述了速开国会的六大好处：一、可去放弃因循之弊，责任政府成立；二、可避免政策分歧，收行政统一之效；三、可监督财政，杜绝中饱，使人民无怨谤抗拒之事；四、可使三权分立的政治制度早日确立；五、可启发人民的国家思想，增益人民的政治能力，共图国家大计；六、可使各族人民权利义务均平，融化种族猜疑。

---

① 《请开国会之理由书》，《中国新报》第9期。
② 以上引文均见《金铁主义说》。
③ 《神州日报》，1907年7月18—19日。

继之批驳了几种阻碍召开国会的说法，要求朝廷于一、二年内即行开设民选议院。①此呈由于当权人物的极力反对而未产生实际效果，但它却首开近代中国民间请愿召开国会的先例。

同年冬，杨度在湖南居丧期间，仍然发动人民进行国会请愿。他与杨德邻等邀集湘中名绅谭延闿、廖名缙、龙绂瑞等人在长沙成立了宪政讲习会湖南支部，旋改名湖南宪政公会。继之他起草了一份《湖南全体人民民选议院请愿书》，由湖南教育总会会长刘人熙、商务总会总理陈文玮领衔，于1908年3月呈请都察院代奏。杨度列名其中。呈文针对12月24日清廷所发上谕，分完备法律、人民应尽义务、国民程度高下、人民干预政治、民气嚣然、各省谘议局讨论通省利病几个问题，逐层予以论驳，再次批判了几种不能速开国会的观点，要求朝廷明示天下，于一二年内定期召集国会。②

1908年3月，杨度入京，成立宪政公会本部，任常务员长。此会得到军机大臣袁世凯的支持，势力颇为雄厚。成立伊始，它即"议请开国会"③。同时发表公启，宣言：世界各国，"无不以确定宪法、伸张民权为立国之要素。今吾国万万同胞阘然蜷伏于专制政体之下，生命财产仅假手于政府一二权要，以为献媚外人之具"。"恢复国民正当之权利，破除古来专制之积弊，避流血暴动之惨祸，谋和平改革之要全，此吾党同志毕生之责任也。"④竭力争取国民参政权利，谋求速开国会。

杨度通过各种方式鼓动速开国会，并以国会的召开为枢机达到真正君主立宪的目的。在宣传鼓动中，他以犀利的笔锋揭露了清政府的黑暗腐朽，批驳了封建官僚拒不速开国会的谬论；断言独裁必亡，立宪必兴，强烈要求改变封建专制制度，建立三权分立的资产阶级君主立宪制度，肯定参与政权是国民的天职，号召国民主动争取。凡此都闪耀着资产阶级民主思想的光辉，表现了封建统治末期以民党自任的杨度在政治上积极进取的精神。他的言行在客观上打击了清政府的威信，提高了人民的民主主义觉悟，鼓舞着人民为反对封建专制统治而斗争。在此期间，

---

① 《清末筹备立宪档案史料》下册，第609—616页。
② 《湖南全体人民民选议院请愿书》，见《杨度集》，第489—497页，湖南人民出版社，1986年。
③ 郭敬安编：《唾庵先生年谱》，第10页，1918年。
④ 《宪政公会启》，《神州日报》1908年3月21日。

他所起的作用主导方面是积极的。他呐喊御侮救亡,更表明他是一个笃诚热心的爱国主义者。

此时的国内各立宪团体和立宪派人士,由于清廷宣布仿行宪政不久,一般都在着手组织宣讲所,做些立宪的启蒙工作,尚未考虑速开国会的问题。杨度组织发动各界人士上书请愿速开国会,"首为国民发未申之意"①,实属中国历史上一大创举。它在国内产生了重大影响,1908年立宪派发动的各省国会请愿和1910年四次更大规模的群众性的国会请愿运动,均以杨度1907年组织的请愿活动为嚆矢,其意义尤不可低估。

**四、由民党领袖变为御用官僚**

1908年4月20日,经军机大臣袁世凯和张之洞推荐,杨度获候补四品京堂衔,在宪政编查馆行走,后任参议。从此杨度厕身官场,成为起草有关宪政法令章程的主干人物之一。

杨度身为立宪派和宪政公会首领而被政府大加擢用,颇引起社会舆论的重视。人们对杨亦期望甚殷,《盛京时报》为此专发社论说:"今杨度奉旨以四品京堂在宪政编查馆行走,则必能出其所学,以编成中国之完全宪法,而为实行立宪之预备。若徒以之为要结权贵、导引功名之具,则吾人不为杨度取,而抑亦不为中国取也。……上无负国家擢用之心,下无负人士希望之意,而天下当更争自濯磨而竞争于党派,则杨度其有责欤。"②

在进入宪政编查馆最初的三四个月,杨度确也保持着民党领袖时期的本色,"竭力以国会利益陈说于诸公之间"③,"在京运动甚力"④。6月8日,军机大臣和宪政编查馆有关人员讨论召开国会利弊,杨度在会上激昂慷慨,侃侃辩论,对国民程度谈得特别透彻。末后声言:"某此来以开国会为目的"⑤,"政府如不允开设民选议院,则不能为利禄羁縻,仍当出京运动各省人民,专办要求开设民选议

---

① 孟森:《宪政篇》,《东方杂志》第5年第7期。
② 《论杨度以党魁入政府》,《盛京时报》1908年4月30日。
③ 《宪政篇》,《东方杂志》第5年第7期。
④ 《杨皙子之论国民程度》,《现世史》1908年第4期。
⑤ 《杨皙子之论国民程度》。

院之事，生死祸福皆所不计，即以此拿交法部，仍当主张到底。"①颇有坚持真理，鄙薄利禄的正义气节。同月下旬，他在天津法政学堂发表演说，仍以请愿国会为鼓吹主题，号召全国之热心志士连续要求，不达目的不止。②依然保持着同政府斗争、绝不妥协的气质。7月，国会期成会在上海成立，宪政公会为发起团体之一。这说明杨度在国会请愿问题上还在坚持前进而不却步。

然而，曾几何时，杨度的态度却发生了重大变化。请看下列事实。

就在宪政公会参与发起国会期成会的下一个月，即1908年8月，各省国会请愿代表相继至京上书。对于此次请愿，张之洞与首领军机大臣奕劻均持极端反对态度，袁世凯则阳为赞成，阴实阻之。杨度表面上欢迎请愿代表，然而"又以运动过激，恐生阻力，吹散继起者"③。人民尚未发动起来的时候，他是何等急切地盼望人民立即行动起来，而当人民初步发动起来，并且仅仅是很少一部分人时，他不仅感到"过激"，而且"吹散"继起的请愿者，表现得极其软弱与胆怯，充当了一个很不光彩的角色，引起立宪派的讥评。

如果说杨度此次态度的转变还不十分明显的话，那么，同年8月27日的上谕发布后，便发生了根本变化。这次请愿没有达到速开国会的目的，但却迫使清廷颁发了召开国会以九年为期的上谕，使无期限的预备立宪有了一定年限，同时公布了《宪法大纲》、《议院法要领》、《选举法要领》、《逐年筹备事宜清单》。立宪派嫌九年期限过长，非常不满，有人怀疑《逐年筹备事宜清单》系杨度起草，对之进行攻击。杨度自知"未能见谅于人"，乃以常务员长的身份公开发表《布告宪政公会文》，除了叹息形势更加危急，声明他对《逐年筹备事宜清单》"未尝参与一字"，其三年召开国会的意见未蒙政府采纳外，又写道："幸以两宫圣明，政府公忠，遂有八月朔日（8月27日）一谕，得将无年限无办法之空言预备立宪，变为有年限有办法之实行预备立宪。""今欲更有所谋，以求进步，则上而谕旨煌煌，岂宜违反，下而人民实力，亦未易言。且谘议局、资政院、地方自治等皆国民议政之机关，使国民实力奉行，未始不能监察行政"。朝廷对于立宪绝无"宁迟勿速"之心，我党"此时但宜捧场谕旨，引导人民恪遵分年预备之单，而为确立基础之法；

---

① 《神州日报》1908年6月16日。
② 《杨度演说复求开设国会文》，《现世史》1908年2—3期。
③ 孟森：《宪政篇》，《东方杂志》第5年第8期。

不宜以空言为重，以实事为轻，见目前之近情，遗天下之大计。惟于议政之机关，引国民之进步，即为实行曩日宗旨而已"。"至于此次所颁钦定宪法大纲，君权颇重，各地报纸已肆讥评。若自鄙人论，则以为以君主大权制钦定宪法，实于今日中国国势办理最宜"。因为从各方面的情况看，中国都应"以宪法为君权之保障"。"至于君民权限偏轻偏重，非此时国事之所急，人民不宜于此过争也。"①

由此文看出，第一，杨度对清政府的态度有了明显变化。在此之前，他竭力主张反对清政府，立场极其鲜明。1907 年曾致函梁启超说："弟以为国会未成立之先，国民实无服从此等政府之义务，虽一切反对之，不足为激。且我辈既为民党，则但有号召国民从我以反对政府，不能立于裁判政府与国民之地位，为公平之议论。"②现在国会仍然未开，他却公然违背了自己的约言，赞扬"政府公忠"，甚且为政府辩护。第二，主张速开国会的态度有了明显的变化。过去他急切地希望国会能在一二年内召开，并为此奔波不遗余力，指责政府搞的谘议局、资政院文件俱失立宪真意。现在，他虽对九年期限并不满足，但也对由"空言预备"变成"实行预备"感到差强人意；对皇皇谕旨不敢违反；对谘议局、资政院也认为"未始不能监察行政"了。因此，他号召同党一定要"捧场谕旨，引导人民恪遵分年预备之单"，不得再提其他要求。也就是说，他已从主张速开国会倒退到拥护九年召开国会和政府所采取的预备立宪措施。第三，对宪法的态度有了明显变化。在《宪政讲习会意见书》等文中，他特别强调："夫宪法之结果，以国民之血争来者则有效，以政府之墨草就者则无功。……本会同志有鉴于此，誓天泣血，奋励无前，实愿与薄海同胞互相提挈，以一腔之热血，为宪政之先驱。"现在，他既不号召力争速开国会，也不号召甘洒热血为伸张民权的宪法而奋斗了。说什么应使君权"稍尊"，人民不应过争民权，宁愿承认"以政府之墨草就"的钦定宪法。宪法规定国家的性质和人民的权利，要建立资产阶级民主国家，人民必须力争制宪权，以便削夺君权，保障民权。杨度则反之。总之，《布告文》说明，自 8 月 27 日上谕发布后，杨度的政治立场来了个一百八十度的大转弯，已由民党的领袖变为清政府筹备宪政的御用官僚，由反对清政府的急先锋变为清政府的辩护士。虽然他

---

① 《宪政公会常务员长杨度布告宪政公会文》，见甘厚慈编：《北洋公牍类纂续编》卷2，第28—29页，1910年。
② 《致卓如我兄足下书》，《梁启超年谱长编》，第403页。

声称系从全局和长远利益考虑，但不过是自欺欺人而已。他遭到立宪派人士的鄙弃和革命派的攻击是理所当然的。

1908年11月中旬，光绪皇帝与慈禧太后相继病逝，宣统继位，载沣以摄政王的名义当政，谣言四起。杨度为"谋秩序之维持"，马上发表《与各地宪政公会会员书》，进行辟谣，并公然大言不惭地要"全国国民恪遵屡次谕旨"行事①，企图博取清政府的青睐。

1909年初，载沣将与其有矛盾的军机大臣袁世凯开缺。杨度失去后台，形影孤立，为了自保，愈益投靠政府，主动献媚取宠。7月24日，他向朝廷上了一个《宪政实行宜定宗旨敬陈管见折》②，此折虽被留中，但它却证明杨度在政治上越发丧失民党领袖的气味，浑身散发出清政府谋士的腐臭。折中谈了三个问题，试加分别剖析。

杨度谈的第一个问题为"君民之关系宜定"。奏折在重申了"非以君主大权成钦定宪法不可"后，进而说：朝廷把《宪法大纲》作为将来编纂宪法及其他法典的准则，"是九年之后君民关系实已预定于此时矣"，"此实世界所无之创举，而我先朝至善之贻谋"。但朝廷并未把它作为九年筹备期中的"上下共守之据"。而此时君民权限未定，"上欲防范而下欲侵陵，即无往而非冲突"。加之"列强环立，伺机而动；不逞之徒又复持满汉之说，以为挑拨君民之具"，"危亡之机，莫此为甚"。因此，不仅应把《宪法大纲》作为九年后之准则，而且应以它"定九年中之范围"，让"上下共守，不可逾越"。如此则"不仅九年中可以维持秩序，即九年后宪法之能出于钦定，与钦定宪法所定权限之能合此大纲，亦皆较有把握，实于皇室安危关系至重，诚根本之大计也。"

众所周知，《宪法大纲》虽然已经具备了君主立宪制度最基本的特征，但封建专制色彩仍很浓厚，规定的君主权力很多，臣民权利很少。正如奕劻所说，这是一个"巩固君权"③的大纲。过去，杨度屡次强调君主不负责任，讥笑中国如抄袭日本宪法，定会成为"世界一大笑柄"④，认定中国立宪只能"扩张民权而定君

---

① 《顺天时报》，1908年12月15—16日。
② 载《厘定官制参考折件汇存》。
③ 《清末筹备立宪档案史料》上册，第56页。
④ 《金铁主义说》。

民权限之关系"。现在他一反前论，极力赞扬"君上大权"，并主动为清政府出谋划策，请以"君上大权"作为确立预备立宪期间和以后正式宪法中君民关系的准则。不论其主观动机如何，这样做的结果，只能起到压制人民反对专制、争取民主宪法和人民权利斗争的坏作用。与其他继续前进的立宪派人士比较，杨度在政治上愈益显得堕落了。

杨度讲的第二个问题为"行政立法之关系宜定"。他说，资政院为议院的基础，在正式国会成立之前，资政院不知"向谁接触"，此时应暂定一种官制，"使可为内阁基础"而与资政院"对立"，以便将来实行行政、立法分立。使行政、立法分立是无可非议的，然而他已不是站在民党的行列，为速开国会、建立责任内阁而斗争，而是投入清政府的怀抱，循着清政府安排的轨道行进了。

杨度讲的第三个问题为"中央地方之关系宜定"。他说，在官员中，权限最大者莫如督抚，长此不改，不可为治。因而他奏请"渐裁督抚"，尽裁道府，在中央与厅州县之间，以布政使为各省行政首长，隶于内阁，为内阁之委任机关。谘议局为议会之委任机关，权限与布政使相当，但各省不必相同。在已裁督抚之省，"其立法、预算等事皆可归于中央，行政、立法之权，双方并削"，实行中央集权。中央集权与地方分权在各立宪国家均有实行者，利弊互见。如果杨度就立宪后而论，倒也不失为一种可供参考的办法。可是，他在预备立宪时提出这种主张，客观上只能有利于专制统治，没有任何进步意义。

杨度之所以在进入宪政编查馆以后不久即倒向清政府一边，主要是其社会地位发生变化的缘故。在此之前，尽管他在国内薄有声名，但毕竟仅有一个候选郎中的空头衔，且处于在野的地位。民族资产阶级参政的迫切愿望，外患的侵逼，清廷的腐朽，加之清廷宣布仿行立宪为其合法活动提供了某种条件，所以他不担心失去什么东西，有勇气代表民族资产阶级发言，无所顾忌地提出本阶级的政治要求，大肆攻击清政府。进入宪政编查馆以后，他成了清政府中的四品大员，并担当起参与筹备宪政的重任，这是一个普通官员在短期内无法企望的，而他一回国便轻而易举地获得了。地位的骤升引起思想的突变，同时也使他感激清廷及袁世凯、张之洞的知遇之恩。为了保持禄位，继续升迁，他只能跟着清政府的指挥棒转。否则，已经获得的一切便会化为乌有。利禄名位像一副沉重的枷锁套在他身上，使他丧失了在野时所具有的勇气和精神，成为清政府的御用官僚。

杨度政治立场的转变还表现在对粤汉铁路问题前后所持的不同态度上。在1904年力争粤汉铁路废约自办的运动中,杨度是一名极其活跃的积极分子,次年还出版了《粤汉铁路议》,由此声名鹊起。他坚决主张,废约后的铁路公司"宜为商立公司而不宜为官立公司"。因为中国无议会监督政府及官吏,若立官公司,官吏"必惟以此为升官发财之地位,而置铁路为第二事",肯定"侵蚀亏累",最后"仍终归于外人"。商立公司"宜由股东公推总理,而不宜由政府简放督办"。在股本中,"以商股为正,而以官股为副"。①他的呼喊反映了民族资产阶级的愿望和要求。但至1910年2月广东、湖南、湖北三省人民开展力拒外债、铁路商办斗争的时候,杨度却同三省人民大唱反调,上书邮传部,主张官商合办和借外债了。②湖南人民因其前后言论相违,判若两人,破坏商办,主借外债,不帮人民说话,而为清政府着想,视其为公敌,大张挞伐,且准备对之进行严厉惩罚。杨度的声誉更加一落千丈。

1910年10月,资政院召开第一次常年会。立宪派掀起了第三次国会请愿高潮,上书资政院,要求一年内即开国会,各省督抚亦联电奏请,呼声遍及全国各地,震动朝野。10月26日,资政院将速开国会议案上奏。清廷不得已于11月4日宣布于宣统五年召开国会,比原定期限提前三年。同日,杨度上折奏请"国会宜赶速开设,以救阽危,不必待至宣统五年始行召集"。③杨度作为政府特派员一直列席了资政院会议,对于议员要求速开国会的激昂情绪和全国人民的强烈呼声了如指掌,如其真正要求速开国会,尽可在资政院通过速开国会议案和督抚两次联衔电奏之前或同时上奏,更可利用政府一员的身份游说于王公大臣之间,以促国会速开。他却不然,而是在10月底朝廷拟于宣统五年召开国会的传言尽人皆知,特别是11月3日载沣召开御前会议,一切决定之后,才上折奏请。显然,这是无济于事的。此奏不过是其在不可抗拒的潮流下故意做出的一种姿态,表明自己在背离立宪派的道路上走得还不是太远,借以减少一些各方面的恶感罢了,并不反映其真实思想。

1910年12月下旬,杨度上折奏请赦用梁启超回国,效力宪政,并用自己的

---

① 杨度:《粤汉铁路议》,第84—86、103—105页,1905年。
② 见《东方杂志》第7年第4期。
③ 《时报》,1910年11月6日。

脑袋担保。①杨度留学日本时,梁启超在康有为面前对杨推崇备至,但二人分头组党后,杨的宪政公会就不断与梁的政闻社闹摩擦,竭力加以排斥。②至1910年12月,杨还是最忌康、梁的一人。③因此,对杨奏请赦用梁的动因,比较难以下个准确的判断。不过,这一行动是同国会请愿同志会要求开释党禁以及资政院通过赦用国事犯人员议案是保持一致的。

1911年5月,以奕劻为总理大臣的皇族内阁成立,立宪派群起而攻之,大都对清廷绝望,不少人暗自另谋出路。而杨度却心安理得地于6月就任了清内阁的统计局局长。这说明他同国内立宪派的距离越来越远,甚至逆行而进了。

同年10月10日,辛亥革命爆发。摄政王载沣被迫于10月14日任命袁世凯为湖广总督,督办剿抚事宜。杨度自袁开缺后,一直与其保持着联系,希冀袁东山再起。现闻授袁新职,急于当日南下河南彰德洹上村谒袁,对袁说清朝已经没有希望,即使将革命党平定,亦不会有所改变,劝袁不要应命。④袁世凯因手中无兵无饷,无法剿抚,也未出山。起义烽火遍地,各省相继光复,载沣被迫再行让步,11月1日又授袁世凯为内阁总理大臣。袁以不是公举,不接受任命,资政院又选举袁为总理大臣。11月16日,袁世凯在京组阁,以杨度为学部副大臣,杨辞不就。袁世凯出山的目的在于夺取国家最高权力,故一就总理大臣之职,便以实行责任内阁的名义将清室政权完全抓在手中,同时提出与革命党人进行和平谈判,诱迫革命党人就范。为配合袁的策略,在袁进京的第三天,即11月15日,杨度就伙同一出狱就成为袁世凯爪牙的同盟会会员汪精卫共同发起国事共济会,要求南北停战,召开国民会议解决君主、民主国体,"无论所决如何,君主、民主两党皆有服从之义务"⑤。接着,他又陈请资政院和内阁代奏此意,向清廷施加压力(均未代奏)。12月1日,南方独立各省代表同意与袁世凯和谈。5日,杨度与汪精卫宣布将国事共济会解散。7日,袁世凯即委杨度为参赞随和谈总代表唐绍仪南下。杨度一到南方,即利用各种关系,制造南方应与袁世凯妥协的空气,散布有利于袁的舆论。经过多次谈判,革命党人同意只要袁世凯推翻清室,便举其为大总统。

---

① 《时报》,1911年1月15日。
② 《梁启超年谱长编》,第430、436、443、461等页。
③ 《梁启超年谱长编》,第523页。
④ 王锡彤:《辛亥纪事》,《辛亥革命资料》,第517页。
⑤ 《经纬报》,1911年11月18日。

1912年1月中旬，袁世凯得知总统有把握到手，开始进行逼宫。一些反动顽固王公亲贵极力破坏阻挠共和的实现，作垂死挣扎。袁世凯对此不能容忍，施展种种手段逼迫清帝退位。与此同时，杨度也抛弃了君主立宪的旗号，网罗旧日一批同党于1月25日召开发起共和促进会大会，次日发表宣言书，痛斥王公亲贵及顽固分子"反对共和"，"以皇室为孤注"，"安心亡国"。宣称为了"求内部之统一，免外人之割裂"，只能实行共和。[①] 杨度由君主立宪一变而为民主共和，固因大势所趋，人心所向，难以违背，有其适应革命形势的一面；而更主要的，则是其配合袁世凯搞逼宫活动，为袁世凯夺取全国政权效劳。1月26日晚，革命党人彭家珍将宗社党头子良弼炸伤，王公亲贵丧胆，不敢再行阻挠。2月，清帝宣布退位，袁世凯终于当上民国的临时大总统，实现了夺取最高政权的宿愿。

综观杨度在清王朝最后存在的六七年内的言行表现，大致可以作如此评价：1908年4月进入宪政编查馆之前，他具有强烈的爱国主义思想，是一个出色的资产阶级君主立宪制度宣传鼓动家、民党领袖，是号召速开国会并首先发动人民上书请愿国会的急先锋和干将，对反对封建专制制度和提高人民民主觉悟均有促进作用，值得肯定。进入宪政编查馆以后，他很快脱离民党阵营，迷恋高官厚禄，立场站在清政府一边，成为清政府的御用官僚，妄图引导人民进入清政府制定的预备立宪轨道；辛亥革命爆发后又按照袁世凯的意旨行事，为袁世凯夺取全国政权效劳，应予否定。

（原载《近代史研究》1988年第1期）

---

① 《申报》，1912年2月5日。

# 张謇与辛亥革命

1911年10月10日湖北的资产阶级革命党人发动武昌起义后,清政府先命陆军大臣荫昌督率大军前往镇压,继又起用袁世凯,命其节制前线水陆各军,全力扑灭革命烈火。革命的前途未卜,立宪派面临着何去何从的严峻抉择。

武昌起义时,张謇刚刚乘轮离开汉口东下,到安徽时才听到起义的消息。10月13日抵达南京。第二天,他便会见江宁将军铁良,建议"亟援鄂"①,主张增援武汉,镇压起义。复谒见两江总督张人骏,再申前说,未获同意。旋至苏州游说江苏巡抚程德全奏请解散皇族内阁,惩办祸首,提前宣布宪法,收拾人心。10月21日,又鼓动谘议局致电内阁,请求宣布宪法,召开国会。直到此时,他仍力图挽救清王朝。

随着革命形势的迅速发展,他的思想也在发生剧变。至11月上旬,他彻底抛弃了君主立宪的主张,站到了革命一边。最初表明这一态度的是11月6日的致袁世凯电。同时又致函铁良,劝其赞成共和②。致函张人骏和张勋,"劝他们响应革命"③。继而与伍廷芳等联名致电摄政王载沣,说:"川鄂事起,罪己之诏甫颁,杀人之祸愈烈,以致旬日之内,望风离异者十有余省。大势所在,非共和无以免生灵之涂炭,保满汉之和平。国民心理既同,外人之有识者议论亦无异致,是君主立宪政体断难相容于此后之中国。为皇上、殿下计,正宜以尧舜自待,为天下

---

① 《年谱》,张謇研究中心、南通市图书馆编:《张謇全集》(6),第875页,江苏古籍出版社,1994年。
② 《劝告的将军函》,《张謇全集》(1),第193页。
③ 袁希洛:《我在辛亥革命时的一些经历和见闻》,《辛亥革命回忆录》(6),第285页,中华书局,1963年。

得人。倘行幡然改悟，共赞共和，以世界文明公恕之道待国民，国民必能以安富尊荣之礼报皇室，不特为安全满旗而已。否则战祸蔓延，积毒弥甚，北军既惨无人理，大位又岂能独存？"① 劝清廷认清形势，赶快退位。

此后，为促使共和早日实现，张謇还以社会名流的身份，发表《建立共和政体之理由书》，阐述中国宜实行共和。致电内外蒙古各界，请赞成共和。

11月14日，清廷为了消弭革命，委派有名望的人士赴独立各省抚慰劝导，张謇被派为江苏宣慰使。袁世凯组建内阁，又任张謇为农工商大臣。

张謇闻命，立发长电辞职。中言："罪己之诏方下，而荫昌汉口兵队于交绥之外，奸淫焚掠，屠戮居民数万于前；张勋江宁驻兵不在战期，闭城淫掠，屠戮五六百人于后。……尚有何情可慰？尚有何词可宣？……无已，再进终后之忠告：与其殄生灵以锋镝交争之惨，毋宁纳民族于共和主义之中。必如是乃稍为皇室留百世禋祀之爱根，乃不为人民遗二次革命之种子。如翻然降谕，许认共和，使謇凭借有词，庶可竭诚宣慰。所有今日宣慰使之职无效可希，不敢承命。至于政体未改，大信已漓，人民托庇无方，实业从何兴起？农工商大臣之命，并不敢拜。"②

22日，江苏谘议局改称省议会，张謇仍被选为议长。他在答词中极力阐发革命之义，略谓："此次革命，一月之间响应者十有四省。其所以能如此者，因全国人民苦于专制之毒，咸有革除旧政府、希望新政府之心理，《易》所谓'顺乎天而应乎人'。"③

25日，清廷电令张謇入京讨论实行共和政体是否适宜。张謇因其仍以君主名义召集，答复不能北上。在另一电中，张謇还忠告清廷，现在共和主义已经风靡全国，沛然莫遏。宜"顺天人之归，谢帝王之位，俯从群愿，许认共和"。"为中国开亿万年进化之新基，为祖宗留二百载不刊之遗爱。"④ 劝其自动宣布退位，将国家政权让给国民。

江浙联军进攻南京时，江苏省议会派代表赠送联军牛五十头，酒一千瓶。张謇的通海实业公司也赠面粉一千袋，布一千匹，予以犒劳。

---

① 《与伍廷芳等联名致摄政王电》，《张謇全集》（1），第174—175页。
② 《致袁内阁代辞宣慰使农工商大臣电》，《张謇全集》（1），第183页。
③ 《江苏临时议会开会纪事》，上海社科院历史所编：《辛亥革命在上海史料选辑》，第1013页，上海人民出版社，1981年。
④ 《辛亥九月致内阁电》，《张謇全集》（1），第190—191页。

在此期间，张謇的活动一直是以第三者的身份出现的。惟其如此，他在社会上，特别是对未独立省区和清政府，具有很大的影响。

1912年1月1日，孙中山在南京就任中华民国临时政府大总统之职，请张謇担任了实业总长。张謇为临时政府筹款一百万，解决了不少财政困难。同时尽心尽力促成清帝退位，实现南北统一。

由上可知，张謇在武昌起义后不久即由君主立宪转到民主立宪，成为共和制度的热烈拥护者，做了许多有益的工作，为推翻清王朝，建立中华民国作出了重要贡献。辛亥革命是革命派与立宪派的联合行动，辛亥革命的胜利是两派的共同胜利，其中当然也有张謇的一份不可磨灭的功劳。

刘厚生评论张謇此时期的表现说："他是一个促成革命成功的有力者。"[①]革命党领袖黄兴也认为他与赵凤昌等人"缔造共和，殚尽心力"[②]。他对辛亥革命的贡献是不容抹杀的。

然而，长期以来，近代史学界对他在辛亥革命中的表现和贡献非但不予肯定，反而将其作为一个立宪派不甘心实权掌握在革命派手中，施展种种阴谋权术，干了一系列反革命勾当，从革命内部进行破坏，帮助袁世凯窃国的典型代表，而加以批判鞭笞。

对此，理应加以澄清。

（一）所谓震于革命声势，随风转舵，伪装拥护革命，进行政治投机。

较之某些立宪派人士，张謇放弃君主立宪立场的确稍迟一些。但时间只能说明一个人觉悟的迟早，不能作为投机的根据。由于各种各样的原因，人们的思想状况不一，立场的转变不可能"一刀切"。不论觉悟迟早，都完成了由立宪到革命的转变，应当予以欢迎。

张謇之所以转变较迟，是因为受到名教大防的束缚，与清廷及地方当局的关系密切，思想比较保守。他曾高中状元，贵为天子门生，对这种崇高的荣誉和知遇之恩无时忘怀，心中时刻想着"报先帝拔擢之知"[③]。同时他认为，君主立宪较民主立宪优越，又可避免革命带来的破坏。因此，他见清政府的行事无一不与立

---

[①] 刘厚生：《张謇传记》，第281页，上海书店，1985年。
[②] 《致赵凤昌等书》，《黄兴集》，第414页，中华书局，1981年。
[③] 《年谱》，《张謇全集》（6），第873页。

宪之主旨相反，便苦苦劝谏，"谏行言听之无期，而犹大声疾呼之不已"①，在思想感情上始终不忍与清廷决裂。武昌起义之后，他仍想以实行真正的君主立宪来挽救清王朝，没有立即站到革命立场上来。也正因如此，他转变立场后，依旧认为"对于立宪之旧君，不能无礼"②，想着保护清室的安全，规劝清廷将政权让给国民，留下禅让的美名，换取优待的条件。人的感情是复杂的，不能简单地以革命或反革命来划分和解释，他的这种心态是可以理解的。

他转到革命立场，固然与革命形势的迅速发展有关，但若没有一定的思想基础，以他的刚直性格来说，也是不可能的。

张謇尽管反对革命，却不完全拒绝与革命党人结交。同盟会会员黄炎培与他的关系极其密切，把他视为"政治意识不完全相同而一致倾向于推翻清廷，创立民国的战友"③；1907年革命派创办《神州日报》，他曾题报眉④；1908年5月同盟会江苏支部长陈□□为两江总督端方拘捕，革命党人请其帮忙，他即致电端方营救，端方接□□□敢将陈陶遗杀害⑤。1909年10月，革命派的《民吁日报》称赞他为□□□□请愿运动的伟大人物。⑥在这些交往关系中，他的思想定然会受到□□□响。

关于突破名教大防，张謇也有思想准备。1911年5月，雷奋向张謇指出，清政府万无不倒之理，如果各省谘议局议员不肯出头，将酿成全国混战的局面。特进忠告："切勿因为自己是清朝状元，要确守君臣大义，而躲避现实。须知皇帝与国家比较，则国家重于皇帝。"他的谈话慷慨之中带着恳切，张謇以十分欣悦的态度接受了他的建议。⑦

而令张謇立场转变的根本原因，则在于他对清廷的绝望。关于这方面，他有许多言论，这里仅引一则。他致函铁良说："政府之专己自逞，违拂民心，摧抑士论，其事乃屡见而不一见。于是人民希望之路绝，激烈之说得以乘之，而人人离畔矣。

---

① 《致袁内阁代辞宣慰使农工商大臣电》，《张謇全集》（1），第182页。
② 《致沈曾植函》，《张謇全集》（1），第187页。
③ 黄炎培：《八十年来》，第53页，文史资料出版社，1982年。
④ 冯自由：《革命逸史》（2），第243页。
⑤ 袁希洛：《我在辛亥革命时的一些经历和见闻》，《辛亥革命回忆录》（6），第277—278页。
⑥ 《民吁日报》，1909年10月30日。
⑦ 刘厚生：《张謇传记》，第180页。

然謇于政府虽屡有所陈而不用,而于先帝之知,固未忍忘。是以今年五月被社会公推入都,复竭愚诚,进最后之忠告。即南旋以后,迄于鄂事发难,忠告亦何止一端。而寂然罔应,如水沃石,至于今日。人方嗤謇为愚,宁有余地可以容喙?……若论今日,虽曰人事,然何以当是时而生是人且参会焉,岂非天命终级,无从理诘者乎?今大事已矣,无可复言。"①1911年5月,他因朝中亲贵掌权,举措乖张,人心离散,曾联合汤寿潜、赵凤昌等人上书载沣,切实规谏,而无结果,"乃更断言清廷之无可期望,谋国必出他途以制胜矣"②!"但是他不做冒险的事",想盖新房子,而又不情愿放火去烧旧房子③,所以还是一味地苦劝苦谏。他是谘议局议长,人民的代表,在看到清政府实在无法挽救,人心倾向共和,也就放弃了君主立宪立场,站在革命一边,"一望政治之革新,一希兵祸之速解"了。④

(二)所谓拒绝担任财政总长,拆临时政府的台。

黄兴为了筹措经费,起初拟请张謇担任财政总长。张謇不愿担任,特在向临时政府提出的一份财政意见书中说明了理由。他说,临时政府支出浩繁,而入款有限,所短之款甚多,"值此绝续之交,财政一端,关系重要,列强之能否承认,全视此为关键"。如办理不好,"而误全局","虽万死无以谢同胞"。他"非不愿为诸志士效一得之愚",但"本无理财学识","事非素习,时当困难,实不敢以全无把握之事,滥竽充数"。⑤假若这里所讲的系对政府而言,不免显得冠冕堂皇;那么,他致密友赵凤昌的信应当是真心话了。信中说:"苟能尽力,岂有所爱",表示乐于为临时政府效劳。可是从当前的情况看,财政总长"亦不过管理江苏一省之财政而已。近如浙江,远如广东,尚为完善之区,然亦无术可使统一,其他各省更有自顾不暇之势。且如湘鄂等省,滥招军队,无饷无械,微特不能供给政府,势将向政府诛求,不遂,谤怨遂之,其机甚显"。让他担任"生财一面,或犹可勉强一时","若兼任理财之名,则是牺牲一身而无益大局,处虚名而受实祸,智者不为"⑥。此信与致临时政府意见书的基本精神一致,讲的都

---

① 《张謇致铁良书原稿》,《辛亥革命在上海史料选辑》,第1057页。
② 赵尊岳:《惜阴堂辛亥革命记》,《近代史资料》1983年第3期。
③ 张孝若:《南通张季直先生传记》,第159页,中华书局,1930年。
④ 《调和南北致孙少侯王铁珊函》,《张謇全集》(1),第281页。
⑤ 《对于新政府财政之意见书》,《张謇全集》(1),第234—235页。
⑥ 《为财政事致赵竹君函》,《张謇全集》(1),第236页。

是客观困难太大，事非所长，难以完成任务。不过还透露出他害怕各省向中央要款不遂，会遭到"谤怨"和"受实祸"的私心而已。

　　一个对国家人民负责而又珍惜名誉的人在接受职务之前，首先考虑到的就是能否胜任，不能胜任，万无接受之理。只有那些唯利是图、唯权是争的寡廉鲜耻之徒，才会不考虑能否胜任，不计较会不会落下骂名，先将官职捞到手再说。张謇是个实业家，生财有道，理财非其所长，他把国家与个人、公与私统一起来考虑，不想出任财政总长，正是对临时政府负责，对个人负责，无可厚非。即便"私字"当头，怕落骂名，也仅是私心而已，决然谈不上"拆台"和做政府的反对派。张謇不就，自可另委高明，台子尚未搭起，何云"拆台"二字？

　　有论者说，他不担任财政总长，可见他根本不赞成南京临时政府成立。真是奇怪的逻辑！赞成与否同本人能否胜任完全是截然不同的两回事，怎能混为一谈？

　　还必须指出，张謇不愿担任财政总长是实，而他最终没有当上财政总长，并非因为他拒绝，而是出自孙中山的决定。据孙中山的亲信、临时政府秘书长胡汉民说："克强（黄兴字）推荐张謇或熊希龄长财政，先生（孙中山）不可，曰：'财政不能授他派人，我知澜生（陈锦涛字）不敢有异同，且曾为清廷订币制借款，于国际有信用。'于是用陈。"① 孙中山以为张謇不是同盟会的人，根本不相信，故不让他掌握财政这一重要部门，而用了不敢提出不同意见、惟命是从的陈锦涛。既然孙中山坚持任人唯亲，张謇即便乐于担任财政总长，孙中山也不会同意的。对于这一事实避而不谈，一味地责骂张謇，岂非太不公正！

　　（三）所谓担任实业总长不到南京就职，消极怠工，抵制和涣散临时政府，借此为自己的企业攫取新的特权权益，并为日后借财政难题进行拆台预留地步。

　　这种指责毫无道理。

　　首先，无实业可办。张謇被推为实业总长后就认为，"时局未定，秩序未复，无从言实业也"。② 当时南北对峙，除陆军、海军、财政、外交几部外，其余几部实无多少事可办。正如教育部所说："现在军事未定，实施教育，尚非其时。"③

---

① 《胡汉民自传》，转自薛君度《黄兴与中国革命》，第130页，湖南人民出版社，1980年。
② 《张謇日记》，宣统三年十一月十四日。
③ 蒋维乔：《辛亥革命闻见》，《辛亥革命》（8），第58页。

胡汉民也说:"时战事未已,中央行政不及于各省,各部亦备员而已。"①事情很少,自无坐镇南京的必要,何况他还有许多事情要办。

孙中山身为临时大总统,职务更重要,事情更多,尤应坐镇南京。可是,他办事大部分在上海,在南京的时间很少。依照对张謇的指责,孙中山无疑也是消极怠工,抵制和涣散临时政府了。然而却不见有人指责他,为什么对张謇如此吹毛求疵,求全责备?

其次,同盟会实行"部长取名,次长取实"②的办法,各部几乎都由任次长的革命党人代理,主持部务,故有"次长内阁"之称。让次长抓实权,实质上是对非革命党人的不信任和排斥,极其错误。用人贵在信而专,不值得信任的人可以不用,既用就必须信赖,给以实职实权,让其大胆放手办事。除了被豢养的御用政治工具、不知羞耻二字为何物的政治娼妓和受到权势胁迫的人,凡稍有人格者都不愿意当傀儡。自己不能以诚待人,何能期望人以诚相待?玩弄权术,表面尊重,实际夺权,出了问题嫁祸于人,有了功劳全归自己,不但换不到真诚的合作,而且会把正直的人士推拒到千里之外。同盟会仅给非革命党人总长以虚名,有意冷落排斥,到职又能有何作为?而且按照某些论著的观点,不到职恰恰满足了同盟会掌权的愿望,恰恰少了"掣肘"而有利于临时政府,应当欢迎之不暇,怎么反说拆台呢?张謇为人正派,用人尊重别人的人格,不用权诈,当然无法忍受别人的不信任和排斥,宁肯冷板凳,去看部属的冷面孔。再说,要他在南京坐镇,自是让他办实业。而当时并无实业可办,他到后整天像腐败的官僚一样,领着国家的薪水,无所事事,只知喝茶、抽烟,天南地北地胡侃,难道就是支持临时政府?如果各部总长均是如此,临时政府岂不成了最腐败的政府,还谈什么革命?什么公仆?直是一伙吸饮人民血汗的寄生虫、吸血鬼而已!张謇无论办私事、办公事,都有极强的责任感,怎会干这种对不起国家、辜负人民的事情?

再次,张謇不到职,并非不为临时政府办事。孙中山之所以拉张謇参加临时政府,并不是要他办实业,主要是让他帮助筹款,解决财政困难。这一工作对临时政府来说,远较办实业重要而急需得多。张謇也把主要精力用在了筹款上。责备张謇筹款时把责任都推在他身上,论及工作时又把他所作的努力完全抛开,真

---

① 《胡汉民自传》,转自薛君度《黄兴与中国革命》,第130页。
② 居正:《梅川日记》,第72页,大东书局,1947年。

是"欲加之罪,何患无辞"了。

复次,说张謇利用总长身份为自己的企业攫取新的权益,没有任何根据,完全出于主观臆断,信口雌黄,故入人罪。

(四)所谓大叫"勿扰商",阻止临时政府筹款,有意造成临时政府的财政困难,幸灾乐祸,希望把临时政府置于死地而后快。

开始,黄兴因组织临时政府没有经费,请求张謇帮助。张謇即以大生纱厂总理的私人资格作担保,向日本三井洋行借款三十万元,一个月归还。三井洋行之所以如此,有拿大生纱厂做抵押的意味。张謇则在保证书中毫不含糊地写道:"如还期不如约,惟保证人是问。"①他不惜冒着大生纱厂被日本商人吞并的风险,为临时政府出面担保借款,难道不是为了支持临时政府?后来为了帮助解决外省军队离开江苏的经费问题,他商请各商会筹垫二十万元应急。显然,这也是支持临时政府。后来临时政府急需军事、行政费用,准备让商会再筹垫五十万元。这时张謇出面"劝勿扰商,自任为筹"②。自告奋勇为临时政府筹款,非但绝无阻止筹款之意,相反还减轻了临时政府筹款的麻烦,本是大好事,有何值得非议之处?

问题在于张謇是否实践了自己的许诺。政府提出的时间是1912年1月1日,张謇在同月31日便"筹款五十万成"③。不出一个月,便完成了任务。

黄一欧说,张謇"一拖就是个把月","以他当时在实业界的地位,借几十万元并不是那么困难的,我看他就是存心掣肘,借此打击革命党人,其最终目的就是要消灭革命党。"④某些论著据此指责张謇冷眼旁观,敷衍塞责,显然把筹款看得易如反掌,不费吹灰之力了。

武昌起义后,各地战事迭起,社会动荡不安,独立省区的工商业经营均处于非正常状态,资本家的收入大为减少,哪会痛痛快快地往外拿钱?张謇只能做说服动员工作,不能强迫命令,即使下令,也无人听从,能在一个月之内完成任务已经相当不容易了。若如想象的那么容易,临时政府一声令下,谁敢不从?要多少均可立致,财政何至出现困难局面?黄兴也不致急得吐血。海外华侨资本家很

---

① 张孝若:《南通张季直先生传记》,第171页。
② 《年谱》,《张謇全集》(6),第877页。
③ 《年谱》,《张謇全集》(6),第877页。
④ 黄一欧:《辛亥革命杂忆》,《辛亥革命回忆录》(7),第145页。

多而且富有,可是在黄花岗起义失败后的半年多时间里,孙中山筹到多少?"此次回国,未带金钱,所带者精神而已"①,一分钱也未筹到。如果像某些论者想象的那么容易,以孙中山革命领袖的地位和在华侨当中的威望,往海外发个电报,还不是百万、千万地汇来?会有什么困难?又何必处心积虑地要张謇帮着筹款?事实不然。可见想象代替不了实际。

仅以张謇此次与前两次共筹款一百万元来讲,在辛亥革命中,全国做出这样贡献的有几人?孙中山虽然哀告"各省贤达有为之都督","将应解部款,从速完缴"②,革命党人当都督的省区如广东、福建、江西、陕西、山西、安徽,为临时政府解款几何?有功而不予褒扬已失持平,再加贬抑,则为错上加错,大错特错。

再者,1912年1月下旬,临时政府向日本大仓洋行借的三百万日元,张謇也会同签字。为什么对此视而不见,对张謇以私人资格担保借款视而不见,对张謇筹款一百万元视而不见,而硬要给张謇扣上阻止临时政府筹款,想把临时政府置于死地的大帽子,反将张謇置于死地?

与筹款相关,张謇在《对于新政府财政之意见书》中估计,中央政府每年支出,至少一亿二千万两,而可恃的入款只有四千万,尚短八千万。为此,他提出两点意见供临时政府参考,其中之一是:"孙中山先生久在外洋,信用素著,又为理财专家,能否于新政府成立后,担任募集外债一万万两,或至少五千万两?"③此事竟也被当作一条罪状而加以宣判。或者说他向孙中山伸手要钱;或者说夸大短缺经费拒绝任财政总长,做临时政府的反对派;或者说讥诮孙中山。其实,他只是根据自己的估计,提出建议,采纳与否,在于临时政府。事情本属正常,哪有做临时政府反对派的意思在内?哪有一点讥诮的味道?至于说向孙中山伸手要钱,更是风马牛不相及了。他诚然说过,只有解决了财政问题,才有可能使临时政府得到外国的承认。但若说他故意夸大经费的大量需要,也不一定。1911年12月,孙中山在归国途中即向人表示:"此次直返上海,解释借洋债之有万利,而无一害。中国今日非五万万不能建设裕如。"④此处虽未言明为每年所需,但"今日"二字

① 《与上海大陆报主笔的谈话》,《孙中山全集》第1卷,第573页。
② 转自李新主编《中华民国史》第1编(下),第454页,中华书局,1982年。
③ 《张謇全集》(1),第235页。
④ 转自李新主编《中华民国史》第1编(下),第455—456页。

也说明为期不远，比起张謇所估计的，只多不少。何以总是带着偏见责备张謇？

（五）所谓以筹款为名，垄断两淮盐税，牟利而外，有意对革命派进行经济封锁，造成临时政府的财政困难。

有论者说，依照清末的税则，张謇管理的江苏两淮十五个盐场，每年税收有二千二百三十五万两，除私吞舞弊的浮收外，每月收入约二百万元。张謇在1911年12月至1912年2月的三个月内，至少可收四百万，可是仅交政府一百万两（合一百四十万元）。不少论著随声附和，对张謇大加挞伐。

按之实际，这个估算是极不可靠的。

第一，在时间上多算了十九天。张謇正式担任两淮盐政总理为12月19日，不能把12月算作一个月。

第二，也是更主要的，估算仅依清末的税则，未将革命时期的特殊情况所造成的损失计算在内。辛亥革命以前，各盐场所产之盐在产、运、销诸方面均较正常，收税较为稳定。武昌起义后处于战争时期，社会秩序异常混乱，风险很大，盐商不愿承运。张謇出任盐政总理之始，考虑到两淮盐厘的重要，即通电湘鄂赣皖四省都督，"声明一切暂循旧章，其所收课厘加价、复价如何拨用，均悉照旧案办理，借以维持现状"。但四省都督"均有异辞。而向来在岸扣收盐厘加价等款，凡应解苏省各局所及运库者，均不照章案解"；张謇委任的督销，"各岸复不承认，更无稽核之权"①。据张謇1912年2月向孙中山报告，经他派员向各盐商剀切晓谕，并许以力任保护，盐商才答应承运。正在督促进行之际，江西都督忽令本省运商"每票派借三千两"；湖北军政府则派委员在扬州设立催运淮盐公所，令本省运商启运之先，在该所报告姓名和盐数，然后发给护照；安徽某军也派员自运圩盐自卖。运商看到这种情况，极其惶惑，又生观望。1912年1月30日、2月1日，张謇通电湘鄂赣皖四省都督，声明规划办法，请其力任保护，但未得到答复，"商人更滋疑虑"②。"湖南近日因军饷万急，每票令商捐三千元。"③上海的李燮和则直接向张謇要盐款，并威胁说："军队乏饷即溃，到那时只好自由行动，莫怪对不

---

① 《为统一两淮盐务致大总统电》，《张謇全集》（2），第103页。
② 《电报》，《临时政府公报》第14号。
③ 《实业部总长复湘鄂两皖全体运商书》，《辛亥革命在上海史料选辑》，第1016页。

住地方。"①此外,"各军有截盐以自便者"②。财政部也向孙中山报告,沪军派沈翔云设立公司,皖军派陈策欲本省自办,"数月以来,相持未决"③。这种各省各军各自为政的情况到南北统一以后也没有根本改变。1912年10月,"湘鄂赣皖四省为淮盐运销引岸,至是各省截盐资军饷,法尽破裂。"④据1913年初张謇交卸盐政时给江苏都督及财政部的咨文说,"革新以来,各省自为风气。凡销盐后应解江苏一切收入,悉为各省截留。"在1912年他任职的近十一个月里,"除西岸提解六万两外,其余丝毫未经解到,综计各岸短解之数,确有四百三十余万之多"⑤。

由于各省各军各自为政,不服从盐政局管理,令盐商认缴借款、报效银两;自设机关,征收盐税;自运自卖,从中获利;截盐自便,必然大大破坏盐政局的统一税收。他们的这些做法还吓得运商不敢承运,有盐卖不出去,也使税收锐减。正如南京临时政府财政部所指出的:"自引岸梗阻,运商观望,悬欠水脚,为数甚巨,以至盐为洋商扣抵,各岸缺盐,民困淡食,盐课久亏,饷源日绌。"⑥张謇对这种情况极其恼火,但他指挥不动各省各军长官,气得几度打算辞职。最后没有办法,只好恳求孙中山以大总统的身份致电湘鄂赣皖四省都督,帮助解决这些问题。不计运商观望不运和各省各军的干扰破坏,妄加谴责诅咒张謇,太过轻率武断。

还应指出,张謇并不羡慕两淮盐政总理的肥缺。当时江苏都督程德全及浙江都督汤寿潜、上海都督陈其美见到外省军队在南京骚扰得很厉害,居民极其恐慌,一致认为,要回复南京秩序,必须置官任民事;要置官任民事,必须客军出发;要客军出发,必须筹备财政,财政可以急筹而得用者惟有盐。于是共同推举他担任两淮盐政。他是为了乡里考虑,才勉强答应下来的。干了不到一个月,他感到"当八面之冲,非兵力不足以维持,非财力不足以提挈",曾致书黄兴,愿将盐政让于财政总长陈锦涛。⑦

---

① 《为时政致黄克强函》,《张謇全集》(1),第237页。
② 《年谱》,《张謇全集》(6),第877页。
③ 《大总统令财政部呈请盐政办法文》,《临时政府公报》第15号。
④ 《年谱》,《张謇全集》(6),第878页。
⑤ 《为交代盐政事咨江苏都督及财政部》,《张謇全集》(1),第250—251页。
⑥ 《大总统令财政部呈请盐政办法文》,《临时政府公报》第15号。
⑦ 《致黄兴函》,《张謇全集》(1),第210页。

他担任此职,只尽义务,仅有公费,不领薪水。1912年11月他卸任时,照前清总督兼任盐政的旧例,应得公费六万六千余元,他一分没花,全部用来在仪征、东台和南通建了三个贫民工厂。① 说他从中牟利,乃是凭空捏造,败坏他的人格。

(六)所谓以辞职反对临时政府借贷外债,打击孙中山的威信,拆临时政府的台。

前已指出,张謇曾两次帮助临时政府借贷外债,足可证明此一罪名不能成立。给他扣上这个罪名,是因为他反对汉冶萍煤铁公司中日合资。

事情是由孙中山和黄兴秘密批准汉冶萍煤铁公司中日合资引起的。汉冶萍公司由私人集资开办,盛宣怀的资本居其大半。由于盛宣怀主张铁路干线国有,人民视其为全国公敌,故武昌起义后没收了他的资产。盛宣怀不甘心,想求日本庇护,与日人协议合资开办。日本久欲劫夺汉冶萍公司,立即同意。双方议定资本总额为三千万元,中日各半。盛宣怀于是乘临时政府急需用款之机,表示愿以五百万元转借临时政府,先交二百万,请临时政府批准,俟合资合同成立,即交清五百万。孙中山、黄兴鉴于"民军待哺,日有哗溃之虞","急不能择"②,竟然批准,"秘密签字,而财政总长陈锦涛犹未得与闻也"③。管理实业的总长张謇更不知道。旋此事为参议院闻悉,认为不交参议院议决,显背《临时政府组织大纲》,即为违反宪法,予以严词质问。湖北、湖南、江西等省区的人民和留日学生以及社会舆论一致强烈反对。孙中山不得不咨请参议院取消前议。

张謇闻知汉冶萍中日合资之说以后,因其身为实业总长,对于此事负有完全责任,于2月8日致函孙中山和黄兴,在指出盛宣怀别有用心的同时,着重强调了日本的阴谋和合资的危害。他认为,日本没有铁矿,对于我国铁矿"百端设法,思攘而有之"。如准中日合资,"于国防,于外交,皆为大失败","万不可行"。劝告他们考虑问题要从国家大的和长远的利益着眼,不要堕入盛宣怀的奸谋。④ 孙中山以"已有成议"复之,同时声称:"于众多矿中,分一矿利于日人,未见大害。"⑤ 拒绝接受意见。张謇见此,觉得"身任实业部长,事前不能参预,事后不能补救,

---

① 《年谱》,《张謇全集》(6),第879页。
② 张孝若:《南通张季直先生传记》,第175页。
③ 谷钟秀:《中华民国开国史》,第66页,泰东书局,1914年。
④ 《为汉冶萍借款致孙总统黄部长函》,《张謇全集》(1),第238—239页。
⑤ 张孝若:《南通张季直先生传记》,第175页。

实属尸位溺职,大负委任",去电辞职。①孙中山加以挽留。张謇任总长之始曾与孙中山约定,任期至清帝退位为止。②同时也与黄兴约定,"勉任短期,以俟能者"③。2月12日,清帝宣布退位。同日,张謇复电孙中山,请"许践前约"④,坚辞而去。

究竟孰是孰非?汉冶萍公司章程规定:"本公司专集华股自办,不收外国人股分"⑤。作此规定,完全是从爱国主义出发,避免外资渗入后丧失利权。盛宣怀固然无权自行作主中日合资,孙中山不经股东大会同意,同样无权侵害股东们的经济利益,擅自改变股东们通过的公司章程。他既不征询股东们的意见,也不让管财政和管实业的两位总长知道,复又隐瞒了参议院,这种做法完全违背资产阶级的民主原则。而主张出让利权给日本,与当时人民力图争回利权,使国家富强的愿望正好相反,无怪其遭到参议院和人民的同声反对。孙中山最后取消成议也证明他开始对此事的处理是错误的。

张謇从国家大局权衡利害得失,主观动机是好的。他主张以汉冶萍抵借,解决临时政府的财政困难,但反对中日合资,以免日本吞并获得铁矿后,在军事上迅速发展,欺凌中国,亦无可非议。他在信中向孙中山指出,"民国政府建立伊始,纵不能有善良政策,为国民所讴歌,亦何至因区区数百万之借款,贻他日无穷之累,为万国所喧笑?"⑥也是从爱护临时政府出发,并非加以抨击。向总统提出忠告,总统不听,他身为实业总长,而对所管事务不能尽到责任,只有辞职一途。合则留,不合则去,在资产阶级政府中本是极其正常的现象,怎能说打击孙中山的威信?孙中山既不让张謇知道他本该管理的事情,不让他履行自己的职务,他不辞职,难道让人尸位素餐?此在无有人格的无耻之徒也许心安理得,若在自尊自重的张謇,可就"是可忍,孰不可忍"了。孙中山没有把他看做台柱子,他辞职也就谈不上什么"拆台"不拆台,何况事前有约,到了时间。在这个问题上,张謇没有过错。对于孙中山的错误不予批评,反而加以维护,既树立不了孙中山的威信,也补不了临时政府之台,只是一种阿谀献媚的可耻行为,是正人君子所不屑为的。

① 《辞实业部长电》,《张謇全集》(1),第240页。
② 《复马次长函》,《张謇全集》(1),第240—241页。
③ 《致孙中山函》,《张謇全集》(1),第208页。
④ 《复孙总统电》,《张謇全集》(1),第240页。
⑤ 《汉冶萍有限公司商办历史》,第29页。
⑥ 《为汉冶萍借款致孙总统黄部长函》,《张謇全集》(1),第239页。

有一种非常荒谬的说法是：人民团体反对合资是爱国的表现，张謇则是借机打击革命派。同样的事实，得出完全相反的结论，其理安在？还有的论著指责他大吵大闹，策动上海各团体反对，其根据又安在？不摆事实，不讲道理，乱扣帽子，乱打棍子，决不会推动学术研究，只会把历史科学搅得一团糟。

还须特别指出，在世俗人的眼光看来，高官厚禄，人人向往。但张謇"生平不乐政界"，"自前清即矢志为民，以一地自效"。高中状元不久，甲午战争爆发，他即辞官南下，成为声誉卓著的实业家和教育家。此后，他更"无求于世"，"尤无求于政府"①，不乐荣进，不争名利，更无政治野心，没有再入政界。直到1909年被选为江苏谘议局的议长，他才就任了这个代表民意的职务。南京临时政府组建时，他之所以拒绝出任财政总长，除了害怕困难外，也有不乐于为官的因素在内。他之辞去实业总长，"所以示纷纷权利之中，我无与也"②。他不但对南京临时政府如此，对袁世凯政府亦如此。袁世凯组织临时政府时请他北上，他见争权夺利之风甚盛，同时也怕"浅见者"说他辞去南京临时政府之职，而就北京临时政府之职，"有轻重向背于其间，而无识者且可造为种种荒诞离奇之语"，也不愿去。他对袁世凯说，如果非要他担任职务不可，他只能任改革盐法、疏浚淮河和扩充棉产纺织业三件事，因为他对"此三事粗有心得，不至茫无所措"③。这种说法与其拒绝担任财政总长的理由相同，即用其所长，避其所短。1913年，袁世凯请其出任国务总理，他同样不干，万般无奈之下，才担任了农商总长。可见他对政界不感兴趣，无论是何政府，他能推就推，实在推不掉，就接受能够胜任的职务。了解了这一点，或许对他的拒绝担任财政总长和辞去实业总长，就不至于深文周纳，妄为罗织罪名了。

（七）所谓销去党名，分裂革命党人的内部团结，力促革命党人解散同盟会；和章太炎等组成统一党，与同盟会对抗。

张謇在致黄兴信中确实谈道："总之，军事非统一不可，而统一最要之前提，则章太炎所主张销去党名为第一。此须公与中山先生密计之，由孙先生与公正式宣布。一则可融章太炎之见，一则可示天下以公诚，一则可免陆军行政上无数之

---

① 《致袁世凯函》，《张謇全集》（1），第212—213页。
② 《为时局致袁总统函》，《张謇全集》（1），第242页。
③ 《为时局致袁总统函》，《张謇全集》（1），第242—243页。

障碍，愿公熟思之。此为民国前途计，绝无他意也。"①

他向黄兴提出这个建议，当然是有感而发。在同一封信中，他写道："今日复有函于中山先生，请通电各省军政府，勿以嫌疑影响，轻于拘人、击人。此则心所谓危之语。"继之列举事实："此次顾鳌拘后，而北方代表中各人惊走；林长民击后，而各省代表中有心人寒心；昨排熊秉三（熊希龄字），又排蹇季常（蹇念益字），又击罗杰。"接着写道："似此举动，是诸公一片苦心为民国造福者，乃供一二人睚眦修怨之用。大小轻重之间，此一二人者，亦太不审量矣。而近日报纸发见北方军队反对民军之言，已大受其影响矣。此又于举大总统发生之外添出之障碍物，公与中山如何不亟亟图所以自安也？危苦之言，出于爱国，公幸深谅。"②

顾鳌和原来的立宪派蹇念益是随唐绍仪议和到南方的，前者竟被拘捕，后者受到攻击排斥；林长民为原来的立宪派，现任南方代表团的秘书长，竟遭刺客暗杀（未遂）；熊希龄和罗杰均为原来的立宪派，也遭受排挤和枪击。显然，这都是革命党人干的，而且是极其错误的，甚至是犯罪。他们的这些暴行不仅吓走了一些北方来的代表团成员，引起袁世凯军队的反对，也使得南方代表团中拥护革命的原来的立宪党人寒心，对议和带来极其不良的影响。此外，陈其美与光复军势同水火，暗杀李燮和与陶成章，以及其他革命党人互相仇杀残害的事，张謇也有耳闻。有鉴于此，他才建议解散同盟会，融和各党各派，示天下以公诚，免去军队和行政上许多障碍。他提出这个建议，自认为是出于爱国，为了民国前途，绝无他意。是否如此，不敢断言。但他向同盟会的两位领袖写信或面谈，至少也无恶意。若说他此举就是出于完全取消革命党人对革命的领导权，掌握拍卖革命的支配权的险恶用心，对于不乐为官，尤其毫无政治野心的张謇来说，可谓诛心之论了。

（八）所谓利用沪杭甬铁路作抵，为袁世凯代购了一大批军火。

刘厚生在《张謇传记》中有一段记载："还有一项秘密事件，为任何官私文书所不载。……在南京临时政府时代，黄兴曾以陆军部长之资格，向德商某洋行订购德国最新式之武器，其价额总值在三百万元左右，而所付定银，则在总额百

---

① 《为时政致黄克强函》，《张謇全集》（1），第237页。
② 《为时政致黄克强函》，《张謇全集》（1），第238页。

分之五十以上。原订六个月内交货，为袁世凯所侦知，将该洋行买办秘密诱至北京，不惜巨资，令其唆使该洋行将此项军械，悉数改运天津交货。于是该洋行与买办，皆获得意外之大利。"①

据此，有论者认为，张謇和赵凤昌为黄兴筹借外债订购军火，用沪杭甬铁路作抵，从日本大仓洋行借款三百万元，但在黄兴向德国订购军火时却受了欺骗。当时黄兴借外债和订购军火既然经过赵凤昌，袁世凯自然晓得。他们表面上同意黄兴签字、订货，但在六个月交货时，袁世凯已经就任了中华民国临时大总统。德国洋行就可以欺骗黄兴而把订购的军械交给袁世凯。实际上是张謇和赵凤昌利用沪杭甬铁路作抵，为袁世凯代购了一大批军火。并万分愤慨地说：请看这一政治大骗局采取了多么阴险的权术！

此项借款是由江苏铁路公司出面签订的合同，以其中的二百五十万元借与临时政府，由财政总长陈锦涛与苏路公司订立合同，以两淮盐课盐厘作抵，由张謇会同签字盖印，故张謇是晓得并予支持的。但黄兴向德国商人订购军火之事，张謇是否参与，尚无史实可证。刘厚生在前引的一段话中不仅只字未提张謇，而且说："我颇疑心亦与比款有关。"在此段之后还写道："南京临时政府财政如此窘迫，黄兴购买新式武器，款从何来？既无人为之证明，即不免唐绍仪受到更大之嫌疑。"怀疑黄兴购买军火款是唐绍仪从向比利时借款中偷偷拨出来的。不知论者有何事实证明张謇参与了订购军火之事？

所借三百万日元是否均用于购买军火，也存有很大的疑问。据《临时政府借债外记》一文说，此三百万只转借给临时政府二百五十万，另五十万借给了江苏军政府。② 还有一种说法，沪军都督陈其美从中移用规银八十八万四千余两。③ 由此看来，用于订购军火的并不是全部。姑以论者所说，全部订购了军火；再退一步说，假如张謇参与了其事，给他扣上上面的大帽子也是站不住脚的。

这笔借款合同签订在1912年1月下旬，收到款再与德国商人谈妥订购条件，时间当在2月。此时南北议和业已商妥，清帝退位，孙中山让临时大总统于袁世凯；也许清帝已经颁发退位诏了。这些情况，作为革命党二号人物的黄兴当然是最清

---

① 刘厚生：《张謇传记》，第201—202页。
② 该文载于《东方杂志》第8卷第11号。
③ 《大事记》，《辛亥革命在上海史料选辑》，第1278页。

楚不过的。此时向德国订购军火，黄兴不会不考虑，交货期六个月，届时便是8月，也就是袁世凯统一南北后的几个月了。既然有了统一政府，无论黄兴有无入阁任陆军总长的可能，这批武器运来之后，势必要交统一的政府接收，而不能交给某个党派或私人。因为这批武器是用国家的公款订购的，任何人当了政府首脑，想来都会作此处理。这个至为明显的道理袁世凯明白，黄兴同样明白，张謇根本用不着欺骗黄兴，骗也骗不了。如果真有其事，实为黄兴自以为是，与张謇何干？怎能无端地说张謇是玩弄政治大骗局的权术阴谋家？

（九）所谓在洪述祖密示下，配合袁世凯借南方势力以挟制北方。

为了便于分析，让我们首先将论者引用的两则史料照录如下。

一则为："竹哥鉴：上月初在少川处，读吾哥密电。次日弟草一诏稿，托人转说前途，迄未有效。直至项城入京，方以此稿抄两份分途达之。（少川之力）项城甚为赞成，而难于启齿，不得已开少川之缺。（非开缺不肯行）于廿七入都商定办法。弟廿八日入都，于廿八日少川自往晤老庆，反复言之。老庆亦谈之声泪并下，然亦不能独断，允于次早决定。不料一夜之后，（想必与载沣等密商矣）廿九日早，全局又翻，说恐怕国民专要共和云云。菊人、项城均力争不得，项城退值，焦急万分；少川代谋，即以此宗旨由项城奏请施行。（约五日即可见）倘不允，即日辞职，以去就争之。时机千载一时，南中切勿松劲。（惟到沪议政员，殊难其人，以少川来，南中人愿否？乞密示。）手此密布，即请道安。敝寓天津宿纬路。弟述祖顿首。十月朔日。"①

另一则为："唐绍仪到京，住东交民巷六国饭店。直隶候补道洪述祖，在北洋时与唐有旧，力劝其不就邮传部大臣职务，乘此机会，仿效美、法，将中国帝制，改造民主。其进行，一方面挟北方势力，与南方接洽；一方面借南方势力，以挟制北方。其对于宫廷、亲贵、军队、外交、党人，都有运用方法，照此做去，能使清帝退位。清廷无人，推倒并不甚难，可与宫保（袁世凯）详密商定，创建共和局面，宫保为第一任大总统，公为新国内阁总理。"②

前一则为洪述祖致赵凤昌的密函，后一则为张国淦所记赵秉钧的讲话。

论者根据这两则史料，不加任何分析论证，在指出洪述祖是受袁世凯秘密指

---

① 《洪述祖致赵凤昌密函》，《辛亥革命在上海史料选辑》，第1069—1070页。

② 张国淦：《辛亥革命史料》，第289页。

使进行阴谋活动的大特务之后,极其武断地说:在洪述祖的密示之下,张謇积极拥护共和,大谈组织临时政府,支持进攻南京,都是为了配合袁世凯"借南方势力以挟制北方"。

在论者的笔下,张謇成了接受洪述祖秘密指令,从事特务活动的小喽罗!

然而,在两则史料中,没有涉及张謇的只字片语,更无洪述祖向张謇作密示的事实,而论者竟会得出张謇的活动是在洪述祖密示下进行的结论,何异于血口喷人!

(十)所谓拥护袁世凯为民国的总统,充当袁世凯窃国的帮凶、反革命的助手。

早年的张謇与袁世凯同在庆军统领吴长庆幕府,后来因鄙薄袁世凯人品,与其断交。1904年张謇为了争取袁世凯赞助立宪,于断交二十年之后发去一信,恢复了联系。清廷宣布预备立宪,张謇认为袁世凯有功,曾去信颂扬。1910年7月,他观看了南洋劝业会展出的直隶展品后,以为工艺胜于江苏,颇感袁世凯很能任事。1911年6月,他由汉口进京,途经彰德,经人劝说,下车访问了袁世凯。二人道故论时,谈了不少。袁世凯对他说:"有朝一天,蒙皇上天恩,命世凯出山,我一切当遵从民意而行。也就是说,遵从您的意旨而行。但我要求您,必须在各方面,把我诚意,告诉他们,并且要求您同我合作。"① 晤谈之后,张謇觉其"议论视二十八年前大进"②,意度"远在碌碌诸公之上"③,其人毕竟不错,不枉此行。

正因为张謇认为袁世凯具有非凡的才干,加以掌握着北洋新军,所以转变到革命立场以后,即认为"非洹上不能统一全国",故"拥护不遗余力"④。先是劝他赞成共和,后是拥护他做统一后的临时大总统,而且为之出谋划策。

然而,若据此而给张謇扣上上述罪名,则是徒然。因为张謇拥护袁世凯,是要其实行共和民主制度,决非让其抛弃共和民主,背叛民国。他致袁世凯的各件函电昭昭在目,白纸黑字,均为确证,不容歪曲。

1911年11月6日,他致电袁世凯说:"旬日以来,采听东西南十余省之舆论,大数趋于共和。以满、汉、蒙、回、藏组成合众,美、法之人固极欢迎;即英、德、日、

---

① 刘厚生:《张謇传记》,第181—182页。
② 《年谱》,《张謇全集》(6),第873页。
③ 《张謇日记》,宣统三年五月十一日。
④ 《劝告袁氏退休致徐菊人函》,《张謇全集》(1),第350页。

俄社会党人亦多鼓吹，而国内响应者已见六省。潮流所趋，莫可如何。公之明哲，瞻言百里，愿征广义，益宏远谟，为神州大陆洗四等国最近之大羞，毋为立宪共和留第二次革命之种子。"①

同月13日，他函告袁世凯，共和已成大势所趋，中国人民已受了两千多年的专制之苦，劝其做中国的华盛顿。②

其后，他派亲信进京向袁世凯面陈几件事情，写了书面的要点，其中两点是："一须宣示谋增人民宪法内自由之幸福。一须尽革专制之弊政。"③

如此等等。

不要忘记，革命派同样是拥护袁世凯当总统的。革命派尚且如此，有何理由要求张謇不拥护袁世凯呢？如果说张謇拥袁叫做帮助袁世凯篡夺革命胜利果实的话，那么，革命派拥袁就是将革命胜利果实主动直接地奉送袁世凯；如果说张謇拥袁是为了拍卖革命，背叛共和，是袁世凯的帮凶，那么，革命派拥袁也是为了同样的目的。同一问题，不必厚此而薄彼。

其实，无论革命派还是张謇和其他立宪派人士，在当时都不知道袁世凯是在篡夺革命胜利果实和窃国，因为袁世凯当时确实答应了清帝退位后建立共和国家，真实面目尚未暴露，这个问题是后来才为人们所认识的。因此，在尚未认识袁世凯真实面目的情况下，既不能说革命派主动把革命果实送给一个反对革命的人，为其帝制自为创造条件；也不能说张謇蓄意帮助袁世凯篡权，拍卖革命，背叛共和。从客观上讲，张謇和革命党人的行动均有利于袁世凯窃夺国柄，但决不应将后来人们方才认识到的问题，强加给当时尚未觉察到的人们头上。否则，便违背了历史实际，混淆了立场和认识两种是非迥异的界限。

还有些论著为了把张謇打成是袁世凯篡夺国柄的帮凶、反革命的助手，竟不惜歪曲事实，蓄意中伤。限于篇幅，这里仅谈最突出的两点。

一曰：压迫革命派妥协，迫使革命派向袁世凯交出政权。

一个文弱书生，竟能压迫革命党的临时政府拍卖革命，真乃亘古奇闻！滑天下之大稽！

---

① 《九月十六日致彰德袁世凯电》，《辛亥革命在上海史料选辑》，第989页。
② 《拟会程德全嘱杨廷栋进说袁世凯》，《张謇全集》（1），第180页。
③ 张孝若：《南通张季直先生传记》，第161页。

事情明摆着，南京临时政府的大权握在革命党人手里，张謇怎么可能压迫革命派屈服妥协？如果革命派根本不赞成袁世凯当总统，张謇依恃什么能让他们做到这一点？权抑或势？论权，他只不过是个革命党人领导下的有名无实的总长，随时可被撤职；论势，他仅在社会上有较大的影响力，并不能对任何人发号施令，何况是对掌握着政权和大量军队的临时政府！如果他确有压迫临时政府如此巨大的魔力，那么，武昌起义前他就反对革命运动，对革命党人进行"压迫"，革命党人早就该投降了，还会有"辛亥革命"这一名词出现在近代历史上吗？一些论著如此说法，目的在于美化或开脱孙中山为首的革命党人，将一切过错悉诿之于张謇等立宪派。其不知如此一来，却弄巧成拙，将孙中山为首的革命党人描绘成了无思想，无主见，无坚定立场，无独立人格，只听张謇任意摆布的可怜虫！这不是对孙中山为首的革命党人的巨大侮辱吗？事实上，革命派拥袁世凯当总统完全是自觉自愿的，与张謇没有任何瓜葛。兹以革命党的领袖孙中山和黄兴为例，略加说明。

1911年11月9日，黄兴在武昌前线就致函袁世凯说，如果袁世凯"以拿破仑、华盛顿之资格，出而建拿破仑、华盛顿之事功，直捣黄龙，灭此朝食，非但湘鄂人民戴明公为拿破仑、华盛顿，即南北各省当亦无有不拱手听命者。"① 在此之前，张謇与黄兴并不相识，此时一个在武昌，一个在江苏，请问张謇如何"压迫"黄兴？黄兴如此推崇袁世凯，完全出自自己的认识和考虑，与张謇何干？至于他到南京以后，在拥袁世凯做总统这一点上与张謇认识一致，那是由于"英雄所见略同"，丝毫谈不上谁受谁的"压迫"。

孙中山在回国前曾致电民国军政府说："总统自当选定黎君。闻黎有请推袁之说，合宜亦善。总之，随宜推定，但求早巩国基。"② 对袁当总统并不反对。回国没几天，即12月29日，他惟恐南京临时政府成立，自己当大总统引起袁世凯误会，又致电袁世凯力加解释，表白拥护袁世凯为大总统之心："文前日抵沪，诸同志皆以组织临时政府之责相属。问其理由，盖以东南诸省久缺统一之机关，行动非常困难，故以组织临时政府为生存之必要条件。文既审艰虞，义不容辞，只得暂时担任。公方以旋转乾坤自任，即知亿兆属望，而目前之地位尚不能不引嫌自避；

---

① 《闵尔昌旧存有关武昌起义的函电》，《近代史资料》1954年第1期。
② 《致民国军政府电》，《孙中山全集》第1卷，第547页。

故文虽暂时承乏，而虚位以待之心，终可大白于将来。望早定大计，以慰四万万人之渴望。"①直至选袁世凯为总统，孙中山的思想丝毫未变。受张謇的"压迫"吗？孙中山坚决否认，直认不讳是自己的主意。1912年1月23日，他致电伍廷芳说："盖推袁一事，始终出于文之意思，系为以和平解决而达共和之目的。"②南北统一以后，所谓"压迫"问题已不存在，孙中山仍然坚信他推袁为总统是完全正确的。9月，他主张在十年之内，"仍宜以袁氏为总统"③。10月，他在一次向国民党党员发表的内部讲演中说："当南北统一之顷，余即推荐袁大总统，因平日甚慕其为人。在前清官场中，项城有真实能力，勇于任事，迥异常庸。其在北洋练兵，卓著成效，故此人而入民国，亦必为重要人物。""后袁赞成共和，南北统一，袁与吾人意见已同。惟南方人士尚有疑其非出于真意，目民国为假共和者，余则决其出于真诚之意"。"余信袁之为人，很有肩膀，其头脑亦甚清楚，见天下事均能明彻，而思想亦很新。不过，作事手腕稍涉于旧"。"欲治民国，非具新思想、旧经练、旧手段者不可，而袁总统适足当之。故余之荐项城，并不谬误。"④凡此均说明，"压迫"之说纯系子虚乌有。

二曰：向袁世凯出谋献策，提供情报。

被普遍引用的论据是1912年张謇致袁世凯的一封电报，中云："甲日满退，乙日拥公，东南诸方，一切通过。昨由中山、少川先后电达。兹距停战期止十余小时矣，南勋北怀，未可得志；俄蒙英藏，图我日彰。即公所处，亦日加危。久延不断，殊与公平昔不类，窃所不解。愿公奋其英略，旦夕之间，戡定大局，为人民无疆之休，亦即为公身名俱泰，无穷之利。"⑤

该电明明白白地写着，清帝退位后拥袁世凯为总统的问题，"东南诸方，一切通过"，这个情况"昨由中山、少川先后电达"。就是说，昨天孙中山、唐绍仪已经致电袁世凯讲过了，张謇只不过在"一切通过"的前提下，在孙中山和唐绍仪将情况告诉袁世凯之后，再电袁世凯，促其痛下决心，早日推翻清廷，建立统一的中华民国，出任总统而已，岂有他哉！而论者在引用时，全都采取断章取

---

① 《致袁世凯电》，《孙中山全集》第1卷，第576页。
② 《复伍廷芳电》，《孙中山全集》第2卷，第38页。
③ 《与某人的谈话》，《孙中山全集》第2卷，第440页。
④ 《在上海国民党欢迎会的演说》，《孙中山全集》第2卷，第484—485页。
⑤ 《劝告袁内阁速决大计电》，《张謇全集》（1），第232页。

义的恶劣手法，略去了"昨由中山、少川先后电达"一句，并由此得出结论，说张謇秘密向袁世凯提供情报，好像张謇主动充当了袁世凯的特务。并说张謇向袁世凯打包票，促袁放胆夺取总统席位，保证一旦清帝退位就拥他为总统，给他吃了一颗定心丸，起了镇静的作用。张謇电告袁世凯"东南诸方，一切通过"尚在孙中山之后，他若是袁世凯的大特务，先于张謇向袁世凯"提供情报"的孙中山又是什么呢？

南北统一之后，张謇虽然在政府中担任总长，但是，一旦发觉袁世凯背叛民国，帝制自为，他苦劝不灵，便毅然辞职南下，与其分道扬镳了，态度是坚决的。帝制取消后，又劝袁世凯下台，立场也是鲜明的。此又足以证明张謇在武昌起义后转变到民主立宪立场上来的诚意，和张謇是袁世凯窃篡国柄帮凶的说法是何等的荒谬绝伦！

假的真不了，真的假不了，泼在他身上的一切污泥浊水终会被铁一般的历史事实清洗干净。

（原载《苏东学刊》，忘记记下发表在某年某期，可能是 2001 年第 2 期，本人没有条件核查，抱歉）

# 袁世凯新政评议

在清末推行新政,是袁世凯一向标榜的主要政绩。他的新政于鲁抚任内已经开始,而大力推行,主要还在直督时期。1901年袁署直隶总督兼北洋大臣后,身兼参预政务大臣、会办练兵大臣、督办电政大臣、督办关内外铁路大臣、津镇铁路大臣、会办商约大臣、办理京旗练兵大臣、京汉铁路大臣等八项要职,参与朝廷新政决策,"朝有大政,每由军机处问诸北洋"①。直隶"密尔畿辅",近首善之区,直督内受中央倚寄,外而表率群僚,袁世凯大力推行新政,事事率先倡办,清廷创革之政,几乎均出其手。时人评论说:"作事谋始,奋然兴举,大僚之牵掣,群吏之非笑,一概无所于恤,而壹意独行其所是。逮行之有绪,始帖然无异词,而四方之观新政者,冠盖显集于津,亦皆啧啧于始事之不易。"②"中国各省新政之布,必资模范于北洋。"③后人评论说:"厉行新政,惟日孜孜,造端宏大,凡将校之训练,巡警之编制,司法之改良,教育之普及,皆创自直隶,中央及各省或转相效法。"④溢美过当之处很多。梁启超断言:"盖彼当时实假举办新政之名,得以向清廷索款,向地方敛财,以扩其私权,而营其私利。"⑤这种评论,颇中肯綮,亦有偏颇之处。至于中华人民共和国成立后的有关论著,则是一概贬斥,似乏实事求是之意。本文兹提出一些粗浅认识,以就正于同行师友。

---

① 张一麐:《心太平室集》卷86,第36页,1947年。
② 李映庚:《北洋公牍类纂》序。
③ 甘厚慈编:《北洋公牍类纂》卷11,第2—3页,北京益森公司,1907年。
④ 徐文蔚:《养寿园奏议辑要》跋,项城袁氏宗祠藏版,1938年。
⑤ 《袁世凯之解剖》,见《饮冰室文集》卷34,第12页。

镇及直隶淮练军进口了价值二百一十三万两的枪炮弹药。枪械统一口径和统一规格，给训练使用和修理补给以极大便利。服装均按西方章制换掉了宽大的老式号衣。营房力求宽敞高大。各军配备了军医、马医，改善了旧军无医疗卫生条件的面貌。凡此对提高军队素质及战斗能力均有一定意义。

袁世凯曾说："中国兵制，徒守湘淮成规，间有改习洋操，大抵袭其皮毛，未能得其奥妙。"① 湘淮军出现，为清朝军制一大变化，它明显地区别于八旗、绿营。而北洋新军则又不同于湘淮勇营，其区别表现在：1.编制不同。湘淮军以营为单位，混一编伍，不分兵种；新军以镇为单位，下有协、标、营、队、排、棚，包括步、骑、炮、工程、辎重五个兵种，可以协同作战。2.装备不同。湘淮军使用枪炮虽亦多洋式，但已过时，有的尚使用弓箭刀矛等冷兵器；新军武器均构自外国，一律新式。其他服装等亦有区别。3.训练不同。新军均按外国操法进行训练，并进行实弹射击和野外演习，负责其事者多为外国教官，旧军难以比拟。4.官兵素质不同。湘淮将领多行伍出身，不懂近代军事技术知识，士兵多目不识丁，选拔标准不严；新军军官基本上出自新式军校，士兵选择比较严格，注意文化，军中设有学兵营，授以浅近军事技术，素质上的不同造成战斗力上的差异。5.教育管理不同。新军推行西洋规范，依赖于科学技术知识，其编制、装备、训练、指挥、战略、战术，都需要专门的军事科学和其他技术知识，大量新式军事学堂的设立皆缘于此；旧军则无这种需要。

袁世凯编练新军，在中国近代军事史上划分了一个新时代，揭开了中国近代军事制度变革的帷幕，成为中国近代化军事制度的开端。从此，冷兵器被送进了历史博物馆，古老的阵法韬略都因新式武器的使用、军制的革故鼎新而为新的战略战术所替代。新军制为后来中国各个时期的军队所采用。较之全国各省的新军，袁世凯所编练的新军装备精良，训练较严，饷械充裕，可谓首屈一指。但这支军队从不向外国侵略者开一枪，根本不起御侮的作用；专以镇压革命，扑灭人民起义为职志，是维护反动封建统治的主要支柱，也是他个人窃权植势的重要政治资本。通过训练新军和多方罗致，北洋军阀统治时期的主干人物此时都以袁为中心麇集起来，盘根错节，分据要津，逐渐形成了北洋军事政治集团。

---

① 《养寿园奏议》卷14。

## 创办巡警

在编练新军的同时，袁世凯创办了巡警。督直之初，天津尚在八国联军占领之下。1902年5月，袁世凯按西法拟定章程，在省城保定创办警务总局、分局五所，挑选五百名巡警分布城厢内外，并责令赵秉钧开办巡警学堂。其时袁正派唐绍仪交涉收回天津，筹划收回后管理事项，故又续招三千巡警加以训练。8月接收天津，因八国联军不准在天津周围二十里内驻扎中国军队，袁即将三千巡警开进天津，以一千五百名留津，称南段巡警局，委赵秉钧为总办；余分布塘沽等处，称北段巡警局。同年冬，在天津设立巡警学堂，聘请洋人为教习，饬各局巡警学习。次年将保定巡警学堂并归天津，改称北洋巡警学堂，培养巡警官弁。此后，又增添了河巡、马巡、暗巡和消防队，并把巡警制度推广到各州县及铁路，在全省建立起巡警网。

1905年9月，革命党人吴樾在北京谋炸出洋考察政治五大臣事件后，袁世凯立即派赵秉钧赴京协助破案，并以此为由建议设立巡警部，推荐徐世昌为该部尚书，赵秉钧为侍郎，立获清廷俞允。从此，袁控制了巡警部，将其触角伸进了朝廷，达官贵人，朝内动静，无不在其特务头子赵秉钧的严密侦伺之下。

袁世凯在创巡警时奏称，"警兵所以清内匪"[①]。在办理天津巡警时又奏称："尤虑华洋交替之际，匪徒乘间思逞，情形较内地尤为要紧，是非举办巡警，无以靖地面而清盗源。"[②] 他建议清政府设立巡警部则是为了清查户口，维持治安，预防革命党人潜伏。可见对付人民和镇压革命，是其创办巡警的主要目的。正因如此，他的首创立即被清廷当作经验推广到全国，使巡警成为清王朝国家机器中的一个重要组成部分，其反动性是至为明显的。但毋庸讳言，巡警制度在维持社会治安和消防方面也发挥了一定的功能。

## 整饬吏治

清末的吏治之坏尽人皆知，官场亦不讳言。袁世凯认为，吏治最大的问题"莫如收受陋规一事"。造成的原因在于官员俸禄微薄，办公用度浩繁，乃不得不取

---

① 沈祖宪辑录：《养寿园奏议辑要》卷18，第1页。
② 《养寿园奏议辑要》卷31，第14页。

给于属吏。"于是定为规礼,到任有费,节寿有费,查灾查保甲有费,甚或车马薪水,莫不有费"。"平时既受陋规,即遇事不无瞻顾"。因此,他于1902年首先提出应以"整饬官方为当务之急"。办法就是令道府州县各将每年应得属员规费据实开报,和盘托出,按其向来所得之多寡,明定等差,酌给公费,多者月给千两,少者百两、五十两,道府州县把过去应得规费全部径解司库,任何人不得私相授受,否则严参治罪。如此,便可养官之廉,止官之贪,"长官不必有额外之需索,自可洁己以奉人;下僚不敢作非分之钻营,相与奉公而勤职。庶几大法小廉,而吏治可期蒸蒸日上"①。果能按此法实行,贪风多可以刹住一点。然而,"章程虽然拟定,而后来未能实行"②。道理很简单:官僚为饱私囊,取之多多益善,谁不想额外需索?属员为了保住禄位,调剂优缺,早日升迁,不给上司馈献,不作非分钻营,何能办到?所以,命令等于一纸空文。

即以袁世凯本人而论,他就是个夤缘权贵的行家里手,其贿买奕劻即为众所周知的例子。他带头作俑,大量行贿,馈送规费,己身不正,如何表率群僚?群僚效法他的榜样,"益务媚上而剥民",其结果自然是"求其弊绝风清,必不可得"③了。1904年,他又实行津贴办法,每年补贴本省三十四个瘠苦州县银五万两,"然不过苟且补苴,而肥者自肥,瘠者仍瘠"④,并没有解决问题。此为其整饬吏治所采取的第一个措施,毫无实际效果。

第二个措施是设立官吏考验处。他感到过去对初次到省和新选新补人员的甄别徒然具文,有切实改革的必要,特设考验处,除道、府大员由他亲自考问,其余概归该处考验,然后委任差缺。自愿或指交考验人员,亦由该处办理。考验科目计分五项:一、阅历,如曾办何事,有无成绩之类;二、批判,如公牍文字,以看其学识;三、律例,如新旧法律,各国宪法等类;四、行止,如举动静躁,是否吸食鸦片;五、口才,考其对答是否详明,有无条理。

第三个措施是设立调查处。调查分为平时与临时两种,前者主要是比较官吏政绩,采访舆论;后者包括朝廷特委总督查办的奏参要案,总督指交事件,各官

---

① 《养寿园奏议辑要》,卷19,第1—2页。
② 甘厚慈编:《北洋公牍类纂续编》卷4,第5页,1910年。
③ 《养寿园奏议辑要》卷19,第1页。
④ 《北洋公牍类纂续编》卷4,第5页。

互相禀讦事件，绅民控告官吏事件。对象仅限道、府以下人员，供袁考察举劾属员时参考。

第四个措施是"开官智"，培养新政人才。袁世凯举办新政名目繁多，而各级地方官员却对此漫无闻见，冀其推行新政，实在是南辕北辙，因此，袁又采取措施以"开官智"。首先设立课吏馆，不久即改名为直隶法政学堂，专招候补人员学习，其附设之幕僚学堂，专教幕僚。法政学堂每年招收一百二十人（后增收山东等五省举贡一百人），分预科（半年）、正科（一年半），两年毕业。正科讲义，绝大部分由日本教员讲授。课程有：大清律例、大清会典、交涉约章、政治学、宪法、行政法、刑法、民法、商法、国际公约、国际私法、刑事诉讼法、民事诉讼法、裁判所构成法、应用经济、财政学、警察学、监狱学、统计学、中外通商史、日语、演习裁判。毕业后按成绩优劣委派差缺。同时令以往置散投闲的各级学官教授、学正、教谕、训导，入省城师范学堂的速成教育管理科学习，毕业后分委各学堂任职。

其次，命未赴任的州县实缺官员先赴日本游历三个月，参观行政、司法、各官属及学校、实业等项，回省后呈验日记，征其心得，然后再赴新任。用以祛锢蔽，广见闻。又咨商学务大臣，将到省佐贰捐班人员中考选优秀者派赴日本留学，学习地方交涉等专门速成科，回国后量材器使。再次，委派归国留学生到新政机构中工作。如委任毕业于美国耶鲁大学的詹天佑为京张铁路总工程师兼会办局务，毕业于纽约大学的吴仰曾办滦州煤矿，毕业于美国矿务大书院的邝荣光任临城煤矿会办兼工程师。其他都"陆续派办洋务及师范、实业各学堂、局、厂，该生等出其所学，措置裕如"①。

以上四项措施，前三者做的大都是表面文章，只有最后一项尚有一些实际内容，开办政法学堂能够多少增加官员的新政知识，使其略胜一窍不通者一筹，但"州县入堂肄业者寥寥无几"②。任用外国留学生当然更胜于入堂肄业者，在新政中发挥一些作用。可是，在整个旧的政治制度和官僚体制存在的情况下，在官员结构不根本改变的情况下，任何新机构和新措施都不可能使吏治大有起色。事实确实如此。有一个即用知县感慨良深地说：及获官分发直隶之后，"默察官界之

---

① 《养寿园奏议》卷29。
② 《北洋公牍类纂续编》卷4，第1页。

芜杂，吏治之苟且，人员之壅塞，风气之颓衰，迥非意计之所及"。而且往往兼差四五，只拿兼薪而不到差，一局中负责办事者皆司事、书记，官多兵少，造成"五羊十牧"。"此皆北洋之特色，为各省所罕见。"① 上述事实证明，袁世凯整饬吏治是失败的，吏治依然腐败透顶。

### 提倡实业

兴办实业是清廷新政中重要的一项。袁世凯迭奉谕旨，即督饬各属劝谕地方绅民切实考究。其标榜的兴办实业的指导思想是：一、直隶地瘠民贫，非兴办工农诸务，不足以辟利源而资生计。二、利源开辟，财政收入增多，可使国家富强。三、抵制洋货进口，堵塞漏卮。此三端不外清廷所谕自救之道。而袁世凯又借此扩张经济力量，使之成为北洋军阀集团形成发展的输血管。

袁世凯兴办的实业，撮其大端有如下几项。

一、开办银元局、官银号等金融事业。庚子八国联军之役中，北洋机器局造币厂毁于战火。当时天津银根吃紧，物价波动，商民交困。1902年，袁特札委周学熙创办银元局，鼓铸银元、铜元，拟以铜元代替制钱，银元代替银两，实行币制上的改革。至1907年，该局共铸银元五百余万枚，当十铜元六亿余枚，赢利一百九十余万两。② 后袁除代户部创办经营户部银行外，还开办天津官银号（后改直隶省银行），发行银两票、银元票、铜钱票。这些对于天津市场的资金周转，金融混乱的整顿，都有积极作用，商民称便。同时还以铸币余利及银号资金投资直隶工艺总局所属企业，拨付练兵经费和直隶公债偿付，学校开办经费，以及大企业的创办垫支。但后来滥铸货币，则给工商业的发展带来消极影响。

二、倡办工业。袁世凯督直后，一方面利用职权从盛宣怀手中攘夺了全国最大的轮船招商局和电报局，归北洋督办，一方面又倡办了多项工业。

1903年10月，袁世凯委任周学熙创办直隶工艺总局于天津，作为官办实业的总机关。该局章程申明，以提倡维持全省工艺为宗旨，以诱掖奖劝全省绅民勃兴工业思想为应尽之义务，以全省工业普兴，人人有自立之技能为目的。透过带有夸张的词藻，仍可窥见其倡办实业的命意，而它也确实办了一些事情。

---

① 《北洋公牍类纂续编》卷4，第5—7页。
② 《中国近代货币史资料》，第907页。

直隶工艺总局直接创办了高等工业学堂（初名工艺学堂），劝工陈列所（原名考工厂），教育品制造所，实习工场，劝业铁工厂，种植园，官纸厂，劝业会场，北京第一、第二小学堂工场，并附设有夜课补习所、仪器讲演会、工商研究所、工商演说会等机构。工业学堂培养工业人才，设有化学、机器、化学制造、图绘等科，聘请英、日教员授课。毕业生分配工艺总局各单位，有的派赴日本留学。劝工陈列所主旨为启发工商业知识，激发工商业家之观感。搜采本省、外省和外国产品，分类陈列，以供观览；令本地工业家将其产品同外国同类产品比较得失，访察本地可兴之利、所出之产，研究工艺、成本、销路、运费、包装问题，并随时演说、实验、阐明道理及方法，进行开导；化验化学物品及矿产，以便制造；搜罗有关工业的书籍、标本、报告、新闻、商品目录等，供工商业家参考。教育品制造所陈列中外各种教育书籍、仪器、标本、模型、图表，以备各校考览咨询，制造教育用品。实习工场为工业学堂学生实习场所，兼培养技术工人。

直隶工艺总局还通过多种方式和渠道劝导、奖励、推动工商业的振兴。它发布劝兴工艺文，号召各界人士"同心努力，急起直追，或独出资财创办工场，或纠合同志设立公司"，"推广工业，大辟利源"。表示："一切开办之法，保护之方，莫不代为筹画，总以扶助成立为主义。"① 派出工业学堂教员及工商业家到街头马路演说、宣传，派遣劝工委员分赴各地劝导官绅兴办工厂；调查各州县出产及工业情况；举办展览会；试办工业售品所，出售所属工厂产品，办理本省寄售业务，但不代售洋货，用以扶植国货，打开销路；考核鉴定厂矿企业，好者给以奖励，1905年定模范工厂二十七家，1906年五十八家，并颁发金奖牌三十八枚，银奖牌四十七枚；呈请农工商部批准给予发明制造折叠桌、轧豆榨油机、机器轮磨的人以专利权；组织工徒前往湖北制麻局学习织造麻织品，赴江西景德镇学习制瓷，到日本考察造纸、织布方法，调查工厂、商品陈列各事。

"津郡工商多守旧，语以东西洋工艺，实耳目所未经闻见。"② 近代工业的落后状况可想而知。袁世凯通过直隶工艺总局多方面的活动，对天津和直隶工业的发展起了很大的促进作用。首先，提高了士民绅商对兴办工业的认识，使"人人各印入实业二字于脑筋中，而如响斯应，于是学界中人有工业教育之想，商工界

---

① 《北洋公牍类纂》卷16，第6页。
② 《直隶工艺志初编》，"志表类"卷上，第11页，北洋官报局刊本。

人有工艺创造之思"①。1906年实习工场举办的一次为期五天的纵览会，参观者达五万多人，"巨绅入览之余，尤为歆动，有拟即行开办工厂以通风气而兴实业者数家。……其影响于阖邑绅商工业之思想甚非浅鲜"②。其次，培养了一批技术人员和熟练工人，传播了先进科学技术知识，为本省工商业的发展奠定了基础。第三，兴建了一批企业。仅工艺总局出资助办的就有初等工业学堂、织染缝纫公司、造胰公司、牙粉公司和玻璃厂等企业。天津市区在1904至1909年期间开办的工厂有三十三家。1903至1907年五年间，直隶一百五十余府厅州县中，开办工艺局、所、厂的即达八十五处，资本总额库平银四十二万余两。③就全省范围讲，工业的发展并不十分迅速，也不平衡，州县所办企业规模比较狭小，不少后来衰微自灭。但与过去相比，直隶确已迈入一个有了近代工业的新的发展阶段。1906年，袁委周学熙开办的启新洋灰公司，资本一百万元，年产水泥二十余万桶，仍供不应求，后又陆续扩充。同年开办的滦州官煤矿公司，资本八十万两，开办之初，仅马家窑一处即日产原煤九百吨，解决了北方军需民用煤炭的需要。这两个企业位居同类企业之首，闻名全国，对当时国内煤炭和建材工业的发展也不无促进作用。此外，袁世凯主持收回开平煤矿和临城煤矿，前者由于英国的阻挠而不果，后者的主权则从比利时人手中收回。

三、督修京张铁路。京张铁路是在英俄两国激烈争夺不下的情况下由中国集资兴建的。1899年总理衙门向俄国大使声明，该路只用中国筹款，中国自己兴修，不允许外国承造。1902年袁世凯接收关内外铁路时，外务部又向俄国重申前议，并在与英国交路章程内订明。其后，商部决定此路官办。作为关内外铁路的支路，袁世凯从1905年起开始督修，命陈昭常设局，饬梁如浩与英国反复商议，提拨关内外铁路余利作为资金，委詹天佑为总工程师兼会办路务，后又奏调杨士琦参加督办。修路中所用钢轨、枕木、机器、车辆等材料，经袁世凯与会办关内外铁路大臣胡燏芬奏准免纳厘税，以降低成本。1905年6月动工，1906年2月丰台至南口段通车，1909年10月全线通车。此路虽仅一百七十余公里，但中经居庸关、八达岭，层峦叠嶂，地形复杂，工程浩大艰巨。原来帝国主义者曾经轻蔑地断言，"中

---

① 《直隶工艺志初编》，"志表类"卷下，第22页。
② 《北洋公牍类纂》卷18，第6页。
③ 南洋劝业会：《直隶出品类纂全编》第3册；《直隶工艺志初编》，"志表类"卷上，第3页。

国能开通关沟的工程师尚未诞生"。① 可是，仅用四年，这条完全由中国自行设计，独立修筑的铁路，便全部告竣。路成之日，帝国主义者不得不俯首认输。京张铁路的修成对于抵制侵略，维护权益，振奋民族精神，均有裨益。袁世凯的早期督修也不无微劳。

四、发展农业。袁世凯从"非讲求地利，振兴农务，不足资生计而裕度支"②的观点出发，1902年在保定创立农务局和农事试作场，购买农业机器，聘日人楠原正三指导种植。其附设之农业学堂教授蚕桑种植和糖、酒制造。保定郊区二百余万株桑秧和小站四百余顷稻田亦归该局经营。此外，该局曾开展了农产品评会，试办农会，劝导种树等活动。该局后称省农务总会，各州县设农务会，以译书编报，筹办森林蚕桑，仿造家具肥料为入手。由农工商部奏准在全国各省推行。经农务局提倡，各州县大都重视了植树造林，如束鹿县即栽植各种树木二十余万株，北洋各镇营房周围也种植不少。其他则收效不大。

## 广兴教育

袁世凯以练新军著名于世，而于教育方面的举措却掩而少闻。其实，他对教育也进行了改革，而且有所成就。

一、连疏奏请停止科举考试。1903年3月10日，袁世凯与张之洞联衔奏请递减科举中额，"专注学校一途，以励真才而济实用"。指出"致治必赖于人才，人才必出于学校"，而科举阻碍学校的兴办，"科举一日不废，即学校一日不能大兴"。建议恩科举行后，将各项考试取中之额，匀分按年递减，学政岁科试分两科减尽，乡、会试分三科减尽。以前的举贡、生员，三十岁以下入新式学堂学习，三十五至五十岁者入仕学和师范速成两途，五十至六十岁及三十岁以上不能入速成科者，另行宽筹出路。③ 次年1月，管学大臣张百熙、荣庆和张之洞出奏，就袁、张前折递减科举注重学堂详论利弊得失。旨廷允准从丙午科（1906年）起，按所议办法，三科减尽。1905年8月31日，袁世凯再次领衔，与盛京将军赵尔巽、湖广总督张之洞、署两江总督周馥、署两广总督岑春煊、湖南巡抚端方合词奏请立停科举，

---

① 《京张铁路工程纪略》，第3、26页。
② 《养寿园奏议辑要》卷17，第1页。
③ 台湾故宫文献特刊：《袁世凯奏折专辑》第3册，总第826—830页。

推广学校。折中极陈：三科减尽，已为十年之后，取士概归学堂，"二十余年之后，始得多士之用"。现在"危迫情形，更甚曩日，实同一日千金"，纵使"科举立停，学堂遍设，亦必数十年后，人才始盛"①。清廷立允所请，自丙午科起，所有乡、会试和各省岁科考试一律停止。举贡生员的出路，均照所请办理。科举制度废除了。

袁世凯措意于科举制度的废除，是因受到十九世纪六七十年代以来向西方学习、兴学育才、改革传统教育制度潮流的猛烈冲击。这股潮流至庚子以后已经势不可挡，连清廷也感到科举已失去存在的价值，于1901年1月29日颁发的上谕中，把它列为实行新政时"当因当革"的项目之一，要大臣讨论。刘坤一、张之洞首上实行新政折，即以兴学堂、改科举、派留学为请。此后清廷下令废止八股考试程式，改书院为学堂，科举之废，成为大势所趋。袁有鉴于此，乃力争主动，以便使自己变成推行新政的主角。再者，袁青年时期参加乡试，屡次不售，"从小就痛恨这种科举制度"②。而督直后推行新政，又非那些迂腐空疏、因循守旧的科名之辈所能胜任，新政人才只能从学校中培养出来，为了适应推行新政的形势，他也必须奏请废除科举。

科举制度的废除，打破了一千三百多年来以科名选拔官僚体制的格局，有力地冲击了封建制度，为新式的近代学校教育在中国扎根从制度上扫清了障碍。从此，中国得以在教育方面走出千百年的传统藩篱，面向世界，逐步与世界潮流合拍。

二、大力兴办新式学校。袁世凯既坚主废科举，兴学校，其在办学方面自是持积极态度，采取一些有力措施。

首先，组建兴学机构。1902年在省城设立学校司，督办全省教育，以区别于旧式教育的学政。下设专门教育、普通教育、编译三处。次年按学务大臣奏定章程，改学校司为学务处。袁世凯饬令学务处设立研究所，研究学校编制、教授方法等；派遣查学员考核官绅办学情况；通令各地成立劝学所、宣讲处、阅报所，进行引导宣传；通令各州县自筹资金，分期分批组织士绅赴日本考察教育，开阔眼界，了解各类学校的编制、组织、教育学、管理法，形成一套上下呼应的办学机构，并规定每府设立一所中学，直隶州或在附近府设中学上学，或一二州合办一所中学，均由府州行政长官兼任总办，落实责任。

---

① 《袁世凯奏折专辑》第7册，总第1991—1994页。
② 袁静雪：《我的父亲袁世凯》，见《八十三天皇帝梦》，第4页。

其次，筹措办学经费。直隶经八国联军之役，议和后承担巨额赔款，增练新军等新政又需款，以致库储空虚，财政拮据。袁世凯为兴办学校，普及教育，尽力设法筹拨公款，并劝导地方出资办学，以补公家之不足。同时亲自捐款二万金，表率群僚士绅，受到清廷嘉奖。对捐资兴学者，袁世凯均奏报请奖，先后奏准给二十多个州县的捐款人以各种奖励。张之洞为原籍南皮县双妙村捐助二万七千余两，办中学堂、高等小学堂各一所，经袁奏准给予光绪和慈禧所书匾额各一方。翰林院编修严修在天津倡捐，办起学堂十一处，获赏五品卿衔。外省封疆大吏、在籍翰林和举贡生员倡捐办学，嘉惠乡梓，既开通了社会风气，也解决了部分经费问题。

第三，培养师资。为解决新式学堂的师资问题，袁世凯多方延揽通晓西学的教师。1902年在保定初立高等学堂，袁即委曾游历外洋的马廷亮、陈恩涛经理其事，聘请曾在天津大学堂充西学总教习的美国人丁家立担任该校西学总教习。并令丁家立在天津大学堂学生中考选优等生充当府设中学堂教习。同年设立师范学堂，分半年、一、二、三年毕业四斋，以后改为三年制，解决师资困难。同时选派学生赴日本学习师范，归国后充实师资队伍。

由于上述措施，直隶新式教育发展较快，"官绅协力，风气潜移"，"捐资设学者不绝，公立私立，月有所闻"①。1906年上半年，袁世凯奏报已开办的各级各类学堂有：北洋大学堂一所，高等学堂一所，北洋医学堂一所，高等工业学堂一所，高等农业学堂一所，初等农工业学堂及工艺总局附设艺徒学堂二十一所，优级师范学堂一所，初级师范学堂及传习所八十九所，中学堂二十七所，高等小学堂一百八十二所，初等小学堂四千一百六十二所，女师范学堂一所，女学堂四十所，吏胥学堂十八所，客籍学堂、图算学堂、电报学堂各一所。注册入学人数共八万六千余人，连同武备、巡警等学堂，总计不下十万人。据学部1907年统计，直隶办有：专门学堂十二所，实业学堂二十所，优级师范学堂三所，初级师范学堂九十所，师范传习所五处，中学堂三十所，小学堂七千三百九十一所，女子学堂一百二十一所，蒙养院二所，总计七千六百七十四所，学生十六万四千余人，位居全国第二；而直隶学务资产四百八十万两，则名列各省之冠。②尽管入学人数

---

① 《养寿园奏议辑要》卷39，第5—6页。
② 学部编制：《光绪三十三年教育统计图表》。

与全省二千余万人口相比，为数很少，但在学堂初兴的情况下，几年时间能开办这么多学校，在全国名列前茅，成绩还是颇为可观的。直到民国三四年，直隶的教育均保持着优势，这是与袁世凯督直时打下的基础分不开的。当然，浮夸现象也是存在的，如高等小学，"敷衍者亦正不少。至乡村初等小学，往往有徒悬牌额，虽有若无者"①。

袁世凯所办的学校同当时全国的学校一样，学制、编制、教学内容、组织形式等等，都是从西方移植过来的。它与旧教育的根本区别在于，新学校增设了许多新的课程，使近代科学技术、文化知识、社会学说开始在中国广泛传播，其进步性主要表现在这里。其他方面也比旧教育先进。由于它刚刚在中国植根和统治阶级的政治需要，它又不能不具有封建主义的特色。比如，毕业的学生都有科名奖励，分别给予高小、中学、高等学堂、大学毕业生以附生、贡生、举人、进士的头衔，留学归国生亦然。课程中的修身、读经，更属于封建主义的范畴。

袁世凯积极推广教育事业的指导思想是什么？1905年8月31日，他在《请立停科举推广学校并妥筹办法》折中着重阐述了这个问题。折云："近数年来，各国盼我维新，劝我变法，每疑我拘牵旧习，讥我首鼠两端，……科举夙为外人诟病，学堂最为新政大端，一旦毅然决然舍其旧而新是谋，则风声所树，观听一倾，群且刮目相看，推诚相与。而中国士子之留学外洋者，亦知进身之路归重学堂一途，益将励志潜修，不为邪说浮言所惑，显收有用之才俊，隐戢不虞之诡谋。所关甚宏，收效甚巨。且设立学堂者，并非专为储才，乃以开通民智为主，使人人获有普及之教育，具有普通之智能，上知效忠于国，下知自谋其生也。……无地无学，无人不学，以此致富奚不富？以此图强奚不强？……广学育才，化民成俗，内定国是，外服强邻，转危为安，胥基于此。"② 概括起来，不外三点：1. 认为普及教育可收改变列强观听，使其诚服，国家转危为安之效。2. 防止海外留学生"为邪说浮言所惑"，"隐戢不虞之诡谋"，即以兴学给进身之路为诱饵，防止留学生接受资产阶级革命学说，从事革命活动。3. 使受教育者忠于国家，做朝廷的顺民，稳定封建统治。同折中提出的办学办法也反映了这一点，办法的首条即是"尊经学"；其次是"崇品行"，把品德作为一门课程，计入成绩总分，使学生"不至于越矩

---

① 《北洋公牍类纂》卷10，第2页。
② 《养寿园奏议辑要》卷35，第2—3页。

佴规"①。各中学、师范学堂均设有伦理或修身课,"一切急激过新之学说、时论,概戒弗谭"②,也是为了同一目的。从三点来看,第一点不过是一种空想,根本不可能达到救国目的。第二、三两点,则表明了其教育宗旨的反动性与封建性。

然而,事物的发展往往走向倡导者的主观意图的反面。袁世凯本想通过兴办教育挽救清王朝的灭亡,但新式学堂的教学内容和方法与传统的教育大异其趣。在民族危机空前加剧,清政府腐败卖国暴露无遗,革命运动日益高涨,资产阶级的社会政治学说不断涌入的形势下,办学的动机与效果、目的和手段都产生了矛盾,"西用"对"中体"的催化作用强烈地表现出来。许多青年知识分子在开始摆脱传统教育的羁绊,迅速接受新的科学文化知识的同时,也接受了新思想的熏陶,产生了与旧教育制度陶铸的不同的资产阶级、小资产阶级知识分子,中国知识分子的知识结构、思想结构都发生了巨大变化。不少人或者投身于推翻清王朝的革命斗争,或者置身于各种爱国运动和立宪运动,加速了清王朝的崩溃瓦解。这一点是袁世凯所始料未及的,当然也不能归功于他。然而无可否认的是,青年知识分子之所以能够接受新思想、新知识,提高政治觉悟,与袁世凯兴办学堂,创造了必需的物质条件是分不开的。

总之,尽管袁世凯办学的宗旨是反动的,学校的封建主义气味很浓,但废科举、兴学校,毕竟是中国教育制度史上的一件大事,中国教育落后状态的改变始基于此时,有其进步的一面,应当予以肯定。

毋庸讳言,袁世凯举办新政,是为了扩权营私,抵制镇压革命,维护清王朝的统治,他也因举办新政成为清末政治舞台上声势显赫的权贵。然而,我们不能因此而对其举办的新政一笔抹杀。因为判断历史活动和人物的功过是非不是以主观动机为唯一标准,而是以客观社会效果为主要依据。以此衡量袁所举办的新政,就应看到,其中有失败的,有成功的,有的成绩大,有的成绩小,有的性质反动,有的有进步的因素,对当时社会历史的前进在客观上起到了积极的促进作用。要进行具体分析,分别给予实事求是的评价,笼统地肯定固然错误,不分青红皂白地全部否定显然也欠适当。

(与任恒俊先生合著,原载《河北师院学报》1986年第3期,1987年第1期。此次收入,删去了立宪部分)

---

① 《养寿园奏议辑要》卷35,第4页。
② 《北洋公牍类纂》卷11,第26页。

# 评清末官制改革中赵炳麟与袁世凯的争论

1906年9月1日，清廷颁发了仿行立宪的上谕，确立预备立宪为基本国策，从改革官制入手，以立基础。这是一个震动中外的异常之举，宣布了国家由此进入预备立宪，即由封建专制制度向资本主义政治制度过渡的新时期，标志着中国政治制度开始近代化。次日朝廷派定载泽等编纂官制，制定政治体制改革方案，直隶总督袁世凯是其中之一，并命庆亲王、首席军机大臣奕劻和大学士孙家鼐、军机大臣瞿鸿禨总司核定。官制改革揭开了清廷预备立宪的第一幕。近年一些论著在谈及此次改革时，往往把袁世凯当作统治集团中改革派的代表，而把御史赵炳麟与瞿鸿禨视为反对派的典型人物。笔者以为这种划分不太妥当，故略述浅见。

某些论著作上述划分的根据，主要是因为在1906年的中央官制改革中袁世凯极力主张设立责任内阁，赵炳麟与瞿鸿禨则加以反对。设立责任内阁诚然是预备立宪的一个关键问题，但设立什么样的责任内阁，何时设立，却关系到立宪层次的高下乃至真假，关系到晚清的政局。因此，要评判他们的是非曲直，就不能不对袁世凯设计的责任内阁及其意图作具体深入的分析，看一看赵炳麟、瞿鸿禨反对的目的何在，有无道理。

实行自上而下的改革要依靠各级政权的决策部署和贯彻执行，清廷决定首先改革官制，未尝不是抓住了重要的一环。当时的中央机构完全是封建主义的，无法适应预备立宪的要求，确有进行改革的必要。问题在于是否按照资本主义立宪国家的政治制度进行改革。

在此次中央官制改革中，袁世凯的确特别活跃，尤其热衷于设立责任内阁。1906年8月下旬奉诏入京讨论实行立宪大计时，他即向慈禧面奏，必须先设责任内阁。参与官制改革之后，他马上控制了编制馆，一切改革官制的说帖均需经其阅定，然后向厘定官制大臣提出，并在编制馆中安插了许多亲信，负责起草修改方案，贯彻他的意图。

经过一个多月，袁世凯等拿出了一个全面改革官制的初步方案，除对原有的各部院提出精简合并外，还增设了一些新的机构，最重要的有责任内阁、资政院、行政裁判院、集贤院、大理院、审计院等。

依据内阁官制，内阁政务大臣由总理大臣一人、左右副大臣各一人、各部尚书十一人组成，"均辅弼君上，代负责任"，"凡用人、行政一切重要事宜"，由总理大臣"奉旨施行"，并有"督饬纠查"行政官员之权；皇帝发布谕旨，内阁各大臣"皆有署名之责，其机密紧急事件，由总理大臣、左右副大臣署名"，关涉法律及行政全体者，与各部尚书联衔署名，专涉一部者，与该部尚书共同署名。①

成立责任内阁无疑比过去不负政治责任的军机处是前进了。但是，如此之内阁是不是真正的资本主义立宪国家的责任内阁呢？显然不是。第一，从形式上看，君主立宪国家的总理大臣只有一人，这一方案则增设了两名副大臣，认为"维新伊始，机务尤繁，不可无分任之人为之参赞，必援立宪各国首辅一人之例，尚非其时"②。第二，从内容来看，一般君主立宪国家的责任内阁均对国会负责，国会是资产阶级民主在政权组织形式上的主要体现。尽管袁世凯认为目前条件不成熟，国会一时难于成立，然而作为一个全面的预备立宪的改革方案，也应将国会的性质、权限以及与责任内阁的关系等明确规定下来，以便向着这个目标迈进，体现立宪的基本精神。可是，他不提国会，只讲资政院；而资政院又是由原政务处改设的，总裁、副总裁由皇帝从王公大臣中特旨简派，议员也不由民主选举产生，而从王公世爵勋裔中钦选，从京官中会推，从各省和八旗士绅中保荐，根本不是国民的代议机构。它没有什么职权，只不过是政府的"采取舆论之地"，议决对内阁毫无约束力量。袁世凯等关于设立资政院的说明，更将其用心暴露无遗，其中写道："国民义务以纳税为一大宗，现在财政艰难，举行新政何一不资民力，若无疏通舆论之地，则抗粮闹捐之风何自而绝？营业税、所得税等法必不能行。""近日民智渐开，收回路矿之公电，告讦督抚之公呈，纷纷不绝，若听其漫无归宿，致

---

① 《内阁官制清单》，载《改定官制原奏全录》，京话实报馆，1906年。
② 《阁部院官制节略》，载《改定官制原奏全录》。

人人有建言之权，时阅数年，政府将应接不暇。惟专设一舆论总汇之地，非经由资政院者不得上闻，……通国之欲言于政府者，移而归诸资政院，化散为整，化嚣为静。又限制该院只有建言之权，而无强政府施行之权，使资政院当舆论之冲，政府得安行其政策，而民气疏达，亦不致横决难收，保全甚大。"①说穿了，其意图有二，一是藉资政院增加捐税，二是让资政院分谤，绝无扩大民权之意。不仅如此，他连唯一能够纠劾行政的都察院也主张取消。任何立法、监督机关都不要，还谈什么预备立宪？不过是加强专制而已！第三，依照袁世凯设计的方案，将来势必造成由昔日皇帝专制变为内阁专制的局面。因为方案规定内阁特别是总理大臣、副大臣代替皇帝负责任，这就意味着使皇帝处于无权的地位，皇帝发布谕旨，须经内阁副署，反过来，不经内阁副署，谕旨便不发生效力。这样在名义上是内阁"辅弼君上"，"承旨施行"，实际却将皇帝的用人、行政大权转归内阁之手。为了掩饰问题的实质，消除慈禧疑虑，袁世凯等特在《资政院节略》中对内阁权限过重加以解释说："言官交章弹奏，多以政府权重为词，不知东西各国内阁只总理大臣一人，从无专权之事，因有议院持其后，舆论所是者，政府不得尽非之，舆论所非者，政府不得尽是之。……安有前明阁臣自作威福之事乎！"此乃地地道道的欺人之谈。立宪国家的总理大臣之所以"从无专权之事"，并非由于畏惧"舆论"之故，而是由于国会具有立法权和监督权，使内阁不能专权。内阁如不执行国会通过的议案，或胡作非为，国会便对之进行弹劾，掀起倒阁风潮，迫使内阁辞职。袁世凯等却把国会的立法和监督作用故意歪曲为"舆论"，就是企图使人相信，不设具有立法权和监督权的国会，只成立供政府"采择舆论"的资政院，内阁也不会专权。这种偷梁换柱的说法当然是欺骗不了稍具立宪常识的人们的。

  袁世凯为什么如此热衷于设立责任内阁？立宪派的刘厚生作了如下分析：他想"拥护庆王做国务总理大臣，自己做副总理大臣"，"如此，则一切用人之权，都操在庆王之手，说穿了，就是在世凯之手"；"另有一个不可告人的隐衷"是，"他见那拉氏年过七十，气体渐衰，深恐那拉氏忽然死了，他所出卖的光绪一旦恢复政权，东窗案发，他的首级难保。他想必须早早预备办法，必须身在北京方能预先布置，方能临机对付"，"假如他到北京，做了副总理大臣之后，他更可以控

---

① 《资政院节略》，载《改定官制原奏全录》。

制宫廷,唯所欲为"。① 刘的分析基本上是正确的。新官制草案拟出后,袁世凯即让其联姻不久的户部尚书张百熙具疏密保奕劻为总理,袁为副总理,就是一个明证。

那么,假若按照袁世凯设计的方案改组中央机构,并且按照他的意愿由他和奕劻组阁,中国是否就能顺利推行资产阶级君主立宪? 回答是否定的。众所周知,袁世凯惯于搞政治投机,戊戌变法时出卖过维新志士,1901年清廷下诏变法,他奏陈的一套全是洋务派的主张;立宪思潮兴起后,他的投机面目再次得到充分表露。1904年,立宪派首领张謇致其一函,以日本之伊藤博文、坂垣退助相期,请其出面赞助立宪。他知道气候不到,怕冒风险,答以"尚须缓以俟时"②,加以敷衍。1905年立宪思潮高涨,张謇又从个人的安危荣辱下说词,函其倡导立宪,"执牛耳一呼",建立"不朽盛业"。③ 直到这时,袁世凯方看清立宪潮流不可阻挡,再不表明态度,就将在政治上陷于孤立;要消灭声势日渐强大的革命运动,也只有实行立宪一途;同时为了执立宪之牛耳,趋会时势,博取美名,夺取更大权力,他才决定联合两江总督周馥、湖广总督张之洞电奏实行立宪政体,后又单独奏派王公大臣出国考察各国宪法。所以,从一开始,袁世凯的赞成立宪就不是真诚的,而是在立宪派推动下,在时势潮流驱迫下的应变和投机行为。时隔两个多月,即同年9月,载泽等出洋考察政治五大臣遭遇革命党人吴樾的炸弹袭击后,他又变得反复无常,非但不再像其他大臣那样积极,反而成了立宪的主要阻挠者。载泽抵达英国伦敦时,出使英国大臣汪大燮曾问阻挠立宪者为谁,载泽即答称:"小阻盛宣怀,大阻袁世凯。"袁于奏对时谓"可有立宪之实,不可有立宪之名"。④ 他的奏陈一度大大动摇了慈禧的决心,以致出洋考察政治大臣行期迟迟难定。张謇说他此时"觇候风色不决"⑤,实非妄言。而到了1906年7月出洋考察政治大臣归来同声奏请立宪后,他对立宪又表现得空前热心积极。8月下旬奉命进京讨论是否实行宪政,他极表赞成,对人扬言:"官可以不做,法不可不改","当以死力相争"⑥。"有欲梗其议"者,他就大扣其政治帽子,呼叫:"有敢阻立宪者,

---

① 刘厚生:《张謇传记》,第135—136页。
② 张謇:《年谱》,第12页,见《张季子九录·专录》卷7。
③ 《为抵制美货事致袁直督函》,《张季子九录·政闻录》卷3。
④ 《汪康年师友书札》(1),第837页,上海古籍出版社,1986年。
⑤ 张謇:《年谱》,第13页。
⑥ 陶湘:《齐野东语》,见陈旭麓主编《辛亥革命前后》,第28—29页,上海人民出版社,1979年。

即是吴越［樾］"，"即是革命党"！经其恐吓，"于是无敢言者"①。

袁世凯不仅是个政治投机分子，而且野心勃勃。他自1901年11月出任直隶总督、北洋大臣后，身兼八大要职，势力迅速膨胀。迨至1905年训练完北洋六镇新军，成为北洋军事政治集团的总头目，益发炙手可热。同时在此期间不断利用巨额公款贿买奕劻，与之结成死党。奕劻以卖官鬻爵、贪赃枉法著称于世，"不问政事，专事货贿"②，倚袁为左右手，遇有要事，必然咨商，完全成为袁的傀儡。袁则以奕劻为奥援，拼命扩张势力，排斥异己，干预朝政。奕劻、袁世凯集团是清政府内部最大的实权派，他们朋比为奸，纯粹为了一己私利。既然袁世凯是个政治投机分子，与奕劻结党营私，他们对立宪的态度及主张必然取决于是否对己有利，思想深处绝不会真正拥护君主立宪制度，企望他们推进资产阶级民主政治是根本不可能的，而这也就是他们在制定官制改革方案时力主设立责任内阁，舍弃成立国会的原因之一。

改革官制既是关系到要不要预备立宪，如何预备立宪的重大问题，实际上也是一次政治权力的再分配，牵涉到所有官员和集团的切身利害，自然会引起不同的反响。袁世凯设计了那样一个抛弃民主，企图使内阁专政的改革方案，又企图与奕劻出而组阁，操纵国柄，无疑也会招致一些官员的反对。

反对设立责任内阁的官员，约而言之，可分两类，一类为封建顽固守旧派，一类为赞成立宪的改革派。

御史刘汝骥、王步瀛、张瑞荫，翰林院侍读柯劭忞，吏部主事胡思敬，皆认为设立责任内阁会造成君主大权旁落、权臣窃弄政柄的恶果，坚决予以反对。翰林院侍读周克宽全面否定官制改革，主张保留旧制。③内阁中书王宝田等说：立宪"有大谬者四端，可虑者六弊，不可不防者四患"，限制君权，只能使国家"速其祸"；改革官制是"用夷变夏，乱国法而害人心"；设立内阁，实为大臣"藉以自便其私也"，"实阴以夺朝廷之权也"。④内阁学士文海也指斥立宪有"削夺君主之权"，设立内阁有"败坏国家"等六大错，要求立即裁撤编制馆，饬令袁世凯速回本任。⑤这

---

① 孙宝瑄：《忘山庐日记》下，第914页。
② 魏元旷：《光宣佥载》，第4页，潜园类编刊本。
③ 见《清末预备立宪档案史料》上册，第421—423、427、429、430、410、433、419页。
④ 《清末预备立宪档案史料》上册，第152—157页。
⑤ 《清末预备立宪档案史料》上册，第139—140页。

些人不仅坚决反对改革官制,并反对立宪,是十足的封建顽固守旧派。

御史蔡金台、石长信、王诚羲、史履晋却是一致反对立即设立责任内阁,而赵炳麟特别突出。赵炳麟,广西全州人,1895年中进士,授翰林院编修,1906年补授御史。他于拜命御史的隔日上折指出:君主立宪国的君主"所以巩固其权力者,在有下议院以监督其行政诸臣,而军政、财政议院不承认,政府无从逞其强权,虽有枭雄不敢上凌君而下虐民者,群策群力有以制之"。今"民智未开,下议院一时未能成立,则无以为行政之监督,一切大权皆授诸二三大臣之手。内而各部,外而各省,皆二三大臣之党羽布置要区"。"行之日久,内外皆知有二三大臣,不知有天子",此乃"大臣专制政体","流弊必至凌君"。"故今日而言立宪必自地方自治始,使地方议会组织完密,逐渐而组织下议院,一面就内外官制因名核实,各定办事之权限,无事过为纷更也"①。他觉得此折阐述得还不够充分,四天后又上折剖析了奕、袁所拟内阁官制的危害,说:内阁官制取法日本,但比日本内阁权力更大。"夫各国政府权力之重,原过于君主,故名之曰责任政府"。"然各国政党虽纷,而其君臣上下固相安于无事,君主虽不负责任,而常定于一尊,未闻其有跋扈之臣,致起萧墙之祸者,则以其有议院为之监督也"。"我国教育未兴,率有私党无公党,原无政界思想,只以富贵相求,富贵所在,即声气所通,故在朝只有私党之营,在野绝无政党之固,上下议院不克成立者以此,责任政府不能仿行者亦以此。若贸然行之,不揣其本,而齐其末,遽立此无监督之责任政府,恐患气之乘不在敌国外忧,而在邦域之内也"。西方各国皆立法、行政、司法三权鼎立,"而国以安";从内阁官制方案看,总理大臣非特代替君主有行政全权,实际兼操了立法和司法大权,此等威势权力是古今中外所无的。"若据此推行,恐大权久假不归,君上将拥虚位,议院无期成立,下民莫敢谁何,颠覆之忧,将在眉睫"。最后提出:无论原内阁与军机处合并与否,"应暂仍旧制,以为承旨传宣之地位,不作总挈行政之枢机。一俟上下议院成立之日,乃为责任政府设置之时"。"无论如何,必使上下议院与责任政府同时设立,以免偏重"。如此,则"政柄之倒持,权臣之专国,可自此而息"②。赵启霖评论说,此折"敷陈透彻,

---

① 《清末预备立宪档案史料》上册,第123—125页。
② 《清末预备立宪档案史料》上册,第438—443页。

纚纚万言，两宫动色嘉纳，一时都下传诵殆遍，君遂以名谏官闻天下。"①慈禧最终否定了责任内阁，仍然保留军机处，赵炳麟的奏陈无疑起了重要作用。

尽管赵炳麟坚决反对建立责任内阁，然而他并不属于阻挠政治改革的顽固守旧派。这是因为：

首先，他与前述的王宝田、文海等人有原则区别。王宝田、文海等反对设立责任内阁是为了抵制立宪，而赵炳麟则是积极主张实行立宪的。早在1902年8月，他在进呈御览的《防乱论》中就明确提出了这一政治主张："麟以为欲固国本，必达下情，欲达下情，必行宪法。考泰西宪法等差，曰君主宪法，若英若意是也，曰民主宪法，若法若美是也，曰联邦宪法，若德若澳是也。其法皆君民互相保护、互相限制之公义。昔人云，泰西以法立国，其国祚多延至千余年，盖恃此耳。民主、联邦宪法，断不可行于中国。惟君主宪法，其君执一切主权，其民有一切公例，参酌行之，有利无害。今律例既奉旨参用西法矣，倘令出使诸臣译各君主国宪法，下督抚部院详细考求，稽之于古，准之于今，与斯民订保护限制之公约，将见明谕朝下，民心夕协。宪法既行，一切用舍举废兵刑财赋皆秉公约，君以民为心，民以君为心，安有革命之说摇惑众志哉！"②在所有官员中，赵炳麟是义和团运动后仅次于出使日本大臣李盛铎而明确建议朝廷实行立宪的第二人。

其次，他不是因为责任内阁制度不好而加以反对，而是认为不到时候，不同意立即设立。他强调立宪的根本精神在国会，只有待国会成立时才能设立责任内阁。他认为，惟有先成立国会，后设责任内阁，至少是二者同时成立，国会才会尽可能地摆脱行政强权干预，制定出一部民主程度较高的宪法，才能够实施立法和监督权，将内阁约束在民主政治的轨道以内，顺利实行立宪。否则，内阁就会利用代替君主负责任和本身的职权，颁布压抑民主的宪法，对国会进行种种限制，甚至借口人民文明程度不足，无限期拖延国会成立，厉行独裁专制。

再次，赵炳麟斗争的直接矛头是针对袁世凯的政治野心。对此，他说得非常明白："当是时，直隶总督袁世凯自戊戌政变与皇上有隙，虑太后一旦升遐，必祸生不测，欲以立宪为名，先设内阁，将君主大权潜移内阁，己居阁位，君同赘疣，

---

① 赵启霖：《瀞园集》卷4，第18页，武昌益善书局，1932年。
② 赵炳麟：《文存》第1卷，第36—39页。

不徒免祸，且可暗移神器。"① 正因看透了袁的用心，他才尖锐地予以揭露，阐明内阁与国会的关系，宁愿在国会成立之前仍让改革皇帝光绪执掌国家大政，也不让袁的野心实现。因此，他是一个主张以正确方法推进预备立宪的改革派。他反对立即设立责任内阁，是改革派内部筹划预备立宪不同方法的分歧，就其同袁世凯的争论看，则是真假立宪的斗争。

这里附带说明一下，军机大臣瞿鸿禨在责任内阁问题上与赵炳麟取同一立场，目的类似，而更侧重于同奕劻、袁世凯集团的斗争。瞿鸿禨过去当然是个封建官僚，但在1904至1905年期间，经过江浙立宪派汤寿潜、张美翊、陈黻宸等的说服动员，他的思想有明显转变，不仅采纳立宪派的进言，同意派人出洋考察政治，而且"自请亲赴欧美考察政治"②，并向慈禧、光绪"造膝密陈"③，积极促成了政府派遣大臣出洋考察政治。1906年，他又是积极主张宣布预备立宪的决策者之一。所以他反对立即设立责任内阁并不说明他不赞成改革，而是另有原因。他"持躬清刻"，"锐于任事"④，颇负清望，亦受慈禧信赖，对于奕劻的昏庸贪婪、袁世凯的植势跋扈，及其二人的结党营私深恶痛绝，时刻想裁抑袁的权力，议事常与奕劻争持，与奕、袁交恶已非一日。袁初曾着意拉拢瞿，均为瞿婉辞。改革官制时瞿为总司核定大臣之一，隐操可否之权，袁为实现自己的政治野心，特密请瞿先示意旨，并有意推瞿为内阁副大臣，与奕劻共同组阁。瞿不愿与奕、袁同流合污，同时预料组阁以后一己之力难与相抗，朝政必为之把持，心中并不同意。但其城府甚深，表面不置可否，而暗中向慈禧进言，卒使军机处保留，"世凯大失望，益衔鸿禨"。⑤ 瞿、袁的分歧表象上是要不要立即设立责任内阁，而其真意所在乃是"斗法"，故亦不应将瞿鸿禨划归反对改革的顽固守旧派。

1906年官制改革以后至1909年1月2日袁世凯被开缺之前，赵炳麟与袁世凯仍有几次交锋。事实进一步证明，他们之间的分歧绝不是改革与反改革的斗争，而是真假立宪的斗争。

1907年，在"丁未政潮"中奕劻、袁世凯利用诬陷手段和指使侍读学士恽毓

---

① 赵炳麟：《谏院奏事录》第1卷，第18页。
② 余肇康：《瞿文慎公行状》，第6页，1919年。
③ 《汤寿潜致瞿尚书函》，光绪三十一年六月。
④ 《清史稿》本传。
⑤ 汪诒年：《汪穰卿先生传记》第4卷，第8页，1938年。

鼎参劾，将政敌瞿鸿禨和粤督岑春煊赶出政治舞台。赵炳麟洞烛其奸，7月7日上《请销党见疏》，以"消党祸而延国运"，要求朝廷将康熙皇帝禁绝朋党的上谕，饬令"各部院及直隶总督书之匾额，竖于衙署，俾触目警心，预防流弊"①，打击所向直指奕袁集团。在赵炳麟等官员的参劾下，袁世凯内不自安，7月25日上折奏请赶紧预备立宪，并陈述政见十条，再次强调必须早建责任内阁，认为"立宪关键，此其先务"，并设资政院，"为采纳舆论之地"②，以掩盖其内阁专政的诡谋。赵炳麟知其故技重演，也于8月11日上折，针锋相对地提出，"组织内阁，宜明定责任制度，确立监督机关，以杜专权流弊"。具体意见有五：1."政权、兵权不可混合"，内阁总理大臣、副大臣不得兼任海陆军及参谋本部之职。2.资政院应实有议院性质，在国会未成立之前，凡资政院通过的议案，"政府不得拒绝"；如政府违法失政，遭资政院弹劾，"必付行政裁判官评议，其重大者，政府不得居其位"；资政院必须先内阁而建。3.同时设立审计院和行政裁判院，监督财政和行政，"以制行政之专横"。4.整顿都察院，"以备君上之耳目"，国会成立前不得裁撤。5.定内阁大臣任期年限，"皆三年为一任，良者再任，不得连三任"。实行以上五条，"方能维持秩序而无患气之乘"。③不久，都御史陆宝忠等奏请将都察院改为下议院。对这种以官员代替议员的荒唐至极的建议，袁世凯竟欣然支持。赵炳麟得悉，认为此举"大失立宪精义"，立即上疏加以驳斥。④赵炳麟始终认为，袁世凯只要内阁，不要国会和以都察院冒充下议院的主张，抽掉了立宪的主要精神：国会——民主，搞的绝不是真正的预备立宪，而是内阁专权。

赵炳麟对袁世凯的为人及其在预备立宪问题上所玩弄的花招认识深刻，入木三分，揭露击中要害。的确，袁在预备立宪后除了处心积虑地想成立责任内阁，以达其操揽朝政的私欲外，政治上毫无建树，对民权反而极尽摧抑之能事。1907年9月调任军机大臣兼外务部尚书后，他完全不顾江浙人民的强烈愿望，竭力压制收回路权的运动；1908年各省人民进行国会请愿时，他阳为赞成，而阴阻都察院代奏，并怂恿张之洞"举发康梁乱政秘谋"⑤，挑唆慈禧解散了立宪团体政闻社。

---

① 赵炳麟：《谏院奏事录》第3卷，第7—11页。
② 《直隶总督袁世凯密陈管见十条清单》，中国第一历史档案馆军机处朱批档。
③ 《清末预备立宪档案史料》上册，第511—513页。
④ 赵炳麟：《谏院奏事录》第4卷，第1—4页。
⑤ 《梁启超年谱长编》，第451页。

对此，立宪派是心明眼亮的。1909年1月袁世凯的党羽广造袁被开缺系"因首倡立宪获咎"①，是"实行排汉也，反对立宪也"②的谣言，蛊惑人心。立宪派立即义正辞严地予以坚决回击，指出：袁世凯当初赞成立宪，设立责任内阁纯然出于卑污的个人动机；入军机以后，从未"建一谋，行一政，促立宪之进步"③。且用事实阐明"其所深恶痛绝、除之惟恐不力者，则在民权"，"假文明之面具，而行其野蛮之手段"。④嫉视热心立宪的人士，"认为大仇巨敌"。同时告诫人们："若此等人果能盘踞政界耶，则内阁不知为何等责任，国会不知有何等权力，名为立宪，实则较之专制尤为惨酷。"⑤

清末政府的政治改革就是实行预备立宪，因此，毫无疑问，衡量统治集团中的人物属于改革派或反对派，也只能以其对预备立宪的态度为标准。然而，历史现象极其错综复杂，历史人物活动的动机与立场各种各样，所以要对各个官员的政治倾向做出正确的评估，绝不能单纯局限于其对立宪的表面态度。不然，势必混淆问题的性质，得出不当的结论。

（原载《天津社会科学》，1993年第1期）

---

① 《时报》，1909年1月5日。
② 赵炳麟：《谏院奏事录》第5卷，第13页。
③ 《十一日上谕恭注》，《时报》1909年1月5日。
④ 《论袁宫保开缺事》，《大公报》1909年1月8日。
⑤ 《论袁氏开缺于立宪前途有益无损》，《时报》1909年1月14日。

# 如何评价袁世凯在辛亥革命中的作用
## ——向季云飞先生请教

近年在辛亥革命史的研究中，季云飞先生的《论袁世凯在辛亥革命中的作用》一文（见《学术月刊》1989年第4期），除了对拙著《袁世凯一生》中的某些说法，如玩弄阴谋权术，不能堂堂正正让清帝退位等等进行了批评外，同时阐述了对袁世凯的"再认识、再评价"，提出："对于袁世凯置身辛亥革命所起的客观积极作用，我们应该理直气壮地、实事求是地给予肯定。"关于批评拙著中的某些具体说法，是非自有公论，我不想多作申辩。这里仅就季先生提出的主要观点，略抒浅见，向季先生请教。

## 一、肯定袁出山的"积极作用"要有根据

季先生认为，以往的史著忽略了袁世凯出山后"给国内阶级斗争格局带来新变化的研究"。"事实上，袁世凯的出山，客观上造成了有利于南方革命党人而不利于清廷的形势"。断言这种"客观作用是值得肯定的"。

这一论断是否正确，取决于季先生所列的三点论据能否成立。让我们逐一检验之。

季先生说："袁世凯出山后，首先使清廷放松了对革命党人的监禁和镇压，有利于革命形势的发展。"具体表现为袁世凯在彰德向徐世昌提出的出山六条件中有"宽容参与此次事件诸人"和"解除党禁"两条，"对革命党人极为有利"。10月30日清廷发布"大赦国事犯"上谕，"不日，包括汪精卫在内的一批政治犯获释。这样，也为革命党人以及倾向革命的人从事反清活动提供了有利条件"。例如，清廷虽怀疑第六镇统制吴禄贞为革命党，"但不敢贸然将其撤换、逮捕，反授以

署理山西巡抚之职加以笼络,吴到山西后与山西民军一起从事反清革命活动"。

关于徐世昌赴彰德劝袁世凯出山与袁提出出山六条件一事,过去我亦相信,近年我对这一说法持怀疑态度,不过无暇细查,姑置不论。暂以实有其事进行讨论。

10月30日清廷下谕大赦国事犯,果真是由袁世凯提出"宽容参与此次事件诸人"和"解除党禁"而作出的吗?不是。上谕中写得明明白白,开始即称:"资政院奏,请速开党禁以示宽大而固人心一折。党禁之祸,自古垂为炯戒,……况时事日有变迁,……在昔日为罪言,而在今日则为谠论者。……兹特明白宣示,特沛纶音,与民更始……"① 季先生所引的这道上谕为译文,文字虽有出入,但开头一句也是"资政院奏,请速开党禁以示宽大而固人心一折"②。两种文献皆清楚地表明,上谕的发布实应资政院的奏请,决非由于袁世凯提出的两个条件。季先生读过这道上谕的译文,为何偏偏置资政院的奏请于罔闻,硬将功劳归于袁世凯?根据何在?

接着而来的释放政治犯,自然也是因资政院的上述奏请。至于具体人,奏请释放者均另有人在,亦非袁世凯。如汪精卫、黄复生、罗世勋的释放是由于清政府法部直接出面奏请的:"又谕:法部奏,党禁既开,拟将监禁因犯政治革命嫌疑人犯,请旨悉予释放,并钞录亲供,呈览折片。汪兆铭、黄复生、罗世勋均著开释,发往广东,交张鸣岐差委。"③ 为什么上谕中有"发往广东,交张鸣岐差委"呢?因其与张鸣岐的奏请有关。武昌起义后,广东的同盟会会员潘达微等少数人"默察局势,决定用和平策略,使广东唾手而得,免再蹈前两次覆辙。时张鸣岐任两广总督,与在籍翰林江孔殷友谊密切,且奏保江为广属清乡督办,故江拥有一部分兵权。乃决定先运动江向张氏进言,谓革命党人非武力所能屈服,不若改用怀柔政策,以缓和其进攻,便可保境安民,不致陷入漩涡。江闻说动容,急问怀柔办法。乃请其劝张立电清廷特赦汪精卫、陈景华二人,调粤差遣;……江甚赞成,张亦首肯,即电奏清廷,并汇三千元与民政部转给汪氏作川资"④。前发配新疆的天津国会请愿同志会负责人温世霖的被批准释回,则是应直隶总督陈夔龙的奏请。⑤

---

① 《清末筹备立宪档案史料》上册,第95—96页。
② 《辛亥革命》(8),第338页。
③ 《宣统政纪》卷40,第46页。
④ 邓亚警:《辛亥广东独立传信录》,《辛亥革命回忆录》(2),第334页。
⑤ 《清末筹备立宪档案史料》上册,第98页。

说到清廷不敢贸然撤换、逮捕第六镇统制吴禄贞,更不能归功于袁世凯的要求。因为,此时吴禄贞手中掌握着第六镇新军,驻扎在石家庄,又与屯兵在滦州的第二十镇统制张绍曾等秘密联络,准备联合进兵北京,清政府根本无力将其撤换、逮捕,为防祸起肘腋,只好授以署理山西巡抚,加以笼络,冀其为清廷效力而不立即背叛。在这件事情上,袁世凯非但没有功劳可言,反而有人怀疑是他派人杀害了吴禄贞,致使吴张联合解体,北方的革命遭受巨大损失。

论述袁世凯出山后的作用,一般学者都不会忽略众所周知的重大事实,这就是袁世凯命令北洋军强攻民军据有的重镇汉口、汉阳,并占领之;进击山西、陕西民军,即使于停战期内,仍然"据太原,攻陕西,残荼生民,殆无虚日"①。这些行动究竟是有利于革命党人,还是有利于清廷苟延残喘、讨价还价?是为从事反清活动提供了有利条件,还是打击了革命?这是不言自明的。对此,季先生是不知呢,还是"忽视"呢?

季先生说:"其次,迫使清廷解散皇族内阁,成立责任内阁,使日后实现民主共和政体减少来自清皇族的阻力。"具体表现为载沣解散皇族内阁,任命袁世凯总理大臣,宣布宪法重大信条十九条,宣誓太庙等等动作,实为袁世凯在出山六条件中提出的"组织责任内阁"的"要求所迫"。

此说亦无令人信服的史料依据,不过想当然罢了。事实上,载沣的上述种种动作,都是资政院和张绍曾等军人奏请的结果,并非受袁世凯的"要求所迫"。

反对皇族内阁,成立责任内阁,为立宪派的政治主张之一,他们曾为此与清政府作过斗争。资政院第二届会议开议之初,留在京中的民选议员又以此作为议案提出,并获得通过。1911年10月29日,资政院上奏"为时局危迫,内阁应实负责任,不任懿亲,恳请明降谕旨,另简贤能组织联责内阁,以顺民心而固国本"折,阐述了"皇族不组织内阁为君主立宪国唯一之原则"。②次日,朝廷批准,但又说,"一俟事机稍定,简贤得人,即令组织完全内阁"③。张绍曾等军人不满,致电清廷,要求立即组织责任内阁,内阁大臣必由民选。此时清廷危如累卵,不敢再激怒立宪派和手握兵权的军人,11月1日,原内阁奕劻等人同请辞职。载沣允准,

---

① 《辛亥革命》(6),第44页。
② 《清末筹备立宪档案史料》上册,第596页。
③ 《清末筹备立宪档案史料》上册,第597—598页。

同日授袁世凯为总理大臣（因非民选，后又经资政院选举）。此即解散皇族内阁，组织责任内阁，任命袁世凯的由来，何以见得系袁的"要求所迫"？

反对钦定宪法，要求民定宪法或协赞宪法，也是立宪派的一贯主张。故资政院第二届会议开始后，这个问题也被作为议案提出并获得通过。10月29日，资政院奏请将溥伦等起草的宪法条文交院协赞。30日，朝廷准奏，"著溥伦等敬遵钦定宪法大纲，迅将宪法条文拟齐，交资政院详慎审议"[①]。对此，张绍曾等同样不满，电请取消宪法大纲，由资政院起草宪法。于是又有11月2日令资政院起草宪法的上谕。上谕称："第二十镇统制张绍曾等电奏，……所有大清帝国宪法著即交资政院起草。"[②] 至于宪法重要信条十九条由资政院起草奏呈，并请宣誓太庙，那是连季先生在文章中也承认的了。明明与袁无涉，何以又将功劳记在他的头上？

季先生说："第三，袁世凯的出山，使帝国主义列强在辛亥革命期间基本上保持了'中立'立场，从而使辛亥革命减少了因列强插手而带来的复杂性。"具体表现为武昌起义后的最初几天，"帝国主义列强将在华的军舰纷纷调往武汉江面，准备武力干涉。但是，列强普遍认为，只要袁世凯出山，可以不出面武力干涉"。并引美国驻北京代办威廉士10月26日给美国国务院的报告中的话作为证明。

帝国主义采取中立政策的原因是多方面的，诸如帝国主义在中国矛盾重重，任何一国都不敢轻率地独自行动去破坏已经形成的均势；看到清廷腐朽不堪，革命来势很猛，一时难以判断孰胜孰败，不愿公然与革命为敌；革命党所宣布的对外政策有利于帝国主义，外国人的安全和利益未受损害，等等。这些已有许多论著进行了阐述，此处实无再加论证的必要。只要把季先生引作证明的那段话稍加分析，就足够了。

季先生所引威廉士给美国国务院的报告中的一段话是："如果袁世凯能出来领导并能改组政府将反叛的各省再争取过来，那么清朝是可以得救的；否则，除非有外国的帮助，看来是很少希望能恢复对南方地区的控制的。"并说这段话"较典型地反映了列强是否武力干涉的基本原则"。

我认为这段话非但没有证明帝国主义"武力干涉的基本原则"是以袁世凯是否出山为准，相反，倒是可以作为帝国主义的中立政策与袁世凯出山渺不相关的

---

[①] 《清末筹备立宪档案史料》上册，第97页。

[②] 《清末筹备立宪档案史料》上册，第97—98页。

绝好证明。因为：第一，威廉士在这里所谈的不是"武力干涉的基本原则"取决于袁世凯是否出山，而是说袁若出山，或许可以挽救清朝不亡；否则，只有得到外国帮助，才能恢复原来的统治。原文文意极为明显，无俟赘言。季先生理解错了。第二，威廉士的报告是10月26日写的，并且说，"如果袁世凯能出来领导并能改组政府将反叛的各省再争取过来，那么清朝是可以得救的"。"如果"二字是假设之词，并非真正做到，威廉士所以如此遣词，是因为袁世凯此时尚在河南彰德洹上村，未到前线赴湖广总督之任。可是，在威廉士写此报告的八九天之前，即10月17日和18日，威廉士的假设尚未实现，列强已经分别由其在汉口的领事馆和在北京的公使馆出面，宣布了他们的中立政策。仅此一点，足以说明列强采取的中立政策并非因袁世凯业已出山。

季先生认为不能"无视袁世凯出山所带来的积极作用"，当然无可非议。问题在于提出新的观点要拿出使人不能"无视"的真凭实据，此乃治史者应持的最基本的态度。季先生把一些无关的事硬扯在袁世凯身上，以显示其"积极作用"，未免有故意为袁评功摆好之嫌。

## 二、不能因肯定袁而剥夺革命党人的正当权利

季先生文中有如下一段议论："在清帝制未推翻之前，且南北尚在议和过程之中，南方革命党迫不及待地成立南京临时政府，确有不妥之处，至少为袁世凯中止议和提供口实，难怪袁世凯得悉南京临时政府成立之时，'投箸而起，声言南北协约以君主立宪为前提，而唐、伍两人全权擅用共和政体，逾其职权。且协议未决，南人先组织政府，公选大总统，有悖协约本旨，遂罢唐绍仪全权，自任交涉之事'。因此，当时袁世凯指使冯国璋等人联名电请内阁代奏，反对共和政体，实属情由可原，更不能由此说明议和是'阴谋'了；由此而撤销唐绍仪的议和代表资格，很难说是'故意制造分裂态势'，如果一定要说是'故意制造分裂态势'，其责任南方革命党人也得二一添作五。"

老实说，读了这段议论，我有点吃惊。把袁世凯中止议和的责任归咎于南京临时政府的成立，是很不公允的。

南方独立各省成立临时政府错了吗？没有。首先，成立临时政府的酝酿在议和之前即已开始，本非专为议和而成立。还在11月9日，湖北军政府便致电各省，

请派代表赴鄂商讨组织临时中央政府问题，接着苏、浙两省致电各省代表到沪会商组织临时政府问题。经过协商，各省代表赴武昌会议，12月2日即通过了临时政府组织大纲，以后筹组工作一直在进行之中。成立临时政府完全是独立各省更好进行革命的需要。独立省区各自为政，群龙无首，革命如何进行？必须有统一的领导。进行议和亦然。此乃政治上的通例，独立省区不能因议和开始而停顿下来。何谓"迫不及待"？其次，独立各省无论成立临时政府与否，采用何种政体，均系独立省区内部的事务，与清政府无涉，袁世凯根本无权过问。南方成立临时政府是天经地义的！

季先生认为南方成立临时政府"确有不妥之处，至少为袁世凯中止议和提供口实"，实在毫无道理。应该说，是袁世凯无事生非。南北双方是对等的，独立省区的人民已经获得解放，不再是大清王朝的臣民，不归袁世凯的政府统治。北方既有清政府存在，南方当然有权成立自己的政府；袁世凯能够当清政府的总理大臣，南方就可选举孙中山为临时总统，决然谈不上"口实"的问题。因为这是普普通通的常识。只有袁世凯这种以正统和全国唯一政权代表自居的人才会视南方成立临时政府为大逆不道，发电横加指责。对袁世凯的无理取闹，南方议和代表伍廷芳驳斥道："若以此相诘，请还问清政府：国民会议未议决以前，何以不即行消灭？何以尚派委大小官员？贵大臣当亦无词，请先责己而后责人，方为公允。"① 果然，袁理屈词穷，无言以对。不意今天竟还有史学工作者指责南方成立临时政府，岂非咄咄怪事！如果把独立省区处理内部的事务视作为袁世凯提供口实，那就无事不可说成为袁提供口实，岂止成立临时政府一端！此种观点，实质上就是彻底否定革命党人有独立自主地处理内部事务的正当权利，剥夺革命党人有成立革命政权的正当权利，完全把他们的手脚缚住，将他们置于听任袁世凯摆布的地位，一言以蔽之，否定革命，为清内阁总理大臣袁世凯张目。这是极不公正、极不客观、极其错误的。

季先生援引袁世凯的话作为依据，同样不能成立。事实上，袁"声言南北协约以君主立宪为前提"，"协议未决，南人先组织政府，公选大总统，有悖协约本旨"，全是胡说八道。所谓"协约"，系指双方已经达成的协议而言。"以君主立宪为

---

① 观渡庐（伍廷芳）：《共和关键录》，第88页，著易堂书局，1912年。

前提"得到南方同意了吗？从来没有。他们自袁世凯派人到湖北试探和议开始，一直坚持以推翻清室、建立共和为谈判的先决条件。这一点连袁世凯也在不自觉中谈出来了，"协议未决"四字，便是证明。既然"协议未决"，未得南方同意，"以君主立宪为前提"就只不过是北方单方面提出的谈判条件而已，南方没有遵行的义务，怎么能够给南方组织临时政府，选举总统，无端扣上一顶"有悖协约本旨"的大帽子？何况南京临时政府成立后并未中止议和，袁世凯仍然可以坚持"以君主立宪为前提"进行谈判嘛！

还应指出，袁世凯对独立各省组织临时政府之举早有所闻，他要想找"口实"，早就可以找到了。但在孙中山回国之前，他从未向南方表示过反对的意向，更未因此"投箸而起"，可见袁世凯中止议和并不是真正抓到了"口实"，实乃别有用心。再者，如果说袁世凯的谬论能够成立，那么，我们也具有充足的理由反过来指斥袁世凯坚持君主立宪，不遵行革命党人提出的和议必须以承认共和为先决条件，同样为"有悖协约本旨"。

综上所述，我认为南方成立临时政府没有什么过错，因而构不成什么"口实"，袁欲中止议和咎在其一人。因此，他指使冯国璋等人联名电请内阁代奏，反对共和，就不能认为"情由可原"了；由此而撤销唐绍仪的议和代表，也是其制造紧张气氛，使和议处于破裂的边缘，向南方施加压力的阴谋的一部分。季先生认为，"如果一定要说是'故意制造分裂态势'，其责任南方革命党人也得二一添作五"。这种不分青红皂白地把双方各打五十大板的做法，才真是冤枉了孙中山等革命党人。

## 三、不要为了肯定袁而抛弃原则

评价历史人物和历史事件，不能脱离当时的时代和国情，更要以此为基础，依照历史唯物主义的基本原理，确定评价的原则或标准。尽管不同的研究者确立的原则或标准不一定一致，但就每个研究者来讲，必须严格遵循一定的原则或标准，不能带有随意性，采取实用主义态度。否则，就没有是非和真理可言，没有历史科学可言。在辛亥革命时期，人们可以根据自己的认识确定以赞成民主共和，也可以确定以拥护清廷实行君主立宪为原则或标准，去衡量当时的一切人和事，只要言之成理，持之有故，作为一家之言，均未尝不可。然而，必须坚持一种说法，贯彻到底。因为二者虽同为资产阶级的民主政治，但毕竟政体形式不同，在反封建的彻底性上有程度上的差别，何况还有真假立宪与立宪档次高下之分。季先生却没有做到这一点。

他说："历史的进程已经告诉人们，资产阶级共和国道路在中国走不通，走不通的根本原因是民主共和制不符合二十世纪初的中国国情，依我之见，在当时中国，实现君主立宪方案比实现民主共和方案具有更大的可能性。"在援引了梁启超所撰《新中国建设问题》对美国和中国不同情况的分析，得出民主共和不适于中国的结论后，又说："由此可见，孙中山与袁世凯的政体之争完全可以调和，孙中山坚持美国式的共和政体脱离中国实际，袁世凯坚持君主立宪政体未必错误。"此论可说代表了季先生对武昌起义后中国出路的根本看法，他本来应该以此为基点去评判袁世凯在辛亥革命时的一切作为，而实则不然，只是在驳斥认为袁以君主立宪为和谈基础是搞阴谋时讲这一番话的，在别处说法就不同了。

文章开始，季先生阐述清廷起用袁世凯时曾明确指出："袁世凯深知清王朝的覆灭是不可避免的"。既然如此，袁世凯还要坚持君主立宪，对他个人来讲，岂非明知不可为而为之，是十足的愚蠢之举吗？对全国人民来讲，他岂非要强制人民去拥戴一个行将覆灭的王朝吗？从一这点而论，袁世凯坚持君主立宪有什么值得肯定的呢？也许季先生笔下的君主另有所指吧，只是未曾明言，不便妄加揣测了。

在肯定袁世凯的议和"功劳"时，季先生一再写道："毋庸置疑，符合当时人心所向，议和也是当时达成结束清封建帝制的有效途径"。"依靠袁世凯的力量，不劳战争，结束帝制，实现共和，是当时国内普遍的呼声"。"不管袁世凯议和的目的如何卑鄙（说到底也就是当大总统，如此而已！），其举动的客观效果，顺应人心，这是应该加以肯定的"。谈到逼宫时，季先生又说："赶跑皇帝的功劳多少也有袁世凯的一份。试问：如果袁世凯出山后顽固地站在清廷一边，坚持与南方民军武力对抗到底，皇帝能在1912年2月12日下台吗？"

这些评论同前面的武昌起义后中国出路的根本看法相比，有三个问题令人困惑莫解，说得明确些，是自相矛盾之处。

第一，既然"共和政体脱离中国实际"，出路只有君主立宪一途；那么，为什么对袁世凯"通过议和，达成民国政府成立"、"实现共和"、"赶跑皇帝"、

"结束帝制"等等行为不持批评态度，反而视为"功劳"而大加颂扬呢？为什么袁世凯坚持的君主立宪制忽然变得无有丝毫价值了呢？为什么孙中山坚持的共和制不像袁世凯"实现共和"那样被颂扬，反而受到"脱离实际"的谴责呢？请问：究竟是袁世凯坚持君主立宪正确，还是坚持共和正确？抑或二者均正确？袁世凯的共和与孙中山的共和有何本质区别？有何理由给予两种截然相反的待遇？

第二，既然认为袁世凯出山后并非"顽固地站在清廷一边"，有"赶跑皇帝"的功劳，便说明袁出山后并未真正打算实行君主立宪，尤未坚持到底；为什么还对他"坚持君主立宪政体"加以肯定？

第三，既然认为袁世凯同意建立共和，赶跑皇帝，"符合当时人心所向"，"是当时国内普遍的呼声"，"顺应人心"，"应该加以肯定"，那便说明坚持君主立宪违背国人心愿，会遭到普遍反对。请问：袁世凯坚持这条道路怎能说更适合国情？怎能说比共和制方案具有实现的"更大的可能性"？历史的进程也告诉人们，资产阶级君主立宪制度在中国同样行不通，对行不通的共和制予以否定，对同样行不通的君主立宪制予以肯定，这道理又何在呢？

总之，季先生论述袁世凯在辛亥革命中的作用时，一会儿这样说，一会儿那样讲，在此事上以共和为原则或标准，在彼事上又以君主立宪制为原则或标准，实际上没有一定原则或标准，带有极大的随意性，采取了实用主义态度，对袁的一切作为加以辩护赞扬。在季先生的笔下，袁世凯左也有理，右也有理，真理都在他一边。如果袁世凯确有功劳，理应加以肯定，但决不应为了肯定袁世凯而抛弃原则。

尚不止此。既然认为"共和政体脱离中国实际"，袁世凯坚持君主立宪是正确的，下列问题亦不容回避：1. 清末资产阶级立宪派不断转向革命是正确的，还是错误的？ 2. 辛亥革命有无发动的必要？应该怎样评价？ 3. 袁世凯何时真正拥护赞成过君主立宪？后来帝制自为是否应予肯定？这些事情同季先生关于武昌起义后中国出路的根本看法密切相关，不解决这些问题，要肯定袁世凯在辛亥革命中的"积极作用"，恐怕难以尽如人意。对此，季先生无疑必须应有明确的见解，以支持自己的观点。最后还要问一句：从1911年起，中国需要多少年才能实行共和政体？其条件和标准是什么？这也必须讲清楚，否则，说"共和政体脱离中国实际"，便是不负责任，危言耸听了。

## 四、如何认识袁窃夺政权及其"客观积极作用"

季先生对袁世凯"窃夺政权"之说极其反感,驳斥道:"目前史学界普遍流行的一个说法:袁世凯当临时大总统是'窃夺政权'、'篡夺胜利果实',云云。我倒有点困惑不解,在赶跑皇帝斗争中,袁世凯明明出过一份力量,胜利果实的取得多少有他一点功劳,怎么能说他来当临时大总统就叫'篡夺胜利果实'呢?明明是孙中山多次许诺袁世凯,只要他逼清帝退位、宣布共和政见,大总统的职位就让给他,而袁世凯也确实逼走了清帝,宣布了共和政见,且由参议院一致通过当选的,怎么能叫'窃夺政权'呢?显然,这种违背基本历史事实而作历史论断,是长期以来史学研究中对历史人物'一锤定音'、'一刀切'的表现,这种史学研究方法必须摈弃。"

要说清这个问题,最好与季先生在文章结束语中所概括的一段话联系起来考虑。这段话是:"那种只强调袁世凯的动机而抹煞其积极的历史作用,不是历史唯物主义的态度。尽管袁世凯置身辛亥革命的动机目的并不是革命的,甚至含有反革命因素,但其所作所为的客观作用,是当时资产阶级革命派和资产阶级立宪派所无法起到的。因此,对于袁世凯置身辛亥革命所起的客观积极作用,我们应理直气壮地、实事求是地给予肯定"。还说,人们之所以不能肯定袁在辛亥革命中的客观历史作用,一个重要原因,就是认为袁当临时大总统,标志着辛亥革命的失败。"其实,这种历史结论并不符合历史事实"。因为"袁世凯上台以后,作为国家的政权形式仍然是资产阶级的共和制;民族资产阶级在国家政治生活中的地位和作用并没有发生本质的变化,张謇、陈其美、周学熙、梁启超、蔡元培等许多民族资产阶级代表人物在袁世凯的政府里担任一定的领导职务;民族资本主义工商业也有较大程度的发展;'中华民国'并不是一块'空招牌',因此,我认为,只有到1915年12月袁世凯称帝才能说辛亥革命失败了。"

这里涉及主观动机与客观效果、现象与本质等理论问题。我们用不着对这些理论问题在此作一番研讨,但须指出,评价历史人物,特别是撰写人物传记,必须兼顾主观动机与客观效果两个方面,缺少任何一个方面均将陷入片面或绝对化。任何历史人物的行为均受其主观动机支配,并非偶发的无意识的,弃此不讲,绝对无法正确合理地解释其行为。历史人物和历史现象极其复杂,动机与效果之间有一致的，也有不一致的，一致的有好人，也有坏人，好人说好话办好事，坏人说坏话办坏事，现象能够反映本质，人们一望而知。不一致的同样有好人和坏人，好人好心办了坏事，坏人动机恶劣而客观效果可能较好，更有一种人高喊革命是为了破坏革命，现象不一定能够直接反映本质。若只注意客观效果而忽视主观动机，往往会判断错误，将好人看作坏人，坏人看作好人，例如将混入革命队伍的奸细的某些"积极"表现给予肯定。因此，要正确评价复杂历史人物的行为，就不能局限于一时一事，尤其不能只看客观效果而不计主观动机，只有通观其日常的大量的公开和秘密的言行，甚至一生的作为，加以全面综合考察分析，才能做到。

季先生责备"那种只强调袁世凯的动机而抹煞其积极的历史作用"的做法，表面看似很公允，实际上在分析具体问题时完全把主观动机与"客观作用"割裂开来，并且不讲前者，只讲后者了。例如，季先生承认，"袁世凯置身辛亥革命的动机目的并不是革命的、甚至含有反革命因素"，但在讲到他当临时大总统时却只字不提，反而大讲其合理性与合法性，大讲"客观作用"。人们不禁要问：怀着"不是革命的、甚至含有反革命因素"的动机、目的的袁世凯，其置身辛亥革命究竟为了什么？为什么他主张君主立宪而又逼迫他宣称拥戴的清帝退位？为什么他反对共和而又接受革命党人的意见和推选而赞成共和与担任临时大总统？凡此，在分析袁一心谋取临时大总统时都是不容忽视的。而季先生却只讲其合理性与合法性。照此说法，袁世凯简直可称为缔造统一的中华民国的第一伟人，值得后人永远纪念。因为是他而不是革命党人直接逼迫清帝退位，而只有清帝退位才有统一的中华民国。可是，季先生并未作出这种"实事求是"的"客观"评价，明显地表现出理不直，气不壮，却又为何？如果只从表象上看问题，不看主观动机和本质，就连袁世凯称帝恐怕也不仅情有可原，而且简直就是绝对正确的了。因为他称帝是接受了"国民"的"请愿"；并且是经过一千九百九十三名"国民代表大会代表"投票公决，改变"国体"，获得一致推举；又并且获得请愿总代表、代行立法机关参政院的两次上书"拥戴"，完全是"合理合法"、"俯顺民意"、"适合国情"、"迫不得已"的呀！然而，确凿无疑的史料证明，所有这一切不过是袁世凯及其亲信导演的一场丑剧而已。所以，在评价袁世凯当临时大总统问题时，决不能为形式所囿，被假象所惑，必须考虑其动机、目的。

现在看一看袁世凯是否"篡夺胜利果实"，"窃夺政权"。袁世凯一生专制成性，独裁成癖，从未有真正的资产阶级民主思想。1911年10月14日，清廷授其为湖广总督的当天，杨度及袁克定等皆劝其不要应命，他当即回答："余不能为革命党，余子孙亦不愿其为革命党。"①显见其根本不同意革命党推翻清室，实行民主共和的政治主张。其后思想亦无转变，直至1912年1月初，在经过了五次谈判，临时大总统孙中山明确向其表示"虚位以待"后，他仍然对外国宣称"始终忠于朝廷，终身不为共和党所用"②。袁世凯如此仇视共和，无疑不是临时大总统的适当人选。出于对袁的真实面目认识不清，特别是利用他早日推翻清廷等原因，革命党人在其应允赞成共和的前提下，还是推选他担任统一后的临时大总统。革命党人对他不够了解，他对自己最清楚不过。如果他是一个光明磊落、心怀坦诚的人，他满可以采取两种态度：其一，同意实行共和，但因政见不同，自己不宜担任总统，为了国家人民的利益，甘愿退居林下；其二，与民军对抗到底，坚持武力统一，拥清帝实现君主立宪。但他弃上述两种态度不取，既在内心坚决反对共和制度，又一心谋当总统，宣布赞成共和的政见。这种做法只能有两解释：第一，抛弃旧的政见，彻底转变思想立场，力谋建设新生的中华民国；第二，利用时势造成的特殊契机，先将权力抓在手中，然后设法颠覆共和。历史证明，第一点他没有做到，第二点倒做得极其决绝。当上临时大总统三个月，他就搞垮了责任内阁。对于责任内阁制，袁世凯颇为了解，他就任清内阁总理大臣后，即奏请将行政权力完全集中于内阁，只给皇帝留下钤章一事，同时逼迫摄政王载沣退归藩邸。民国的责任内阁制系《临时约法》规定的，而《临时约法》性质等同宪法，袁世凯理应严格遵守，即使有不同意见，亦应在制定正式宪法时提出修改，绝不能在执行过程中进行破坏。可是，他却明知故犯，将责任内阁搞垮，这不是蓄意破坏共和制度吗？其后又枪杀革命党人，违法借款，镇压二次革命，取缔言论出版、集会结社自由，破坏民主制度，逮捕议员，解散国民党，解散国会、省议会和各级地方自治会，废除《临时约法》，最后称帝，将辛亥革命的胜利果实破坏无余。尽管袁世凯的临时大总统不是偷来抢来，但必须看到，他之一心谋当总统，动机、目的不在于为共和制度效劳，而在于为以后背叛共和，帝制自为创造条件，铺平道路。因此，人们完全有理由认为，他当临时大总统是篡夺资产阶级革命的胜利果实，是窃夺

---

① 王锡彤：《辛亥纪事》，《辛亥革命资料》，第517页。
② 《辛亥革命》（8），第499页。

资产阶级的政权。如认为此论谬误,那就请把袁世凯一心谋当临时大总统的动机、目的及其以后一系列破坏民主共和制度的事实解释清楚。

关于辛亥革命是否失败,失败于何时,袁世凯称帝前的中华民国是否一块空招牌,均可进行讨论。但若以为推迟辛亥革命失败的时间及袁称帝前的中华民国不是一块空招牌,而为袁世凯在辛亥革命中"客观积极作用"找根据,那会使人失望的。须知刚刚经过全国性的民主革命风暴的大潮,除非是傻瓜,任何人都不敢公然逆历史潮流而蠢动。袁世凯纵有天胆,也不敢在临时大总统到手之后立即食言背信,全面摧毁民主共和制度,登上皇帝宝座。因为这样做了,就等于奸谋彻底败露,势必遭到一切拥护资产阶级民主政治制度的阶级阶层、忠于清室的人、有封建正统思想和不甘对其跪拜称臣的人的激烈反对,可以肯定地说,他将陷于绝对孤立的境地,难逃覆亡的厄运。狡猾的袁世凯当然不至愚蠢到这种地步,知道时机未至。所以在当上临时大总统后,他便把奸谋深埋在心底,采取了渐进的稳妥步骤,一步一步地破坏共和制度。正因如此,同时也因资产阶级民主派人士的坚持斗争,作为国家政权形式的共和制度才得以保存了几年,民族资产阶级的代表人物才得以在政府中保留了几个位置,一旦袁认为时机成熟,他就公开丢弃民国的招牌了。至于民族资本主义工商业获有较大程度的发展,那是由多种原因促成的,而且与评价袁在辛亥革命中的作用没有多少直接联系,我们不想多费笔墨了。袁世凯善耍权术,破坏共和有个过程,不能因认为他称帝时辛亥革命才失败,就断言他也于此时才背叛共和。无视其置身辛亥革命的动机、目的,无视其背叛共和的事实和过程,一味从形式现象看问题,同样不是历史唯物主义的态度,不符合历史事实,也不会对其客观作用作出正确评价。

(原载《近代史研究》1992年第6期)

# 暗杀宋教仁的主谋尚难定论

1913年3月20日晚上十点多钟,国民党代理理事长宋教仁由上海车站乘火车进京,突遭凶徒枪击,前往送行的于右任等人立即将其送往沪宁铁路医院抢救。21日,临时大总统袁世凯得悉,当即电令江苏都督程德全、民政长应德闳前往医院慰问,立悬重赏,限期破案。但因伤势过重,宋教仁于22日逝世。袁世凯又令程德全、应德闳迅缉凶犯,穷究主名,务得确情,按法严办。

其时正在上海的国民党领导人黄兴和陈其美亦悬重赏缉拿凶手,同时发动上海的全体党员分头寻找线索,并于发现嫌疑人后报告了公共租界总巡捕。24日,凶手武士英(真名吴福铭)和江苏驻沪巡查长应桂馨(又名应夔丞)同时落网。经公共租界会审公堂和法租界会审公堂分别预审,武士英对受雇于应桂馨刺杀宋教仁供认不讳。4月中旬,会审公堂将二犯及搜查到的物证移交程德全、应德闳。

4月24日,武士英突然暴毙于狱中。在孙中山和黄兴的强烈要求下,25日晚上十二点钟,程德全、应德闳向袁世凯、参众两院、国务院、各省和各报馆发出通电,声明租界会审公堂已明确宋案系暗杀,在应桂馨家搜出五响手枪一支,弹壳两个,密电本三本,手枪内有子弹两颗。同时还公布了许多与宋教仁被刺案有关的函电证据。

函电证据公布以后,国民党人及一般舆论皆认为是内务部秘书洪述祖指使应桂馨刺杀宋教仁,袁世凯和国务总理兼内务总长赵秉钧是洪述祖的幕后主使者。后来近代史学界一般均认为袁世凯是刺宋的主谋。

根据从应桂馨家中搜出的手枪、子弹等物,他与洪述祖往来的函电,凶手武士英的供词,以及1919年北京政府大理院对洪述祖的判决,洪述祖和应桂馨合谋刺宋绝无疑义。

袁世凯和赵秉钧是否为洪述祖的幕后主使人呢？这种说法诚然事出有因，一则公布的函电证据中涉及他们二人，二则除去宋教仁之后，他们是最大的受益者，有作案动机。

宋教仁一直主张实行内阁制而反对总统制，1912年6月他辞去农林总长后极力主张实行政党内阁制，因而对组织政党内阁起着决定作用的国会大选活动特别热衷。他号召国民党停止一切运动，全力投入选举，宣称："我们要在国会里头获得过半数以上的议席，进而在朝，就可以组成一党的责任内阁；退而在野，也可以严密地监督政府，使它有所惮而不敢妄为；应该为的，也使它有所惮而不敢不为。"① 为此，他不惮劳苦，先后到湖南、湖北、安徽、江苏、浙江，激昂慷慨地发表演说，抨击时政，鼓吹责任内阁，甚至点名指责袁世凯和赵秉钧。有次他讲："现在接得各地的报告，我们的选举运动是极其顺利的。袁世凯看此情形，一定忌克得很，一定要勾心斗角，设法来破坏我们，陷害我们。我们要警惕，但是我们也不必惧怯。他不久的将来，容或有撕毁《约法》、背叛民国的时候。我认为那个时候，正是他自掘坟墓、自取灭亡的时候。到了那个地步，我们再起来革命不迟。"② 经过努力，他本人当选为参议员，国民党在1913年2月结束的参众两院选举中，获得了压倒优势的胜利，成为国会中的第一大党。他满以为依靠第一大党的支持，可以出面组阁，当上国务总理了，国民党人也对他抱着很大的希望。如果宋教仁组织责任内阁，势必牵制总统的职权，对袁世凯不利，也使赵秉钧失掉了总理的位置；如果国民党议员在当年的正式总统选举中不投袁世凯的票，政权会被国民党用和平方式夺去，对袁世凯来说，就无异于灭顶之灾。所以他们都有可能指使洪述祖暗杀宋教仁，具有重大嫌疑。

但要断定他们是不是幕后主使人，必须看引以为据的事实能否成立，还要看他们本人的自辩有无道理。

函电证据涉及赵秉钧的有几处③，就在证据公布的第三天，即4月28日，他

---

① 陈旭麓主编：《宋教仁集》下册，第456页，中华书局，1981年。
② 《宋教仁集》下册，第456—457页。
③ 见朱宗震、杨光辉编：《民初政争与二次革命》，第241—244页，上海人民出版社，1983年；《宋教仁被刺及袁世凯违法大借款史料》，第163—190页，台湾，1968年。下文所引函电证据出处相同，不再注明。

为避免以讹传讹，特地发出通电进行辩解。① 兹按时间顺序，看他是如何辩解的。

证据：1月9日，国务院总理赵秉钧致洪述祖函，有"应君（夔丞）领款，不甚接头，仍请一手经理，与总统说定才行"等语。

对此，赵秉钧辩解为："此函系因应夔丞担任解散共进会，除领款五万元外，其巡缉一差，亦为消弥伏莽，由程都督（即程德全）电请中央每月津贴二千元，大总统照准。应夔丞请领该项津贴之款，本总理饬查，国务院、内务部均无成案，故有致洪之函，声叙始末。至今应（夔丞）之公文印领，尚存国务院，有案可查也。"他任国务总理兼内务总长，对领津贴这种具体的小事不大清楚，命秘书洪述祖办理，是很正常的，可以理解的，因而其辩解是可信的。

应桂馨原为上海的帮会头子，辛亥革命时取得陈其美信任，当上了上海都督府的谍报科长，后又充当南京总统府的庶务科长，兼管孙中山的卫队，因为违法乱纪被撤职。以后他怎么又当上了江苏驻沪巡查长？赵秉钧也有个说明："应夔丞系上年顾斌勾结鄂省马队滋事案内逃犯，曾经黎副总统（即黎元洪）通电严缉。嗣于十月二十七日准黎副总统宥电称，'据程都督电，应夔丞情愿效力自赎，并担任解散共进会及武汉党徒，请将通缉原案取消'等因，十月二十九日奉大总统令，'准将应夔丞一名特予赦典，取消通缉，嗣后该共进会如有不法，惟应夔丞是问。即由该都督责成担任，并酌予委用'等因，由国务院艳电咨行程都督及应夔丞在宁委充巡缉差使。"由此可见，以前赵秉钧和袁世凯并不认识应桂馨，应桂馨到国务院请领津贴纯属公务，并不涉及其他，很难推断与刺宋有关。

证据：1月14日，赵秉钧致应桂馨函："密码送请检收，以后有电直寄国务院赵可也"等语。外附应密电码一本，上注"国务院应密，民国二年一月十四日"字样。

对此，赵秉钧辩解道："查上年十二月中，应夔丞北上，循例谒见大总统及本总理，力言共进会党均系青红两帮，抚无可抚，诛不胜诛，惟宜设法解散，以杀其势。曾经开具条款，领洋五万元以为解散该会费用。政府允许，款由内务部发给，档案可查。至本年一月，应（夔丞）将南归，濒行求见，面请发给国务院密码电本。本总理当以奉差各省特派人员向用密电报告，以防漏泄，应夔丞请发

---

① 见《民初政争与二次革命》，第257—261页，下文所引赵秉钧辩解，出处相同，不再注明。

密码，理无固拒，因而许可。又恐其借事招摇，别生枝节，因函嘱其以后有电直寄国务院，借示在官言官，语不及私之义，而别嫌明微之隐衷，亦可于滋揭示。斯则本年一月十四日之函所由来也。"他说"奉差各省特派人员"均送给密电码，应桂馨请求发给，不便拒绝，这种解释应该说是合理的。

证据：1月26日，应桂馨致赵秉钧密电，有"国会盲争，真相已得，洪回面详"等语。2月1日，应桂馨致赵秉钧密电，有"宪法起草以文字鼓吹、金钱联合，主张两纲：一除总理外不投票，一解散国会"等语。2月2日，应桂馨致内务部秘书程经世转赵秉钧电云："孙（中山）、黄（兴）、黎（元洪）、宋（教仁）运动极烈，黎外均获华侨资助，民党忽主举宋任总理，东电（1日）所陈两纲，其一已有把握，虑被利用，已向日本购孙、黄、宋劣史，黄与下女合像，警厅供抄宋犯骗案刑事提票，用照片辑印十万册，拟从横滨发行。……内外多事，倘选举扰攘，国随以亡，补救已迟。及今千钧一发，急宜图维。"

对前两电，赵秉钧的辩解是：应密电本由洪述祖专掌，洪述祖均未译呈，"本总理至今未见"。这种情形可能存在，也可能是他故意将责任推卸给洪述祖，究竟如何，无据可查，洪述祖对其辩解也无任何表示，只能存疑。但这两电的内容是讲国会选举，与刺宋无关。对后一电，他解释说："本总理实未曾见。质之程经世，据称：'二月初，接上海来电，因系应密，查知该项密码，系洪秘书专管，即时交洪。至该秘书曾否译呈，无从查悉。'"并说，洪述祖没有译呈，所以他又未见到。此电的内容是应桂馨报告购买孙中山、黄兴和宋教仁在日本的丑事，辑印发行，破坏宋教仁的名誉，不使其当选国务总理，尚无谋杀之意，即使赵秉钧看过，亦难断定是谋杀的确证。

证据：2月4日，洪述祖致应桂馨函，有"冬电（2日）到赵（秉钧）处，即交兄（洪述祖自称）面呈总统，阅后色颇喜。说弟颇有本事，既有把握，即望进行云云。兄又略提款事，渠（指袁世凯）说将宋骗案情及照出之提票式寄来，以为征信"等语。

对此，赵秉钧辩解说，2日之电洪述祖并未译呈，不知所指何事。照此函之意，"可知款系收买提票之款。上段所谓'喜悦'，所谓'进行'"，"皆指收买宋在日本骗案刑事提票而言，决不影响于谋杀"。"其面呈总统一节，尤为虚构。查各部员司谒见总统，向由该部长官带领。总统府门禁森严，一切来宾均先由传宣处登记。本总理既无带领洪述祖谒见总统之事，而查阅总统府门簿，亦无洪述祖之名，其为不根之谈，显而易见。"洪述祖是否译呈密电，赵秉钧是否带领洪述祖去见袁世凯，总统府传宣处的登记簿是否被改动，均值得怀疑，但未经查证，也只能存疑，不能骤下断语。尤其应该注意的是，此电讲的为收买提票之事，所以也不能作为谋杀的确证。

以上是直接与赵秉钧有关的函电。另外，3月13日洪述祖致应桂馨电，有"毁宋酬勋位，相度机宜，妥筹办理"等语。赵秉钧也作了说明："查《临时约法》，授与勋位系大总统特权，然向例必由各机关呈请，其勋绩不甚显著者，则开会评议，取决多数。即中央特授，亦须评决。如毁宋即可酬勋，试问应由何人呈请？何人评决？洪电诳应，岂难推定？"因此，他得出结论说："去宋之动机起于应（桂馨）之自动"，"且皆洪（述祖）假政府名义诳诱应犯，决非受政府之嘱托"，"中央政府于宋案无涉"。

证据涉及袁世凯的有两处，一为上面所述2月4日洪述祖致应桂馨函中所说的面见袁世凯之事，二为"毁宋酬勋位"。对这两点，赵秉钧已有解释说明，因此不能作为谋杀的确证。袁世凯当时没有为自己辩解，但他认为3月13日以后洪述祖与应桂馨的函电中"间有影射政府之处，然不近情理。即如'毁宋酬勋'一语，最为可疑。抑知给勋手续甚繁"，"造此电者不明事理，直同儿戏"。"此种谰言，虽三尺童子，亦不足欺也"。"其余应、洪二人互骗之语，政府岂能担任？"①

袁世凯之所以被认定是刺宋的主谋，主要因为：一、他有作案动机，赵秉钧为其一手提拔起来的心腹，二人利害一致，故授意赵秉钧进行，而公布的证据又确实涉及他和赵秉钧。二、拒绝黄兴等提出组织特别法庭审理宋案。三、镇压了国民党的"二次革命"后，应桂馨公然发出"请平反冤狱"的通电，并大摇大摆地跑到北京，1914年1月在去天津的火车上被人杀死；相隔一个多月，已改任直隶都督兼民政长的赵秉钧突然暴毙于天津家中，被认为是他杀人灭口。四、当时一些人的有关说法。

然而，有作案动机并不等于必定杀人。在这一刑事案件中，袁世凯和赵秉钧是否有罪，必须由司法部门通过反复查核人证物证，作出准确的判决，才能确定。

---

① 徐有朋编：《袁大总统书牍汇编》卷7，第6—7页，上海广益书局，1926年。

关于袁世凯拒绝黄兴等提出组织特别法庭审理宋案的问题，似乎表明他与赵秉钧做贼心虚，其实不然。赵秉钧确曾通电说明自己无罪，拒绝到上海地方检察厅出庭受审，但有一个明显的事实是：1913年6月30日，他向袁世凯呈请说："自宋案以来，谣言四起，人心惶惑"，公布证据之后，"仍有多事之徒以此案作为制造争端之藉口"。为此，请总统援照欧美各国成例，"指派德高望重、精通法律之中外人士，组成调查委员会，调查该案并据报闻"。当日，袁世凯即下令设立一个调查委员会，由伍廷芳主持，命莫理循参加，对宋案进行调查。伍廷芳是法律专家，在辛亥革命南北议和时站在革命派一边，不会偏袒袁世凯；澳大利亚人莫理循虽是袁世凯聘请的政治顾问，但也比较正直。袁世凯不同意黄兴等设立特别法庭，而同意让伍廷芳主持调查委员会，应该说不是反对审理宋案，而是不相信黄兴等人会做出公正判决。伍廷芳建议设立一个特别委员会，向莫理循讲了。但莫理循对他说："在国外的任何国家中，不是土生土长的本国人去参加这种调查委员会的从未有过"。"如果有个外国人参加了委员会，也增加不了国家的尊严。我认为这是对国家荣誉的一种反映，难道偌大中国，竟找不到一个公正无私的人？"伍廷芳同意他的观点。莫理循还致函内阁，提出应当理智冷静地对待此事，同时指出："国务总理赵秉钧先生要求由公正法庭调查案情这件事本身，就最好地证明了他是无辜的。可是，如果真按他的建议进行调查，事情闹到什么地步才能结束呢？不光是赵总理必须受到审查，南方的显要政治家们（指孙中山、黄兴等）也必须为把他们卷入案内的公职行为出庭解释，以驳斥对他们提出的那些含糊而缺乏事实根据的控告。我谨再次提出，为了国家的尊严和中国人民的荣誉，在目前时刻进行这种调查是不明智的。"① 大概由于这个原因，特别委员会没有立即成立。旋即爆发了二次革命，成立特别委员会更不可能了。此事说明，赵秉钧和袁世凯是愿意把宋案调查清楚的，并非一意阻挠。

袁世凯有派人暗杀应桂馨和赵秉钧的嫌疑，但亦无任何直接证据证明是其所为。至于当时一些人的说法，更不能作为谋杀的证据了。

还有一个非常值得重视的事实是：与赵秉钧直接联系的洪述祖在1913年5月3日发出的通电中承认，他赞成应桂馨从日本购买提票，"暴宋劣迹，毁宋名誉，

---

① 骆惠敏编、刘桂梁等译：《清末民初政情内幕》下册，第179、190—194页，知识出版社，1986年。

使国民共弃之，以破其党派专制之鬼蜮"，但"又恐述祖人微言轻，不得不假托中央名义，以期达此目的"①。在此，他把购买提票之责完全承担下来，使赵秉钧和袁世凯摆脱了所有干系。1917年他被捕押解到北京后，直到1919年4月被处以绞刑，经过京师地方审判厅、高等审判厅和大理院几次审理，他虽然极力为自己开脱罪责，可是，却始终没有明确供认他刺宋是奉何人之命。如果说1913年5月3日的通电他将赵秉钧和袁世凯开脱出来，是为了以后有朝一日获得他们的庇护，重新被重用的话；那么，此时赵秉钧和袁世凯均已去世，他就没有回护他们的必要了。他作为唯一与赵秉钧联系的知情人在这种情况下尚不供认系奉何人之命，要确认赵秉钧或袁世凯是刺宋的主谋，就很困难了。

长期以来，近史学界深受人治影响，缺乏法律观念，实行疑罪从有、有罪推定的思维定式，主观上认定谁有罪，谁就是罪犯，就随意定下罪名，刺宋案亦是如此。这种思维定式不是从经得起客观检验的事实出发，而是出于怀疑、推测和想象，所以就认定袁世凯或赵秉钧是刺杀宋教仁的主谋。作为学术研究，根据种种迹象做出某种推断是可以的，但推断不等于事实。现代刑法重视的是证据，实行疑罪从无、无罪推定的原则，即没有确凿证据证明有罪的，不得确认任何人有罪。研究宋案，也要坚持这一原则，缺乏确凿证据，就不能认为赵秉钧或袁世凯是刺杀宋教仁的主谋；纵然有些问题没有搞清，也只能存疑，不能作为定论。如果此后发掘不出新的有力证据，刺杀宋教仁究竟是如赵秉钧所说，"去宋之动机起于应（桂馨）之自动"，"洪（述祖）假政府名义诳诱应犯"进行，抑或洪述祖奉赵秉钧、袁世凯之命，就永远是个难解的谜了。

（原载《史林》2013年第1期）

---

① 《民初政争与二次革命》，第265页。

# 莫理循与袁世凯
## ——读《清末民初政情内幕》(下册)

澳大利亚人乔·厄·莫理循(1862—1920)在清末长期任英国《泰晤士报》驻北京记者,报道中国的消息,颇有名气。1912年8月1日受聘于中华民国政府,担任临时大总统袁世凯的政治顾问,10月中旬正式到北京任职。《清末民初政情内幕》(下册)收录的是民国时期他与中外人士来往的书信。

莫理循非常喜爱政治顾问这项工作,对自己能够在中国施展才干,充满了信心。他比较直爽,不像其他外国顾问那样"总爱说中国人喜欢听的话",而是对袁世凯讲"真话,并向他指出采取某些行动方针所遇到的困难"[①]。任职期间,他在外交、内政方面对袁世凯和中国政府都产生过重要影响,本文仅从内政方面略加论述。

莫理循既然受雇于中国政府,就不能不忠于雇主,维护袁世凯和中国的荣誉与信用。在这一点上,他的确做了许多努力。

他极其注意外国舆论,一旦发现有损于袁世凯和中国的信用、名声时,就及时提醒有关方面,予以纠正和挽回。这里仅举数例。1913年3月27日,他向袁世凯的英文秘书蔡廷干指出:过去很长一段时间内,《每日电讯报》记者向该报所发出的电讯,"已构成对中国现政府和对中国高级当局,特别是袁世凯总统的品德和信誉有系统的攻击,而且,这些电讯内所用的字句,是世界上任何国家所不能容忍的"。"我建议外交总长提请英国公使馆注意某个英国臣民的行动。因为他在公众中有失体面,而且目的在于破坏中英两国之间的和谐关系。"[②]同年10月,他发现英国某些报纸攻击中国迟迟未能制定宪法,马上告知有关人士,"有必要

---

① [澳]骆惠敏编、刘桂梁等译:《清末民初政情内幕》下,第89页,知识出版社,1986年。
② 《清末民初政情内幕》下,第117—118页。

对这些责难加以驳斥",并将声明的副本送上①。再如,1914年5月,他看到天津一家受日本津贴的《论坛报》(英文)发表了旨在破坏中外友好关系的文章,即让蔡廷干务必提请袁世凯注意,命令外交总长立刻采取行动。

他不仅告知中国有关方面注意,还亲自出马向外国人辟谣。1914年5月,他请假前往英国探亲,同时也是"为了看看,能做些什么来消除欧洲报纸对中国和总统的政策散布不正确言论所造成的错误印象"②。在英伦逗留的短暂时间内,他会见记者发表公开谈话,在各种集会上演说,还通过个人关系和接触影响舆论,费了相当大的精力改善袁世凯的形象。7月9日,他把在一次盛大集会上所做的关于中国局势的发言和驳斥对中国信用造谣中伤的情况函告了袁世凯,并得意地说:"许多人为这次发言所起的良好效果向我祝贺。"③

莫理循之所以极力维护袁世凯,主要是因为袁世凯当时的真实面目尚未彻底暴露,在他看来,袁世凯是中华民国难得的领袖,没有当皇帝的野心,国民党不应该反对。1913年,袁世凯因为刺杀宋教仁之事和善后大借款而遭到各界人士激烈抨击,外国使馆广泛传说袁世凯快辞职了。莫理循却认为,"总统正在这里拯救国家,这就是他目前面临国民党反对的时候所要做的"④。肯定袁世凯所做的一切。他还致函外国朋友说:"我们正经历着一段艰难时刻,不过前景却日见明朗,总统的威望也一天比一天高。他正在一贯地以温和而又坚定的方式行事。他经常鼓舞他的追随者为事业献身,他所办的好事,即使连那些早些时曾经以疑忌眼光看待他,怕他怀有野心、打算攫取帝位或独裁权力的人们,现在也都一致公认了。在袁世凯为答复威尔逊总统而做出的声明里,他毫不含糊地申述他对共和国政府的信念,这在很大程度上消除了那些同他作对的人们提出的指责。"⑤ 同年6月,他在英国接见记者时又声明,把袁世凯的施政形容为反动的独夫专制是不公正的,袁世凯并没有割断同青年中国党派的联系,也无意为自己的家族建立一个王朝。正是青年中国党派把事情搞得太过分了,企图一步就从最古老的专制政体跃进到全世界所知的最先进的代议制政体,他们的冒进使袁世凯不得不出面干涉。

---

① 《清末民初政情内幕》下,第241页。
② 《清末民初政情内幕》下,第336—337页。
③ 《清末民初政情内幕》下,第362页。
④ 《清末民初政情内幕》下,第142页。
⑤ 《清末民初政情内幕》下,第147页。

正因如此，他在国民党发动"二次革命"前，认为袁世凯罢免广东都督胡汉民是个明智的行动。

其后，袁世凯发现上海是国民党发动"二次革命"的指挥中心，公共租界已成为国民党人的避难所，日本尤其大力支持，极力主张改变公共租界现有的状况，以免中国的政治犯在租界中受到庇护。他不知如何才能达到目的，1913年7月2日特地与莫理循认真讨论了上海的局势，询问了包括会审公廨在内的许多问题。莫理循对所提的问题不大了解，回答说上海公共租界总巡捕卜禄士是其朋友，最有资格提供这方面的情报和意见。袁世凯令其以私人的名义加以探询、请教。莫理循很快从卜禄士那里取得了情报。袁世凯派人与驻京公使团交涉，上海公共租界终于将国民党人驱逐出去。

国民党的"二次革命"开始后，莫理循不仅赞成袁世凯取消孙中山的筹办铁路全权，而且提出应当立悬重赏缉捕孙中山。1913年8月5日，他致函蔡廷干说："政府悬重赏缉捕黄兴、陈其美和其他人，而迄今还没有提到孙中山的名字。……那岂不是使孙中山显得非常滑稽？……我一听到他动身去香港，当即写信给外交总长，敦促他立刻向英国政府提出要求，不准孙中山在香港登陆，因为他公开从事叛乱，反对一个同英国友好的国家。"①

1913年10月20日，国民党在上海法租界办的《民国西报》登载了一篇题为《袁的独夫统治》社论，莫理循阅后，认为"最近这场酿成如此广泛祸乱的反叛，大部分应当归因于这家邪恶报纸的煽惑"，建议外交部立刻采取步骤封闭。②上海法租界当局接受了中国政府的要求，将该报封闭，驱逐发行人出境。

袁世凯刚刚当选为正式总统，即提出增修约法案，企图扼杀天坛宪法草案，加强集权，实行独裁统治。对此，莫理循同样大力支持。1913年10月29日，袁世凯派人征求莫理循关于宪法起草委员会限制总统权力的意见。莫理循同袁世凯的法律顾问古德诺作了长谈之后提出："明智的办法是由总统亲自请古德诺教授草拟一个说帖，并用有力论据加以支持，竭力赞成总统，指出在宪法草案下，他的权力受到极其危险的限制。"③他的意见被采纳。古德诺遂写了一

---

① 《清末民初政情内幕》下，第219—220页。
② 《清末民初政情内幕》下，第243页。
③ 《清末民初政情内幕》下，第248页

篇文章，声称如果采用天坛宪法草案，中华民国总统势必处于徒有虚名，不能有所作为的地位。莫理循马上将此文交英文《北京时报》发表，并建议发给各中文报纸登载。

以后，袁世凯通知莫理循，请他简明地写一篇外国人对中国的看法，例如他们认为中国怎样做才能使国家富强起来，什么是当前最需要、最迫切的事情，以及国内略见安定之后还应当做些什么，实际上是请他提出一个逐步发展的政策。令人遗憾的是，莫理循提出的方案无法查到。

对莫理循的忠实效劳，袁世凯极为满意，为了表彰其功勋，1913年5月25日授予他二等嘉禾章，1914年6月又授予他一等嘉禾章。

莫理循虽然对袁世凯的许多品质表示钦佩，可是，袁世凯对外国人特别不信任，不吐露真情，一次也没有向他提供过全部的资料，以致使他无法提供有效服务的困难情况，让他大为不满，对袁世凯能够拯救国家的满怀信心也逐渐失去。1915年5月26日，他丧气地写道："至于中国，事情并未好转，很少或全无成就。这里看不见有作为的政治家气魄，没有始终一贯的目标。要做的事很多，而一切精力都用在草拟那无尽无休的规章法令上，改革只是在口头上说说。"① 待8月14日杨度等发表筹安会宣言后，他对袁世凯的认识和态度基本上完全改变了。

筹安会的出现，标志着袁世凯帝制自为的公开化。在此之前，古德诺曾应袁世凯之请写了一篇文章，鼓吹君主制较之共和制更适宜于中国。8月17日，蔡廷干将此文送交莫理循，希望他从理论上就这一问题的利弊得失加以阐述，确保中国的稳定，还请他当日下午到总统办公室面谈。莫理循是怎么和袁世凯谈的，不得而知，不过，可以断言，他赞成中国实行共和制度，反对恢复帝制。

1913年9月，与国内清室复辟言论相配合，日本人佐原笃介曾致函莫理循，提出中国应当让宣统皇帝复位的荒谬主张。莫理循答复说："你的建议真是惊人，我不知道你主张使宣统皇帝复位是当真，还是开玩笑。"②

莫理循赞成加强袁世凯的权力，目的是为了推进中国的改革事业，并不是支持其称帝。1915年5月关于《二十一条》的交涉过后，他发觉袁世凯对日本害怕

---

① 《清末民初政情内幕》下，第438页。
② 《清末民初政情内幕》下，第228页。

得要死,显然是因为"把事情搞得一团糟而在苦恼,指望能用某种戏剧性的事情来挽回他的威信"①,但还不知道将要发生什么事情。帝制公开后,他警告袁世凯说,搞帝制得不到列强的支持。并递交了一份与古德诺不同的备忘录,"提出了推迟举行这一重大变革的主张"②。

8月20日,莫理循将古德诺所写的文章送给英国驻华公使朱尔典,并致函说:"你可以在第十四页找到成为筹安会宣言内容的那一段文字,我认为开始搞这种令人担忧的鼓动是特别不幸的。总统稳坐在他的座位上,他正应当使自己投身于工作,以报人民的推选。如果他干了几年,他是有权得到支持的"。"我在星期二见到总统,在我看来他好似病了。他患了哮喘,并正在埋怨,我看他在闷闷不乐。他略带叹息地说道:他当总督时的权力比现在当总统的权力还大"。"我很发愁,因为我妻深为暑热所苦,战争消息又那么坏,现在再加上这个已使全中国骚动起来的疯狂计划,都是非常令人焦虑的。"③

其后,他写信告诉友人:"我是不同情这一运动(指帝制)的。我认为他(指袁世凯)是不智的,而且做得不是时候,还可能把中国卷进严重国际纠纷之中。我坚决主张应当把这个运动推迟到欧洲战争结束之后。"④

由此可见,莫理循并不同意袁世凯称帝,至少认为称帝为时尚早,要等到世界大战结束以后看情况再定。

而袁世凯一心登上皇位,对劝告根本听不进去,欺骗莫理循说,他已下定决心不接受皇帝宝座。

朱尔典也赞成莫理循的观点,致函答复说:"这种帝制鼓动是一派胡言乱语,自然,它是利己主义者发动的纯属虚幻的运动。"⑤不过,英国与日本有同盟关系,当日本鼓励袁世凯称帝的时候,朱尔典便不再表示反对。

然而,日本的鼓励完全是别有用心。至1915年10月,日本的态度突然转变。15日,外相石井菊次郎告知英国驻日公使:"在中国南方,反对袁世凯之宣传正在扩大。故很清楚,倘试图恢复帝制,则将爆发起义,英日两国蒙受之损失将比

---

① 《清末民初政情内幕》下,第487页。
② 《清末民初政情内幕》下,第490页。
③ 《清末民初政情内幕》下,第490—491页。
④ 《清末民初政情内幕》下,第507页。
⑤ 《清末民初政情内幕》下,第492页。

其他国家更大。无论如何,至少要劝告中国放弃帝制之打算,以防远东发生动乱。"①英国表示采取一致行动。俄国虽不愿干涉中国内政,也对袁世凯改变国体甚感怀疑。28日,国体投票刚刚在一些省区开始,日本代理公使小幡酉吉约同朱尔典和俄国公使库朋斯齐会晤外交总长陆征祥,指出中国实行帝制,势必引起内乱,产生危险后果,劝告暂缓改变国体。

袁世凯未把此事放在心。其党羽均以为这是外国干涉中国内政的不可宽恕的举动,群情激昂。

莫理循则认为三国的劝告是正当而又及时的,并且正是把袁世凯党羽们的愤怒情绪转化为有利于协约国,敦促中国参加协约国的最好时机。于是他在10月29日致函蔡廷干说:"意义最为重大的是在目前时刻提出这个照会,它是最不祥的。它表明趋势已经多么明显,正在从事欧洲那场大斗争的英、俄两国政府,已把他们的远东政策完全交给日本指导了。依我看,现在似乎已是中国重新考虑对世界态度的时候。"②

袁世凯得到蔡廷干的报告,30日召见莫理循。莫理循提出中国应当加入协约国一边作战。不久,袁世凯又令其写一份备忘录呈进。

11月1日,莫理循将备忘录送交蔡廷干。在备忘录中,他写道:"中国已到了她的历史上的一个危急时刻","做出决断的时刻已经到了"。"中国能够收复她的大部分损失,并能够为将来树立自己地位的时机已经到来了。中国必须与英、法、俄、日与意大利为联盟,并对德国宣战"。他列举了采取这一步骤的"最强烈理由"十二条,如可以提高中国的国际地位,避免侵略,将来在媾和会议上得到一个席位,摆脱财政困难,等等。为了促使中国加入协约国,他还提出一条最能耸动袁世凯的理由:"中国将在承认她的帝制政体这件事上,能够有把握地获得同她结成联盟的各大强国的支持。"③在此,他把加入协约国看作压倒一切的头等大事,以致不再强调袁世凯称帝是否"疯狂"了。

袁世凯承认莫理循所提的论据极有说服力,期望有朝一日中国的代表在和平会议上得到一个席位,更期望称帝能够得到列强支持,答应只要不再像1914年8

---

① 《帝国主义列强与袁世凯帝制》,《近代史资料》总106号,第63页。
② 《清末民初政情内幕》下,第498页。
③ 《清末民初政情内幕》下,第499—502页。

月那样他提出这个问题时遭到拒绝，就十分赞成加入。他准备按三项条件参加，即保证将来不受德国报复，中国占领德国在天津和汉口以及奥地利在天津的租界，安排从上海引渡政治犯。只是德国是积极支持他称帝的，他又不愿主动与德国失和，提出最好是迫使德国对中国宣战，而不要由中国对德国宣战。

英、法、俄三个强国目前所着重考虑的是，"协约国在华最重要之政治目的在于切断中国同德国之联系。为此，使中国同德国断交及驱逐德国臣民实为上策。协约国，首先是日本将从德国得到好处。至于袁世凯是当总统，或是当皇帝，对协约国无关紧要"①。因此，正式要求日本政府和他们一起邀请中国加入协约国。日本敌视袁世凯，正在准备把中国搞乱，以便从中渔利，断然拒绝了。中国遂未能加入协约国。

1915年12月12日，袁世凯公然背叛民国，接受帝位，日、英、俄、法、意公使立即声明，五国政府对于中国将来形势的发展仍持静观态度。同月25日，蔡锷、唐继尧等人宣布云南独立，通电讨袁。袁世凯野心不死，利令智昏，一意孤行，于1916年元旦悍然将总统府改称新华宫，对内称"中华帝国"，改用"洪宪"年号纪年，接受百官朝贺，做起皇帝来了。

日本政府以云南独立为口实，1916年1月20日召开御前会议，决定再严词警告袁世凯"延缓帝制；如不听，则出自由行动，派兵驻中国要地，一面认云南为交战团体，一面宣告中国现政府妨害东亚和平"②。

袁世凯接阅驻日公使陆宗舆发来的情报，惊惧异常，赶快令外交部密告各国驻日公使，2月9日登极之举作罢。然而，1月24日中国同俄国和外蒙古签署在外蒙古安装电报线路的专约时，却书写了洪宪元年。莫理循气愤地写道，这个专约"看来特别有害。它的唯一的，但被当时主管这事的政府认为是特别重大的好处，就是它签订于洪宪元年。为了把洪宪年号用这种方式填进去，中国不惜出让要求于她的任何权利。她认为填进这个日期就等于插进楔子的尖端，从而可以取得俄国对帝制的默许，也就是走向正式承认的第一步"③。

此后，袁世凯一方面下令进剿云南护国军，一方面令莫理循到长江一带了解情况。

---

① 《帝国主义列强与袁世凯帝制》，《近代史资料》总106号，第78页。
② 王芸生编著：《六十年来中国与日本》（7），第30页，三联书店，1981年。
③ 《清末民初政情内幕》下，第543页。

莫理循遵照袁世凯的愿望，从京汉路南下，访问了汉口、南京和上海等地，由津浦铁路返回，2月7日抵达北京。当天下午袁世凯接见了他。

2月9日，莫理循向袁世凯递交了一份长长的备忘录。

备忘录首先写道："此次访问所得极其令人担心"。"我遇到的每个人，一谈起这个问题，都十分痛惜中国目前的局势，并强烈非难那个酿成目前动乱的帝制政策。我遇到的每个忠于中国利益的人，谈到阁下的政府，不顾一切逆耳忠言，强制推行那项使国家陷入混乱境地的行动时，无不气愤填膺。"

接着列举了许许多多事实，用以说明袁世凯当上总统以后，辜负了人民的委托，没有改善国家状况，革新行政机构，推动中国向前，与世界上高度发达的国家看齐，人民依然生活在水深火热之中。

继而写道："日本的干预几乎是招来的，用日本的情况对比中国，从事鼓动的日本煽动者或中国的革命党人，得到不少的热烈追随者，叛乱是有传染性的，人民情况得到改善之前，叛乱必然继续传染。"

"我遇见的那些人，认为轻率而不合时宜的复辟帝制运动，以及矫令推选号称'全体民意'的代表，是产生问题的根源。"

列强的劝告不失体面，"但是未被采纳，发生了人们担心会发生的事。这个国家被革命弄得四分五裂，列强虎视眈眈，伺机从动乱中谋利。"

"在中国的每个人，久已知道那些来自各省吁请阁下登极的函电，即使不是全部，也大部系由北京的一小撮顾问准备好，发交各省，再发回北京的"。"外国报刊发表的各省通讯，向全世界暴露了运动的虚妄。向全世界宣告因为尊重人民的一致愿望而重建帝制，是有损阁下美名和声望的一桩笑柄。"

"1月14日阁下似乎听信人言，以为云南叛乱二十天内可以镇压下去。武力可以镇压，但引起叛乱的情绪，武力却镇压不下去。这种情绪得到中国大部分人民，甚至北京消息最灵通的官员们的同情，即使不是得到支持的话。"

最后又断然写道："国家正处于严重危难之中。扭转险境的唯一途径，只有明白宣示放弃复辟帝制。待目前战争告一结束，确实查知民意之后，立即建立宪政议会，召开国会，并组成由一位认真负责的人担任总理的责任内阁。"①

---

① 《清末民初政情内幕》下，第522—526页。

在备忘录中，莫理循详细阐述了复辟帝制所遇到的深刻危机，竭力主张立即放弃帝制，以便扭转险境。

袁世凯阅后尽管惊惧异常，然而并没有立即放弃帝制，又征求其他顾问的意见。其他顾问主张采取比较间接的行动，首先试试延期的办法。"在中国人的思想中，分阶段放弃——先延期，后取消——似乎可以少丢一点面子。"①袁世凯采纳了，拖到2月23日，宣布从缓办理帝制。

莫理循认为，"没有什么能比这个更不幸的了。要是放弃的敕令随着延期敕令颁布，总统在全国面前的形象会好得多。"②延期的"后果是不堪设想的"③。

继云南、贵州独立之后，3月15日陆荣廷宣布广西独立。同一天，袁世凯不知出于什么考虑，忽然派人送给莫理循一千元，莫理循通过蔡廷干向袁世凯表达了谢意，还指出："我诚挚希望总统阁下接受最高智慧的指导，采取那种挽救国家脱离危险的和解措施。这个国家目前面临内战恐怖的扩大，以及外国干涉不断增长的危险。"④

事实确实如此，连以江苏将军冯国璋为首的一部分北洋军将领也要求取消帝制，惩办祸首，以安人心。袁世凯害怕取消帝制后当不上总统，极为忧惧。

正在此时，3月21日莫理循又向袁世凯递交了一份备忘录。它以不容置疑的口气写道：

"向可靠方面所作的咨询，证实了我持有的见解，即是局势的严重性在迅速增加。据信广东即将脱离；对龙济光的野蛮统治，全省怀着最强烈、最普遍的不满。一旦广东分离出去，湖南、江西和南方其他各省也会仿效。他们将正式要求各外国承认脱离了的省份为交战的一方。日本肯定会给予这种承认。

"外国的可靠报道，把云南军队的守纪律和人道行为，同北方军队的残酷蛮横作风做了对比。……

"如果总统立即发布一道有力、明确的命令，放弃帝制，并宽宏大度地承担起筹安会一切陷国家于内战的活动的责任，那就可能防止更大的危险。这条命令

---

① 《清末民初政情内幕》下，第559页。
② 《清末民初政情内幕》下，第544页。
③ 《清末民初政情内幕》下，第559页。
④ 《清末民初政情内幕》下，第534页。

的措词应该毫不含糊或毫无保留。

"继最近宣布延期建立帝制,并拒不接受主张帝制的新条陈之后,又紧接着发生颁布许多新命令,设立勋贵品级,继续筹备帝制,不断使用皇帝仪式和尊号的事。这一切使目前危险的局势严重恶化。这种显见缺乏诚意的做法,为人们深恶痛绝。"①

袁世凯深感帝制成为泡影,不得不于次日宣布撤销帝制。

袁世凯虽然撤销了帝制,仍然恬不知耻地以总统自居。莫理循目睹全国反对的情绪十分强烈,估计袁世凯要保住总统职位会遇到极大的困难。4月5日,他在致友人的信中说:"这里的局势是严重的,我怀疑袁世凯是否能保住他的职位。最近的事件使他深受震动。"②

同日,莫理循又致函庄士敦:"袁世凯把事情搞得一塌糊涂,我比以往任何时候都更清楚地认识到,过去为他工作如此热情是犯了多大错误。我的合同1922年9月30日才满期,我真不愿和失败联系在一起。我初与中国人一同工作,对未来有很大信心,但是过去这一年多,每天都看到倒退,我即使想对此最低限度地加以制止也办不到。现在太迟了。"③至此,莫理循对袁世凯彻底绝望了。

一个月后的5月8日,莫理循痛心而又愤怒地写道:"袁世凯想穿龙袍的疯狂野心,毁了他自己的前途,也严重地连累了他的国家,各方面都警告过他"。"可是家庭影响和他自己的野心太强烈","现在很难看出这位总统如何保持他的帝位"。④

6月6日,袁世凯在全国的一片讨伐声中病死。莫理循认为:导致袁世凯倒台的根本原因不是别的,就是"去年夏初开始把总统抬上皇帝宝座的疯狂运动"⑤。

由上述可知,在1915年8月之前,莫理循对袁世凯极力效劳,袁世凯对他也倍加赏识。此后,莫理循反对袁世凯称帝,至少也认为称帝尚非其时,主张推迟到第一次世界大战结束后看情形再定。只是在他认为加入协约国对中国有许多重大利益时,才以称帝会得到列强承认为理由之一,态度有所转变。袁世凯之所以

---

① 《清末民初政情内幕》下,第534—535页。
② 《清末民初政情内幕》下,第544页。
③ 《清末民初政情内幕》下,第550—551页。
④ 《清末民初政情内幕》下,第554—555页。
⑤ 《清末民初政情内幕》下,第605页。

延缓、撤销帝制,南方护国军的武装斗争和全国人民的坚决反对固为主要因素,其次与列强的警告特别是日本的恐吓有关。而作为袁世凯的政治顾问,莫理循在关键时刻二上备忘录,指出再不放弃帝制,立将陷入极其危险的境地,使袁世凯大为震动,也起了一定的作用,不容忽视。

(原载《袁世凯与北洋军阀》,上海人民出版社,2006年)

# 论黄兴不入中华革命党

1913年国民党"二次革命"失败，孙中山鉴于前失，决定抛弃国民党，在日本另建中华革命党，而黄兴则拒绝加入。此事于全面评价黄兴至关重要，不少学者已经提及。本文拟在前人研究的基础之上，再予进一步论述。

自1905年同盟会成立，黄兴作为党内第二号人物，虽与孙中山偶有争论，但终以大局为重而服从；虽出现过倒孙拥黄风潮，但他一力维护孙中山的领袖地位而不摇，可谓对孙中山备极尊重，忠贞不贰。可是，在组建中华革命党问题上，黄兴却一改往昔的谦和容忍态度，寸步不让。有次与孙中山争论，"二人感情激昂，时声高惊四壁。晚餐后再行激论，深夜未尽，终喧哗而别。两者皆自信极强，固执己见，终不苟且相容，依旧如斯"①。日人萱野长知、宫崎滔天极力调和，亦未生效，孙、黄竟至分手。

黄兴何以会感情如此激昂？态度如此坚定？这是因为他认为与孙中山的争论不是普通问题，而是"主义"之争，"主义所在，不敢变换手段以苟同"②。对于重大原则问题，他不愿让步，也不能让步。

争论的核心是《誓约》。入党者均要立约宣誓，永远遵守。孙中山手订的《誓约》规定：立誓约人必须"愿牺牲一己之身命自由权利，附从孙先生，再举革命"，"服从命令"，"如有贰心，甘受极刑"，并打上自己的指模。③ 无论新老党员，

---

① ［日］萱野长知：《中华民国革命密笈》，第204页，转见狭见直树《孙文思想中的民主与独裁》，译文载《国外中国近代史研究》第21辑，1992年。
② 《黄兴集》，第360页，中华书局，1981年。
③ 邵元冲口述：《中华革命党略史》，《革命文献》第5辑，第100—101页，台北，1978年。

概莫能外。

孙中山认为,"二次革命"的失败,全因党员不听他的号令。所以,他抛弃国民党,另建中华革命党,主要并非如他在《中华革命党宣言》中所称,为了摒斥官僚,淘汰伪革命党人,而是为了让党员绝对服从自己。对此,他毫不隐饰,一再向党员申明:"因鉴于前此之散漫不统一之病,此次立党,特主服从党魁命令,并须各具誓约,誓愿牺牲生命自由权利,服从命令,尽忠职守,誓共生死。"①"以统一事权、服从命令为主要"②。"首以服从命令为唯一之要件。凡入党者,必自问甘愿服从文一人,毫无疑虑而后可。"③他要当党员完全服从命令的"真党魁","不欲为假党魁"④。为达此目的,故其手订了那样一个誓约,要大家矢誓遵守,大搞个人崇拜,树立自己的绝对权威。

《誓约》极其不得人心,引起许多人的激烈反对。他们说:"革命系服从主义,不应服从个人,孙先生系属个人,对个人服从,有违共和民主";按指模"系命犯人所为,对同志不应有此。"⑤

黄兴亦认为,《誓约》写上"附从孙先生,再举革命","这是等于附从一个人帮助一个人来革命了;如果在《誓约》内印上指模,这是等于犯罪的人写供状一样。前者不是平等,后者是太侮辱人了,所以这两件事不愿做到的。"⑥黄兴更直接尖锐并一针见血地向孙中山指出:这种规定实质上是孙在"反对自己所提倡之平等自由主义","徒以人为治,慕袁氏之所为"。⑦

黄兴提出的是这样一个重大问题,即以什么样的原则建党治党?是坚持民权自由主义,以资产阶级的民主、法治为原则呢?还是坚持封建专制主义,效法袁世凯,以独裁、人治为原则呢?黄兴主张前者,反对后者。

那么,黄兴对孙中山的批评对不对呢?让我们先分析一下"附从"、"服从"的问题。

---

① 《总理为组织中华革命党致邓泽如函》,《革命文献》第5辑,第11页。
② 《总理复杨汉孙论统一党权与服从命令书》,《革命文献》第5辑,第45页。
③ 《总理致陈新政暨南洋同志论组织中华革命党之意义书》,《革命文献》第5辑,第15页。
④ 《黄兴集》,第360页。
⑤ 居正:《中华革命党时代的回忆》,《革命文献》第5辑,第81—82页。
⑥ 邵元冲口述:《中华革命党略史》,《革命文献》第5辑,第98页。
⑦ 《黄兴集》,第357—358页。

孙中山标榜中华革命党"以实行民权、民生两主义为宗旨","以扫除专制政治，建设完全民国为目的"①，表明他要建立的是资产阶级性质的党。不论合法的政党，还是秘密的革命党，既为资产阶级性质，就要按资产阶级的民主、法治原则行事，不能实行封建家长制，由领袖个人独裁一切，以人治代替法治。一个党固然需要纪律，党员应服从党的领导，遵守规章制度，不能随意自由行动。然而，党的领导、规章制度等等，均应在一定的范围内，通过一定的民主程序，集体制定议决，而不是个人说了算。领袖发出的指示、命令，必须代表组织的意见，也不仅是个人的主张。凡属组织决定，党员应当服从，领袖亦不能例外。如果只服从领袖个人，抛开整个组织，领袖凌驾于组织之上，那就完全背离了资产阶级的民主法治原则，变成领袖专制独裁，使党丧失了资产阶级性质。不论孙中山表面上如何标榜，执行的结果必然如此。

资产阶级政党的领袖是由民主选举产生的，因此，领袖必须接受组织和党员的批评监督，尊重多数人的意见。如领袖背叛党的宗旨或犯有重大过错，组织和党员不仅有权拒绝执行其错误命令指示，且有权将其罢免，直至开除出党。孙中山片面强调服从领袖，岂不是将党员应有的民主权利尽行剥夺了吗？

资产阶级的党是由具有共同政治信仰的人组成的，是全体党员共有的政治团体，任何人不得将党视为个人的私有物，随意处置，专擅一切。孙中山既认为自己只能"统率"同志，发号施令，各级组织和党员必须服从自己，这就把整个党变成了他的私有物，变成了为他个人奋斗的工具，因而也就不能不引起主张资产阶级民主、平等、自由的黄兴等人的激烈反对。

孙中山规定党员必须"附从"他革命，"服从"他的命令，不得有任何异议。那么他自己呢？谁也不"附从"，谁也不"服从"。故其《誓约》与全体党员便有一个明显刺目的区别，即把"附从孙先生"，改为"统率同志"，将"服从命令"改为"慎施命令"。如此一来，他就把自己摆在了不受任何约束的超特权地位，俨如封建皇帝只用法律谕令束缚臣民，不限制自己。而全体党员"附从"他革命，也就变成了帮助他一人，成就他一人的事业，成为供其驱使的士卒。这里没有什么民主、平等、自由可言，黄兴等人不加入中华革命党也就不足为奇了。

---

① 《中华革命党宣言》，《革命文献》第5辑，第3页。

资产阶级政党的领袖都是有血有肉的人,而不是万能的神。而人的经验认识均十分有限,因而不可避免地会犯这样那样的错误。不论决定正确与否,硬要别人绝对服从自己,世无其理。黄兴坚决抵制这种无理规定,是出于对革命负责的高度责任感和冷静的理念,于情于理,均无不合。

规定"附从孙先生,再行革命",还有一个启人疑窦之处,正如某些反对者所指出的:假若孙中山一旦不讳,"岂吾辈将无所附从乎?"①孙中山不会长生不老,总有去世的一天,他撒手而去之后,党员势难随其俱殉,但又无所"附从",他们还要不要革命?如何革命?这种指名道姓的规定本就极不妥当,所以反对者建议将"附从孙先生"改为"附从总理",表示是服从党的领袖,这样,不论孙中山是否健在,只要党组织存在,就不致发生有朝一日党员无所"附从"而彷徨无计的问题。但孙中山要在党内人为地树立起自己的崇高伟大形象和独裁统治,对此建议拒绝考虑。党务部长居正难以向反对者作出满意的解释,故只好顾左右而言他,避不直接回答了。

孙中山却振振有词。

他说:"殊不知党员之于一党,非如国民之于政府,动辄可争平等自由。设一党中人人争平等自由,则举世当无有能自存之党,盖党员之于一党,犹官吏之于国家。官吏为国民之公仆,必须牺牲一己之自由平等,绝对服从国家,以为人民谋自由平等,惟党亦然。凡人投身革命党中,以救国救民为己任,当先牺牲一己之自由平等,为国民谋自由平等,故对于党魁,则当服从命令,对于国民,则当牺牲一己之权利。……无论何党,未有不服从党魁命令者;而况革命之际,当行军令,军令尤贵服从乎?"②

又云:"夫一国三公,祇足败事,政治上专制之名词,乃政府对于一般人民而后有之;若于其所属之官吏,则惟有使服从命令而已,不闻自由意思也。……而政权统一,与所谓专制政体,实截然两事,不可同日而语。吾人立党,即为未来国家之雏形;而在秘密时期、军事进行时期,党魁持权,统一一切,党员各就其职务能力,服从命令,此安得妄以专制为诟病,以不自由为屈辱者?"③

---

① 邹鲁:《中国国民党史稿》(1),第273页,商务印书馆,1947年。
② 《总理致陈新政暨南洋同志论组织中华革命党之意义书》,《革命文献》第5辑,第15页。
③ 《总理复杨汉孙论统一党权与服从命令书》,《革命文献》第5辑,第45页。

还云:"革命必须有唯一(崇高伟大)之领袖,然后才能提挈得起,如身使臂,臂使指,成为强有力之团结人格。""革命党不能群龙无首,或互争雄长,必须在唯一领袖之下,绝对服从。"①

毫无疑问,革命党不能群龙无首、一国三公,党员应当服从领袖。但孙中山强调的是服从他本人,个人专断一切,完全抛开了党的组织。他把党员同党的关系比喻为官吏与国家或官吏与政府的关系,从而说明党员应牺牲个人自由平等,绝对服从领袖,俱不恰当。

首先,孙中山把党的概念偷换成了领袖,以领袖代替了党,这就从根本上歪曲了党员与领袖的关系,把党员服从党变成仅仅服从领袖。

其次,国家虽是一个实体,但它本身没有生命意识,不会犯错误,与党的领袖是完全不同的两回事,不能相提并论。

再次,一般而言,官吏服从政府,然亦不如孙中山讲的那样绝对,只有服从,没有自由。官吏为国家的官吏,人民的公仆,不是政府领导人的奴仆,官吏首先应对国家和人民负责,是否服从政府,主要决定于政府的性质。如政府是进步的,代表国家和人民的根本利益,当然应该服从;如政府反动,出卖国家利益,压迫人民,官吏就应从国家和人民的根本利益出发,不但不应服从,相反还应起而将其推翻。这是官吏应有的起码政治觉悟和职业道德。若按孙中山的观点,设遇政府反动之时,岂非要官吏都成为反动政府的爪牙奴仆和国家、人民的罪人吗?一个革命党领袖为了让党员绝对服从自己,居然说出这种不明大是大非的话,太令人惊异了。实际上孙中山也未做到这一点。远的且不论,"二次革命"前,他身任临时大总统袁世凯特授的筹划全国铁路全权,月拿三万元高薪,与袁世凯相等,自是政府的高级官吏。可是宋教仁遇刺后,他不仅本人坚持武力推翻袁世凯政府,而且要南方各省都督李烈钧、胡汉民、柏文蔚等亦如此。仅此一点,就证明他这套说教是如何的难以成立和难以服众了。

又次,进行革命理应为国民谋求自由平等,有自我牺牲精神。但资产阶级革命党人在为国民谋求自由平等的同时,也在争取个人的自由平等权利,二者是一致的,而非对立的。对资产阶级革命党人来说,他们革命,恐怕首先还是谋求个

---

① 居正:《中华革命党时代的回忆》,《革命文献》第5辑,第82页。

人的自由平等权利。如若不能获得个人的自由平等，谁去革命呢？如若革命党人尚无自由平等可言，而去侈谈什么国民的自由平等，谁会相信？

最后，党员都应有自我牺牲精神，孙中山身为领袖，尤应如此，以便表率党员。可是，他非但不愿牺牲个人的自由平等，反而规定自己享有超级特权和绝对自由。这种极端不公不平的做法，怎能让为自由平等而奋斗的人接受？他们又怎会不拒绝参加中华革命党？

"秘密时期"、"军事进行时期"同样不能成为在党内实行专制独裁的借口。在这种时期内，由于时机特别紧迫或领导成员过于分散，确有领袖便宜处理问题的情况。但这与在党章中规定所有党员必须绝对"附从"、"服从"领袖个人，剥夺全体党员的平等自由权利，根本不能混为一谈，自然也不能使人心悦诚服。

孙中山还搬出另一套理论说服大家，他说："孙先生代表是我，我是推翻专制，建立共和，首倡而实行之者。如离开我而讲共和，讲民主，则是南辕而北其辙。忠心革命同志不应作'服从个人'看法。……老实说一句，你们许多事不懂得，见识亦有限，应该盲从我。我绝对对同志负责，决不会领导同志向专制失败路上走"。"再举革命，非我不行。同志要再举革命，非服从我不行。我不是包办革命，而是毕生致力于国民革命，对于革命道理，有真知灼见；对于革命方略，有切实措施。……我敢说除我外，无革命之导师。"①

这套说教包含两个意思。第一，他首倡推翻专制，建立共和，离开他便没有共和民主，因此，大家必须绝对服从他。此说貌似有理，实则不然。首倡一种新而好的政治主张无疑值得人们敬仰，然而首倡者未必都能为之躬行实践，也可能走向歧路，更未必是天生的卓越革命导师，何能以首倡自居而强要别人绝对服从？民主共和思想是时代的产物，世界潮流激荡的结果，只要具备一定的社会历史条件，民主共和思想便可产生、传播，出现为之奋斗的志士，并在斗争实践中涌现自己的领袖。怎么可以说离开了他，中国就不会有共和民主呢？何况孙中山也不是共和民主思想的发明者，不过是把西方先进国家的思想介绍到中国来而已。第二，在中国，他是唯一的"革命之导师"，其他人什么都不懂，不仅应"服从"他，而且应"盲从"他。这就把所有革命党人包括黄兴等领导人在内，均视为浑浑噩

---

① 居正：《中华革命党时代的回忆》，《革命文献》第5辑，第82页。

嚚的群氓，完全抹杀了他们在革命中的领导才干和巨大作用。且不论这种说法是如何的错误，仅其蔑视抹杀一切革命党人的能力作用这一点，已足令人难以容忍，无法与其共事了。事实更远非如孙中山的自吹自擂。辛亥革命之前，他在两广等地发动了多次起义，哪一次不以失败而告终？未见其"革命方略"与"切实措施"的正确性在何处。恰恰是革命党人没有遵守他的方略，于长江中下游一带开展革命，才有武昌起义的胜利。事实倒是证明：革命并非离开他不行，并非非服从他不行。

孙中山逃到日本后，反复吹嘘"二次革命"时如何正确，这是由于他的"方略"没有实行，未得历史证明的缘故，果真实行，他就不会那么气势凌人了。因为实行他的"方略"，"二次革命"同样会失败。他的"方略"，一为"联日"，二为"速战"。日本政府极其狡猾，对中国革命党人和袁世凯政府采取何种政策，纯以现实利益为准，在当时的情况下，决不会与孙中山联合，去推翻袁世凯政府。所以在得知宋教仁被刺他刚由日本返国，接着又提出访日，实际是从事"联日"活动时，马上被日本政府断然拒绝。所谓"联日"，不过是孙中山的一厢情愿。至于"速战"取胜，亦是孙中山脱离实际的空想。对此，已有论作提及，这里作些补充说明。宋教仁被刺形式上属于刑事案件，在法治国家，刑事案件首先应通过法律解决，此乃政治法律常识。法律无效，才可议及其他。如开始即抛开法律，诉诸武力，便在全国人民面前输了理，有蓄意破坏国家秩序、居心叵测之嫌。尤其重要者，南北刚刚统一，人们极其厌恶战争，袁世凯的反动真实面目尚未彻底暴露，人们没有立即打倒他的思想要求。简言之，革命时机不成熟。故无论速战与否，决不会如辛亥革命那样得到人民的热烈支持，民族资产阶级的表现充分证明了这一点。"二次革命"无论发动迟早，其必然的命运肯定都是失败。孙中山指斥黄兴等一无是处，把自己打扮得无比正确，无非是以此为借口，要别人绝对服从自己。黄兴洞悉其意，于1914年6月初致其一函，作了最后一言，便不再理会其在"二次革命"问题上的无理纠缠了。

为了确立在党内的独裁地位，孙中山还以巫师式的口气，大言不惭地说："支那人皆废物也，唯吾独豪。吾乃支那之救世主也，凡服从吾命者来矣！"①居然把中国人都看作"废物"，自封为"救世主"，由肉体的人一下子飞升为万能的"神"，

---

① 《致宫崎民藏函》，《宫崎滔天全集》（5），转见狭见直树《孙文思想中的民主与独裁》。

要大家去迷信他，崇拜他，服从他。这种为了满足领袖欲望而制造出来的荒诞妄言，可使愚昧无知者一时上当，若对具有近代科学知识的知识分子来说，则难免令人嗤之以鼻，产生极大反感。无怪黄兴十分愤慨地说："孙文疯子也！还自鸣得意地谓其神降人界，此乃最善！"①黄兴知其不可理喻，只好毅然与之分手。

孙中山曾对黄兴讲："我们现在要使革命能够成功，以后党内的一举一动，就要领袖来指导，由全体党员去服从。至于哪一个人来做领袖，这是没有关系的。假使你黄先生愿意当领袖，我们就可以在《誓约》内写明'附从黄先生'，我个人当然也愿填誓约来服从你的。如果你不愿意当领袖，就由我来当领袖，那末你就应该服从我。"②他明知黄兴不会同他争夺领袖，还十分虚伪地这样讲，对照自封为"救世主"的神话，可知孙中山为达独裁目的，已不惜以谎言骗人，逼迫黄兴就范。对忠诚亲近的同志采取如此手法，怎能不使人心寒如冰，远适他国？

按指模同盖印章一样，是填写誓约时履行的一种简单形式。誓约的重要性在其内容，不在形式；形式固然需要，但应为大家接受。按指模并不像孙中山一再强调的具有"表示加入革命的决心"③、"昭信誓"、"验诚实"、"重牺牲"、"明团结"④的重大意义。因为决心革命者即使不加入中华革命党，仍可献身革命，按指模也未必定能表现出党员的那些高贵品质。如1915年袁世凯公布《乱党自首条例》后，江西党员魏调元就偷回南昌自首，当上县长；还有些党员因在日本无法维持生活，秘密回到上海另谋出路。⑤既然黄兴等持极端反对意见，对这一问题本可经过民主协商，通融妥善解决。而孙中山定要采取江湖会党的办法，强迫别人执行，甚至亲拉张继的手按指模。真是"太侮辱人"了，黄兴不幸而言中！孙中山此举不独突出表现了其专制独裁的思想作风，而且将一批革命同志拒之党门之外，亦实为不智。其后见人很不服气，又搬出"欲防假伪，当以指模为证据"⑥的说教，也未起多大作用。

诚然，孙中山是位民主主义革命家，但亦无需讳饰，在其思想深处，仍存在

---

① 《致宫崎民藏函》，《宫崎滔天全集》（5），转见狭见直树《孙文思想中的民主与独裁》。
② 邵元冲口述：《中华革命党略史》，《革命文献》第5辑，第98—99页。
③ 邵元冲口述：《中华革命党略史》，《革命文献》第5辑，第99页。
④ 居正：《中华革命党时代的回忆》，《革命文献》第5辑，第83页。
⑤ 陈劲先：《辛亥革命后孙中山在广东的几起几落》，《文史资料选辑》第24辑，第3页。
⑥ 《党务部声明誓约上加盖指模之理由》，《革命文献》第5辑，第78页。

着浓厚的封建专制主义和把党视为个人私有物的错误观念。早在1907年2月，黄兴就因制定国旗之事，孙中山"固执不改，并出不逊之言"，欲"怒而退会"。宋教仁已明显发觉孙中山"不能开诚布公、虚心坦怀以待人，作事近于专制跋扈"①。同年12月，孙中山曾怒斥章太炎"以《民报》之编辑为彼一人成万世一系之帝统"②，然而他本人却以整个党"为彼一人成万世一系之帝统"而不觉。1910年2月，他不经组织讨论议决，即擅将美国旧金山同盟分会改称中华革命党，同时把同盟会原定宗旨"驱除鞑虏，恢复中华，建立民国，平均地权"，改为"废灭鞑虏清朝，创立中华民国，实行民生主义"③。同年8月，他又自行向宋教仁、谭人凤等宣布解散同盟会，说："同盟会已取消矣，有力者尽可独树一帜。"④《国民党规约》规定：每年召开代表大会一次，"讨论本党一切进行事宜"；"临时有特别重大事件时，应由理事征集临时大会决之"；"有重要事件，或紧急重大事件，不及征集临时大会，得由理事征集全体职员会决之。"⑤像取消国民党、另建中华革命党这种特大事件，不要说孙中山无权裁决，即国民党的理事会亦无权决定，必须经代表大会或临时代表大会议决。当时召开正式代表大会或许不甚方便，但党员大部麋集东京，召开临时代表大会应无太大困难。然而孙中山对此根本不予考虑。当时有许多人不同意解散国民党，另建中华革命党。如李烈钧说："吾辈今日之主旨，为推倒专制政府之目的，国民党名义堂堂正正，国内之国民党机关虽被袁贼解散，而海外之国民党，居留政府从未干涉；而先生又新发起中华革命党，岂不是又将海外之国民党而取消之？是以绝不赞成。"⑥居留美国的国民党对于"东京发动此事，并未通知干事人员"，"要求照东京命令办理"的专制行为极端不满，"赞成者不多，故国民党之招牌尚存"。⑦对这种强烈反对情绪，孙中山仍视而不见，听而不闻，径自宣称"国民党已成一盘散沙，党员不听号令，这党我不要了"。⑧

---

① 《宋教仁日记》，第342—343页，湖南人民出版社，1980年。
② 《孙中山年谱》，第103页，中华书局，1981年。
③ 《中华革命党盟书》，《孙中山全集》第1卷，第439页。
④ 谭人凤：《石叟牌词叙录》，《近代史资料》1956年第3期。
⑤ 邹鲁：《中国国民党史稿》（1），第139—140页。
⑥ 《邓泽如辞财政部长兼报告李陈别立水利公司反对中华革命党事上总理书》，《革命文献》第5辑，第26页。
⑦ 《黄兴集》，第386—387页。
⑧ 陈劭先：《辛亥革命后孙中山在广东的几起几落》，《文史资料选辑》第24辑，第1页。

甚至不等旧党解散、新党建立，就于1913年9月私自发展了党员。而在1914年12月，也就是中华革命党成立后五个月，他又在致坝罗同志函中自称"中华国民党理事长"。孙中山既有浓厚的专制主义和视党为私有物的错误观念，其另建中华革命党不按照资产阶级的民主原则行事，坚持专制独裁，要别人绝对服从，就是很自然的了。

《中华革命党总章》不仅剥夺了国民在革命时期的公民权利，而且将党员分为三等，并分享不同权利，即首义党员有参政执政的优先权，协助党员有选举和被选举权，普通党员仅有选举权。凡资产阶级的党，党员在党内的地位一律平等，没有等级之分；在参政执政方面所享有的权利亦然，谁也无权剥夺，只是因个人能力和贡献等不同，有参政执政与否及职责大小区别而已。孙中山以入党先后为标准划分党员为三等，规定权利大小有无，完全违背资产阶级的平等自由原则，意在诱惑一些人早日入党。黄兴批评孙中山违反平等自由主义，"以权利相号召"①，确为切中要害。

黄兴在组党问题上同孙中山还存在着一个重大分歧，即建立一个容纳团结广大革命分子的党呢？还是建立一个狭隘的脱离群众的党？孙中山主张后者，故坚持个人独裁，坚持党员效忠其一人，宁愿把大多数革命党人摒弃于党外。黄兴则"意袁派势力日加扩张，吾党似不必过事取缔，而收容各派，以为奖励与发展之计，故未立即赞同"②。"认为当时亡命日本的国民党员都是参加讨袁且被通缉的，不应该在这时对他们严加整肃，而主张就原有基础发展反袁的其他革命分子，以便团结更多的力量共同奋斗。"③

从道理上讲，搞革命力量越大越好，孰是孰非，无待辞费。从事实上看，中华革命党建立后虽然从事武装反袁斗争，但由于极端脱离群众、盲目暴动等原因，终未在护国运动中大有作为。孙中山任"真党魁"二年，可谓大"遂生平之志"，尽展"生平之学"④。而结果却是三次革命失败。此不独证明了他自我吹嘘的"再举革命，非我不行"以及"救世主"神话的破产，同时也证明了《誓约》规定绝

---

① 《黄兴集》，第358、357页。
② 刘揆一：《黄兴传记》，《辛亥革命》（4），第309页。
③ 周震鳞：《关于黄兴、华兴会和辛亥革命后的孙黄关系》，《辛亥革命回忆录》（1），第339页。
④ 《黄兴集》，第359页。

对服从他的荒谬和不得人心。所以此后不久,他就不再固执于《誓约》的原有规定,且以国民党名义吸收党员了。

总之,黄兴与孙中山在中华革命党问题上的争论,不是意气之争,而是原则之争,民主与独裁之争,法治与人治之争。黄兴"不偏执,不苟同"①,反对封建专制独裁和人治,反对封建特权等级,坚持了资产阶级的民主、平等、自由、法治原则;他反对制造妄诞的神话,反对鼓吹个人迷信,坚持了资产阶级的理性观念和科学原则;他不献媚取宠,不为压制所屈,不畏攻击污蔑,坚持真理,行其所是,表现了刚直不阿、正大光明、大公无私的高风亮节和伟大品德。黄兴主张建立真正的资产阶级政党,抵制孙中山的错误主张,不加入中华革命党,是无可非议的,正确的。孙、黄当时分手,责任在孙不在黄。不分是非,以人划线,把坚持真理当作谬误去批判,给黄兴扣上分裂和右派两大政治帽子,非但极不公允,而且十分错误。

(原载《近代史研究》增刊《黄兴研究文集》,近代史研究杂志社,1994年)

---

① 《黄兴集》,第356页。

# 杨度二题

## 一、杨度应经济特科试由谁保荐

1903年7月10日,杨度赴京应清廷在保和殿举行的经济特科考试,初次取中第一等第二名,后因新党嫌疑而走日本,未能参加复试。按照清廷上谕的要求,此次应试人员必须由各部院堂官及各省督抚、学政出具考语保荐,方能参加考试。杨度是由谁保荐的呢?陶菊隐和台湾的吴相湘、关国煊均认为由四川总督锡良保荐。陶说:"湖南湘潭人杨度,由四川总督锡良保送,中了一等第二名。"[1]吴说:"酝酿多年的经济特科终于正式举行,杨由四川总督锡良的荐举应诏入京应试。"[2]关说:"翌年(按:1903年)以四川总督锡良荐试经济特科,初试名列第一等第二名……"[3]这些说法均缺乏根据,与事实不符,应予纠正。

清廷发布举行经济特科考试的上谕在1901年上半年,由于各处保折至次年11月尚未汇齐,所以又延至1903年举行。锡良上《遵旨保荐人才备应特科折》为1902年10月21日,所保仅一人,即前两广总督陶模之子陶葆廉[4]。此时他尚在河南巡抚任内,并非四川总督,其调署四川总督的任命系在由河南巡抚授为热河都统之后的1903年4月18日。锡良的奏折最有力地证明杨度非其所保。特科举行的第二年,北洋官书局印行了一本《经济特科同征录》,它列举了保荐人和被保荐人全部名单,内云:"河南巡抚锡良保一人:特用员外郎浙江秀水县廪生陶

---

[1] 陶菊隐:《筹安会六君子传》,第13页,中华书局,1981年。
[2] 吴相湘:《"旷代逸才"杨度》,载《民国百人传》,台湾传记文学出版社,1971年。
[3] 关国煊:《杨度》,载《传记文学》第13卷第5期。
[4] 见《遵旨保荐人才备应特科折》,《锡良遗稿》,第264—265页,中华书局,1959年。

葆廉"①。同样证明锡良仅保陶葆廉一人，没有再保杨度。

杨度究竟由谁所保荐的呢？此人乃太常寺卿陈兆文。陈兆文与杨度有什么关系，因何而保，由于资料缺乏或尚未发现，不得而知。但《经济特科同征录》所列全部名单则确凿无疑地告诉人们，保荐杨度的是陈："太常寺卿陈兆文保九人：湖南举人杨度……"②而且保杨度的只有陈兆文，再未有第二人。如果仅此尚不足为凭的话，还可以看看当时天津《大公报》的报道。早在1902年12月3日，该报就发表了《保举经济特科员名单》，据其所列，河南巡抚锡良所保仅陶葆廉一人，杨度保荐人亦仅陈兆文一人，与《经济特科同征录》完全相同。但1903年特科初试发榜后，复试前，《大公报》又发表了一个名单，其中关于杨度报道为"前河南巡抚、今署四川总督锡清弼制府保"③。这里所说杨度由锡良所保是完全错误的，所以隔了五天，该报发觉后又特作更正，声明杨度不是由锡良所保，而是陈兆文所保④。

根据上述，可以断定，杨度应经济特科考试实为太常寺卿陈兆文保荐，绝非锡良保荐。

## 二、杨度在宪政编查馆任何职

经人推荐，杨度于1908年入京，4月20日，清廷发布上谕："候选郎中杨度，著以四品京堂候补，在宪政编查馆行走。"⑤"候补四品京堂"是衔，不是职；"在宪政编查馆行走"乃令其入宪政编查馆办事之意，未言所授何职。杨度在宪政编查馆到底具体担任什么职务呢？有的按照上谕所说，称为"行走"，这本来不错，但如上所言，"行走"非具体职务，可置而不论。另外，还有两种说法。一是任宪政编查馆提调，此说最为流行。如陶菊隐1957年说："五大臣推荐杨度'才堪大用'，清政府就派为宪政编查馆的提调。"⑥1981年仍持此说⑦。《杨度传》的

---

① 见《经济特科同征录》"举目第三"，第16页。
② 见《经济特科同征录》"举目第三"，第9页。
③ 《大公报》，1903年7月17日。
④ 《大公报》，1903年7月22日。
⑤ 《光绪朝东华录》总5885页。
⑥ 陶菊隐：《北洋军阀统治时期史话》（1），第34页。
⑦ 见陶著《筹安会六君子传》，第26—27页。

作者何汉文、杜迈之在书中写道:"袁世凯、张之洞两人闻知杨回国,即联名奏保杨'精通宪法,才堪大用',电令湖南巡抚岑春蓂将杨咨送入京,以四品京堂委充宪政编查馆提调,与浙江的劳乃宣同时被荐。"① 余如《辞海》、《中国近代史词典》、《辛亥革命史》中册的作者,《宋教仁日记》的编者,钱基博和台湾的张玉法等,均采提调之说②。二是充总纂,此说较少。贾君逸1932年编的《中华民国名人传》关于杨度写道:"嗣立宪政编察[查]馆,充总纂,晋四品京堂。"③

对于提调之说,笔者过去因对杨度缺乏研究,在论著中提到杨度时不加深察,亦曾采众说,因袭沿用。近来查阅资料,始发现这一说法有误,进而深究,乃确知系以讹传讹。

一般论著在提到杨度任提调时,均未言明所据何种资料,只有《杨度传》的作者注明采自张一麐的《心太平室集》卷八《古红梅阁笔记》。然而查对《古红梅阁笔记》所记,乃为"以四品京堂在宪政编查馆行走,与浙江劳乃宣同时被荐"。作者既然注明资料来源,却又把原资料中的"行走"二字改换为"提调",真让人莫名其妙。

提调之说是无任何根据的。1907年成立的宪政编查馆系由考察政治而来,据奕劻等1907年8月13日奏请改考察政治馆为宪政编查馆折称:"宪政编查馆应请旨由军机处王大臣总理其事,仍设提调二员,即以原派之提调改充,专办编制法规、统计政要各事项。"④ 又8月24日拟呈宪政编查馆办事章程折称,该馆"分设编制、统计两局,……局以提调总司其成。"⑤ 其附列清单第一条规定:"本馆由军机王大臣管理,设提调二员,综理馆中一切事宜。"⑥ 据此可知,宪政编查馆由军机大臣直接管理,提调则为军机大臣之下领导本馆事务的具体负责人,额设二名。此时充任提调的为原考察政治馆提调宝熙、刘若曾,杨度尚未进入该馆。1907年12月3日奕劻等所定《拟派宪政编查馆人员清单》内,又增加了编制,添

---

① 《杨度传》,第43—44页,湖南人民出版社,1979年。
② 见《辞海》杨度条;《中国近代史词典》杨度条;《辛亥革命史》中册,第406页;《宋教仁日记》第17页;钱基博:《辛亥革命运动中之蔡锷》,《辛亥革命》(6),第256页;张玉法:《清季的立宪团体》,第371页,中央研究院近代史研究所编印,1971年。
③ 见该书下册《杨度》。
④ 《清末筹备立宪档案史料》上册,第45页。
⑤ 《清末筹备立宪档案史料》上册,第48页。
⑥ 《清末筹备立宪档案史料》上册,第49—51页。

设总核二名和总务处等机构。1908年4月杨度入馆后，6月，《现世史》报道："项城（袁世凯）初十日（农历五月）乃召集四军机并宪政馆之宝、刘二提调，杨、劳二行走，于外务部公所为第一次开议。"①说明此时提调未变，杨度和劳乃宣仅有"行走"名义。同年7月26日总理禁烟事务大臣咨宪政编查馆称："光绪三十四年六月二十三日准贵馆来咨，内开：……兹将本馆行走候补四品京堂杨度等八员查验，均系确无嗜好，各取具保结存案……"②可见，至7月下旬，杨度还是仅有"行走"的名义，未受实职，更不用说提调。

查《爵秩全览》1908年夏、秋、冬三季所载宪政编查馆组织机构人员名单，提调仍为宝熙、刘若曾二人。1909年又增加了理藩部左侍郎达寿和候补内阁学士李家驹二人，共四人。1910年春、秋、冬和1911年夏，依然如此。稍后，内阁成立，宪政编查馆裁撤。再查荣禄堂刊印的1908年夏、秋、冬三季和以后各年的《大清搢绅全书》，亦未见杨度任提调的记载。只有荣宝斋1909年春季刊印的《增补最新职官全录》记宪政编查馆提调时涉及杨度一次，它是这样编排的（按：原为竖排）：

　　　　　　提调
提调理藩部左侍郎达寿
提调学部右侍郎帮办资政院开办事务宗室宝熙
提调大理院少卿刘若曾
候补四品京堂帮提调劳乃宣　　二品衔补用道帮提调沈林一
参议候补四品京堂杨度
　　　　　　总核官
军机处三品章京易贞　　军机处三品章京刘谷孙
　　……

从这种编排的总体上看，杨度属于提调之列。但它错误漏洞百出。首先，提调的编制最初额设二名，后增至四名，从未有六名的记载。其次，如果六人都是提调，那么，由于已经有了"提调"的栏目，在达寿、宝熙、刘若曾的原有官职之前，就不应再冠以"提调"二字，后三人亦应如此，以保持本栏的编排统一，但它两

---

① 《杨皙子之论国民程度》，《现世史》1908年第4期。
② 中国第一历史档案馆档案。

者都不是，根本无法解释。第三，劳乃宣与沈林一的帮提调是在内阁会议政务处的兼职，宪政馆没有帮提调的编制，将他们排在提调栏内错误至为明显。第四，"参议"是杨度的具体职务，为后来增设，其地位在"总核"之下，因此，在编排上"参议"应单列一栏，排在"总核"之后，而它却排在"总核"之前，列入"提调"；况且也没有以地位低于"总核"的官员兼任地位高于"总核"官员职务的道理。总之，这一编排极其混乱，把杨度和劳乃宣、沈林一列入"提调"栏内更属荒谬，绝对不可相信。

上述事实证明：从1908年4月杨度入馆至1911年6月该馆裁撤，担任提调的都未有杨度，杨度确实未被派充提调，这是毫无疑义的。

杨度是否曾充总纂？查宪政编查馆编制，无总纂名目，但有总核，总纂当为总核之误。此说虽极少，却不是无根之谈。1911年初胡思敬在《劾四品京堂杨度折》中即说："既受京职，充宪政馆总核，仍与海外奸党暗通消息，……"① 胡思敬身为清末的著名御史，对杨度担任的职务应该是了解的，他说杨充任总核当然不能轻易认为信口雌黄。不但如此，还有更有力的佐证。1908年秋季和冬季《爵秩全览》载宪政编查馆的总核有四名，编排如下（按：原为竖排）：

总核

军机处三品章京易贞

军机处三品章京刘谷孙

宪政编查馆行走候补四品京堂杨度

宪政编查馆行走候补四品京堂劳乃宣

《大清搢绅全书》1908年冬季、1909年春季和夏季所列总核亦为此四人，排列次序也一致。其后就不见有杨度和劳乃宣充任总核的记载了。由此看来，杨度与劳乃宣在1908年秋季至1909年春夏间曾一度充任总核。可是，根据其他记载和常理推论，又不免使人疑窦丛生。第一，胡思敬虽为清末御史，很可能了解杨度的任职情况，但他同杨度并不在一个机关，也有可能了解得不够十分准确。第二，《清史稿》载，宪政编查馆置"总核、参议各二"②。李鹏年等新著《清代中

---

① 胡思敬：《退庐疏稿》卷4，第9页。
② 《清史稿》"职官一"，第3271页。

央国家机关概述》亦指出宪政编查馆设总核二人①。这里所说总核二人便与《爵秩全览》和《大清搢绅全书》所载四人产生了矛盾。当时的刊印者消息来源不可靠，有些系采自道听途说，为了抢时间出版发行，难免粗制滥造，加上印刷技术的落后，都有可能造成严重错漏。如荣禄堂1909年夏季出版的两本《大清搢绅全书》所载"总核"就不一样，一本将易贞、刘谷孙、杨度、劳乃宣一并列入"总核"栏，另一本则将前二者列入"总核"栏，后二者列入"参议"栏。这些情况不能不使人怀疑在易、刘与杨、劳中间，漏排了应作为单列一栏栏目的"参议"二字，以致把杨、劳混入了"总核"之内。第三，上述记载表明，杨度与劳乃宣充任总核仅有半年多时间，其后则地位下降。在如此之短的时间内，在同一机关，在封建社会里，如果不犯什么错误或能力较差，这种情况便不会出现，因而也难以使人相信。然而怀疑并不能解决问题。继之，笔者又查阅了劳乃宣自著的《韧庵老人自叙年谱》，在光绪三十四年即1908年之下，劳乃宣自记："于四月（农历，下同）到都，蒙召见于颐和园，奉旨以四品京堂候补，在宪政编查馆行走。到馆奏派参议，并考核专科总办，又奉内阁会议政务处奏派帮提调。"1909年未再任新职。1910年，"钦选资政院硕学通儒议员，理藩部奏派咨议官。六月，简授江宁提学使"。1911年，"正月请训，二月出都"。②劳乃宣自记简历极为明确，任职悉载，不会有错，更不可能漏掉高的职位，然而恰恰没有充任总核这回事。这样就解开了上述疑团，证明劳乃宣充任总核的一切记载都是错误的，从而也可以断定，与劳乃宣同时被荐的杨度充任总核的记载也是错误的。显然，记载在刘谷孙与杨度之间漏排了作为栏目的"参议"二字。至于胡思敬的说法恐系传闻不确所致。

  杨度到底在宪政编查馆有无具体职务？是什么职务？回答是明确的：他与劳乃宣一样，充任参议。后来增设考核专科，又以参议兼充该科会办。

  参议的名目，在1907年12月3日奕劻等所定《拟派宪政编查馆人员清单》内尚未出现，何时增设，不太清楚。从劳乃宣自叙的"到馆奏派参议"来看，似乎在1908年5月，但是，1908年夏、秋、冬三季的《爵秩全览》和《大清搢绅全书》、《大清百官录》却未有参议的记载。劳乃宣在"到馆奏派参议"之后，紧接着便写"并考核专科总办，又奉内阁会议政务处奏派帮提调"。清廷批准设立考核专

---

① 见《清代中央国家机关概述》，第80—81页。
② 见劳乃宣著《韧庵老人自叙年谱》，第19—20页。

科在1909年1月2日，批准任命考核专科负责人则是1909年5月21日；而劳乃宣任会议政务处帮提调的记载却见之于1908年冬季的《爵秩全览》。如果前面考订的在刘谷孙与杨度之间漏排作为栏目的"参议"二字不谬的话，参议的增设估计应在1908年冬，至迟不会晚于1909年春。在此之前，杨度与劳乃宣都是以行走的身份入馆办事的。增设参议之后，劳乃宣被奏派为参议。杨度的品衔与劳相同，不可能再超越劳乃宣，他的具体职务同劳一样，也是参议。有下列事实可资证明。

事实之一：1909年春出版的《爵秩全览》在"参议"栏下，首次明确记载为杨度、劳乃宣二人。《增补最新职官全录》亦记载："参议，候补四品京堂杨度"。其后，《爵秩全览》、《大清搢绅全书》都记载杨度任参议。

事实之二：1909年5月21日奕劻等所定《奏派考核专科人员片》云："所有该科总办拟派臣馆之参议劳乃宣兼充，该科会办拟派臣馆之参议杨度、编制局局长吴廷燮……兼充"①。同日奉旨依议。它不仅说明杨度在此之前已任参议，而且从即日起兼任了考核专科会办。

事实之三：1910年11月7日宪政编查馆签阅民政部具奏第三年第一次筹备成绩折的，署名为"参议杨"②。

事实之四：1910年11月26日宪政编查馆致东三省总督电称："闻尊处欲调本馆参议杨京卿赴东襄理要政，查该京卿……实为本馆万不可少之人，且必须专任馆事，未便令其往来京奉。"③

事实之五：1910年11月28日《汇报》在报道选派拟订宪法的人员时，介绍杨度："编查馆参议，曾在日本法政大学毕业。"

事实之六：1911年4月11日宪政编查馆签阅理藩部筹备藩属要政第三届调查事项折的，署名为"参议杨"④。

事实之七：1911年7月15日的《时报》在《新内阁人物考》一文中介绍新任内阁统计局局长杨度时写道："……留学日本学法政，举经济特科，后由袁项城荐，以候选郎中得四品京堂候补，充宪政编查馆参议。"

---

① 中国第一历史档案馆档案。
② 中国第一历史档案馆档案。
③ 中国第一历史档案馆档案。
④ 中国第一历史档案馆档案。

通过以上考证，只能得出这样的结论：1908年4月杨度进入宪政编查馆后，绝对没有充当过提调，也不曾充当过总核，其具体职务是：参议兼充本馆考核专科会办。

（原载《近代史研究》1986年第6期）

附注：有学者后来查阅档案，1911年4月27日杨度兼任了考核专科总办。

# 《出使各国大臣奏请宣布立宪折》非载泽等所上

近几年来，一些论著在提及清末五大臣出洋考察政治之举时，莫不根据中国史学会主编的丛刊《辛亥革命》（四）中收录的《出使各国大臣奏请宣布立宪折》[①]，断言"载泽等"在国外考察期间，曾上奏朝廷，请宣布五年立宪云云。似乎确有其事。然而，史料提供的事实证明，此折是有的，但并非"载泽等"所上，而是另有其人，《辛亥革命》的编者却硬把此折加在了"载泽等"头上。论者人云亦云，结果亦错。

要搞清此事，必须追根溯源。

《辛亥革命》（四）中的《出使各国人臣奏请宣布立宪折》，录自《东方杂志》临时增刊《宪政初纲》。按《宪政初纲》共收奏议四篇，即此折与《镇国公载奏请宣布立宪密折》、《编纂官制大臣镇国公载等奏厘定官制宗旨大略折》、《总核官制大臣庆亲王等奏编定阁部院官制折》。《辛亥革命》（四）选录了前两篇。《宪政初纲》每篇题首均已标明了上奏领衔人，故题下皆未另加署名。从四个标题看，显然，他们并未将第一篇中的"出使各国大臣"当作载泽等人；如果当作载泽等人，如同第二、三、四篇的标题一样，标题中肯定也会标出"镇国公载等"字样，以保持体例的统一。他们没有标出"镇国公载等"是完全正确的，因为清朝的"出使各国大臣"相当于其他国家的驻外公使。"出使各国大臣"为其正式称谓，一般也称"驻某国钦使"或"星使"。而载泽等的临时职衔则为"出使各国考察政治大臣"，二者根本不是一码事，所以，他们没有标出"镇国公载等"字样。由此可见，此折绝非"载泽等"所上，而是"出使各国大臣"所奏。其未标出领衔

---

[①] 《辛亥革命》（4），第24—26页。

人的姓名，大约是以为出使大臣的地位不是太高的缘故。

可是，《辛亥革命》的编者在收录《出使各国大臣奏请宣布立宪折》时，却又无端地在标题下加署了"载泽等"三个字。如此一来，该折的上奏者便由"出使各国大臣"一变而为"载泽等"，完全张冠李戴了。看来，将"出使各国大臣"与"出使各国考察政治大臣"混为一谈，是《辛亥革命》的编者产生署名错误的主要原因。某些论者对此未加细察，轻率相信，因而也就跟着误认此折系"载泽等"所上了。

该折是否为"出使各国大臣"所上？回答是肯定的。何以见得？康继祖1906年编辑出版的《豫备立宪意见书》在"奏章"类全文收录了此折，折尾"谨奏"二字之前，有这样几句话："此折系臣诚、臣大燮公商主稿，会同臣某某等办理，合并声明。"①这段话把事情的原委交代得相当清楚，奏折是出使美国大臣梁诚和新任出使英国大臣汪大燮"公商主稿"，会同其他出使大臣上奏的，当无疑义。不知何故，《宪政初纲》的编者收进此折时，却独独把这几句至关重要的话删掉了。否则，或许今天就没有写这篇短文的必要了。

此折上奏于何时？让我们看看外国报纸的报道。1905年11月25日，《中外日报》译载24日《文汇西报》的消息说："十月廿七日（公历11月23日）柏林电云：伦敦传言，谓驻欧洲各华使咸入奏中国皇上，请俟五年以后，中国定立宪政。"同日，《时报》亦转发《德文报》23日来电云："得伦敦消息，中国驻欧洲各钦使刻正预备奏请政府，于五年以后实行立宪。"各出使大臣奏请五年立宪只有一次，可以肯定，这两则电讯就是指上述奏折而言。据此推测，各出使大臣上折当在1905年11月23日或前两天。

出使美国大臣梁诚保存的电报证实了这一点，而且还告诉了我们参加会衔的人员。1905年11月18至20日，梁诚收到下列几封电报：

"驻比杨大臣来电：奏议正大，请挈衔。鋆，养。（十月二十二日到）"

"驻法孙、刘大臣来电：照允列衔……（十月二十四日到）"

"驻英张大臣来电：折稿妥善，愿同列衔，何日拜发，补示。彝，敬。（十月二十四日到）"

---

① 康继祖：《豫备立宪意见书·奏章》，第6页，教育品物公司校印，1906年。

"驻德荫大臣来电：拜读来稿，愿列名。昌，敬。（十月二十四日到）"

"驻奥杨大臣来电：梁、汪星使鉴：请列贱名。晟。（十月二十四日到）"

"驻义许大臣来电：梁、汪星使鉴：大疏忠爱之忱，溢于言表，佩甚。鄙见稍有不同，拟单衔陈奏。珏，敬。（十月二十四日到）"①

以上各电，虽未言明商讨奏请五年立宪，但从内容和杨晟、许珏电文抬头有"梁、汪星使鉴"来看，发电人是在答复对梁诚和汪大燮主稿的奏折的意见，此与《出使各国大臣奏请宣布立宪折》中所言"此折系臣诚、臣大燮公商主稿，会同臣某某等办理"，完全吻合。在时间上，也与外电报道的消息相吻合。可见这些电报正是商议奏请五年立宪之事。同时亦可推知，梁诚与汪大燮所拟的折稿是在11月18日前告知其他出使大臣的，至20日收到各回电后，方始正式出奏。参照外电报道，出奏的日期应在21日和22日两天之内，至迟不晚于23日。

前述电报明确地告诉人们，参与会衔上奏的有：前出使英国大臣张德彝，前出使法国大臣孙宝琦和新任大臣刘式训（兼出使西班牙大臣），前出使比利时大臣杨兆鋆，前出使德国大臣荫昌（兼出使荷兰大臣），前出使奥地利大臣、调任出使德国大臣杨晟，加上主稿人梁诚（兼出使秘鲁、墨西哥大臣）、汪大燮，共是八位，绝大部分出使欧美各国的人臣都参加了。

为什么列衔人员中会有前任和前任、后任并存的现象呢？原来，此时出使英、法、意、比、德、奥几国的大臣正处于新、旧交接时期。出使英、法的新任大臣已到，但前任尚未回国；其余的新任大臣尚未抵达任所，前任照旧供职，故出现了这种交错的复杂情况。

仅就上奏的时间而论，此折亦非如论者所云系"载泽等"在国外考察期间所上。原折第四句有"本年"二字，《宪政初纲》的编者注明为"乙巳"，即光绪三十一年，这一年的最后一天为公历1906年1月24日。而载泽等到达出访的第一个国家日本马关的时间，是1906年1月16日，中经神户、京都、名古屋、横滨，22日始抵东京。至24日，还没有觐见日本天皇，也没有听取穗积八束和伊藤博文讲解宪法。②在刚刚出国，尚未获得一点外国的宪政知识的情况下，怎能设想"载泽等"会奏请五年立宪？

---

① 罗香林：《梁诚的出使美国》附录2，第303—304页，台北，文海出版社。
② 载泽：《考察政治日记》，第5—8页，政治官报局印，1908年。

总之,《出使各国大臣奏请宣布立宪折》系"载泽等"在考察政治期间所上的说法,应予否定。此折系出使欧美各国大臣梁诚、汪大燮等八人所上,时间在 1905 年 11 月 21 日至 23 日之间。

(原载《社会科学研究》1989 年第 2 期,署名伊杰)

# 徐特立"断指血书"事考

关于徐特立"断指血书"一事，徐老及史家记述各有各说，互相歧异，然而都不符合事实。

首先，看看发生的时间。徐老在《我的生活》中写道："一九〇六在江西也发生了一件教案，……我在修业学校给学生讲述这些惨痛历史，……遂……拿出一把刀，断下自己左手的一个指头。"从前后文的联系看，似乎指1906年；若从讲"历史"的角度去理解，似又指其后某年，语意不明，较难确认。他的《六十自传》写得较明确："二十九岁时做过反对铁路国有以反对满清的运动，发动了全省城的学校罢课，我断指写过血书。"①按徐老生于1877年，二十九岁时为1906年，断指血书亦应指发生于是年。

吴玉章与徐老的说法相同，他说："1906年初的南昌教案，就曾经轰动一时。……当时正在长沙教书的徐特立同志，闻悉之后，立即向同学们演说，他愈说愈恨，随取菜刀砍去一指，誓与众同报此仇。谁知彭国钧却用这血指写了'请开国会'等几个大字，竟以革命者的鲜血去作改良主义者升官发财的工具。"②

蒋崇伟、邹秋龙说在1907年。③

陈志明确定为1909年。④

前两说均误。后一说正确，惜未指出具体时间；奇怪的是，作者在确认为

---

① 徐特立：《我的生活》，《新湘评论》1980年第7期；《六十自传》写于1937年，见《徐特立教育文集》，人民教育出版社，1979年，下引同此。
② 《吴玉章回忆录》，第39页，中国青年出版社，1978年。
③ 蒋崇伟、邹秋龙：《徐特立》，《中国党史人物传》第3辑，下引同此。
④ 陈志明：《徐特立传》，第22—23页，湖南人民出版社，1984年，下引同此。

1909年后，又特别附加一句，强调吴玉章"特地记叙了这段史实，并驳斥了当时修业学校校长彭国钧……的谬说"。竟然又相信吴的1906年之说，陷于自我矛盾之中。

据上海《时报》1909年12月20日报道，徐特立断指血书为同年12月8日（农历十月二十六日），原文为：

"善化徐懋生［恂］名特立，十月二十六日九时在湖南修业学校断指沥血，书此八字，为请愿人送行：

"请开国会 断指送行"（按：此八字为大字书写体，系照血书仿印）

这一报道是准确的。此前的12月11日，上海《申报》刊登了如下一条电讯："长沙公电。各报馆鉴：湘南教员徐×立痛外交种种失败，非组织责任内阁无以救亡，自断其指，血书'断指送行，请开国会'八字，送捧呈员行。"11日见报的电讯距8日仅差三天，又是由长沙发出的"公电"，可谓及时而可靠。由此可见，断指日为1909年12月8日，当无疑义。

持1907年说的蒋崇伟、邹秋龙在《徐特立》一文中指出："当时省内外的某些报纸曾经报道过这一新闻，……一时徐特立成为一个有名的爱国者，蜚声湖南，名扬全国"。笔者未有查到当时湖南省的报纸，仅翻阅了一些其他报纸，可是一直未发现1907年有关这一问题的报道，不知论者查考了1907年哪些报纸而下此断语。笔者见到的最早报道如前所述，为徐断指三日后的1909年12月11日，同月20日《时报》刊印出血书。其后《申报》、北京的《正宗爱国报》、天津的《大公报》、奉天的《盛京时报》也陆续作了报道。此外，还见诸1909年12月末张謇写的《送十六省议员诣阙上书序》。如果事情发生于1907年，作为新闻只能见之于"当时"，若把发生在二三年前的"历史"当作新闻去报道，那就贻笑大方了。事实是，断指血书的新闻报道集中于1909年12月8日以后至1910年2月，它恰好从一个侧面证明断指血书确实发生在1909年12月，绝非1907年或1906年。

其次，分析一下有关人物。徐老在《我的生活》中说，"请开国会"的血书是由彭国钧交由"粟戡时等人带到北京，以宣传他们的君主立宪主张"的。蒋崇伟、邹秋龙说1907年由赴京请愿的罗杰、粟戡时带走，皆不确。

既然认为立宪派利用血书以宣传"请开国会"的君宪主张，搞清湖南请愿速开国会的事实，就成为解决问题的关键之一。查考史料，1906年国内尚无请开国会之举。最早发动请开国会的为湖南人杨度，时为1907年9月25日，那是在留日学生中间进行的。之后，杨度返湘，与杨德邻、罗杰等筹组湖南宪政公会，并发动绅民签名，呈请速开国会。据报道，此次请愿代表为雷光宇，雷准于1908年2月18日（光绪三十四年正月十七日）出发赴京。①直至5月，都察院尚未代奏。故湖南绅民又公举萧鹤祥、胡挹琪二人赴京催其代奏。7月，再次推选代表陆鸿第、仇毅、廖名缙、易宗夔赴京，与各省代表一起请愿。②总之，1908年湖南的请愿代表和催都察院递呈人，粟戡时、罗杰皆不在其列，所以，1908年同样不会有将血书交粟、罗带京之事。

1909年12月，十六省谘议局各推代表汇于上海，协商要求清廷速开国会事宜。湖南亦选出代表罗杰、陆鸿逵、陈炳焕、刘善渥。③当他们由湖南起程赴沪时，血书送交其手。抵上海，罗杰、刘善渥在会议上予以宣布。张謇记其事云："谘议局既闭会，相约以十一月（按：农历）上旬，各推代表集于上海，先后来者三十余人。……会湖南罗君、刘君宣示善化徐君断指请开国会之血书，殷赤淋漓，众咸感泣，益思亟行，乃定于十五日大会，十六七日分道即发。"④可知罗杰虽接受血书，但时间是1909年12月。

第三，关于写血书的动机。徐老说："我在修业学校给学生讲述这些惨痛历史，为表示对帝国主义的愤恨和雪耻的决心，……我写了血书后……晕倒了。校长彭国钧竟用我流的血写了'请开国会，断指送行'，……而我的断指血书则是借以激励学生反对帝国主义的侵略。"这里讲了断指血书的动机，而未言明他所写的血书是哪几个字。蒋崇伟、邹秋龙袭用了徐老的说法。陈志明则明确指出："用殷红的鲜血写了'驱除鞑虏，恢复中华'八个大字，以示反抗帝国主义和清朝政府压迫的决心。"

陈志明认定写了"驱除鞑虏，恢复中华"八字，所据资料没有注明，无法查找，想非凭空杜撰。可是从实际情况考虑，却难以令人深信。因为当时的清政府尽管宣布实行预备立宪，对人民开放了一些政治权力，但开放的还有限，对以"驱除

---

① 《盛京时报》，1908年2月16日。
② 孟森：《宪政篇》，《东方杂志》第5年第7期；《盛京时报》1908年7月23日、30日。
③ 《大公报》，1910年1月1日。
④ 《送十六省议员诣阙上书序》，《张季子九录·文录》卷10，第10页。

鞑虏，恢复中华"为目的的革命党人，防范很严，丝毫不加宽贷。徐特立是在修业学校全体师生大会上讲演的，在这种公众场合，一个革命者的言行应该极其谨慎，只能适当地进行暗示，借题发挥，不能明目张胆地宣传革命，超越清政府的法律范围之外，授敌以柄。如果徐特立写的真是"驱除鞑虏，恢复中华"，那就无异于自己承认是革命党，自动走上断头台。因为这八个字赤裸裸地宣称要推翻清王朝，此乃清政府所绝对不允许的。即使听众之内没有官员和密探，如此惊人之举，官员和密探也会立即获悉。这种做法是任何一个明智的革命者所不取的愚蠢至极的行为，以徐特立之聪明，绝不会出此下策。故不可相信。

所写血书到底是什么呢？笔者认为仍是"请开国会，断指送行"八个字。理由如次：

第一，修业学校校长彭国钧不敢伪造血书。徐特立书写血书为众所目睹，纵令彭国钧有些手段，又岂能一手遮天，掩尽与会者之耳目，堵住徐特立众多的景仰者之口？再者，假如彭国钧公然假冒徐代写血书，篡改内容，送交请愿代表到处宣扬，其人品之坏即暴露无遗。如此一来，不仅会激起修业学校师生的愤怒，而且其恶劣行径立即便流传到社会，为人所不齿，他便在学校以至长沙失去了立足之地。头脑稍微清醒者是不会去干这种既不能骗人又不能利己的傻事的。

还应看到，血书不仅由湖南代表带到上海、北京，而且全国许多家大报都作为重大新闻相继登载，国会请愿代表抵京后又将其印成传单，到处布传，徐特立名噪全国即由于此。笔迹可以乘徐晕倒之际伪造，报纸消息无论如何也难以瞒人。当全国各界人士都晓得徐特立的大名时，关心时政的徐特立毫无疑问也明白自己成名的原因。如果所写确为"驱除鞑虏，恢复中华"，认为请愿速开国会是可耻的媚虏的，作为一个革命者看到自己的原意被完全歪曲，怎能不产生强烈的被侮辱之感？怎能抑制得住胸中的万丈怒火？又怎能不立即奋笔疾书，在报上公开发表声明？不然的话，如何向革命同志交代？事关革命与否的大节，不容置之不理。其时各报纸因所发报道失实，当事者的辩诬、声明屡屡出现。可是，徐特立却未有辟谣的声明。如何解释这一现象？只能是徐承认了"请开国会，断指送行"是自己写的。否则，为什么要默认呢？

第二，此八字与当时立宪派国会请愿的政治背景完全吻合。1909年10月各省谘议局同时开议。开议之前，江苏谘议局各议员"觉外交失败，内政失修，欲冀有所更张,……必缩短立宪期限,速开国会,庶乎人心可以维系。惟此事重大,宜联合各省协力要求"。乃推方还、孟昭常、杨廷栋三人"分途而往"。① 前去湖南联系的是孟昭常②。长沙绅学两界人士积极响应,于12月6日开会投票,选定罗杰、陆鸿逵、陈炳焕、刘善渥"为请愿书捧呈员,并由绅学两界凑集资斧,定于上月(十月)二十六日(12月8日)由湘起程,尽十一月初十(12月22日)前到沪齐集。"③ 12月8日请愿代表起程赴上海,同日徐特立断指血书。如说血书根本与"请开国会"无涉,焉能如此巧合？1906年的江西南昌教案发生于三年之前,徐特立若仅仅以此为例"借以激励学生反对帝国主义的侵略",尽可随时利用课堂和师生集会的时机讲,而他偏偏在湖南各界人士纷纷集会要求速开国会的当口,选定请愿代表出发的当日讲,并且断指血书,无论如何也不应认为是一种偶然冲动的结果。而的确是想以自己的行动感动激励国人,要求速开国会。关于这一点,1909年12月22日《申报》发表的《徐特立断指送行纪详》的报道为我们提供了有力的佐证,兹全录如下:"善化徐君特立字懋生,于十月二十六日(农历)在省垣修业学堂谈及中国现值时局阽危,既已筹备宪政,以图补救,则非早开国会不足以促进行。闻湘省已举代表四人,联合十五省入都呈请愿书,要求速开国会,即日启行,意欲前往各代表处送行,并略陈意见。因未知诸君住处,乃觅刀自断左手小指,濡血写'请开国会,断指送行'八字。写毕仍口称须送罗君杰(代表之一人)处送行,请罗君代表己意。经同人劝止,遂属姜君济寰、彭君国钧为之代达云。"这则报道虽未录徐演讲全文,却把断指血书的动机明白无误地交代清楚了。

在此,应该指出,要求速开国会与讲教案惨史,"借以激励学生反对帝国主义的侵略"并不矛盾,相反,倒是有机的结合。救亡图存是要求速开国会的主要目的之一,每一份请愿书几乎都将它列为首要的理由加以阐述。发动组织者在动员演说时,也都激昂慷慨地列举一些事实,说明帝国主义对中国的侵略,清政府的无能,单纯依赖政府已无希望,只有速开国会,让人民参与政权,以人民力量为后盾,才能使国家富强,折冲外交,不致遭受强国欺凌。徐特立从教案说到洋

---

① 《时报》,1909年12月18日。
② 《时报》,1909年12月23日。
③ 《大公报》,1910年1月1日。

人的可恨，最后到写"请开国会"血书，同请愿速开国会这一爱国政治运动的基调正好相同，是其思想逻辑的自然发展。

在1910年几次国会请愿中，刺指、刺臂、割股写血书的，并不乏其例。这种情况说明人民要求速开国会的迫切，同时也说明徐特立的行动不是孤立的，只不过他行动更为激烈一些，又首开其例，所以他获得的荣誉也较他人为多。

第三，请开国会对小部分赞成革命的人来说是可以接受的。立宪运动以和平方式进行，要求建立君主立宪政体，属于资产阶级民主主义范畴，与民主立宪的宗旨无本质区别。所以有一些赞成或倾向革命的人，如直隶的王法勤，山东的于洪起，广西的蒙经，陕西的郭希仁等，都成为立宪运动的中坚，先后充当该省的代表，入京请愿。连后来成为中国共产党创始人之一的李大钊也是请愿速开国会的一名积极活跃分子。徐特立虽然1905年后开始在思想上接受革命影响，但在组织上并未加入同盟会或其他革命团体，他出于爱国热诚，请开国会，也就不足为奇了。

综上所述，徐特立断指血书一事发生于1909年12月8日，血书为"请开国会，断指送行"八个字，当日交由国会请愿代表罗杰、刘善渥带往上海。

需要说明的是，在1909年末到1911年的二年内，除革命派发动的两次广州起义并旋被扑灭外，国内政治生活中最激动人心、有声有色、与清政府直接较量的政治斗争，莫过于立宪派发动的国会请愿和反对成立皇族内阁了。运动本身要求人民必须享有参政权利，变封建专制政体为资产阶级君主立宪政体，具有进步意义，它的爱国主义精神表现得尤其突出。正是这一运动广泛地促进了人民的觉醒，为不久到来的辛亥革命的胜利创造了有利的客观条件。参加这一运动不是什么耻辱，不失为当时中国的一名先进分子。搞清断指血书的事实无损于徐老的光辉形象，倒是可以使我们更易看清他革命历程中思想发展的轨迹，更好地向他学习。

附带说一句，徐老在几十年后回忆往事，加之未查阅资料，难免不够十分准确，这是很容易理解的。

（原载《近代史研究》1989年第1期，署名伊杰）

# 清廷宣布了召开国会年限

彭剑先生认为,清季预备立宪九年清单并未宣布开国会年限①,恐怕有些误解。

彭先生如此说法的根据有三点,一是清单条文中没有在哪一年召开国会的规定;二是宪政编查馆虽然认为筹备年限应以九年为期,但在奏折中没有说应该在哪一年召开国会。其实,这两点均不能作为否定宣布召开国会年限的根据。因为在1908年8月27日宪政编查馆上奏清单之前的7月22日,朝廷已经清清楚楚地谕令:"俟朝廷亲裁后,当即将开设议院年限钦定宣布。"②也就是说,朝廷是决定将召开国会年限一事由自己宣布,没有授权给宪政编查馆,故宪政编查馆在奏折中没有说应该在哪一年召开国会,在清单中也不敢列出在哪一年召开国会。

在公布清单的同时,上谕宣布了开设议院即召开国会的年限:"至开设议院,应以逐年筹备各事办理完竣为期,自本年起,务在第九年内将各项筹备事宜一律办齐,届时即行颁布钦定宪法,并颁布召集议员之诏。"③

对此,彭先生不以为然,这也是他否认宣布召开国会年限的第三点根据。其理由有二,"第一,国会的问题,要'以逐年筹备各事办理完竣为期'。玩其语义,如果筹备各事到第九年仍未筹办完全,就很有可能继续筹备下去,直到朝廷认为各项事务已经'办理完竣'时为止。1910年国会请愿中,请愿代表曾质问:'特不知届九年期满之时,倘筹备仍未完全,亦将召集国会否耶?'此问可谓直指要害。第二,谕旨允诺,如果清单所列各项事务均按期办理完竣,就将'颁布召集

---

① 彭剑:《清季预备立宪九年清单并未宣布开国会年限》,《近代史研究》2008年第3期。
② 故宫博物院明清档案部编:《清末筹备立宪档案史料》上册,第55页,中华书局,1979年。
③ 《清末筹备立宪档案史料》上册,第68页。

议员之诏'。须注意,这里所说的是'颁布召集议员之诏',而不是开国会……'颁布召集议员之诏'、'实行开设议院'实为两件事,修改后清单在'颁布召集议员之诏'的后面又规定了'实行开设议院',我们才能断定……1913年召开国会。而宣布九年清单的上谕,只有'颁布召集议员之诏'(侯按:清单中只有"颁布议院法"、"颁布上下议院议员选举法"、"举行上下议院议员选举",无"颁布召集议员之诏"),而无'实行开设议院',可见即使按照九年清单完成了各项事务,也不一定立即开国会。"①

这两个理由均难以成立。

第一,上谕是命令式的:"务在第九年内将各项筹备事宜一律办齐",没有丝毫的犹疑。故在同一上谕中,郑重声明筹备事宜"均属立宪国应有之要政,必须秉公认真次第推行"。命令将上谕及清单"刊印誊黄",分发在京各衙门,在外各督抚、府尹、司道,悬挂堂上,照单依限举办。每届半年,将筹办成绩胪列奏闻,并报宪政编查馆查核。官员交替,前后任应会同将前任办理情形奏明,以免推诿。同时令宪政编查馆设立专科,切实考核;令都察院留心察访,指名纠参逾限不办或阳奉阴违的官员。②足见要求之严厉、态度之坚决。"如果筹备各事到第九年仍未筹办完全"之说,不过是假设、揣测,并不是上谕的本意,彭先生对上谕的"语义"玩味错了。退一步讲,即使届期筹备未完,那也只能说明另有原因,并不能因此推想说这次上谕不是严格要求的。至于请愿代表的质问,非但不能证明彭先生的说法,恰恰相反,正说明请愿代表是认为朝廷在筹备的第九年召开国会的,否则就不会发出"九年期满之时,倘筹备仍未完全,亦将召集国会否耶"的质问。

第二,表面看来,"颁布召集议员之诏"与"实行开设议院"是两回事,实际上二者是紧密联系在一起的,甚至简直可以说是一回事。世界上没有只召集议员,长期不开会,拿着纳税人的血汗钱白白地供养议员的国会。议员的主要任务就是开会,召集议员的唯一目的就是开会。不然的话,人们就会问:召集全部议员干什么?召集议员之后,紧接着便是开会,此乃一般常识。如1910年第一届资政院会议于农历八月二十日召集议员,九月初一日开会,1911年的第二届会议相同。

---

① 彭剑:《清季预备立宪九年清单并未宣布开国会年限》,《近代史研究》2008年第3期,第157页。
② 《清末筹备立宪档案史料》上册,第68页。

召集议员与开会之间仅相隔十天,在此期间抽签分股,互选股长、理事,议员开谈话会,交流意见,预备议案等等,是有必要的。纵令不做任何准备,其间最多不过十天而已。所以说,召集议员之后,紧接着便是召开国会,无法将二者完全分开。1908年8月27日上谕宣布在筹备的第九年"颁布召集议员之诏",就等于宣布了在这一年开设议院,亦即宣布了召开国会的年限。正因如此,宪政编查馆在奏折中干脆不讲召集议员,开设议院,而是将二者合而为一,直接讲"召集议院"。如说:"必宪法之告成先行颁布,然后乃可召集议院"。"其应行召集议院之期,自应恭候钦定"。"伏候圣明裁定召集议院年限,特沛纶音,布告天下。"①摄政王载沣在执政后不仅重申九年筹备之期,而且也直接讲"召集议院"。如1910年11月4日以宣统皇帝名义发布的上谕说:"必须提前赶办事项,均著同时并举,于召集议院之前,一律完备,奏请钦定颁行。"②按照彭先生召集议员与开设议院是两回事的理解,宪政编查馆虽然无权宣布召开国会年限,但在1908年清单的最后一年大可列明"颁布召集议员之诏",可是并未列出。出现这种情况,亦是因为召集议员就是为了召开国会,二者实际上是一回事的缘故。修改后的清单把"颁布召集议员之诏"与"实行开设议院"并提,同样如此。

(原载《近代史研究》2008年第6期)

---

① 《清末筹备立宪档案史料》上册,第55、57页。
② 《清末筹备立宪档案史料》上册,第78—79页。

# 张之洞对立宪的态度
## ——与孔祥吉先生商榷

张之洞是著名的洋务派,一贯主张变法只能学习西方的技艺,维护封建纲常伦理,反对改革政治制度。但时隔几年,他的政治思想出现一个重大转折,也同意实行资本主义国家的君主立宪政体了。他对立宪到底持何态度?大多数学者认为他持消极态度。孔祥吉先生则根据新发现的"重要史料",认为"张之洞是清王朝上层敦促慈禧推行立宪政治的重要人物"①。这个论断得到一些学者的认同,却值得商榷,谨略抒浅见,请教孔先生及学界同仁。

## 一、关于"敦促慈禧实行君主立宪"

孔先生新发现的第一个"重要史料"为《时务汇录》收录的光绪三十三年《八月初七日张之洞入京奏对大略》,即张之洞同慈禧的一场对话,全文如下(孔先生抄错漏的地方,以括号注明):

皇太后旨:大远的道路,叫你跑来了(了来),我真是没有办(衍字)法了。今日你轧我,明日我轧你;今日你出了(衍字)一个主意,明日他又是一个主意,把我闹昏了。叫你来问一问,我好打定主意办事。

对:自古以来,大臣不和,最为大害。近日互相攻击,多是自私自利。臣此次到京,愿极力调和,总使内外臣工,消除意见。

问:出洋学生,排满闹得凶,如何了得(得了)?

---

① 孔祥吉:《张之洞与清末立宪别论》,载《历史研究》1993年第1期,第101—111页,下引孔先生所论,均见此文,不另注明。

对：只须速行立宪，此等风潮自然平息。出洋学生其中多可用之材，总宜破格录用。至于孙文（汶）在海外，并无魄力，平日虚张声势，全是臣工自相惊扰。务请明降恩旨，大赦党人，不准任意株连。以后地方闹事，须认明民变与匪乱，不得概以革命党奏报。

旨：立宪事，我亦以为然。现在已派汪大燮、达寿、于式枚三人出洋考察，刻下正在预备，必要实行。

对：立宪实行，越速越妙；预备两字，实在误国。派人出洋，臣决其毫无效验。即如前年派五大臣出洋，不知考察（查）何事？试问言语不通，匆匆一过，能考察其内容？臣实不敢相（衍字）信。此次三侍郎出洋，不过将来抄许多宪法书回来塞责，徒靡多金，有何用处？现在日日言预备，遥遥无期。臣恐革命党为患尚小。现在日法协约、日俄协约，大局甚是可危。各国视中国之能否实行立宪，以定政策。臣愚以为，万万不能不速立宪者，此也。

问：现在用人很（狠）难，你看究竟能大用者有几人？

对：此事仓猝间不敢妄对。

问：徐世昌何如？近来参他的人很（狠）多。

对：徐世昌未始不可用，总之太得意，阅历太浅。

问：岑春煊何如？

对：岑春煊极有血性，办事勇敢，但稍嫌操切，然当今人才难得，投闲置散，亦殊可惜。

问：林绍年何如？

对：林绍年才具开展，操守极好。

问：庆亲（衍字）王何如？

对：奕劻阅历甚深，（稳）当有余。

问：赵尔巽能胜湖广总督之任否？

对：赵尔巽才堪应变，任湖北绰绰有余。但臣愚见，鹿传霖拜跪维艰，不如简任湖北，以赵尔巽调度支部，使之整顿财政。载泽人极开通，可调农工商部。溥颋人极颟顸，公事不甚了了，农工商部诸事废弛，部务非其所长。

问：再派王公出洋如何？

对：王公出洋，匆匆游历，决不能有所得，侍从多人，徒招外人訾议，不如减少随从,宽以时日,留学数年,庶有心得,(且)亦可省经费。

旨:你说的何尝不是。他们这班人享惯的福,如何办得到。

据此,孔先生认为,张之洞"敦促慈禧实行君主立宪"、"颇能反映张氏对君主立宪的积极态度"。"它确实可以证明张之洞在当时是主张即刻实行立宪政治的,并直言'预备两字,实在误国',其急切之情,已跃然纸上。"

对这个《奏对大略》,孔先生从时间、张氏赴京原因和奏折内容三个方面进行了论证,肯定其真实可靠。张之洞确实于八月初七日被召见,时间没有问题。但其他两个方面的论证则颇启人疑窦。

孔先生说:"搞清张氏赴京原因,有助于判断该史料之真实性"。"张氏此次来京同丁未政潮后清廷上层权力斗争有密切关系"。在叙述了丁未政潮的过程后,指出:"这次政潮是统治者上层以奕劻、袁世凯为一方,与瞿鸿禨、岑春煊、林绍年一方的权力冲突。面对两派激烈的权力角逐,慈禧既对前者不满意,又对后者不放心,加之留日学生闹事,搞得慈禧惶惶然,六神无主,因此,才迫不及待地召张之洞来京垂询。搞清楚这一背景,对慈禧一开头就说:'大远的道路,叫你跑了来','今日你轧我,明日我轧你'云云,就觉得容易理解得多了。"

此论难以令人认同。在"丁未政潮"中,光绪三十三年五月七日,瞿鸿禨被开缺;七月四日,岑春煊亦被开缺,林绍年出任河南巡抚。而奕劻、袁世凯仍然稳稳地安坐在原有的位置上。至此,胜败已定,"两派激烈的权力角逐"结束。这场斗争系慈禧亲自处理,既然斗争业已结束,她根本不会再产生"迫不及待地召张之洞来京垂询"之感。倘若一定要这么说,也应该是在斗争尚在进行之时,著张之洞"迅速来京陛见,有面询事件"的七月二日,而不是在斗争结束一个月之后。但七月二日"又奉到朱批:赏假二十日,假满迅速来京"①。可见即使在此时,慈禧召见张之洞的心情亦非"迫不及待",否则七月二日就让他立即进京而不会赏假二十日了。张之洞八月初进京,实际是赴七月二十七日清廷授予的军机大臣之任,并非慈禧为"丁未政潮"、"六神无主"而召其有所"垂询"。

孔先生说:"从奏折内容,亦可判断该项史料之真实性"。"其证据之一是

---

① 胡钧:《张文襄公年谱》卷6,第6、7页。转见孔祥吉《张之洞与清末立宪别论》。

张氏曾私下与瞿相会";"之二是梁鼎芬于丁未五月上疏奏劾袁庆结党营私"。张、梁"关系至为密切,由梁氏举动,不难窥见张之洞在丁未政潮中的立场。故张之洞在奏对中声称:'徐世昌未始不可用,总之太得意,阅历太浅',对奕劻之辞语亦仅'阅历甚深',而对他们的政敌评价却与此不同,谓岑春煊'极有血性,办事勇敢',并为其'投闲置散'而鸣不平,对林绍年亦以为'才具开展,操守极好'。所有这些评语均符合张之洞当时的心态,亦可说明该项史料真实可靠。"

在此,孔先生只是注意到了《奏对大略》的表面文字,没有从张之洞的为人和处世哲学上进行考察。张之洞圆滑佞巧,善于观察时势,见风转舵,有时随波逐流,有时倡办新政,有时阴持两端,而目的只有一个,即梁启超在《上鄂督张制军书》中所说的:"全躯而已,保位而已"①。他在戊戌变法及其后一些重大问题上前后态度的变化,出尔反尔的言行,都十分清楚地证明梁启超所言不谬。他同情被开缺的瞿鸿禨和岑春煊,却没有上奏为他们"鸣不平",也表明了这一点。至于说张之洞"对奕劻之辞语亦仅'阅历甚深'",那是因为孔先生抛开了后面"稳当有余"四个字。此四字的意思当是奕劻为军机大臣领袖绰绰有余,评价不可谓不高,同样表明了其圆滑佞巧、阴持两端的官场处世哲学。

为了"全躯保位",张之洞在握有实权的慈禧太后面前只能顺旨行事,绝对不敢稍示异议,更无胆量直接顶撞,公然斥责上谕。然而,这次所谓奏对他却一反常态,与慈禧大唱反调,而且态度非常强横。慈禧最痛恨革命党,他也最痛恨革命党、厌恶留学生,曾在去年十二月二十五日为反对司法独立而致军机大臣和编纂官制大臣的电报中说:"方今革命党各处蠢动,沿江沿海伏莽繁多,凡内地获一乱党,必有海外学生联名干预"。如果司法独立,裁判官员"每遇拿获逆党,必将引西律曲贷故纵,一匪亦不能办,不过数年,乱党布满天下,羽翼已成,大局颠危,无从补救,中国糜烂,利归渔人,是本意欲创立宪之善政,反以暗助革命之逆谋"②。而此次竟说,"出洋学生其中多可用之材,总宜破格录用",应当"大赦党人",为留学生和革命党人辩护。清廷于去年已明发上谕,告知天下,实行预备立宪,他竟肆无忌惮地斥责"预备两字,实在误国"。此不啻直斥慈禧"实在误国",他敢这么胆大包天吗?慈禧刚刚下令命汪大燮等三人为出使考察宪政

① 载《清议报》第42册,"本馆论说",第2页。
② 《清末督抚答复厘定地方官制电稿》,《近代史资料》总76号,第87页。

大臣，分赴英、德、日三国进行考察，他竟断言"臣决其毫无效验"，又否定了慈禧的决定。慈禧将岑春煊开缺，免去林绍年在军机大臣上学习行走仅仅一个月，他竟又对他们大加赞扬。慈禧尚称奕劻为庆王而不名，他竟直呼其名。凡此都违背其平时的官场处世哲学。故从奏对内容看，亦难以判断该项史料的真实性。

还有一点极其可疑，即该项史料的来源。在《八月初七日张之洞入京奏对大略》和其他几篇之前，《时务汇录》特地写有"丁未七月以下见于神洲报"字样，说明此文录自《神洲报》。但当时中国并无此报，只有革命党人于右任在上海创刊的《神州日报》。因条件限制，笔者未能查对。即使《神州日报》刊登过《奏对大略》，亦不能肯定实有其事。笔者逐日查阅了八月七日及以后近一个月的天津《大公报》，其报道明确提到这次召见的有三次：一为"初七日召见张中堂、军机"①。二为"张相国之洞日前召见，奏对各辞甚为秘密，外间无从访悉。惟闻是日慈宫与袁（世凯）尚书言及内忧外患日相迫切一事，曾为痛哭不已云"②。三为"张中堂……初六日（疑为初七日）请安时先在朝房等候，……至八钟时即蒙召见，奏对甚久，眷遇极隆。慈宫曾谕云：你到精神尚好，现在办事之人极少，时事又如此，如何是好。你之老成稳练，中外共知，现在之事，成败惟你是赖，等语。张则唯唯而退"③。《大公报》是满族人英华创刊的，距离北京又近，采访宫廷新闻比《神州日报》灵通，它开始即言"奏对各辞甚为秘密，外间无从访悉"；继而访得一点实际内容，亦仅为慈禧对张之洞颇为看重的几句话，张之洞"唯唯而退"而已。《大公报》尚且如此，《神州日报》又从何处访得《奏对大略》中那么详细的对话？其真实性实在难以令人置信。

如果再考察一下张之洞对立宪的一贯表现，孔先生所论尤其值得商榷。

张之洞与人正式讨论君主立宪问题始于光绪三十年湖广总督任上。其时国内立宪的呼声渐高，张謇等人游说两江总督魏光焘和张之洞奏请立宪，并为他们代拟了奏稿，请求清廷"仿照日本明治变法立宪，先行宣布天下，定为大清宪法帝国。一面派亲信有声望之大臣游历各国，考察宪法"④。张之洞怕冒政治风险，嘱张謇

---

① 《大公报》，1907年9月15日（八月初八日），"邸抄"，第2版。
② 《大公报》，1907年9月19日（八月十二日），"要闻"，第3版。
③ 《大公报》，1907年9月21日（八月十四日），"要闻"，第3版。
④ 转见陈时伟：《赵凤昌述论》，《近代中国人物》第3辑，第252页，重庆出版社，1986年。

探询直隶总督袁世凯的口气，再决进止。张謇致函袁世凯。袁世凯答以需要等等看。张之洞未敢将奏稿呈进。不久，张謇就得到北洋友人来信说，张之洞"创为有限制宪法之说，民间有义务而无权利，讥其毒民，后必不昌"①。

随着立宪运动的高涨，一些大臣开始奏请立宪。光绪三十一年五月，张謇又致函袁世凯，请其赞助立宪。袁世凯见立宪已成大势所趋，为了避免将来光绪皇帝执政报复自己，消弭革命，同时也为了执立宪之牛耳，遂与调任两江总督的周馥和张之洞电商。张之洞亦感立宪潮流确实难以阻挡，想博取力行新政的美名，加以有袁世凯出面牵头，方表同意。于是三人联名电奏，请实行立宪政体，以十二年为期。②

同年，清廷派遣五大臣出洋考察政治。张之洞非但没有在奏请实行立宪的基础上前进一步，反而有些倒退。光绪三十二年六月，出洋考察政治大臣戴鸿慈、端方返回上海后，致电征求他对于立宪问题的意见。孔先生引胡钧所编《张文襄公年谱》记其事说："公电复云：立宪事关重大，如将来奉旨令各省议奏，自当竭其管蠡之知，详晰上陈，此时实不敢妄参末议。"此处说的是"立宪"，并未涉及派人出洋考察之事。张之洞没有明确答复，表现得相当消极。而孔先生为了证明张之洞"主张尽快实行立宪"，却说答复是"对派王公大臣出洋考察持反对态度，以为'匆匆游历，决不能有所得'，这同反对立宪是两回事"。无需讳言，孔先生将答复的原意理解错了。事实上，从光绪三十一年六月十四日清廷发布遣使出洋考察政治上谕前始，至十二月出洋考察政治大臣出访止的半年时间内，张之洞并未表示过"对派王公大臣出洋考察持反对态度"。"匆匆游历，决不能有所得"是张之洞在光绪三十三年八月初七日《奏对大略》中说的，孔先生将其移入三十二年六月答复立宪之事中，把两个时段、两个不同事件搅混在一起了。

光绪三十二年七月十三日，清廷发布了仿行宪政的上谕，接着改革中央的政治体制。由于对地方体制改革分歧很大，九月十九日编纂官制大臣将两种改革方案通电各省督抚，征求意见。张之洞接阅之后，致电浙江巡抚张曾敭说："外官改制，窒碍万端，若果行之，天下立时大乱，鄙人断断不敢附和，倡议者必欲自

---

① 《致赵凤昌函》，《张謇全集》（1），第78页，江苏古籍出版社，1994年。
② 《时报》，1905年7月2日，第2版。

召乱亡。"① 虽则如此,他"因闻各省多不以为然者,故未敢首先提倡驳议。"②两个月后,见各省督抚多已答复,他才致电编纂官制大臣,表明了态度。说:来电所开各条,"惟设乡官、设议事会、董事会两法有关立宪本意"。设议事会、董事会可以,不过,"议事之员但许有议事之职,不予以决断之权,其议决之可否,悉由官定"。"董事之员,只可供地方官之委任调度,不宜直加以辅佐地方官办事之名。若权限逾分,必致官为董制,事事掣肘,虽有地方官监督之说,徒拥虚文,而其为害殆不可思议。故议事之员能议而不能决,董事之员宜听官令而不宜听绅令"。待实行十年,如果人民的程度达到标准,"再议立宪之大举"。届时"人民道德未能尽纯,智识未能尽充,则尚须从缓"。对于其他办法,他一概加以反对。认为地方官制"宜就现有各衙门认真考核,从容整理,旧制暂勿多改。"过了一个多月,他又致电军机大臣和编纂官制大臣,反对司法独立。最后又极力表白:"洞所以前电力陈更张太多之弊,此电尤于裁判司法独立一节,不惮苦口力争,非阻立宪也,盖深盼立宪之局之必成者,莫洞若也。"③

由上述可以看出,张之洞从未"主张尽快实行立宪",他认为实行立宪之期最快为十年,如届时人民程度不够,"则尚须从缓"。其所以如此,并非偶然。他曾对人说:"我从政有一定之宗旨,即'启沃君心,恪守臣节,力行新政,不背旧章'十六字,终身持之,无敢差异也。"④所谓"力行新政,不背旧章",不过是"中体西用"的同义语。他坚持这一宗旨,对立宪这一新政必然"惧吾民之日及于嚣张,而亟亟焉访求东西成法以防维之,阳示以采取,而阴施其钳制之术。新进之以宪政进质者,则曰:'东西各国宪法之精意,已悉具于四子六经中矣,特患吾人不知返求耳'。"⑤所以,他在给编纂官制大臣的复电中开宗明义地写道:"考各国立宪本旨,不外乎达民情、采公论两义,此二事乃中国圣经贤传立政之本原,唐虞三代神圣帝王驭世之正轨,心同理同,中外岂有殊异。"⑥意即立宪在中国古已有之,只要遵循圣帝贤王的教导去做就足够了。此即其心目中的立宪。"达

---

① 转见冯天瑜:《张之洞评传》,第284页,河南教育出版社,1985年。
② 《武昌督署张之洞致鹿尚书两电》,中国社会科学院近代史研究所档案。
③ 以上引文俱见《清末督抚答复厘定地方官制电稿》,《近代史资料》总76号,第80—88页。
④ 徐珂编撰:《清稗类钞》第3册,第1262页,中华书局,1984年。
⑤ 《张文襄公事略》,《清代野史》第6辑,第106页,巴蜀书社,1988年。
⑥ 《清末督抚答复厘定地方官制电稿》,《近代史资料》总76号,第80页。

民情、采公论"虽是专制政体下比较开明的执政理念,但与立宪制度具有本质区别。按照他的这种理解,立宪根本没有必要。这就决定了他不可能采取积极态度,成为敦促清廷实行立宪的重要推手。他极力表白自己"深盼立宪之局之必成",不过是其畏惧遭到社会舆论攻击,妄图维持其"力行新政"的虚名而已。

光绪三十三年八月(1907年9月),张之洞何以会极力主张速行立宪,连"预备"都不要,也就是说,应该立即颁布宪法,召开国会,成立责任内阁等等,态度之激进超过任何一位官僚,与去年形成鲜明的对照?从其现存的奏折及其他文献中,人们很难发现其思想变化的轨迹。在八月初七日的《奏对大略》中,也仅能看出影响其思想变化最大的是日法协约、日俄协约。可是,这两个协约虽对中国不利,却未构成多大的直接威胁,尚不至使其思想达到发生突变的程度。

总之,从各方面分析考察,《八月初七日张之洞入京奏对大略》的记载不具真实性。由此而得出张之洞"敦促慈禧实行君主立宪","主张即刻实行立宪政治"的论断不能成立。

## 二、关于奕劻向慈禧呈递的密折

孔先生提出"张之洞是清王朝上层敦促慈禧推行立宪政治的重要人物"论断的第二个理由为:"还有一个鲜为人知的重要贡献,即敦促清廷确定年限,尽快开设议院"。论据有二:一为政闻社的彭渊恂与人会晤,"谈及程君与本社甚表同意,并力任婉说南皮(以得其赞成为止)。并谓南皮入京之目的,在速立民选议院,以庆、袁反对甚力,志不得遂,乃主张先设谘议局……"认为"张之洞确实是主张速开议院的"。二为孔先生在故宫档案中检获的一件光绪三十四年奕劻向慈禧呈递的密折:

奴才奕劻跪奏,为据实声明请旨事:窃查实行立宪,屡奉慈谕,天下臣民,仰望甚殷。近日各省绅民,复有要求开国会年限之事,其中有乱党勾结,无非使权柄下移。迫不得已,宪政编查馆严定君权宪法大纲,实行立宪预备应办各事,庶可保全治安。今张之洞、袁世凯拟以预定年限,即开议院。据奴才愚见,不可预定年限。在军机处详细妥商,张之洞总以定准年限为是。查日本明治十三年宣布立宪,二十四年宣布开设议院。今本朝立宪,一切应办各事,尚未举办,先宣布开设议院年限,无此办法。此事关系甚大,唯有据实声明,恭请圣意坚持,总以应办各事实力奉行后，届时再行宣布开设议院期限，不可先定准期，庶权操自上，于大局有益。谨此据实直陈，伏乞慈鉴。谨奏。

孔先生认为，"此密折应于光绪三十四年八月初一日之前呈递"；张之洞"与奕劻力争尽快开设议院"，"它说明张之洞对开设议院的积极态度"。

关于彭渊恂从程君处听到的张之洞主张速立民选议院传说，倒不是空穴来风。据陶湘言，张之洞到京后对袁世凯云："下议院急宜先设"。但并非张之洞确想急开议院，所以，陶湘接着又写道："以愚观之，南皮（指张之洞）故作此等态度以测雪（指袁世凯）之深浅，并非真心也。"①

关于奕劻密折，只要仔细观察，即可见其清楚表明张之洞与奕劻的唯一分歧，是在召开议院问题上一个主张应"预定年限"，一个主张"不可预定年限"。所谓"今张之洞、袁世凯拟以预定年限，即开议院"，并非"尽快开设议院"之意，乃是预定下召开议院的年限，年限到了，即开议院。而预定的年限可长可短，折中并未叙明张之洞提出几年，根本不能证明他主张"尽快开设议院"。七月十三日，杨度在欢迎各省请愿代表的会上说：这个月中即可"将开设国会年限颁示天下。此事六大军机合力主持，……而尤以庆邸、张、袁两公主张最力，故能有此。"②此亦可证，张之洞与奕劻研究讨论的是"开设国会年限"，而非"尽快开设议院"。故八月初一日，清廷就宣布了开设议院的年限为九年："至开设议院，应以逐年筹备事宜各事办理完竣为期，自本年起，务在第九年内将各项筹备事宜一律办齐，届时即行颁布钦定宪法，并颁布召集议员之诏。"③显然，孔先生把奕劻奏折中与张之洞争论的问题又理解错了。

事实上，张之洞从未主张过速开议院。

早在戊戌政变前夕，张之洞撰述的《劝学篇》就集中攻击民权，反对"袭议院之名"，认为"倡为民权之说"是"召乱之言"："民权之说，无一益而有百害。将立议院欤？中国士民至今安于固陋者尚多，环球之大势不知，国家之经制不晓，外国兴学、立政、练兵、制器之要不闻，即聚胶胶扰扰之人于一室，明者一，暗

---

① 陈旭麓等主编：《辛亥革命前后——盛宣怀档案资料选辑之一》，第69页，上海人民出版社，1979年。
② 《宪政公会欢迎各省请愿代表演说》，《申报》，1908年8月18日，第3张第2版。
③ 《清末筹备立宪档案史料》上册，第68页。

者百，游谈呓语，将焉用之"？"使民权之说一倡，愚民必喜，乱民必作，纪纲不行，大乱四起"。"且必将劫掠市镇，焚毁教堂，吾恐外洋各国，必藉保护为名，兵船陆军深入占踞，全局拱手而属之他人，是民权之说，固敌人所愿闻者矣。"①当上军机大臣以后，他仍然以为"变法不可太骤"②。

就在所谓《八月初七日张之洞入京奏对大略》之后十一天，即十八日，宪政讲习会的代表熊范舆等将请愿书呈送都察院，指出八月十三日朝廷下令设立的资政院未有民选精神，不能代表国民，要求"于一、二年内即行开设民选议院"。③民选议院即国会是立宪政治的主要标志之一，要求于一、二年内开设是速行立宪的重要举措。倘若张之洞真正主张速行立宪，"尽快开设议院"，对于此次请愿理应极表赞成，甚至认为所提要求还不够激进；然而，事实恰恰相反，他却"大不为然，曰：'中国君主国也，而行政权出于君主，如民选议院左右行政权，与国体不符，恐民权增大，君权缩小。'甚为反对。"④

光绪三十四年，全国各地开展了要求确定召开国会年限的请愿运动。张之洞的态度是否激进了呢？没有。他仍对人说："请愿开国会者甚多，然政府若开设国会，准人民参政权，恐诸多窒碍。因人民无政治能力，不若俟上谕所示年限，再徐开国会"。"立宪公例，皆由国民要求逼迫，政府始与以参政权。今中国国民要求，并未逼迫，倏然与之，恐人民不肯负担立宪国民之义务"。听人解释以后，他也只是"拟奏请早颁期限，以定民心"⑤，并未提出"尽快开设议院"。资政院某大臣问其对召开国会的意见时，他"手书'欲速则不达'以答"⑥。不仅如此，在请愿国会期间，他还与奕劻、袁世凯共同策划，使清廷下令查禁了要求三年召开国会的立宪团体政闻社。所以，他与奕劻争论的不可能是"尽快开设议院"，只能是预定召开议院的年限。

宣统元年摄政王载沣执政，对张之洞甚为依赖。在立宪年限问题上，张之洞亦无任何特殊的表现。一日，载沣与其讨论如何促进宪政实行，他回答："今岁

---

① 《戊戌变法》（3），第221—224页。
② 张一麐：《古红梅阁笔记》，《心太平室集》卷8，第40页。
③ 《清末筹备立宪档案史料》下册，第609—616页。
④ 《盛京时报》，1907年10月16日，第2版。
⑤ 《政府之国会谈》，《时报》1908年7月6日，第2版。
⑥ 《大公报》，1908年8月14日，第4版。

应行筹备者各省尚能依次举办,虽无何等特别效果,亦未见有何放弃之处,果能循此以往,不患宪政不能成立。"① 直至其当年逝世,他依然坚持按照清廷确定的立宪以九年为期的方案进行,没有提出过"尽快开设议院",对推动立宪未作出什么重要贡献。

(原载《近代史研究》2016 年第 6 期)

---

① 《大公报》,1909年5月18日,第3版。

# 袁世凯早期史事订误

关于袁世凯早期的史事，近年出版的有关著作所述错误颇多。随着新史料的公之于世，也暴露了影响很大的袁世凯三女袁静雪的回忆录《我的父亲袁世凯》（以下简称袁文）①同样有失实之处。兹就若干明显问题，加以订正。

**一、袁保庆有无金姨太**

袁文写道：袁世凯的嗣父袁保庆"有一个很得宠的姨太太，叫做金玉，是和牛氏（按：袁之嗣母）不和的。我的父亲当时年纪虽小，却能够在这两个人中间设法调和。"

有的著作据此又加想象发挥，周岩著《袁世凯家族》（以下简称周著）明确说保庆"还有一位很宠爱的姨太太金氏"②。郭剑林、纪能文著《瑰异总统袁世凯》（以下简称郭著）跟着讲，"还娶了一位漂亮的姨太太金氏"③。

此乃无稽之谈。

《中议公事实纪略·行述》记载得非常明确，袁保庆一生除妻子牛氏外，只有两妾，一王氏，一陈氏，没有第三位姨太太金氏。④

在1877至1891年致其二姊的数十封家书中，袁世凯在信尾署名之后，几乎均顺便带上一句"两位姨奶奶之前叱名请安"，或"二位庶母大人前叱名请安"

---

① 袁文载《文史资料选辑》第74辑，文史资料出版社，1981年，下引所述，均出此文，不另注明。
② 见该书第9页，中国青年出版社，1991年。
③ 见该书第13页，吉林文史出版社，1995年。
④ 《项城袁氏家集》，清芬阁刊本，1911年。

之类的话。他在致堂弟世承的信中更明白指出两位姨奶奶或庶母就是"陈姨奶奶"、"王姨奶奶"。如："继母（按：指妻子于氏）及陈姨奶奶四月初可［到］津……王姨奶奶恐受我骗，坚不肯出，亦无奈何，将视我为何如人耶？"①在家书中，他从未提到另外还有一位金姨奶奶。

由此可见，袁保庆有个金姨太太之说是缺乏根据的。如果袁静雪所言"金玉"无误的话，这个"金玉"当为陈氏和王氏之中某一位的名字，而非姓金名玉。

袁世凯与陈氏的感情很好，对王氏就差些，因为其嗣母牛氏去世后，王氏闹着要名分，自比牛太夫人。袁世凯很恼火，数次致函世承说："伊（按：王氏）如谓自可比先太夫人，宛以上人自居，则大谬矣。我为家长，何能反作奴才耶！容（按：袁自称）无他意，惟在名分耳。如伊自知其分，我无不好待之理。"②"容只一嗣母，已弃养，讵容他人任意混充耶？可笑。"③据此推断，"金玉"很可能是王氏的名字，因为她不太安分，爱闹事，当年与牛氏不和是可想而知的。

## 二、袁克定的乳名

袁静雪说："大哥（按：指克定）生下来的时候，由于额上长着一块记，所以他的小名叫记光，也叫小记儿。这一块记，到他长大就没有了。"

此说为某些著作所采纳。

其实，这种说法出自想当然，因而把名字也写错了。

克定的乳名叫"继光"，而不是"记光"。袁世凯在家书中多次提到他，只写"继光"、"继儿"，从不写"记光"、"记儿"。其次子、三子的乳名，亦按"继"字而命名。次子克文的乳名，初由世凯十叔命为"继前"，后改为"继昭"。三子克良生下时，由世凯生母刘太夫人命为"继善"。

至于克定乳名的含义，当然也不是因其额上长着一块记。袁世凯在1883年12月致其二姊的家书中讲得极为清楚："并寄数十金为继光请先生教读之资。吾家本读书人，至弟不肖，荷戈从军，荒弃世业，切不可更使子弟如弟之不肖也。已详请于母亲大人，务求老先生不常回家者方为相宜。如二姊大人明春回里时，

---

① 《袁世凯家书》，第91页，台北，1990年。
② 《袁世凯家书》，第116页。
③ 《袁世凯家书》，第124页。

亦乞随时督催，使继光能称其名，继吾先人之光也。"①

### 三、袁世凯接妻子于氏出来始于何时

袁世凯次子克文在《先嫡母传》中写道：于氏婚后，"先公即远征，遂留家侍养，……先公……练兵小站，先嫡母始从焉"②。说于氏婚后一直未离开河南陈州、项城，直至袁世凯小站练兵时，才离开家乡，跟随袁世凯。

袁静雪则说于氏第一次被袁世凯接出来在1900年。袁文写道，袁世凯因为于氏偶然的一句话，"认为这是她有意揭他的短处，一怒之下，从此不再和她同房。……我父亲做官以后，一直把她撂在项城乡下。后来我父亲在山东巡抚任内派人迎接我的祖母刘氏，她才随我祖母一道来到济南任所。"

袁克文的记述未引起人们注意。自袁静雪此说一出，立被有关著作广泛采用，众口一词，殆成定论。其时没有新的史料出版，采用这一说法自在情理之中。

近年出版的袁世凯家书证明，上述两种说法均不正确。事实上，袁世凯在朝鲜任职期间，于氏两度去过汉城，而且每次均住了很长时间。

袁世凯与于氏的感情的确不好，他在致二姊的家书中屡有表露，到朝鲜任职多年，均不让于氏跟随身边。于氏欲去朝鲜，他得知后也去信阻止。

但至1889年，于氏终于奉了婆母之命，带着克定去了朝鲜。她到达的具体时间不明，而抵达汉城则是毫无疑问的。8月8日，袁世凯在致其二姊的信中写道："继光母子在津时，因未见吾姊大人手谕，或恐非出于母亲大人慈意，故候查明，至稍迟接，罪其悚甚。继儿在此读书甚有长进，……继母（按：指于氏）在此，弟亦时常训斥，亦不敢责打继儿。"他不愿于氏久住，接着又以侍奉母亲为由，告诉二姊，打算秋凉后将继光留下读书，"令其母先回，代弟侍奉"③。然而于氏秋后并未回去。他在11月28日的信中又说："继儿念书甚好，继母明春拟回陈（按：即陈州）。"④可他对于氏相当厌烦："继母糊涂，来此数月，弟继添一桩闲事，殊无谓。"⑤1890年4月牛太夫人病情加重，他拟令于氏"先回探奉，嗣因迭奉谕阻"，

---

① 北洋军阀史料编委会编：《北洋军阀史料》（1），第84—85页，天津古籍出版社，1992年。
② 袁寒云：《洹上私乘》，第9页，大东书局，1926年。
③ 《北洋军阀史料》（1），第191—192页。
④ 《北洋军阀史料》（1），第197页。
⑤ 《北洋军阀史料》（1），第200页。

于氏仍留汉城。过了半个多月,袁世凯还是把克定留下,让于氏回陈州去了。他致二姊的信云:"继母力言母亲大人有奶上病,且五妹将出闺,必请回陈侍奉照料,自是明白大道(理)话,不便阻拦,已派王凤祥等送回。"①

于氏第二次至汉城在1893年6月中旬。同月20日,袁世凯写信告诉世承:"继母来"②。这次于氏何时回去,袁世凯信中没有单独写到,大约是1894年随其生母刘太夫人等一起走的。这年2月22日他在信中说:"今年四五月拟先奉慈舆内渡,眷属均行。"③6月,日本在朝鲜蓄意挑衅,袁世凯立即把所有眷属送到仁川平远舰,23日该舰驶回国内。④

## 四、三姨太金氏

袁世凯有三个朝鲜国籍的姨太太,即第二、三、四姨太太。关于二、四两位姨太太的姓氏、出身和嫁给袁世凯的过程,袁克文和袁静雪的说法均不一样。目前尚未发现这方面的资料,难以判断。

三姨太太金氏乃克文和静雪的生母,据克文记述,她家为望族,系朝鲜国王李熙赠与袁世凯的。⑤静雪说她乃王妃之妹,故以为嫁给袁即为正室,而结果却是她和她的两个陪嫁姑娘一齐被收为侧室,并且按照年龄大小,把她排为三姨太太。

金氏到底是怎样被纳为妾的?袁世凯在致其二姊的信中有明确的说明。1890年5月21日的信写道:"弟有用婢,未告纳。去冬十月有娠后,因漏胎二次,疑不为娠。近形迹已大露,据医生及老妈云,的是有娠,在其左,或卜男,计六七月可解生。十三年来,未立继丁,老亲时为盼,今果生男,可又慰慈怀,乞代禀。惟未告纳,已将生子,殊为惭罪。海外生子,殊多未便,又添些费,自笑自苦。至该婢解生在即,不便不纳,已暗纳,未告人知。"⑥

金氏的名字,过去不为人知。袁世凯1890年8月2日告诉了二姊:"有娠之婢是其小者,姓金名月仙,本名云溪。计月间即将解娩,待见男女,即飞禀慰慈怀。

---

① 《北洋军阀史料》(1),第219页。
② 《袁世凯家书》,第101页。
③ 《袁世凯家书》,第139页。
④ 中国史学会编:丛刊《中日战争》(6),第93页,新知识出版社,1956年。
⑤ 《洹上私乘》,第10页。
⑥ 《北洋军阀史料》(1),第224页。

据云形状似将生男,惟海外殊不便耳。"①

果然,8月31日(农历七月十六日)金氏生下一个男孩,此即袁世凯的次子克文。

从信中可知,三姨太太原名金云溪,至袁家后始改名月仙。她并非明媒正娶过来的,更非明许为正室。她开始只是袁家使用的婢女,因为袁世凯好色,便与她发生了暧昧关系,她曾流产两次,那时袁世凯尚未纳她为妾,只是在她第三次怀孕而又形迹大露,不久快要分娩的情况之下,他才"不便不纳"。此事不大光彩,所以他采用的办法是"暗纳","未告人知"。

安东的金氏家族在朝鲜确为望族之一,但姓金的普通百姓更多。由上述的情况不难看出,金月仙决非出身于高贵的望族,她家的社会地位属于下等,经济状况也很不好,否则不会到袁家为婢女,为袁世凯所玩弄,直到被纳为小妾。

### 五、1881年袁世凯在北京是否遇到"翰林"徐世昌

袁文说:"他官既没有捐成,钱又输个净尽,正在落魄无聊的时候,恰巧遇见了已经考中了进士、做着京官的徐世昌。徐向他问明究竟,便资助他回项城。"

周著也袭用此说,并云"这时的徐世昌已是点了翰林的京官"②。

郭著亦云,袁世凯在京见到徐世昌,但指出徐世昌秋闱不利。

查《徐世昌年谱》③,徐于1880年4月后一度在叶县,其余时间均在鄢陵读书。1881年随妻兄锦泉县令去武陟,从未离开河南一步。因此,说1881年袁世凯与其在北京相见,纯系揣测之词。徐世昌在北京应顺天乡试中举人为1882年,因此更谈不上中进士,点翰林。而此时的袁世凯已经投入庆军了。

### 六、袁世凯投庆军的经过

关于袁世凯投庆军的经过,袁文是这么说的:他先到上海谋事,不成,结识了妓女沈氏,即后来的大姨太太,沈氏劝他另谋出路,并资助盘费。他便由上海去了山东,途中又结识了进京应试的阮忠枢,阮帮助了一些川资。他径直到了登州,向吴长庆投效。

---

① 《北洋军阀史料》(1),第232页。
② 见该书第16页。
③ 贺新培辑,载《近代史资料》总69号。

周著大体上采用上说，只是略去了途中与阮忠枢相遇之事。但到上海之前，却又增加了袁世凯由北京南下广东潮州投奔府知事兼办潮关的周馥这样一段经历。说他在周馥手下干了一段时间，周馥帮他捐了个正五品的同知，又写信把他推荐给直隶总督兼北洋大臣李鸿章。他拿着信没有马上投奔李鸿章，转道去了上海。①

郭著基本上综合了前两种说法，不过又加了许多离奇的情节。如说周馥为袁世凯"祖父袁甲三的部下和叔父袁保庆的兄弟"，让袁世凯做了一名记室，见他对这项工作不耐烦，就写信推荐给李鸿章。他到上海忽然胆怯，便决计不去天津。在上海他不仅结识了沈氏，而且赠给她一联："商妇飘零，一曲琵琶知己少；英雄落魄，百年岁月感怀多。"更有甚者，他正百无聊赖，在客栈里把玩两个由他祖父传至嗣父又传到他手里的鼻烟壶的时候，同室的阮忠枢认出了此物，便问他认识袁保庆否，他答复之后，阮忠枢介绍了自己，并云"曾在令祖父幕中效力，多蒙垂爱，侍奉左右。因此，对此鼻烟壶极为熟悉"。接着详细询问了他的情况，劝他去投奔吴长庆，给了他一些盘费，写了一封推荐信。他马上找到沈氏，吐露心思，沈氏立表赞成，并予资助，设酒饯行。于是他到山东登州（原注：今山东烟台）投奔吴长庆，"这时的吴长庆已经是实授浙江提督了"。②

在讨论袁世凯这段经历的真相之前，首先应指出上述几位作者小小的"疏忽"：

1. "祖父袁甲三"和"叔父袁保庆"，错。应为叔祖父袁甲三，嗣父袁保庆。

2. 周馥曾是袁甲三的"部下"，错。周馥1860年始离家投入湘军，次年12月即入李鸿章幕府，至1863年袁甲三去世，一直在李幕，根本不曾在袁甲三手下工作过。

3. "府知事"，错。当时的官制没有此一名目，应为府同知。

4. "登州（今山东烟台）"，错。登州自唐朝设立，明初升州为府，清因之，治所在蓬莱县（今蓬莱市），而不是今日之烟台。

5. "这时的吴长庆已经是实授浙江提督了"，错。吴长庆授为浙江提督在1880年（光绪六年），"寻调广东水师提督，未之任，会法越军事起，命帮办山东军务，……率所部屯登州"③。这时其职衔应为广东水师提督。

---

① 见该书第16页。
② 见该书第32—36页。
③ 《清史稿》本传。

6. 袁世凯赠妓对联及于鼻烟壶被人认出之事，原载野史《袁世凯轶事》，郭著使用移花接木的手段，把野史中受联的妓女吕商英改为沈氏，把认出鼻烟壶主人的王雁臣换成阮忠枢。①

现在让我们看看袁世凯有无潮州之行。欲知有无其事，首先应知周馥此时是否在广东潮州为官。查周馥自著《年谱》，自1871年由李鸿章调到直隶至1894年甲午战前，他没有在直隶以外的地方做过官。1881年即袁世凯从军的这年，他丁忧期满，5月回到天津，奉委会办海防支应局，7月，署理津海关道。也就在这一年，袁世凯的堂叔袁保龄被李鸿章调到北洋帮办海防，周馥在北洋的消息他有可能从保龄那里知道。即令他不知道，袁世凯若果在此时到了广东，当然不可能找得到在直隶为官的周馥；周馥为其捐官、写推荐信等等，就更无从谈起了。可见袁世凯潮州之行纯系子虚乌有。

再看袁世凯与阮忠枢相遇。郭著说，阮忠枢曾在袁世凯"祖父幕中效力，多蒙垂爱，侍奉左右"，因此对其祖父传下来的鼻烟壶"极为熟悉"。

此处所云"祖父"，按字义当为袁树三。且不说这个小小的陈留县训导有无幕府，即使有，早在1844年他就去世了。阮忠枢呢？他在袁树三逝世二十三年后才降生人世，怎有可能在其幕中效力呢？"祖父"或许指的是当大官的袁甲三，而袁甲三也早在1863年去世了，在此后四年降生的阮忠枢同样绝无在其幕中效力的可能。似此说法，直同海外奇谈。

袁世凯投军之年二十二岁，阮忠枢小他八岁，才十四岁，他年龄如此之小，是否会独自由原籍安徽去上海，再由上海转北京，姑置不论。需要指出的是，这一年（1881）并不是举行乡试的年份，下一年才是，阮忠枢怎会在没有乡试的年份去北京应乡试呢？至于他为袁世凯写推荐信给吴长庆，尤无道理。姑不论他是否知道吴长庆其人，仅就袁世凯与吴长庆的关系而论，也用不着烦他写推荐信。因为吴长庆与袁世凯的嗣父保庆是盟兄弟，情同手足，在南京时过从极密，保庆死时，长庆代为治丧，袁世凯与其十分熟悉，他要投靠吴长庆，哪里需要阮忠枢帮忙？

显然，袁世凯此时与阮忠枢相遇并受其资助之说，难以令人置信。

---

① 见野史氏《袁世凯轶事》，第18—19页，上海文艺编译社印行。

那么，袁世凯是否到了上海？这个问题目前尚无可信的史料能予以证实。不过，从各种情况分析判断，他未去上海。

其一，他在上海没有熟悉可靠的社会关系，不会贸然到上海谋事。

其二，关于他与沈氏相识之地，袁克文另有说法。克文说，沈氏先在上海，后为匪徒掠至天津，欲将其卖入妓院，她誓死不从，至喝毒药明志。袁世凯使韩，道出天津，闻其贞烈，遂将其赎出。①所述相识时间虽较晚，但地点却是天津，而非上海。

其三，袁世凯去登州投军系经天津，亦非上海。他投军之年，堂叔保龄正在北洋办理海防营务，经常来往于天津、旅顺之间。1889年保龄去世后，袁世凯致函二姊写道："弟近十年来，只辛巳年（按：1881年）赴登州时，蒙四叔赏川资四十金，……此一事终身不敢忘，所谓在情不在财也。"②可知其先到天津，会见了保龄，然后才带着保龄赏给的川资去了登州（天津至烟台有船可通，烟台至登州也很方便）。

## 七、袁世凯是否先于庆军大队到了朝鲜

郭著写道：1882年署理直隶总督兼北洋大臣张树声接到了朝鲜国送来的情报和求救文书后，急令海军提督丁汝昌亲赴登州召吴长庆赴天津紧急磋商。会议决定由吴长庆率兵六营，克日出发，紧急渡海东征，并由丁汝昌率舰队护行。

天津会议后，吴长庆立刻回到营中，紧急部署大军开拔事宜。而此时的袁世凯却已经先到了朝鲜。

原来，丁汝昌偕吴长庆回到山东任所以后，也开始着手划定航线，勘查地形。为此，他想在吴长庆营中挑人随行，袁世凯当即毛遂自荐，丁汝昌也一眼看中了敦敦实实，精气神十足的营务处帮办，二人当即随舰出海了。③

可以说，这段话除了丁汝昌通知吴长庆到天津密商外，其余没有一句符合事实。

实际情况是：张树声最初得知朝鲜事变的消息，是来自8月3日出使日本大臣黎庶昌的电报，而非朝鲜送来的情报和求救文书。之后派人询问了正在天津的

---

① 见《洹上私乘》，第9—10页。
② 《北洋军阀史料》（1），第206页。
③ 见该书第43页。

朝鲜官员金允植和鱼允中，又将情况咨告总署。他拟令丁汝昌"先带两船东驶，借巡洋为名，确探日船到朝后如何举动，朝鲜乱党如何情形，立时驰报"；并令已至上海的马建忠折回，"随后另坐一船继去"①；同时专函约吴长庆至津晤商。迨接马建忠北上道经烟台电后，张树声考虑到马建忠"既可与丁提督（汝昌）在烟台相遇，再来津门，殊多迂折，当将一切机宜指示丁提督领悉，并详细函告马道（建忠），嘱其径由烟台与丁提督迅速东渡矣"②。

8月6日，丁汝昌离开天津，7日至登州，会见吴长庆，"说高丽、日本斗衅事"③。接着即去烟台，会合马建忠一同去朝鲜，10日抵达仁川。④

吴长庆8月8日晚抵达天津，与张树声密商后，11日带着张謇离开天津，12日回到登州。⑤

丁汝昌从朝鲜回到天津，向张树声禀明一切，乃是14日，此时吴长庆已回登州了。张树声听过报告，又令丁汝昌于次日"仍乘威远兵船驶赴登州，并亟属吴长庆将所部六营分起东行，以取迅速"⑥。16日，丁汝昌乘威远舰到了登州⑦。

袁世凯这段时间在何处呢？据《张謇日记》，7月29日（六月十五日），"以京都各讯交彦升（按：周家禄字），津门讯交慰廷（按：袁世凯字）"。30日，"送彦升、慰廷至蓬莱阁"。就是说，袁世凯被张謇派到天津去了。他回到登州是8月17日中午，恰好在庆军大队出发东渡之前："即午方当首路，慰廷中翰乘日新驶至，将到手教暨津友各函件"⑧。

那么，丁汝昌是否与袁世凯先行出发了呢？没有，他们是与庆军大队一起走的。张树声报告总署："丁提督明晨即展轮遄发，与吴筱轩（按：吴长庆字）一军迅速东渡。"⑨又报告："现接吴长庆等函报，已先带弁勇两营四哨，以三哨与丁

---

① 《中日战争》（2），第215页。
② 《中日战争》（2），第217页。
③ 《张謇日记》，见《张謇全集》（6），第198页。
④ 故宫博物院编：《清光绪朝中日交涉史料》卷3，第36页，1932年。
⑤ 《张謇日记》，见《张謇全集》（6），第198页。
⑥ 《清光绪朝中日交涉史料》卷3，第36页。
⑦ 《代吴长庆致张树声函》，《张謇全集》（1），第4页。
⑧ 《代吴长庆致张树声函》，《张謇全集》（1），第5页。
⑨ 《中日战争》（2），第220页。

汝昌同坐威远兵船，……顷于本月初四日（按：七月初四，8月17日）由登州开行。"①

朝鲜官员金允植也证明袁世凯此前并未先行："余随军至烟台，与慰庭同乘小舟赴吴帅船，时风雨大作，波涛汹涌，几不得渡。至本国马山浦下陆，浦口无人家，诸军暴露，余与慰庭同宿于野。"②

丁汝昌与袁世凯随庆军抵达马山浦之后，方才勘探地形和登陆地点，而不是在此之前。

**八、关于诱捕李昰应和围剿枉寻里、利泰里**

郭著写道："李昰应觉察有异，正要起身告辞，吴长庆一个眼色，只见久候在一旁的袁世凯立即上前，半扶半挟，没等李昰应反应过来，早已将李昰应塞进了一个预先备好的二人肩舆，从后门抬出了军营。

"袁世凯押着李昰应出了军营后，星夜上路，在马山浦登上兵轮，连夜将其送往了天津……

"……四天以后，吴长庆接到朝鲜国王密报，派袁世凯率兵包围了枉寻里、利泰村二处东学党据点。"③

事实不然。

据吴长庆、丁汝昌、马建忠报称：李昰应来营答拜，三人与之"往复笔谈，延至日暮，先以计遣其护从，丁汝昌亲率小队以肩舆拥李昰应就道，连夜冒雨遄行，十四日（按：8月27日）侵晨至南阳海口，即上登瀛州兵舰，派该船管驾官叶伯鋆妥慎解送天津"④。

对这次行动，马建忠亦有详细记载，其中写道："昰应惧，四顾。吴、丁二军门皆起出帐，余亦掖昰应出，令登舆，……昰应以非己舆，不肯入。余纳而进之。健卒百人，蜂拥而去，丁军门策马以从。"⑤

关于围剿枉寻里、利泰里，丁汝昌、马建忠向李鸿章禀报说："其乱党之聚居枉寻、利泰二里者约数千人，……与李昰应勾结一气，迭为变乱。今李昰应虽

---

① 《清光绪朝中日交涉史料》卷3，第36页。
② 《中日战争》（2），第405页。
③ 见该书第48页。
④ 《中日战争》（1），第347—348页。
⑤ 《中日战争》（2），第197页。

已就拘，而其子载冕以大将新握兵柄，仍恐该党奉以为乱。爰于十五日（按：8月28日）傍晚，先将李载冕诱拘南别宫。……是夜，吴长庆调派副将张光前、何乘鳌、总兵吴兆有，率领亲兵庆字三营，前捕枉寻里乱党，……其利泰里乱党，吴长庆亲往掩执。"①

袁世凯虽在诱捕李昰应和围剿利泰里时出了力，但上述记载说明，他只不过扮演了一个小角色，既未将李昰应塞进轿，押往马山浦，送回天津，也未率兵包围枉寻里、利泰里。

如果说袁世凯26日晚连夜将李昰应"送往了天津"，他再由天津返回汉城，即使一刻不停，至少也需三四天，怎会赶得上28日晚即已开始的围剿行动呢？就算能够飞回，他没有分身法，又怎么可能同时率兵包围了并不毗连的枉寻里和利泰里呢？再说，他地位很低，第一次参加实际战斗，吴长庆能把指挥大权交给他吗？顺便指出，枉寻、利泰二里被围的不是"东学党"，而是与李昰应有勾结的"乱党"。

## 九、袁世凯是否护送闵妃回宫

郭著写道："9月间，清军找到了因兵变流落民间的闵妃，并由袁世凯护送回了王宫。"②

闵妃不是由清军找到的，而是朝鲜人报告的；护送她回来的不是袁世凯，而是陈云龙等人。

对此，吴长庆给李鸿章的咨呈讲得很清楚："据朝鲜前任县监沈宜亨密报，本年六月初十日乱军围逼王宫，王妃闵氏负创潜逃，赖左翊赞闵应植匿避于阴竹长湖院村，以免于难。乱军散后，求妃不得，遂以与难发丧，……旋由国王商请派队迎还，先命鱼允中前往布置。二十五日夜，派哨官陈云龙、吴长纯挑选精锐枪队百人，协同国王所派文武官吏，兼程往护……闵妃即以二十八日起行，八月初一日还宫。"③

---

① 《中日战争》（1），第349页。
② 见该书第48页。
③ 《中日战争》（1），第364页。

## 十、吴兆有、张光前对日军作战时的表现

1884年12月,朝鲜开化党人在日军支持下发动政变。统带吴兆有与袁世凯、张光前相商,各带一营分路攻向王宫。

对吴兆有、张光前在作战中的表现,郭著写道:"在宫西金虎门下,袁世凯遇上了正在宫墙下避弹的张光前和他的军队,这位淮军老将正在宫墙下缩作一团,一营清军依墙匐伏,既未敢放一枪,也未敢进一步,再想想连影子也未见到的吴兆有军,袁世凯不禁深深地叹了一口气:'淮军暮气,何至此耶'。"①把这一仗的功劳都归到了袁世凯名下。

实情并非如此。

吴兆有等人联衔禀报称:"当此之时,各军义无反顾,交战数时许,天已昏黑,各收队止战。沐恩兆有归营,查点勇丁阵亡者三人,受伤者十余人;卑职世凯营中阵亡勇丁六人,受伤弁勇二十余人;沐恩光前营中受伤三名。"②袁营之所以死伤严重,是因为碰上了日军预设的地雷和格林炮,吴营则未遇到这种情况。张营负责断后策应,非进攻主力,伤亡少些。就连袁世凯的单独禀报亦云:"吴、张两军冲其左右"③,怎能说吴、张两营未敢同敌人接仗呢?

## 十一、龙山等商务理事设立的时间

郭著云:"1890年,袁世凯奏请在龙山、仁川、釜山、元山四处设立了中国在朝商务理事,专管华商在朝商务。"④

设立时间全错,四处亦非同时设立。

中国在上述四个分口设立负责商务的官员称为分办商务委员或商务委员,即理事。最初设立的为仁川、釜山、元山三处,那时袁世凯尚未出任驻朝总理交涉通商大臣,总办朝鲜商务委员为陈树棠,他在1884年6月就札派了这三个分口的商务委员。⑤

---

① 见该书第64页。
② 《中日战争》(1),第417页。
③ 《中日战争》(1),第424页。
④ 见该书第88页。
⑤ 《清季中日韩关系史料》(3),第1409页,台北,1972年。

1885年袁世凯出任驻朝总理交涉通商大臣之后，12月对原各分口负责人进行了改组，同时因"元山华商不过数人，设一分办，无所事事，每岁公款未免虚縻"，禀准李鸿章将分办商务委员一缺裁撤，改派坐探委员照料。①

龙山商务委员设于1886年6月。袁世凯禀报："现因商人移栈龙山，尤觉鞭长莫及，且韩华商民时有银钱账目争执词讼之事，颇难逐一研讯，……拟请颁发办理龙山通商事务关防，饬令李丞（按：李荫梧）专办。"李鸿章予以批准。②

### 十二、同泰顺轮船是否获利

郭著云："1892年，袁世凯鼓励同泰顺商行集资购买了浅水轮船二只，往来于仁川和汉江各处，每年接运朝鲜漕粮十万担和所有的中国货物；同泰顺因此大获其利，中国也取得了在朝的运输垄断权。"③

实际情况恰恰相反：亏损。

通惠小轮公司（即同泰顺等集资购轮成立的公司）最初准备购小轮二只，后因与朝鲜转运局订立合同接运官米，改定了一只大的，除运客货外，希冀每月运官米万余石，得水脚千余元，可资开支。岂料事情很不顺利。1893年10月公司董事谭以时禀称：自今年8月轮船造好，"讵意韩廷官米于春夏间早已运完"，"又值南道灾荒"，"抵此两月余，尚未见到升斗米，并未得到分文脚值。现专赖客货水脚"，"须至明春始有米运，该轮支费之源已不可恃。又与倭美小轮跌价争揽，所得水脚极为细微"，统计每月"亏折千余元"。"明春纵能如数付米接运，亦仅敷开支。倘韩人再为爽约，或秋冬两季仍无米运，则亏折血本将不知伊于胡底。反复筹思，势难再驶，伏乞宪台准令将该船转售歇业，或设法照招商局船例筹费津贴。"袁世凯考虑到售船歇业，不但日美商人"愈将肆其挟嫌忌愤之私，把持垄断，且与商务大局及中国体面实有损碍"，决定在贷给朝鲜的二十万两款项的息银内，按月拨付库平银三百两津贴公司，使其维持下去。李鸿章予以批准。④该轮受津贴以后，也未能在朝鲜取得排除日美商人竞争的运输垄断权。

---

① 《清季中日韩关系史料》（4），第1964—1965页。
② 《清季中日韩关系史料》（4），第2117页。
③ 见该书第88页。
④ 《清季中日韩关系史料》（6），第3225—3226页。

### 十三、袁世凯回国前是否准备在朝鲜发动政变

1894年6月，日本逼迫朝鲜政府改革，局势紧张。周著说："袁世凯这时断然决定，在朝鲜发动政变，推翻闵妃集团，扶大院君执政。"① 郭著亦持此说②。

此说不确。

当时袁世凯痛恨闵妃，想把她除去，但没有考虑过发动政变，只劝当权的"诸闵"告退。鉴于局势不利，"诸闵"不退，他也不敢勒逼，惟恐逼得他们投靠日本。他也曾想到李昰应，但以为老而无用了。对此，他向李鸿章禀报过："韩政乱，根于闵，不除妃，断无从着手。日前苦劝诸闵告退，拔用有名望老成，已三日，毫无动静，未便乘危勒逼，驱与倭合。况纵能暂听，逾时必仍旧。如李昰应及此自振最妙，惜老无用。……闵事乞秘，防泄生变。"③ 他回国以后回答总署的电询时还称："李昰应心实向华，亦有才干，惟年近八旬，在汉城杜门不出，若令辅政，华须与倭会商，恐不易更张。"④

### 十四、1894年袁世凯是否与张謇握手言欢

郭著在叙述了1884年袁世凯被张謇等致函"鸣鼓而攻"之后，写道："十年以后当他在北京再度见到张謇的时候，两人终于澄明原委，重新握手言欢，成了极为投契的朋友。而此时的张謇也已经是……被点为甲午恩科的头名状元郎了。"⑤

此说可能源于刘垣的《张謇传记》，但并不真确。

如果说1894年袁世凯与张謇在北京相会，肯定在袁世凯归国后的7月23日至其出山海关的9月8日这段时间，因为他出关后直至次年方才回到天津。然而，在这段时间内，他们并未见过面，有事实为证。

首先，张謇这段时间记有日记，把每天与谁会晤都记得清清楚楚。如果与其断交十年之久的袁世凯与其相见，他绝对不会忘记写进日记，而在他的日记中根本未记有此事。

---

① 见该书第22页。
② 见该书第97页。
③ 顾廷龙等编：《李鸿章全集》（2），第729页，上海人民出版社，1986年。
④ 《李鸿章全集》（2），第804页。
⑤ 见该书第73页。

其次，袁世凯这段时间没有进京。7月24日朝廷曾电令李鸿章饬袁世凯迅速来京。袁世凯若想进京，有此光明正大的理由，即使李鸿章想阻挠也阻挠不住，但他没有去。李鸿章复电总署说："昨奉电旨饬袁世凯迅速来京，当即转饬钦遵。该道沥陈在韩抱病日久，心神恍惚，头目眩晕，坐立不稳，正在延医调治，欲即赴召，万难撑持，可否代乞赏假，稍愈即力疾进京等因。鸿察看神气憔悴，实因久劳烦郁所致。似宜准暂静养，冀早复原，力图报效，祈代奏。"① 可知袁世凯确因有病不能进京。总署奏明，朝旨允准。

8月2、3日，袁世凯拜会过正在李鸿章幕府的张佩纶②。4日，李鸿章又电总署说："袁世凯病体小愈"。接着又云前敌需要，拟令其仍任前职兼办抚辑事宜，前敌事机关系紧要，晋京似尚可缓，请代奏请旨遵行。次日朝旨下，"袁世凯著勿庸来京，即驰赴平壤办理抚辑事宜"③。

袁世凯并不想去办抚辑事宜，曾让堂弟世勋到京活动。8月16日翁同龢记其事说："袁世勋（敏孙）为袁慰廷事来见。慰廷奉使高丽，颇得人望，今来津不得入国门，李相令赴平壤，欲求高阳（按：指李鸿藻）主持。因作一札予高阳，即令敏孙持去。"④ "今来津不得入国门"，说明至8月16日袁世凯未曾进京。

活动没有成功，李鸿章仍令袁世凯上前线，袁一直拖到9月上旬才出关。行前他给李鸿章写了个禀帖，并请转咨总署，说明未能迅即出关的原因："惟职道在韩十数年，因水寒风劲，夙受肺伤，触凉即发。近以秋初寒热无常，感受风寒，曾患失血，继犯痰喘，赶施医药，至是月二十日（按：8月20日）始见渐痊。嗣因迭奉宪饬筹办军米、向导、铸钱，并料理随带抚辑员司各事件，极形繁杂，至八月初间甫克就绪，而痰喘症仍未全除……现既料理就楚，拟于八月初九日即行启程前往。"⑤ 据此可知，在8月16日以后至出关之前，他还在天津，未去北京，因而仍未与在北京的张謇会面。

历史是门科学，只能依据事实立论。在新的史料公之于世之前，人们见不到，

---

① 《清光绪朝中日交涉史料》卷15，第22页。
② 张佩纶：《涧于日记》甲午下，第11页，丰润张氏涧于草堂石影版。
③ 《清光绪朝中日交涉史料》卷16，第8、10页。
④ 《中日战争》（4），第489页。
⑤ 《清季中日韩关系史料》（6），第3573页。

出些偏差错误不难理解。但有许许多多翔实的资料而不加研究，偏信为袁世凯涂脂抹粉、歌功颂德的《容庵弟子记》和一些不负责任的野史，甚至想当然信口开河，就不应该了。传记需要写得生动活泼，栩栩如生，但不可为了增强可读性而像文艺创作那样进行虚构。即使文艺创作，若为历史体裁，虚构也不能太离谱，如把尚未出生的人而说成在其出生之前若干年就已为某人效力，那就与"关公战秦琼"相去不远了。

（原载《近代史研究》1999 年第 1 期）

# 1896年袁世凯被参与徐世昌受聘无关

陈夔龙在《梦蕉亭杂记》中记述袁世凯在小站练兵时写道:"当奏派(袁世凯督练新军)时,常熟(指翁同龢)不甚谓然,高阳(指李鸿藻)主之。讵成立甫数月,津门官绅啧有烦言,谓袁君(指袁世凯)办事操切,嗜杀擅权,不受北洋大臣节制。高阳虽不护前,因系原保,不能自歧其说,乃讽同乡胡侍御景桂,摭拾多款参奏。"①

陈夔龙的这段记述基本上是可信的。李鸿藻是"清流派"的领袖,极其爱惜羽毛,生怕声誉有损。得悉袁世凯在小站的社会舆论不好,作为袁世凯督练新军"原保"的他深感面上无光。可是"原保"不能"自歧其说",加以袁世凯的堂叔袁保龄是他的门生这层关系,他更不好直接出面,于是便讽示御史胡景桂进行参劾了。

然而,刘忆江先生颇有异议。他写道:"值得注意的是,陈夔龙把袁世凯的被参,归结为李鸿藻的授意。李鸿藻为何对自己前不久还极为欣赏的人,出之以此种手段,颇有令人不解之处。"刘先生认为袁世凯被参的真实原因是:"仔细分析起来,问题可能出在徐世昌身上。徐世昌留翰林院任编修之后,一直倍受兼任翰林院掌院的李鸿藻的冷遇和压制,原因是李认为徐虚伪矫情,而徐世昌也就成了不受待见的'黑翰林'。袁世凯十分念旧,知道了他这位'大哥'的窘况,聘请徐到小站任职,许以丰厚的薪资,这就在无形之中得罪了李鸿藻,于是便有了这次参案之事的发生。目前所见到的资料中,于此虽无直接的证据,但仍有蛛丝马迹可寻。比如,袁被参的主要罪名是滥委官员、'蚀饷营私',也就是滥用公款招纳私人,

---

① 陈夔龙:《梦蕉亭杂记》卷2,第2页,上海古籍书店,1983年。

委以官职。又如，以徐世昌拮据的经济状况而言，应该是很愿意到老友那里就职的，却迟至1897年的8月，在李鸿藻刚刚去世（李于7月24日卒）后不久才应聘到小站上任，恐怕不仅仅是巧合，而是因李之作梗所致。"①

刘先生如此说法，所据不是"直接的证据"，而是"蛛丝马迹"，自然很难有说服力。御史胡景桂参劾袁世凯是在1896年4月，而徐世昌应袁世凯之聘至小站出任新建陆军参谋营务处总办，则是在1897年7月。参案发生在前，徐世昌应聘在后，时间相差一年多。如果说袁世凯被参是因为聘用徐世昌"在无形之中得罪了李鸿藻"，那么，参案最早也只能发生在1897年7月徐世昌应聘之后，绝不可能发生在此之前。而徐世昌应聘时，李鸿藻已经去世，不会再有被袁世凯"得罪"的感觉了。很显然，刘先生把两者发生的时间顺序弄颠倒了。仅此一点即可证明，袁世凯被参与聘用徐世昌毫无关系。徐世昌既然未到小站，"招纳私人"云云，当然也不是指他。

徐世昌在1897年7月应聘，亦非李鸿藻"作梗所致"。李鸿藻没有兼任过翰林院掌院的职务，说徐世昌在翰林院受到他的"冷遇和压制"、极力"作梗"没有根据。徐世昌之所以在1897年7月受聘，实在另有原因。1896年12月27日，其母病逝。其后直至受聘前，他一直忙于处理丧事和家事。1897年3月，他将母亲的灵柩运往河南卫辉府，4月安葬在唐冈祖坟中。同月下旬回到直隶定兴县家中。6月，埋葬了侍妾，然后到京城谢客，去天津祖籍，送其母亲神牌入节孝祠。之后，回到定兴县料理家事。②诸事料理妥当，方于7月应袁世凯之聘。这就是他不在早些时候而恰恰在此时才应聘的原因。由此可见，他应聘与李鸿藻的去世没有必然联系，纯属时间上的巧合。

那么，徐世昌何以不去仍当翰林公，而要去充当袁世凯的幕宾？按照清朝的制度，父母去世，官员必须离职，在家守丧三年（实为二十七个月），称为守制。三年期满，始能起复。如遇特殊情况，朝廷可以命令其不必去职，或者丧期未满令其复职，叫做夺情。徐世昌任职的翰林院是个清闲衙门，没有重大紧急事件要他处理，他只能在家守制。但在守制期间，官员可以应其他官员之聘，加入幕府，因为幕宾不属于国家官吏，不受守制制度的限制。而且幕宾与聘请的主官之间是

---

① 刘忆江：《袁世凯评传》，第210页，经济日报出版社，2004年。
② 贺培新辑：《徐世昌年谱》卷上，《近代史资料》总69号，第18—19页。

师友或宾客关系，不是上下级僚属关系，来去自由。所以，他在守制期间不能官复原职，在家无所事事，便临时措置，充当了袁世凯的幕宾。薪俸"远高于其翰林薪俸和坐馆收入所得"①，可能是吸引徐世昌应聘的一个原因，但这是非常次要的，倘若办完丧事即可官复原职，他就不一定会应聘了，因为他更看重自己原有的职务。这可从以下的事实得到证明：1899年4月，他服丧期满，即"欲回京供职，屡辞营务"。袁世凯"强留之，奏请留营帮办"，奉旨允准。②徐世昌虽然碍于把兄弟的情面暂时留了下来，但去志仍坚。同年11月，他再次向袁"告辞"，提出"入京供职"。袁"坚留"，徐"未允"，袁只得"奏请咨送回原衙门供职"。③12月，徐世昌就回到京城翰林院复职了。

（原载《近代史研究》2009年第3期）

---

① 刘忆江：《袁世凯评传》，第188页。
② 贺培新辑：《徐世昌年谱》卷上，《近代史资料》总69号，第21页。
③ 贺培新辑：《徐世昌年谱》卷上，《近代史资料》总69号，第22页。

# 辛亥革命爆发后
# 徐世昌是否密赴彰德会见袁世凯

1911年10月10日辛亥革命爆发后，经内阁总理大臣奕劻和协理大臣那桐、徐世昌保荐，14日摄政王载沣发布上谕，任命被罢官后定居在河南彰德（今安阳市）的袁世凯为湖广总督，督办剿抚事宜；所有该省军队及各路援军，均归其节制调遣；陆军大臣荫昌和海军巡洋、长江联合舰队统制萨镇冰所带之水陆各军，亦得会同调遣。并命其要力顾大局，不要推辞。但过了几天，袁世凯并未立即出山，于是出现了徐世昌密赴彰德会见袁世凯之说。此事关系到袁世凯是否愿意出山和是否提出重大政见等问题，似有讨论清楚的必要。

徐世昌密赴彰德会见袁世凯之说最初出自何人，笔者没有查考，见到较早持此说的学者为李剑农和陶菊隐两位先生。李先生写道："徐世昌见他不出，便微服出京亲往劝驾。及清廷再三催促，袁便以徐世昌和奕劻为介，提出六个重要的条件来，非清廷悉行允诺，决不出山。其条件如下：一、明年即开国会。二、组织责任内阁。三、宽容与于此次事变的人。四、解除党禁。五、须委以指挥水陆各军及关于军队编制的全权。六、须与以十分充足的军费。""载沣不接受，他总不出山"。"直到九月初六日——那时湖南、陕西、九江，已响应革命军，载沣更慌乱了——才下谕授袁为钦差大臣，节制各军，以冯国璋统第一军，段祺瑞统第二军，召荫昌回京。这就是表示接受他六条件中的第五项，算是载沣对袁第二步的降服。但是对于其他的条件，尚无表示，袁世凯也尚未出山。恰好在授袁为钦差大臣的一天，资政院的立宪党人提出四条上奏案来：一、取消亲贵内阁。二、宪法须由人民代表协赞。三、赦免国事犯。四、即开国会。本案由院可决后，即行上奏。这好像是立宪党和袁世凯合演的双簧戏。"①

在陶先生的笔下，此事变得更具体而活灵活现了："他（指奕劻）明明知道是袁的授意叫他出面来保荐的，现在目的达到了，为什么又是要装腔作势地不肯受命呢？因此，他叫徐世昌于10月20日（八月二十九日）秘密到彰德去摸袁的底子。徐到彰德与袁进行了一度密谈，就很快地跑回北京来，装做很生气的样子回报奕劻说：'真是不成话，他还提出了一些就职的条件……'奕劻问他提出那些条件时，他又支支吾吾地不肯说出来。直到盘问得紧，才吞吞吐吐地说出了如下的六个条件：一、明年召开国会；二、组织责任内阁；三、开放党禁；四、宽容武汉起事人物；五、授以指挥前方军事的全权；六、保证饷糈的充分供给。这是袁、徐串通一气地演出来的一幕双簧戏。"②

两位先生说法相同的地方是徐世昌前往彰德和袁世凯所提出山六个条件，区别在于李先生说是徐世昌主动赴彰德，但未指明时间，陶先生则说徐世昌赴彰德是奉奕劻之命，时间在10月20日（农历八月二十九日）。此后，徐世昌密赴彰德会见袁世凯之说几乎成为近代史学界的"共识"。

笔者开始研究袁世凯时也曾相信此说，后来逐渐产生怀疑，现在更觉难以成立。兹将拙见略述于下，敬请方家指正。

第一，袁世凯被任命湖广总督之后即提出出山条件，既非同徐世昌密商，亦非论者所说的六个条件。

10月14日载沣拟好任命袁世凯为湖广总督的上谕后，召见了度支部大臣载泽。旋载泽出来向奕劻宣告载沣之命曰："'使朝臣中与项城（指袁世凯）习者赍诏前往，促之速来，善为我辞焉，勿介意于旧事也。'遂令阮忠枢往彰德。"③

当天，内阁参议阮忠枢抵达彰德，将上谕和奕劻的亲笔信交给袁世凯，传达了载沣要其"速来"，"勿介意于旧事"的意思。同来者还有内阁统计局局长杨度。其时王锡彤正在袁府，他与杨度均劝袁世凯不要应命，袁世凯长子袁克定亦然。袁世凯不悦，说："余不能为革命党，余子孙亦不愿其为革命党。"④

---

① 李剑农：《戊戌以后三十年中国政治史》，第110—111页，中华书局，1980年。
② 陶菊隐：《北洋军阀统治时期史话》（1），第76页，三联书店，1957年。
③ 刘体仁：《异辞录》卷4，第47—48页，中华书局，1988年。
④ 王锡彤：《抑斋自述》，第172页，河南大学出版社，2001年。

10月16日，袁世凯上谢恩折说："旧患足疾，迄今尚未大愈，去冬又牵及左臂，时作剧痛"。"近自交秋骤寒，又发痰喘作烧旧症，益以头眩心悸，思虑恍惚"。"已延医速加调治，一面筹备布置，一俟稍可支持，即当力疾就道。"① 表示不能马上受命，病好即可出山。在致奕劻和徐世昌函中亦有同样的表示，这当然不是他的真实想法，因为他的身体颇为健康。

其真实想法是什么呢？他在16日致奕劻函中写道："病中昏瞀，不能尽言，余属阮（忠枢）参议详达。所在应行筹办各事，另具函牍，呈候训示祗遵。"②17日在复徐世昌函中写道："承荐王总兵汝贤等四员，均系可用之才，弟所素知，惟暂尚无事可办，拟俟各节议妥定去，再电招来此，以副雅意。"③ 两函所说"应行筹办各事"和"拟俟各节议妥定去"何所指呢？18日他在复直隶提法使张镇芳函中写得很清楚，这就是他"开具"的、让阮忠枢回京面呈奕劻的"节略八条"，即其出山条件。该函写道："此次变起仓猝，武汉已失，承泽（指奕劻）手书交斗瞻（阮忠枢字）送彰，传述当宸（指载沣）语，意极恳挚。兄断不能辞，昨已具折谢恩，惟沥陈病状之急切，恐难就道，并须一面妥筹布置等语。另又开具节略八条，大意谓无兵无饷，赤手空拳，何能办事，拟就直隶续备、后备军调集万余人，编练二十四五营，带往湖北，以备剿抚之用。又拟请度支部先筹拨三四百万金，备作军饷及各项急需；并请军谘府、陆军部不可绳经文法，遥为牵制等语。此项节略已交斗瞻带京，面呈承泽。如各事照办，兄自当力疾一行。前夕午楼（荫昌字）过彰晤谈，兴致颇为踊跃，北路去军皆由伊统辖，兄仅有会同调遣之权，恐多推诿；鄂军全变，各路援军极少，非自成一军，不足济事。"④

这些想法，袁世凯也向冯国璋和张人骏讲过。18日他复函冯国璋说："必须稍事调理，方可就道。鄂军全变，各路援军极少，兄纵前往，无兵节制，赤手空拳，用何剿抚？至北去各军，均归荫帅（荫昌）统辖，兄仅有会同调遣之权，执事自应禀承荫帅办理一切（冯国璋此时已受命统领援鄂第二军，归荫昌指挥）。兄现拟请增调北洋续备军，编练应用，倘蒙部允，即须力疾督饬迅速成营。彼时武汉

---

① 《辛亥革命》（8），第307页。
② 全国公共图书馆古籍文献编委会编：《袁世凯未刊书信稿》，第1560页，中华全国图书馆文献缩微复制中心，1998年。
③ 《袁世凯未刊书信稿》，第1563—1564页。
④ 《袁世凯未刊书信稿》，第1579—1580页。

果已光复，分防地面，亦必不可少之预备。"① 在致张人骏电中说："俟调理可支，方能就道。鄂兵全变，各路零星援兵绝少，急切难到。部军皆有专帅，讵易会调。凯现赴鄂，无地驻足，亦无兵节制，用何剿抚？现商阁（内阁）拟请增直省续备万人，编营统往协剿，未知能否得请？"②

从上述函电可知，袁世凯向内阁开出的出山条件主要是：从续备、后备军调集万余人，以备剿抚之用；先筹拨三四百万金，备作军饷及各项急需；请军谘府、陆军部不要遥为牵制等。"如各事照办"，他"自当力疾一行"，言下之意，办不到就不出山。对他来说，提出这些条件是绝对必要的。载沣要他到湖北剿抚革命党人，而剿抚必须有起码的本钱，即掌握一定数量的军队，否则便是空谈。可是湖北的军队"全变"，"各路援军极少"，没有军队，正如他所说，"赤手空拳，用何剿抚"？所以他首先要求调集万余士兵，供自己指挥。有军队必须有军饷，不然士兵不会卖命，故又要求拨付三四百万两。军队作战，要视战场实际情形，由指挥官随机应变，方能取胜，他要求军谘府、陆军部不要遥为牵制，也不为过分。

从上述函电亦可知，论者所云袁世凯同徐世昌密商提出的第五项条件"须与以十分充足的军费"，袁世凯在"节略"中已经讲明；第六项条件"须委以指挥水陆各军及关于军队编制的全权"，"节略"中虽未提出，但对冯国璋、张镇芳和张人骏业已表明没有指挥全权的担心；而此时的徐世昌尚在北京。论者所云袁世凯提出的明年召开国会、组织责任内阁、开放党禁、宽容武汉起事人物四项条件，"节略"中只字未提。这不难理解，因为他只是一省的主官，当前急务是剿抚革命党人，只有军事方面的条件得到保证，才能完成任务，其他条件对他进行剿抚没有什么作用。正因如此，他在11月13日进京之前的一段时间内，从无一次奏请过。论者说是他同徐世昌商定提出的，没有一个见证人和可信的文献资料能够证明。至于说资政院通过的这几个议案是立宪党和袁世凯合演的"双簧戏"，大约是出自想当然。议案的提出是在10月27日召开的资政院第三次会议上，先由议员于邦华等提出顺人心以弭乱本具奏案，经过讨论，大家决定将其一分为三，即罢亲贵内阁、宪法交资政院协赞、解除党禁，次日通过上奏；11月4日又通过了召开国会议案，这些均与袁世凯没有关系。

---

① 《袁世凯未刊书信稿》，第1571—1572页。
② 《袁世凯致张人骏电》，《历史档案》1981年第3期，第39页。

总之，袁世凯在"节略"中向内阁开具的条件才是他提出的真正出山条件，而此时徐世昌尚在北京；所谓同徐世昌在彰德商定的条件既不是袁世凯提出的，也无任何事实根据，因而徐世昌密赴彰德之说不能成立。

第二，徐世昌没有赴彰德的必要。

从袁世凯16日致奕劻函中的口气看，阮忠枢回京复命的时间不是15日，就是16日。奕劻和那桐、徐世昌均为袁世凯的同党，奕劻收到袁世凯开具的"节略"，自然会交给内阁协理大臣那桐和徐世昌阅看。他们都了解袁世凯的意图，不能不认真研究，看看能否做到，如何落实，故徐世昌17日没有离开北京，有《那桐日记》为证。

18日上午，"项城（袁世凯）有折谢恩，又有应预备各事宜一函，堂官代为进呈"①。"应预备各事宜"即袁世凯致奕劻函中提到的"应行筹办各事"，亦即"节略"，载沣也看到了。同时在其谢恩折上批道："现在武昌、汉口事机紧迫，该督夙秉公忠，勇于任事，着即迅速调治，力疾就道，用副朝廷优加倚任之至意。"② 这个批语应交内阁转达袁世凯，奕劻、那桐、徐世昌对载沣催促袁世凯迅速出山当然知道。

19日，袁世凯致电内阁请代奏："鄂省兵叛库失，凯赤手空拳，无从筹措，必须赶募得力防军，以备驻防收复地面及弹压各属。""拟请旨俞允在直隶、山东、河南等省，招募曾经入伍壮丁一万二千五百人"，"编集二十五营，作为湖北巡防军"；"惟兵以饷项为命脉，必须裕筹"，"仰恳饬下度支部速拨的款四百万两，以备拨支。"③ 此为他在"节略"中开具的主要之点，现在又请内阁代奏，可见他也急着出山，催朝廷赶快批准。同时又发代奏电，告知朝廷："自刊木质关防，文曰'湖广总督督办剿抚事宜行营关防'。"④ 刊了关防，就表示准备出山了。

同一天，"内阁奉上谕：袁世凯现已补授湖广总督，所有长江一带水陆各军均著暂归该督节制调遣，会同沿江各该督抚妥筹办理。钦此。臣奕、臣那、臣徐。"⑤ 徐世昌副署这道上谕，当然晓得袁世凯已取得指挥水陆各军的全权和即将出山。

---

① 许宝蘅：《〈巢云簃日记〉选》，《近代史资料》总115号，第88页。
② 《辛亥革命》（8），第307页。
③ 《闵尔昌旧存有关武昌起义的函电》，《近代史资料》创刊号，第61页。
④ 《新任湖广总督袁世凯致内阁请代奏电》，《历史档案》1981年第3期，第22页。
⑤ 《辛亥革命》（5），第334页。

在此情况下，他还有在第二天亲往彰德劝驾或摸袁世凯底子的必要吗？显然没有。

第三，徐世昌没有在20日去彰德的可能。

19日，徐世昌副署了授袁世凯指挥水陆各军全权的上谕，说明这一天他仍在北京。20日，其行踪不太清楚，陶先生在《北洋军阀统治时期史话》中说他赴彰德了。可是，陶先生在其所著《袁世凯演义》中又说："十月二十日，徐世昌从彰德跑回来，气急败坏地回报奕劻说：'咱们甭再找他（指袁世凯）了，难道少了他这出戏就唱不下去不成？'……奕劻问道：'哪六个条件呢？'徐把六个条件摊出来……"①同是一天，前者说去，后者说回来，岂非自相矛盾？

也许陶先生的意思是徐世昌在一天之内跑了个来回，但这可能吗？

当时"京中局面，颇为涣散，满汉之界尤严，最为难处。二十五六（16日、17日）均有起事之谣"；"因市面银根奇窘，信成银行几将挤倒"；"旅店、会馆、娼寮日日注意，其不类者，立即驱逐"；"不准集合多人聚议密语"；民政部大臣桂春"又奏请添巡警，闻外城共二千名，皆以新招之八旗兵充之，该兵习气甚深，骤令站岗，未有不滋事者"。②10月29日王锡彤与袁克定由北京乘火车回彰德时，"京汉车上拥挤甚，妇孺尤多。远隔三千里，而逃难者已如此其多，群众心理皆知清之必亡矣"。他们在一个头等房间，闻知赵秉钧"在车役室中，乃邀之来"；齐耀琳等"亦踆踆无坐处，并邀之入室"。③连赵秉钧、齐耀琳这等人物都找不到座位，逃难人极多，火车上拥挤不堪的情形就不难想象了。不要说这种混乱情况难以使火车正常运行；就是正常运行，从当时的车速估计，由北京至彰德，单程至少需要大半天，加上中间迎接、密商、吃饭等等，一天跑个来回，恐怕亦无可能。

非但如此。据《那桐日记》记载，21日，"午正后散值，到徐中堂宅拜寿"；22日，"午正散值，同菊相（徐世昌字菊人）出福华门，到四姑爷处早饭。未初到资政院行开会礼"④。不仅说明这两天徐世昌在北京，而且21日他家还有庆寿喜事，那桐前去拜寿。一般百姓人家庆寿也需准备一天半天，才能办得比较像回事。

---

① 陶菊隐：《袁世凯演义》，第133页，中华书局，1979年。
② 北洋军阀史料编委会编：《北洋军阀史料》（1），第511—514页，天津古籍出版社，1992年。
③ 王锡彤：《抑斋自述》，第173页。
④ 《那桐日记》，辛亥八月三十、九月初一日，新华出版社，2006年。

徐世昌家中是谁的寿辰虽不得而知，但他身为内阁协理大臣，又有排名在他之前的那桐一类大人物前去拜寿，更需要充分准备，不能潦草从事。因此，为了筹办拜寿之事和次日亲自接待那桐等高贵客人，20日他也不可能跑到彰德去。

其实，徐世昌在20日的行踪并非没有一点蛛丝马迹可寻。这天，载沣在阅过湖南巡抚余诚格的奏折后曾发出一道电谕，著荫昌、袁世凯、岑春煊、端方等"分别妥慎筹办"。末后写道："钦此。阁。二十九日（20日）。"①副署上谕一般是奕劻和那桐、徐世昌三人，既然这道上谕系内阁副署，就应当包括徐世昌在内，说明他在20日没有离开北京。

徐世昌未赴彰德会见袁世凯，前述之外，还有两个佐证。

一为贺培新的记述。贺培新根据徐世昌书写的《韬养斋日记》（此书未出版，外人见不到）编了《徐世昌年谱》，其中记述14日后徐世昌的活动说："二十三日（10月14日）奉上谕袁世凯补授湖广总督，岑春煊补授四川总督。公（指徐世昌）自是会客、议事，日无暇晷。九月朔（22日），同那相（那桐）至资政院行开院礼。"②从"自是会客、议事，日无暇晷"行文中可以推想，徐世昌在14日至22日这段时间，没有离开北京。如果他确实去了彰德，贺培新没有理由不将这件大事叙明，只写"会客、议事"。

二为载涛的说法。他说："至于外间传说，徐世昌曾秘密赴彰（德），往来磋商条件，据我想，袁、徐两人早有默契，似不必再作形式上之会见，且当时亦未听说徐有赴彰之事。"③徐世昌位高权重，离京必须经载沣批准。载涛时任军谘大臣，且为载沣的弟弟，如果徐世昌确实去过彰德，他应该能够听到一点风声，但他亦未听说，可见此事属于"传说"而已。

（原载《近代史研究》2011年第3期）

附注：据近年披露的《韬养斋日记》，证实徐世昌并未离京密赴彰德会见袁世凯。见《徐世昌与韬养斋日记》（辛亥篇），第16—19页，北京出版社，2014年。

---

① 中国第二历史档案馆编：《中华民国史档案资料汇编》第1辑，第184页，江苏人民出版社，1979年。
② 贺培新：《徐世昌年谱》（卷上），《近代史资料》总69号，第41页。
③ 载涛：《载沣与袁世凯的矛盾》，见《晚清宫廷生活见闻》，第82页，文史资料出版社，1982年。

# 《袁内阁请速定大计折》上奏问题商榷

过去一般著述提到袁世凯最早正式提出清帝退位的时间，皆依据张国淦编著的《辛亥革命史料》所述的1912年1月16日。①我亦不例外。近日拜读了桑兵先生的大作《袁世凯〈请速定大计折〉与清帝退位》②，始知《辛亥革命史料》之外，尚有1912年1月24日《大公报》发表的《袁内阁请速定大计折》。③桑先生对此极其重视，经其认真分析解读，作出了与旧说完全不同的"重判"或"改判"。并认为，"速定大计折时间的改判，使得既有论著对辛亥之际和战历史进程的通行认识及其相关描述有必要接受通盘的重新检讨，并相应地进行较大幅度的改写，否则原来种种的看似顺理成章，都变得相互矛盾，难以成立。"（第8页）桑先生的"重判"或"改判"确实有助于深入探讨此事。但阅读了《袁内阁请速定大计折》后，感到桑先生的论断并不能完全自圆其说，尚有值得商榷之处，还有进一步讨论的必要。

桑先生说："袁世凯任内阁总理大臣期间，涉及军国大事的重要奏折都是与诸国务大臣联衔会奏，而这份奏折的文本上并没有出现诸国务大臣的名字以及会奏字样，各报刊载时标名也不一致，……所谓袁内阁，其实就是内阁总理大臣袁世凯的简称，而不是指袁世凯及其内阁。""一般相关著述称袁世凯以内阁总理身份率全体国务大臣联衔上奏，依据是奏折中有如下文字：

---

① 张国淦编著：《辛亥革命史料》，第299—300页，龙门联合书局，1958年。
② 载《近代史研究》2017年第6期，第4—22页。下述桑先生所论，均自此文，引用时在括号中夹注页码。
③ 载该报第2张第2—3版。下引该折，不再注明。

总理大臣受朝廷之委任，握全国之枢机，治乱所在，去就因之。独至帝位去留，邦家存否，则非总理大臣职任所能擅断。其国务大臣，亦只能负其行政一部之责，存亡大计，何敢思及。然为时局所迫，逼于旦暮，臣会同国务大臣，筹维再四，于国体改革，关系至重，不敢滥逞兵威，贻害生灵，又不敢妄事变更，以伤国体，谨合词具陈，伏愿皇太后、皇上召集皇族，密开果决会议，统筹全局，速定方策，以息兵祸而顺民心。

这显示奏折的确是以袁世凯会同全体国务大臣的名义拟定，却不能证明是否联衔会奏，另一种可能性是原来设想以全体国务大臣的名义出奏，实际未能实现。张国淦的《辛亥革命史料》虽然声称'内阁合词密奏政体共和'，具体叙述却有所保留，写为：'袁世凯等（全体国务大臣？）奏云'，作者于'全体国务大臣'之后特意加上问号，表明其亦不能确定是否由袁世凯与全体国务大臣一起会奏。"（第5—6页）

这里提出两个问题，一为奏折不一定是袁世凯与全体国务大臣一起会奏；一为出奏"实际未能实现"，即未出奏。其后又明确说："《请速定大计折》实际上并未正式出奏"（第8页）。

关于前者，奏折中的"臣会同国务大臣"，"谨合词具陈"，已经表达得非常清楚，"合词"即"臣会同国务大臣"联衔，"具陈"意为签署或陈述，足以说明为袁世凯与国务大臣联衔会奏了。张国淦为何写为"袁世凯等（全体国务大臣？）奏云"，不得而知，但可以肯定，"袁世凯等（全体国务大臣？）奏云"，所指决非袁世凯一人，而是指袁世凯与全体国务大臣。如《宣统三年十一月初九日内阁总理袁世凯等奏折》，署名的就是袁世凯与全体国务大臣。①而以袁世凯个人名义出奏的，《辛亥革命》的编者所加标题则为"内阁袁世凯"②，没有"等"字。

关于后者，《大公报》在《袁内阁请速定大计折》所加按语中的第一句话"此折上后"，即表明已经上奏。桑先生既然完全相信按语，而又断言并未出奏，岂非又否定了按语，自相矛盾？至于按语说"未发表"，那是另一回事，不能因此

---

① 见《宣统三年十一月初九日内阁总理袁世凯等奏折》，中国史学会主编：《辛亥革命》（8），第224—226页，上海人民出版社，1957年。
② 见《宣统三年十二月初六日内阁袁世凯奏片》、《宣统三年十二月十一日内阁袁世凯奏片》，《辛亥革命》（8），第239—240页。

而否定已经上奏。

该折上奏于何时？桑先生认为是"1911年岁末唐绍仪来电表示政体问题取决于国民会议之前"，"12月24日停战期满后刚刚展期7日之际，具体而论，大约在12月25、26日间"。（第6—7页）

桑先生如此"重判"的根据有二，其一为《大公报》特意在折后所加的按语："此折上后即接到上海议和唐代表来电，政体问题取决国民会议，是以未发表。闻日来皇室会议仍系讨论此折。"同时指出，"此说与《中国革命记》第20册所载《议和记》相吻合"，"明指《请速定大计折》在召集国会公决政体之前"。（第6页）

其二为："该折如此陈述武昌起事后形势的发展及其所面临的困局：

窃自武昌乱起，旬月之间，民军响应，几遍全国，惟直隶、河南，未经离叛，然而人心动摇，异于恒有。臣世凯奉命督师，蒙资政院投票选举，得以多数，依例设立内阁，组织虽未完善，两月以来，将士用命，业已克复汉口、汉阳，收回山东、山西。然而战地范围，过为广阔，几于饷无可筹，兵不敷遣，度支艰难，计无所出，筹款之法，罗掘俱穷，大局岌岌，危逼已极，朝廷念国步之艰虞，慨生民之涂炭，是以停战媾和，特简唐绍仪、杨士琦等前往沪上，为民请命，此万不得已之苦衷，亦从来未有之创举也。屡接该大臣等来电称：'民军之意，万众一心，坚持共和，别无可议'等语。现期已满，展限七日，能否就范，尚难逆料。

查和谈最初协议停战至十一月初五日即1911年12月24日，第二次会议时议定展期7日，至十一月十二日即12月31日。……参酌前引《大公报》的按语，可见这份奏折绝不可能写于1912年1月中旬，而是1911年12月下旬。"（第6—7页）

由于《大公报》刊布的奏折没有叙明上奏日期，亦未注明来源出处，无法查找，从奏折中解读上奏时间，无疑是最主要最正确的方法。因此，首先应当着重讨论一下奏折。桑先生注意到了，可是，只强调上面所引的一段话，却完全忽略了另外两处至为关键的陈述。

奏折第一处至为关键的陈述为开宗明义写的："奏为和议难期，请速定大计，以息兵祸，而顺民情，恭折具陈，仰祈圣鉴事。"此为上奏的主旨，极其重要，搞清其所述的背景，上奏时间就容易确定了。

1911年12月9日，南北双方议定，自9日至24日各战场均停战十五天。18日，唐绍仪在上海与伍廷芳举行议和首次会议，只谈了双方各通知军队停战的问题。20日，双方举行第二次会议。伍廷芳提出：今日人心倾向共和立宪，希望唐绍仪赞成，也希望袁世凯赞成。唐绍仪立即表示个人同意，提出以和平办法解决，并告以袁世凯亦"欲和平解决"。但要求给予时间，劝解满族亲贵。他提出的解决办法，就是"请国民大会决定君主、民主问题"，说："国会之后，必为民主，而又和平解决，使清廷易于下台，袁氏易于转移，军队易于收束"。伍廷芳同意，仅提出要从速解决。会上议定各战场继续停战至12月31日。① 以后几天，议和会议没有召开。据清内阁奏片称："本月初六日（即12月25日）钦奉传旨，国会选举暨开会地点可酌量变通办理。"② 27日，唐绍仪电请袁世凯代奏召开国民大会。28日袁世凯与国务大臣代奏，隆裕太后同意，命转告唐绍仪执行。实际情况表明，在12月27日以前，议和刚刚正式开始，双方谈得非常顺利，停战展期，没有战事，袁世凯与清廷考虑的主要问题是召开国民大会，根本不存在"和议难期"和"兵祸"的问题。由此可见，桑先生前引的一段话，并不符合上奏的主旨，亦非是对12月25、26日间形势的描述，而是对派唐绍仪等南下议和原因的追述。其下紧接着的一个"惟"字，语气转折，所写才是上奏时的情形："惟论目前情形，北方一隅，虽能少保治安，而海军尽叛，一旦所议不合，舰队进攻，天险已无，何能悉以六镇，堵御京津，而弃各战地于不顾。危逼万分，……财赋省分，全数沦陷，行政经费，茫如捕风，蒐讨军实，饷源何出，……人心涣散，如决江河，已莫能御，爵禄不足以怀，刀兵莫知所畏。似此亿万之所趋向，岂一二党人所能煽惑，臣等受命于危急之秋，诚不料大局败坏竟一至于如此也。"

那么，"和议难期"和"兵祸"究竟是何所指呢？

12月29日，唐绍仪与伍廷芳举行第三次会议，达成召开国民会议公决国体等三条协议，袁世凯表示赞成。但30日第四次会议上双方就召集国民会议所达成的四条协议却不为袁世凯所认可，因为按照国民会议代表每省推选三人的规定，除内外蒙古、前后藏由南北双方召集外，袁世凯只能召集北方八省的代表，而南方却能召集十四省的代表，人数上占着优势，不利于袁世凯。故他批准唐绍仪辞职，自己与伍廷芳协商，使和谈无法正常进行，濒临破裂。

1912年1月1日，孙中山在南京就任中华民国临时政府大总统。虽然孙中山

---

① 《南北议和史料》（节录《共和关键录》），《辛亥革命》（8），第76—82页。
② 《宣统三年十一月初七日内阁奏片》，《辛亥革命》（8），第221页。

在当选总统后，即电告袁世凯："公方以旋转乾坤自任，即知亿兆属望，而目前之地位尚不能不引嫌自避；故（孙）文虽暂时承乏，而虚位以待之心，终可大白于将来。望早定大计，以慰四万万人之渴望。"①告诉他不要怀疑，总统的位置将来推倒清廷后肯定让给他。但袁世凯并不相信，怀疑孙中山是在引诱自己上钩。他感到自己当总统的希望渺茫了，对和谈和革命党人的态度发生了重大变化。1月2日，便唆使部将姜桂题、张勋等十余名北洋将领联名电请内阁代奏："我北方将士十余万人均主君宪。现奉懿旨，将君主民主付诸公决。然革党强横，断不容有正式选举，则必仍徇少数人私见，偏主共和。我将士往返电征意见，均主死战，并已将利害电知唐（绍仪）、伍（廷芳）两代表。"②以将领反对共和向南方施加压力。孙中山知道他心中不踏实，当天再次致电说："文不忍南北战争，生灵涂炭，故于议和之举，并不反对。虽民主、君主不待再计，而君之苦心，自有人谅之。倘由君之力，不劳战争，达国民之志愿，保民族之调和，清室亦得安乐，一举数善，推功让能，自是公论。文承各省推举，誓词具在，区区此心，天日鉴之。若以文为有诱致之意，则误会矣。"③话说得相当诚恳，可是袁世凯仍不相信。

1月3日，南方代表选举黎元洪为副总统，通过了各部总长人选，成立了中华民国临时政府。世凯怒不可遏，致电伍廷芳质问，遭到伍廷芳驳斥。4日，袁世凯密令北方各将领和督抚："闻上海革党有决裂之意，望即严备，如革党前进，即行痛剿。"④

其后，双方反复争论的是开会地点、国民会议选举方法和退兵问题。袁世凯又授意段祺瑞等北洋将领，连续发出通电，声称："吾人则断然主张君主立宪"，"若国民会议竟议决采用共和政体，吾人惟当奋力战斗，至死不承认此政体"。张怀芝等在通电中还叫嚷：要"以铁血解决政体"。在武昌前线的清军，也不再遵照原先与武昌方面议定的成约后退百里，反而开炮轰击武昌。⑤

---

① 《致袁世凯电》，中国社会科学院近代史研究所中华民国史研究室等编：《孙中山全集》第1卷，第576页，中华书局，1981年。
② 《宣统三年十一月十四日直隶提督姜桂题等致内阁电》，《辛亥革命》（5），第317页。
③ 《复袁世凯电》，《孙中山全集》第2卷，第5页，中华书局，1982年。
④ 《内阁致北方各军及督抚电》，中国第一历史档案馆编：《清代档案史料丛编》第8辑，第288页，中华书局，1982年。
⑤ 转见章开沅、林增平：《辛亥革命史》下册，第333页，人民出版社，1981年。

孙中山看到袁世凯无和谈诚意，北洋军叫嚣不已，乃决定出师北伐，自任总指挥，1月11日制定了六路北伐的计划。以鄂、湘为第一军，由京汉铁路前进。宁、皖为第二军，向河南前进，与第一军会合于开封、郑州之间。淮、扬为第三军，烟台为第四军，向山东前进，会于济南。秦皇岛合关外之军为第五军，山、陕为第六军，向北京前进。一、二、三、四军达到目的后，即与第五、六军会合，共同进攻北京。于是战争再起，宁、皖和淮、扬二路北伐军率先挥师北上，13日，首战告捷，败北洋军于宿州，继之夺取了战略要地徐州。与此同时，蓝天蔚率三艘巡洋舰从上海出发经烟台北伐，在河南、安徽、湖北等地，北伐军也与北洋军展开了战斗。

上述情况十分清楚地表明，"和议难期"和"兵祸"系指1912年1月上半月的形势，而非1911年12月25、26日间的形势。由此可证上奏的时间应为1912年1月13日以后。

在各方面的压力和掣肘下，孙中山将北伐终止下来。1月14日，唐绍仪向伍廷芳探询，如清帝退位后，推举袁世凯为总统有多大把握。伍廷芳随即电告孙中山。15日，孙中山复电伍廷芳："如清帝实行退位，宣布共和，则临时政府决不食言，文即可正式宣布解职，以功以能，首推袁氏。"① 张謇、汪精卫、杨士琦、唐绍仪等人唯恐袁世凯错过当总统的机会，接二连三地电促其痛下决心，当机立断。②

得到了当总统的明确保证，证明了孙中山不会欺骗自己，袁世凯的决心最终确定下来。立即命令袁克定、梁士诒："为我电致少川（唐绍仪）、杏城（杨士琦）、精卫，并转秩庸（伍廷芳），谓势在必行，义无反顾。唯不能自我一人先发。已将斯旨训示北洋诸镇将及驻外专使、旅沪疆吏，令联衔劝幼帝退位，以国让民，一举而大局可定。另拟优待皇室条件，征南方同意。"③ 继之，他便撕下了假面具，加紧逼宫，16日与内阁大臣联衔，奏请清帝退位。

奏折第二处至为关键的陈述为："臣世凯奉命督师，蒙资政院投票选举，得以多数，依例设立内阁，组织虽未完善，两月以来，将士用命……"桑先生虽然

---

① 《复伍廷芳电》，《孙中山全集》第2卷，第23页。
② 张謇：《劝告袁内阁速决大计电》，《张季子九录》，"政闻录"卷4，第1页，中华书局，1931年；甘簃：《辛亥和议之秘史》，《辛亥革命》（8），第117—118页。
③ 甘簃：《辛亥和议之秘史》，《辛亥革命》（8），第118页。

引用了，但未仔细推敲。事实上此处所云"两月以来"，即袁世凯组阁后的两个月，明白无误地叙明了此折上奏的具体时间。袁世凯组阁在1911年11月16日，"两月以来"恰恰是1912年1月16日，他与国务大臣就是在这一天上奏的。无论袁世凯等人的智商多么低，也不会将组阁"两月以来"的日期算错。仅此一点，便将《大公报》的按语和距内阁成立不过四十天的1911年"12月25、26日间"之说彻底推翻了。

下面再看看《大公报》的按语。按语说，"此折上后"、"未发表"，"未发表"就是将奏折留在宫中，不交议、不批答、不明发上谕。如果1911年12月末以前确实上奏而"未发表"，这个深藏在皇宫里的密折，只有袁世凯、国务大臣和隆裕知道，《大公报》绝对不可能采访到，更不可能获得文本。桑先生说此折"实际上并未正式出奏"，1912年1月24日《大公报》刊布的又是从何种渠道得来的？其能在此时刊布，恰好说明上奏在1月16日。因为第二天隆裕太后就召集宗室王公开御前会议，讨论是否实行共和问题，将奏折向他们公开了。奕劻和溥伦主张自行退位，颁布共和。溥伟和载泽等人则竭力反对，会议无结果而散。18日，会议仍无结果。良弼、溥伟、铁良等人马上联络几十人齐赴庆王府，围攻奕劻。次日早，他们发布激烈宣言，成立了以保卫清室、反对议和为宗旨的宗社党。正是在这种情况下，《大公报》方有可能从宗室王公中探听到皇室会议在"讨论此折"。只是按语说"仍系讨论此折"的"仍系"二字，不是误传，即是该报误记。故对按语不可完全相信。

据末代皇帝溥仪回忆："我胡里胡涂地做了三年皇帝，又胡里胡涂地退了位。在最后的日子里所发生的事情，给我的印象最深的是：有一天在养心殿的东暖阁里，隆裕太后坐在靠南窗的炕上，用手绢擦眼，面前地上的红毡子垫上跪着一个粗胖的老头子，满脸泪痕。我坐在太后的右边，非常纳闷，不明白两个大人为什么哭。这时殿里除了我们三个，别无他人，安静得很，胖老头很响地一边抽缩着鼻子一边说话，说的什么我全不懂。后来我才知道，这个胖老头就是袁世凯。这是我看见袁世凯唯一的一次，也是袁世凯最后一次见太后。如果别人没有对我说错的话，那么正是在这次，袁世凯向隆裕太后直接提出了退位的问题。"① 又写道：袁世凯

---

① 爱新觉罗·溥仪：《我的前半生》，第38—39页，群众出版社，1964年。

"以全体国务员名义密奏太后,说是除了实行共和,别无出路。我查到了这个密奏的日期,正是前面提到的与袁会面的那天,即十一月二十八日。(按:1912年1月16日)由此我明白了太后为什么后来还哭个不停。密奏中让太后最感到恐怖的,莫过于这几句:'海军尽叛,天险已无,何能悉以六镇诸军,防卫京津?虽效周室之播迁,已无相容之地。''东西友邦,有从事调停者,以我只政治改革而已,若等久事争持,则难免无不干涉。而民军亦必因此对于朝廷,感情益恶。读法兰西革命之史,如能早顺舆情,何至路易之子孙,靡有孑遗也。'①"

从引用奏折后的一段文字看,溥仪大概是从《辛亥革命史料》中查到的密奏日期,不是原折。不过,他还清楚地记得:袁世凯"最后和太后见了那次面,在东华门碰上了一个冒失的革命党人的炸弹……"②袁世凯遇炸正是1月16日。由此可知,袁世凯与他见面之日,确是在密奏清帝退位,因为唯有此等大事,才能令隆裕太后悲伤得在当时"用手绢擦眼","后来还哭个不停"。这种情形绝不可能在和谈尚在顺利进行而又没有战事的1911年12月25、26日间出现。

桑先生也承认1月16日袁世凯的确曾经入宫,只是根据报纸的报道,认为"目的就是与清太后面议退位事宜,'闻清廷虽愿退位,然必欲于既退之后,仍驻北京。袁世凯则坚请其退至热河,否则不愿与闻,以辞职相要挟云'"(第6页)。报纸的报道不一定准确。17日隆裕太后刚刚开始召集宗室王公开御前会议,讨论是否实行共和的问题,在退位尚未确定之前的16日,哪里会面议退位之后,是仍驻北京还是退至热河?

附带说几句,《辛亥革命史料》中的奏折没有注明来源出处,与《袁内阁请速定大计折》相比对,基本内容一样,但文字有些出入,说明前者不是来自后者,可能另有所本,未被发现。

从其他方面考察,袁世凯同样不可能在1911年12月27日以前奏请清帝退位。

众所周知,袁世凯在辛亥革命爆发后东山再起,并不是为了革命,也不想为清廷卖命。其唯一的目的就是先把军政大权抓到手,再打着维护清室的旗号打压南方革命力量,然后借革命力量威胁清廷,最后夺取全国政权,建立以自己为首的中央政府。他出山之后,对革命党人又打又拉。早在11月9日,革命党领导人

---

① 爱新觉罗·溥仪:《我的前半生》,第40页。
② 爱新觉罗·溥仪:《我的前半生》,第42页。

黄兴曾致函袁世凯，告诉他"以拿破仑、华盛顿之资格，出而建拿破仑、华盛顿之事功"，推翻清廷，全国人民"无有不拱手听命者"。① 12月2日，独立各省代表会议作出决议："如袁世凯反正，当公举为临时大总统。"② 袁世凯之所以派唐绍仪南下议和，就是要取得革命党人推他当总统的切实保证。但至12月27日以前，国民会议没有召开，革命党人许诺的总统无有任何切实保证，他必然担心革命党人食言，不会冒险行事。因此，他不仅不会在此时提出让清帝退位，还要把清帝作为和谈的筹码。

从顾全个人声誉考虑，袁世凯亦不会在此时提出让清帝退位。尽管袁世凯善于玩弄权术，诡谲多端，但他作为清政府的内阁总理大臣，在言语和行动上均不能不以维护清王朝的面目出现。在初入北京的一个时期里，他经常在人们面前表白："余深荷国恩，虽时势至此，岂忍负孤儿寡妇乎！"③ 毕恭毕敬地对皇族亲贵讲："世凯受国厚恩，一定主持君主立宪。"④ 12月8日，袁世凯召集唐绍仪等代表谈话，一本正经地定下了和谈的基调："君主制度，万万不可变更！本人世受国恩，不幸局势如此，更当捐躯图报，只有维持君宪到底，不知其他。"⑤非但如此，他还屡次将此意对外宣言。1911年11月18日，在召见日本驻华公使伊集院彦吉时他声称："作为根本解决时局的办法，我个人始终主张非君主立宪政体不可。"⑥ 同月23日接见英国《泰晤士报》记者莫理循，又"力言大清万世一系为宜"⑦。1912年1月初，他仍对外宣言："始终忠于朝廷，终身不为共和党所用。"⑧ 同年1月8日，靳云鹏代表段祺瑞统领的第一军进京谒见袁世凯，请其赞成共和。袁世凯还说："某为大清总理大臣，焉能赞成共和，以负付托？"靳云鹏作了解释，并说第一军全体主张共和，准备推举他为临时大总统。他"惊曰：军心胡一变至此，将置余于何地，若欲使余欺侮孤儿寡妇，为万世所

---

① 《闵尔昌旧存有关武昌起义的函电》，《近代史资料》创刊号，第70—71页。
② 张难先：《中华民国政府成立》，《辛亥革命》（8），第13页。
③ 白蕉：《袁世凯与中华民国》，第11—12页，人文月刊社，1936年。
④ 溥伟：《让国御前会议日记》，《辛亥革命》（8），第111页。
⑤ 张国淦：《辛亥革命史料》，第289页。
⑥ 邹念之编译：《日本外交文书选译——关于辛亥革命》，第251页，中国社会科学出版社，1980年。
⑦ 《宣统三年十月初三日路透电》，《辛亥革命》（8），第144页。
⑧ 《欧报对于中国革命之舆论》，《辛亥革命》（8），第499页。

唾骂，余不为也"①。其言语和态度，纯然一个大清王朝的坚决维护者。虽然他的表演是做给人看的，特别是给清廷和皇族反对派看的，然而，为了顾全个人声誉，不使人将他看作是一个毫无诚信的政治骗子，避免篡夺大清政权、欺侮孤儿寡妇和"活曹操"的恶名，不留下让世人唾骂的把柄，在取得当总统的切实保证之前，他不会过早地逼迫清帝退位，暴露出自己的真实面目，以防止皇室亲贵和一切反对共和势力的激烈反对。就在桑先生所说的袁世凯上奏清帝退位的1911年12月26日，袁内阁上了一个奏片："查出使俄国大臣陆征祥等电奏，语意趋重共和。以出使大员立论亦复如此，臣窃痛之。拟请留中，毋庸降旨。"②陆征祥的电奏是袁世凯让梁士诒授意的，可是，收到"语意趋重共和"的电奏后，他非但没有积极支持，反而说"以出使大员立论亦复如此，臣窃痛之"，奏请留中，不要降旨。对陆征祥等电奏的态度尚且如此，此时他以总理大臣的身份奏请清帝退位更不可能了。仅此亦可证明，在1911年12月25、26日间，袁世凯绝对不会奏请清帝退位。

总之，综合各方面的情况考虑，我仍认为上奏的具体时间是1912年1月16日。这个时间不仅有史实根据，也符合袁世凯思想变化发展的逻辑。

关于上奏时间对其后历史进程产生的影响，只有先将上奏时间确定下来，才能进行准确的描述，就不谈了。

拙见未必正确，旨在为进一步讨论清楚问题提供桑先生及学界同仁参考，不妥之处，敬请赐教。

（原载《近代史研究》2018年第6期）

---

① 廖少游：《新中国武装解决和平记》，中国社会科学院近代史研究所近代史资料编辑组编：《辛亥革命资料类编》，第376—377页，中国社会科学出版社，1981年。
② 《宣统三年十一月初七日内阁奏片》，《辛亥革命》8，第154页。